JAPÓN · GASTRONOMÍA VEGETARIANA

JAPÓN • GASTRONOMÍA VEGETARIANA

NANCY SINGLETON HACHISU

LISTADO DE ABREVIATURAS

V

VEGANO

SL

SIN LACTOSA

SG

SIN GLUTEN

SFS

SIN FRUTOS SECOS

<5

5 INGREDIENTES O MENOS

<30

30 MINUTOS O MENOS

INTRODUCCIÓN

Busco sosiego en un mundo ajetreado. Encuentro reposo en algo tan sencillo como ese lugar apacible dentro de mi mente al que acudo para aislarme del ruido exterior. También lo hallo en la tranquilidad de mi cama, con el ordenador sobre las piernas y mi gato ronroneando a mi lado.

Crecí en California con mis cinco hermanos y hermanas, y unos padres un poco hippies, en una casa ruidosa en la que el que gritaba más fuerte siempre ganaba. Era una casa de locos.

Yo pasaba las horas estudiando la extensa y ecléctica colección de libros de cocina de mi madre. Me acomodaba en un taburete en una esquina de la encimera y observaba con fascinación cómo preparaba las recetas de la revista *Sunset*. El sabor de los ingredientes crudos, el movimiento del cuchillo o los aromas que emanaban de la sartén me cautivaban. A los diez años ya horneaba pan en casa y, cuando comencé el instituto, preparaba la comida para mi familia. Mi pasión por el *sushi* y la cocina japonesa me llevaron a realizar mi primer viaje a Japón en 1988, pero también había otro motivo: explorar la paz que percibía en su cultura.

Aunque probé el *shojin ryori* (cocina budista japonesa) y el *zazen* (meditación zen), no llegaron a cautivarme. La verdad es que mi agitación interior solo se calmó después de muchos años y no con poco esfuerzo. Pero era en la cocina donde siempre recuperaba mi equilibrio y hallaba reposo.

Una vez, en una entrevista afirmé que «la comida es mi forma de ver la vida». Es decir, lo que le da sentido, mi forma de mantenerme sana en el plano físico y mental. Habrá quien piense que se trata de una obsesión, y supongo que lo es, pero es algo que me acompaña desde que era niña. Puede que al no recibir una educación espiritual o religiosa, la comida se convirtiese en una parte central de mi existencia. Hoy, en la cocina de nuestra nonagenaria granja, sigo percibiendo esa misma espiritualidad cuando las verduras recién recolectadas se transforman con total naturalidad en platos sencillos y deliciosos.

Casarme con un granjero japonés fue, de alguna manera, una vía rápida para introducirme en la cultura japonesa sin perder mis raíces. Aunque nunca seré japonesa, tras pasar más de la mitad de mi vida en Japón, las líneas que separaban mis influencias japonesas de mi pasado estadounidense se han difuminado. Además, mi posición como expatriada en el mundo de la gastronomía japonesa me ha permitido construirme una voz propia, aquí y fuera del país.

No soy vegetariana ni vegana, pero siempre he llevado una dieta basada en plantas, complementada con pescado y carne. Abordo los menús a partir de los vegetales y, dada la extensa historia de la cocina japonesa vegetariana, esto cobra aquí pleno sentido.

No es necesario ser budista zen o seguir una dieta vegetariana para percibir el carisma o la accesibilidad de este tipo de platos, que mantienen la sintonía con el transcurrir de las estaciones y con una forma de vida más natural. Después de una comida no deberíamos sentirnos demasiado llenos, sino satisfechos y, de alguna manera, espiritualmente realizados.

La comida japonesa vegetariana se prepara con atención plena. Aunque solo vaya a preparar un plato, concédale respeto y aprecio, pues su belleza reside en su sencillez. Tenemos que realzar el ingrediente principal con condimentos o con otros ingredientes, pero jamás debe quedar anulado, en segundo plano. Más allá de cualquier concepción espiritual, este es el principio esencial. La moderación también es clave y probablemente sea el aspecto más difícil de comprender para los occidentales que desean acercarse a este tipo de cocina, elegante y sobria. Este concepto se ha de aplicar de manera consciente y, con el tiempo, se convertirá en algo natural. La experiencia y la práctica le ayudarán a desarrollarlo.

Algunos de los primeros platos que preparé en Japón procedían de *The Heart of Zen Cuisine*, un libro de cocina *shojin ryori* de la década de 1980. (Años después me hice muy amiga del difunto Kim Schuefftan, coautor de este libro, que dedicó más de cincuenta años a la redacción y edición de libros de cocina, cerámica y telas japonesas.) Todavía recuerdo mis intentos (infructuosos) de seguir sus consejos sobre cómo lavar el arroz con plena consciencia (algo así como «ser uno con el arroz»); me llevó unos veinte años, pero al final lo logré.

Durante mi aprendizaje, descubrí que gran parte del *shojin ryori* secular que encontramos en Japón no se puede considerar como tal, ya que se tiende a condimentarlo con glutamato y abundante azúcar, que rara vez es de temporada y no suele ser casero. Este descubrimiento fue revelador y me reafirmó en la decisión de escribir un libro sobre cocina japonesa vegetariana. Un libro que fuese una valiosa contribución para el mundo, pero también para Japón, especialmente para los más jóvenes, que quizá están perdiendo el contacto con sus tradiciones culinarias.

Mi presencia en los medios de comunicación japoneses y el hecho de publicar libros de cocina en todo el mundo me han permitido devolverle mi deuda a este país. Para mí, defender sus tradiciones y sus costumbres gastronómicas se ha convertido en una responsabilidad. En un contexto global donde la mezcla de tradiciones culinarias de diversos países es lo habitual, las cocinas autóctonas corren el riesgo de perder terreno. Por eso no estoy de acuerdo con las versiones occidentalizadas del *miso*, el *shoyu* u otros ingredientes japoneses esenciales cuya elaboración tiene siglos de antigüedad. Los condimentos japoneses artesanales en su forma más pura son perfectos tal como son y conforman la base de todos los platos de este libro.

A pesar de que esta tradición es centenaria, la cocina japonesa vegetariana es intemporal. Se trata de platos ligeros, llenos de sabor, profundamente reconfortantes y, sin duda, deliciosos. Los amantes de la carne y del pescado no echarán estos ingredientes en falta. Estamos ante una comida perfecta: cuando se levante de la silla, o del suelo, podrá notar sus propiedades curativas actuando en su organismo, se sentirá satisfecho y su mente y su espíritu estarán bien alimentados.

La exquisitez de esta cocina procede de la delicada fritura de las verduras, de los platos aderezados con sésamo o nueces y del empleo de tofu en sus múltiples variantes: fresco, frito, seco o fermentado. Lo dulce y lo amargo se equilibran gracias a elementos clave, como el vinagre de arroz, el *mirin* y la pasta de «ciruelas» saladas encurtidas (*ume*, véase pág. 345). Por otro lado, el *miso* y el *shoyu* aportan toques salados y fermentados que confieren profundidad a los platos. Pero es la enorme variedad de recetas y la belleza de su colorido lo que hacen que esta cocina resulte tan atractiva. Prepare uno o dos platos o piérdase por completo elaborando una comida completa.

Estas recetas le servirán como terapia a nivel mental y físico mientras las prepare, pero también cuando las deguste. La elaboración de estos platos japoneses vegetarianos es un proceso que nos enseña a trabajar con los ingredientes, a cocinar y a comer platos basados en plantas, pero también a mirar hacia el interior de nuestra mente y de nuestro cuerpo.

Al final, lo que hace que esta comida sea tan pura y reconstituyente es que los ingredientes son naturales y de temporada. Añadirles de manera sutil diferentes sabores y condimentos los pone de relieve; y, a su vez, ambos se realzan mutuamente. Valorar y prestar atención a los ingredientes significa, por ejemplo, tener cuidado de que no se derramen los granos de arroz cuando los lave o emplear el agua con la que los ha lavado para cocer verduras de raíz. Otro principio esencial consiste en tratar con el mismo cuidado y respeto todos los ingredientes, tanto los más humildes como los más preciados o singulares. Si estas ideas le resultan un tanto extrañas o impostadas, le sugiero que deje que esta cocina y su filosofía le vayan calando poco a poco, permeando su vida de forma pausada y discreta.

Las numerosas distracciones a las que nos enfrentamos en el mundo moderno hacen que todos necesitemos encontrar nuestro remanso de paz. Elija el enfoque y el camino que mejor se adapte a su propia vida. Mientras escribía este libro me di cuenta de que, aunque no soy practicante del budismo zen o del *shojin ryori*, cuando cocino estoy llevando a la práctica los ideales de atención y claridad mental y espiritual a los que aspiran.

Los siguientes principios le servirán para acercarse a la cocina japonesa vegetariana:

- TÓMESE SU TIEMPO Y TRABAJE CON PRECISIÓN.
- DISFRUTE DE LOS INGREDIENTES.
- CONTEMPLE SU CORAZÓN A TRAVÉS DE LA COCINA.

HISTORIA DE LA COCINA JAPONESA VEGETARIANA

La cultura china llegó a Japón durante la Edad Media (1192-1568) a través de los monjes budistas, que trajeron consigo nuevos hábitos alimenticios y formas de cocinar. La primera mención del tofu en Japón data de 1183 y el método para elaborar la *yuba* (la piel que se forma en la superficie de la leche de soja, véase pág. 352) llegó de China durante el periodo Kamakura (1192-1336). El proceso de elaboración del *fu* (gluten de trigo; véase pág. 352) también tiene su origen en China y llegó a Japón gracias a los monjes budistas. Se popularizó en los monasterios japoneses, pero también pasó a formar parte de la alimentación popular. El tofu, la *yuba* y el *fu* no solo constituían una importante fuente de proteínas, sino que añadían cuerpo y textura a los platos de la cocina budista. La costumbre de beber té y de comer algo a mediodía también proviene de los templos zen y fue precursora de la ceremonia del té y de la cocina *kaiseki* (alta cocina japonesa a base de elegantes platos tradicionales de pequeño tamaño). Con el tiempo, buena parte de la población también adoptó estas costumbres. La clase dirigente de este periodo, formada por los daimios (señores feudales) y los samuráis, adoptó el modo de vida del budismo zen e incorporó la cocina budista japonesa (*shojin ryori*) a sus banquetes, influyendo así en el posterior desarrollo de la cocina *kaiseki*.

Aunque se piensa que se desarrolló en China durante la dinastía Han (200 a. C.-200 d. C.), la primera mención del uso de productos derivados de la fermentación de la soja (*miso*, *kuki* e *hishio*) en Japón se encuentra en el Código Taihō del año 701. El *kuki* es parecido al *tera natto* (habas de soja fermentadas en seco, véase pág. 350) y el *hishio* (una pasta líquida fermentada a base de soja, cereales y sake) está considerado el precursor del *shoyu* y hoy en día está viviendo un resurgimiento gracias a la popularidad de los fermentados.

En Japón, el tabú sobre el consumo de carne es tan antiguo como intrincado. Aunque matar animales va en contra de las enseñanzas del budismo, no existe ninguna ley que prohíba su consumo y existen muchas variaciones sobre el tema entre las diferentes sectas. En algunas comunidades los monjes eran vegetarianos, mientras que en otras no. También había excepciones: un monje podía consumir carne si no había matado él mismo al animal o si este no había sido sacrificado para el monje. Los laicos estaban en su mayoría exentos de esta norma, pero tenían la costumbre de no comer carne en determinados días, bien por razones religiosas o por respeto a sus antepasados.

El tema se complica con los decretos que prohibieron el consumo de carne, empezando por el promulgado por el emperador Temmu en el año 675. Durante los siglos venideros se sucedieron numerosos decretos relacionados con el consumo de carne, pero los argumentos que se esgrimían no estaban necesariamente basados en preceptos budistas. Por ejemplo, las hambrunas y la necesidad de emplear más animales en los trabajos agrícolas fueron esgrimidos para prohibir el consumo de los caballos y las vacas; esta prohibición se extendió a los monos, los perros y las gallinas, aunque para los japoneses tenían un carácter semidivino, por lo que ya estaban de alguna manera protegidos. Por su parte, los jabalís y los ciervos, las piezas de caza más preciadas del país a lo largo de la historia, no estaban incluidos en la lista de animales prohibidos. Más tarde, en el periodo Nara (710-794), el Gobierno adoptó principios budistas, dando comienzo a un largo periodo de prohibiciones sobre el consumo de todo tipo de carne.

El sintoísmo conservó las creencias relativas a la impureza de la sangre, aunque no prohibió el consumo de carne de forma expresa. Sin embargo, con el tiempo, también se decantó por la prohibición, a pesar de que el pescado era una parte esencial de las ceremonias sintoístas y lo sigue siendo en la actualidad. Japón nunca desarrolló una industria láctea, por lo que no tenía la costumbre de criar ganado. Finalmente, durante el periodo Kamakura (1192-1336), el tabú de la carne se extendió a toda la población. Habría que esperar hasta los inicios de la era moderna, durante el periodo Meiji (1868-1912), para que desapareciese. No obstante, todavía hoy perviven los vestigios de esta tradición milenaria de consumir poco o nada de carne.

Cinco plantas del género *Allium* estaban prohibidas en la cocina budista porque se creía que estimulaban las fantasías sexuales: el ajo, el ajo rojo, el *nira* (cebollino chino), el *negi* (puerro japonés) y el *rakkyo* (un tipo de cebolla que se reproduce con facilidad). Estas reglas no prohibían específicamente la cebolla, quizá porque no formaba parte de la dieta durante esa época, pero hoy en día no se utiliza (ni ningún otro *Allium*) en la cocina budista japonesa. Sin embargo, la historia nos dice que no todos los monjes o monjas cumplían estas normas a rajatabla, dando pie así a jocosas historias que circularon entre el público durante el periodo Edo (1603-1868).

La caída del *shogunato* Tokugawa en 1868 terminó con el aislamiento de Japón, que entró en el periodo Meiji, una época de modernización conocida como la Restauración Meiji.

Mientras que a los monjes sintoístas nunca se les prohibió consumir pescado o alcohol y podían casarse, la mayoría de las sectas budistas prohibían el consumo de carne y de alcohol e imponían el voto de castidad. La Restauración Meiji supuso la separación del sintoísmo y el budismo. El registro de nacimientos, defunciones y los certificados de matrimonio se trasladaron de los templos budistas a los santuarios sintoístas. El emperador se convirtió en el sumo sacerdote sintoísta y el budismo cayó en desgracia; algunos monjes y templos fueron incluso objeto de ataques. Para protegerlos, el Decreto Meiji de 1872 levantó las restricciones en cuanto al matrimonio, el alcohol y la comida. Sin embargo, el consumo de «seres sensibles» y de cebollas siguió estando prohibido en la cocina budista durante las enseñanzas de la meditación y las ceremonias especiales.

El Obon es una festividad budista que se celebra a mediados de agosto y que dura varios días, durante los cuales se encienden fuegos en las entradas de las casas o en las tumbas de los cementerios para guiar a los espíritus de los difuntos hasta sus antiguos hogares y de vuelta al otro mundo. Durante el Obon, los budistas no comían pescado o carne para honrar sus costumbres más ancestrales y en los aniversarios del fallecimiento de algún familiar se solían tomar platos de la cocina budista japonesa (*shojin ryori*), aunque en la actualidad esta costumbre casi ha desaparecido.

El *shojin ryori* surgió en los monasterios budistas de Japón. Allí, los monjes y las monjas llevaban una dieta vegetariana como parte de su disciplina de desapego, devoción y búsqueda de la verdad. Pero tras la Segunda Guerra Mundial, Japón se llenó de alimentos extranjeros y, con el paso de los años, mucha gente empezó a dejar de cocinar.

El paso de las estaciones ha dejado una profunda impronta cultural en la historia de Japón y sigue siendo un aspecto crucial a la hora de abordar el arte, la poesía, el arte espiritual de los bonsáis y la gastronomía. En Japón no solo hay cuatro estaciones, sino setenta y dos microestaciones, cada una con sus pequeñas variaciones en el paisaje. Para la mayoría de los occidentales, esta íntima conexión con la naturaleza resulta asombrosa. Y a pesar de la omnipresencia de supermercados en los que se pueden adquirir productos de todas las estaciones, y del fenómeno de la cocina de conveniencia, cada vez más popular, la veneración por la alimentación de temporada es innegable y se trata, sin duda, de un objetivo deseable para todos los japoneses, aunque a veces en la ajetreada vida urbana resulte imposible.

En 2003 la monja budista Harumi Kawaguchi escribió que echaba de menos el sabor de la cocina de su madre y de su ciudad natal —la gastronomía japonesa siempre se ha caracterizado por el *furusato no aji* (el sabor de la ciudad natal)—. Le preocupaba el futuro de Japón y el hecho de que los niños crecieran comiendo comida rápida o de tiendas de conveniencia. Observó que el concepto de estacionalidad estaba prácticamente ausente, ya que la mayoría de las frutas y las verduras se encontraban disponibles todo el año. En 2001 tuvimos un primer encuentro, en el que enseguida conectamos: nos unía nuestra preocupación por la alimentación y el deseo de preservar la estacionalidad en la cocina japonesa. Los maravillosos platos de Kawaguchi se convirtieron en una inspiración fundamental en mi viaje de descubrimiento de la cocina vegetariana japonesa, más allá del entorno de nuestra vida en la granja.

Desde muy antiguo, la dieta japonesa se ha basado en productos locales y de temporada. Y mientras que en la actualidad lo habitual es comer lo que se desea sin tener en cuenta el origen o la época del año, la cocina budista sigue estos preceptos inspirados en los ciclos de la naturaleza. Kawaguchi todavía alberga la esperanza de que, a través de esta forma de alimentarnos, podamos conseguir que la auténtica cocina japonesa renazca.

CÓMO PREPARAR Y COMER COMIDA JAPONESA

Cada comida es una ocasión para mostrarle nuestra gratitud a la tierra, que nos ofrece sus alimentos, y a las manos que los han obtenido. Y al hacerlo nos brinda la posibilidad de sentir humildad, asombro y agradecimiento por la vida que tenemos. Cuando tome comida japonesa, siga siempre estos cuatro preceptos:

- Sujete el bol de sopa o de arroz con ambas manos, esta posición es mucho más agradable a la vista y le confiere belleza al acto de comer.
- Deje los palillos delante de usted mientras mastica, así podrá concentrarse en la sensación de tener los alimentos dentro de la boca.
- No hable ni haga ruido mientras come para generar un ambiente apacible, armonioso y agradable.
- Vierta agua tibia o té en el bol después de comer y bébaselo, de esta manera aprovechará los últimos restos de comida y podrá calentarse el estómago, además de ahorrar agua al lavar después los platos.

En ambientes formales, los palillos se colocan de forma horizontal delante del comensal sobre un soporte, pero en casa y en ocasiones informales se ponen directamente sobre la mesa. Si utiliza soportes para los palillos (pueden ser soportes de verdad o algo más original, como piezas de origami, conchas, flores, ramitas o guijarros), deben ser lo suficientemente grandes para que las puntas no estén en contacto con la superficie de la mesa y sobresalgan al menos 1 cm de estos. Si los platos se sirven en una bandeja individual (*gozen*, véase pág. 354), no se utilizan.

Tenga en cuenta lo siguiente al comer con palillos y evite:

- Dejar los palillos cruzados uno encima del otro.
- Emplear los palillos para mover los platos o los boles; podría estropear la bandeja o la mesa.
- Llenar la boca de forma ansiosa, puede dar la impresión de que no está disfrutando de la comida. Introduzca despacio los palillos en la boca y, con delicadeza, tome el bocado con la lengua.
- Pasar los palillos por encima de todos los platos. Decida con antelación qué desea comer y vaya directamente a ese plato.
- Sujetar los palillos como si fuesen uno solo con la intención de pinchar un trozo de comida y llevárselo a la boca.
- Utilizar los palillos para pasar comida entre los comensales.
- Clavar los palillos en el bol de arroz, esta imagen recuerda a los palillos que se clavan en las cenizas y que se utilizan en los funerales para recogerlas.
- Dejar los palillos de cualquier manera encima del bol. Entre bocado y bocado, utilice su mano no dominante (la que no emplea para comer) para colocarlos de nuevo sobre la mesa o la bandeja.

PRECEPTOS DE COCINA DE SHOYO YOSHIMURA, MONJE BUDISTA

Afincado en Hiroshima, Shoyo Yoshimura es un excelente mentor de la filosofía zen. A continuación he traducido y parafraseado sus palabras sobre la comida.

Cuando prepare comida japonesa vegetariana, tómese el tiempo de preparar el *dashi*. Corte las verduras con cuidado y bisélelas para crear formas suaves y redondeadas. Incluso un simple plato de verduras cocidas estará mejor si pone el corazón en lo que hace.

Piense siempre en cómo debe cortar los ingredientes, el sabor del plato cambiará en función del tipo de corte. Así, por ejemplo, el *furofuki daikon* (*daikon* cocido con salsa de *miso*) es mejor cortarlo en rodajas gruesas para hacerlo más contundente, pero es difícil de comer con palillos. El truco consiste en hacerle un corte en forma de cruz de 5 mm de profundidad en la parte inferior para que se rompa con facilidad en cuartos al «cortarlo» con los palillos. En cambio, si va a cocerlo en un caldo *dashi*, es mejor cortarlo en trozos triangulares (*rangiri*) para que absorba mejor el sabor.

Pierda también un poco de tiempo en biselar (*mentori*) las verduras antes de cocerlas para que no se golpeen entre sí en la cazuela. El sabor del *dashi* es, por supuesto, clave, pero no le reste importancia a este paso aparentemente intrascendente. Las verduras cortadas así resultan tan suaves que consiguen llegar a lo más profundo de nuestro corazón, reconfortándolo.

Si se acostumbra a tratar las verduras con respeto (empleando todas las partes, incluidas las pieles, los cálices y los recortes), sus días cobrarán una nueva dimensión. Corte las pieles en juliana y saltéelas en forma de *kinpira* o añádalas a una sopa rústica (*kenchinjiru*); o píquelas, incorpórelas al tofu prensado y chafado, prepare unas croquetas (*ganmodoki*) y fríalas en aceite. Deje secar las pieles al sol durante medio día, añada agua fría y cuézalas a fuego lento para obtener un delicioso caldo de verduras. Tenga siempre a mano un bol en la cocina para echar los recortes, así la superficie de trabajo estará en todo momento limpia, ordenada y sin desperdicios.

Pero lo esencial es que seamos conscientes de que estamos vivos porque comemos y esto se lo debemos a los ingredientes, a los productores y a las bondades de la naturaleza. Este es el principio fundamental de la cocina japonesa tradicional vegetariana.

TIPOS DE CORTES DE VERDURAS

Hitokuchi-giri: corte en trozos de 3 cm.

Hanagiri: corte en forma de flor de 5 mm de grosor.

Hangetsu-giri: corte en forma de media luna de 5 a 10 mm de grosor.

Ichogiri: semicírculos de 5 mm de grosor cortados por la mitad para obtener formas triangulares redondeadas similares a las hojas de *ginkgo*.

Jabara-giri: cortes diagonales finos y profundos a lo largo de ambos lados de un pepino japonés para crear una forma de acordeón o fuelle (algunos colocan un palillo en cada lado como guía, para no cortarlo por completo). Después se corta a lo ancho en trozos de 2 a 4 cm de largo y se aliña con vinagre.

Mijingiri: corte en dados finos.

Rangiri: corte en trozos triangulares irregulares de 2 o 3 cm.

Saikoro kiri: corte en dados grandes (1 cm), generalmente para las zanahorias y el *daikon*.

Sasagaki: cortes por capas que se realizan sosteniendo la zanahoria o la raíz de bardana con una mano y, con la otra, rebajando con finas láminas todo el perímetro, empezando por los extremos, como si se afilara un lápiz.

Sengiri: corte en juliana fina.

Sogigiri: corte en rodajas diagonales finas o gruesas para bardana, apio, pepino y repollo.

Tanzaku-giri: corte en tiras planas y finas de unos 2 cm de ancho por 4 cm de largo.

仕込み

Los métodos de elaboración japoneses básicos, como la obtención del *dashi*, la eliminación del amargor (*aku nuki*) de los frutos secos y las verduras de montaña o la cocción de las alubias a fuego lento, son esenciales a la hora de abordar un menú japonés. Le recomiendo que lea este capítulo de principio a fin para tener una visión general de cómo abordar los principales tratamientos de la cocina japonesa. Cortar bien las verduras o preparar las salsas de forma precisa y cuidada es primordial también para que un plato sea un éxito, por lo que tiene sentido tener todo preparado antes de finalizar un plato.

En este capítulo encontrará las recetas básicas de *dashi* que hemos empleado a lo largo de todo el libro. Aunque el *kombu dashi* es probablemente el más utilizado, puede emplear el que desee. Prepare *awase dashi* (una combinación de *kombu dashi* con otro *dashi*, como el de setas *shiitake*) o sustitúyalo por *dashi* de calabaza seca o de soja, o el que prefiera.

También encontrará recetas y salsas a base de *miso* que podrá utilizar en otros platos, tanto occidentales como japoneses, así como otra receta clásica, la de *kaeshi*, una base aromática fundamental para una trilogía de sopas y salsas básicas: *mori tsuyu*, *kaketsuyu* y *tentsuyu*.

Se incluyen aquí también varios métodos para eliminar el amargor de las verduras de montaña o los frutos secos.

Hemos recopilado asimismo algunos artículos que pueden sustituir a los lácteos. Y, por último, le proponemos un par de zumos saludables y magníficos que podrá tomar tal cual o con un toque de alcohol si la ocasión lo requiere.

仕込み

SHIKOMI

BÁSICOS

昆布だし

KOMBU DASHI

Preparación: 5 minutos, más 4 horas en remojo y el tiempo para enfriar
Cocción: 30 minutos
Para 800 ml

V SL SG SFS <5

- 1 lámina de alga kombu de 10 g de 15 × 5 cm

Utilice *kombu* de la mejor calidad posible para obtener un resultado óptimo. No es necesario retirar la sustancia blanca (*manitol*) que se haya formado en la superficie.

-

Corte el *kombu* por la mitad y añádalo a una cazuela con 1 litro de agua fría. Déjelo en remojo 3 horas. A continuación, caliéntelo a fuego lento hasta que salga vapor del agua y se formen pequeñas burbujas en el *kombu*. Déjelo que se enfríe a temperatura ambiente antes de colarlo y usarlo.

VARIANTES: si tiene tiempo, deje el *kombu* en remojo toda la noche en el frigorífico y no lo caliente. Si tiene prisa, sáltese el paso del remojo, pero caliéntelo despacio. Refrigérelo 30 minutos como mínimo antes de usarlo.

椎茸だし

DASHI CON SETAS SHIITAKE

SHIITAKE DASHI

Preparación: 5 minutos, más 12 horas en remojo
Para 900 ml

V SL SG SFS <5

- 3 setas shiitake deshidratadas

Si puede, utilice setas *shiitake donko* japonesas para preparar este *dashi*. Tienen un sombrero grueso acanalado.

-

Sumerja las setas en abundante agua templada 15 minutos para eliminar los restos de suciedad o malos olores. Escúrralas, añada 1 litro de agua fría y refrigérelas toda la noche antes de colarlas y usarlas.

VARIANTE: si tiene prisa, después del primer remojo, escúrralas y remójelas en 1 litro de agua caliente con una pizca o dos de azúcar 30 minutos antes de usarlas.

切り干し大根だし

DASHI DE DAIKON SECO

KIRIBOSHI DAIKON DASHI

Preparación: 5 minutos, más 3 horas en remojo
Para 800 ml

V SL SG SFS <5

- 30 g de daikon seco (kiriboshi daikon, véase pág. 350), comprado o casero

A principios del invierno, los puestos de las granjas agrícolas de Japón venden *kiriboshi daikon* elaborado por las abuelas de la zona. Como alternativa, prepárelo usted cortando el *daikon* en tiras finas con una mandolina japonesa (*benriner*, véase pág. 353) y secándolas al sol. O cómprelo a través de Internet. Este *dashi* aporta una nota vegetal dulce a los platos.

-

Frote el *daikon* bajo un chorro de agua fría para eliminar malos olores. Escúrralo y déjelo en remojo 3 horas en 1 litro de agua fría antes de colarlo y usarlo.

かんぴょうだし

DASHI DE CALABAZA SECA

KANPYOU DASHI

Preparación: 5 minutos,
más 3 horas en remojo
Para 800 ml

V SL SG SFS <5

- 20 g de calabaza seca sin blanquear

Si está en Japón, adquiera la calabaza en una tienda de productos secos de confianza (*kanbutsu-ya*); de lo contrario, cómprela a través de Internet.

-

Frote la calabaza bajo un chorro de agua fría para eliminar malos olores. Escúrrala y déjela en remojo 3 horas en 1 litro de agua fría antes de colarla y usarla.

大豆だし

DASHI DE SOJA

DAIZU DASHI

Preparación: 5 minutos,
más 20 minutos en remojo
Cocción: 5 minutos
Para 850 ml

V SL SG SFS <5

- 100 g de soja seca
- 1 litro de agua hirviendo

Los granos de soja tostados aportan una agradable nota a frutos secos.

-

Tueste la soja en una sartén de fondo grueso a fuego lento unos 5 minutos hasta que desprenda su aroma y se dore ligeramente. Colóquela en un bol y vierta el agua hirviendo encima. Déjela en remojo 20 minutos antes de colarla y usarla.

野菜の皮だし

DASHI DE PIELES DE VERDURAS

YASAI NO KAWA DASHI

Preparación: 5 minutos
Cocción: 10 minutos
Para 250 ml

V SL SG SFS <5 <30

- 1 puñado de pieles de verduras

Las pieles de las verduras tienen mucho sabor y son ricas en minerales. Con ellas se puede preparar un *dashi* delicioso. Tenga simplemente en cuenta los sabores de las pieles que esté utilizando.

-

Ponga las pieles de las verduras en un cazo y añada 300 ml de agua. Llévelas casi a ebullición a fuego lento y cuélelas.

KOMBU

El alga *kombu* es un ingrediente fundamental de la cocina japonesa y el sabor esencial de los platos japoneses vegetarianos. La historia del *kombu* en Japón es tan antigua que no existen registros fiables que aseguren cuándo comenzó a usarse. Hay quien dice que llegó a bordo de barcos procedentes de la región china de Jiangnan a finales del periodo Jomon (h. 14 000-300 a. C.), durante la prehistoria japonesa.

A partir de los siglos VII y VIII, los barcos transportaban el *kombu* desde Matsumae, en Hokkaido, la isla del norte de Japón, a lo largo de una ruta que recorría parte de la costa de Honshu, la isla principal de Japón. Pero hasta mediados del periodo Kamakura (1185-1333) no se comenzó a viajar de manera activa entre Matsumae y Honshu.

En el periodo Muromachi (1336-1573), el *kombu* se transportaba por mar desde Hokkaido hasta Tsuruga, en la provincia de Echizen (actual prefectura de Fukui), y después por tierra hasta Kioto y Osaka. Finalmente, la ruta hacia el oeste se extendió hasta Osaka, bordeando el extremo sur de Honshu y continuando a través del mar interior de Seto.

Durante el periodo Edo (1603-1868) se utilizaron barcos (*kitamaebune*) para navegar directamente de Hokkaido a Osaka, aumentando así la velocidad y la eficacia de los envíos. Kioto era el centro indiscutible de la alta cocina japonesa, pero Osaka era el centro mercantil de distribución. Como resultado del aumento del transporte marítimo, el *kombu* llegó a todas las esferas de la población.

Esta ruta comercial, la «ruta del *kombu*», se extendió a Okinawa y a China a finales del siglo XVIII y podría ser la razón de la sofisticación y la expansión de la cocina japonesa por todo el archipiélago.

Existen dieciocho especies comestibles de *kombu*, aunque generalmente se utilizan cuatro tipos: *ma-kombu*, *Rausu kombu*, *Rishiri kombu* e *Hidaka kombu*.

El *ma-kombu* se produce principalmente en la costa de Hakodate, en Hokkaido, y el más apreciado procede de Kakkumi-hama. De hojas gruesas y anchas, se considera el mejor. Tiene un toque dulce y sutil con el que se prepara un *dashi* claro, pero lleno de sabor. Con él también se elabora un excelente *tsukudani* (conserva dulce de *shoyu*).

El *Rausu kombu* se cosecha a lo largo de la costa adyacente a la ciudad de Rausu, en el extremo norte de la península de Shiretoko, al noreste de Hokkaido. Sus hojas, de color marrón claro, tienen una fragancia exquisita y el *dashi* que se elabora con ellas es aromático y de color amarillo.

El *Rishiri kombu* se recoge a lo largo de las costas de las islas de Rishiri y Rebun, frente a la costa noroeste de Hokkaido, así como en la zona costera de la ciudad de Wakkanai, en el extremo norte de Japón. Sus hojas, firmes y ligeramente saladas, dan lugar a un *dashi* claro y suave, apreciado por la alta cocina japonesa (*kaiseki ryori*).

El *Hidaka kombu* se produce en la zona costera de Hidaka, en el sur de Hokkaido. Sus hojas son blandas y de un verde negruzco oscuro con una agradable viscosidad cuando se cuecen a fuego lento. Es quizá el más fácil de encontrar tanto en Japón como en el extranjero. Aunque el *dashi* que resulta es bueno, es más adecuado para preparar *kombu-maki* (rollitos de *kombu*), *tsukudani* (conserva dulce de *shoyu*) u otros platos en los que el *kombu* se cuece a fuego lento.

Cerca del 90 % de estas algas se recogen en las zonas costeras de Hokkaido y el resto en la costa de Sanriku, en Tohoku (en las prefecturas de Aomori, Iwate y Miyagi). El tipo de *kombu* que se puede cosechar depende de la ubicación, y aproximadamente el 90 % es de cultivo. La calidad varía en función de la región y de si es de cultivo o silvestre.

El *kombu* se recoge a bordo de pequeñas embarcaciones que surcan vastos bosques submarinos de algas cerca de la costa. Los pescadores colocan una boya de cristal sobre la superficie del agua para guiarse y clavan una larga pértiga con forma de gancho en las raíces de las algas para arrastrar sus hojas hasta el barco. Y vuelven a la orilla.

Allí, las llevan hasta una zona de lavado antes de extenderlas en las playas para que se sequen Se les da la vuelta una vez y luego, después de medio día aproximadamente, se almacenan cuando aún están blandas. El proceso de secado es crucial para el cuidado del *kombu* y conlleva varios pasos: secado, ablandamiento, enrollado, aplastado, recorte, pesaje y un último secado al sol antes de guardarse en un gran «almacén» con cierre hermético.

La recolección del *kombu* está muy controlada y solo se permite desde alrededor del 20 de julio hasta el 31 de agosto. Los horarios están muy restringidos: se empieza con un par de horas cortas tres días a la semana y después se extiende a cinco horas.

A pesar de estas precauciones, la contaminación de los océanos y el calentamiento global han hecho que las cosechas de *kombu* hayan disminuido. En 2019 se cosecharon 13 000 toneladas, frente a las 38 000 de 1990, y su precio se ha duplicado en los últimos cinco años. La extinción del *kombu* es una posibilidad muy real y adquirir las mejores se ha convertido en algo bastante difícil (y caro). Por suerte para los cocineros aficionados, con el *kombu* de menor calidad se puede elaborar un *dashi* maravilloso, no se preocupe.

八方だし

HAPPO DASHI

Preparación: 5 minutos
Cocción: 5 minutos
Para 1 litro

V SL SG SFS <5 <30

- 1 litro de Kombu dashi (véase pág. 22)
- 100 ml de sake
- 50 ml de hon mirin
- ¼ de cdta. de sal marina en escamas

El *happo dashi* se prepara con *katsuobushi* (atún ahumado, fermentado y secado al sol) y *kombu*, pero aquí solo necesita el *kombu* para infusionarlo en una salmuera suave. Ligeramente dulce por la adición de *mirin* y sake, se utiliza para aromatizar verduras cocidas a fuego lento.

-

En una cazuela, mezcle el *kombu dashi* con el sake, el *mirin* y la sal. Llévelos a ebullición a fuego medio, baje el fuego y cuézalos 2 minutos para que el alcohol se evapore. Está mejor si se come en el día, pero se conservará bien en el frigorífico 1 o 2 días en un tarro cerrado.

かえし

KAESHI

Preparación: 5 minutos, más 1 semana para potenciar su sabor
Cocción: 10 minutos
Para 600 ml

V SL SFS <5

- 100 ml de hon mirin
- 100 g de azúcar ecológico o de caña japonés marrón claro (kibizato, véase pág. 345)
- 500 ml de shoyu

El kaeshi es una base aromatizante que se utiliza en proporciones fijas para elaborar diversos caldos esenciales de la cocina japonesa. No dude en duplicar o triplicar los ingredientes, ya que se conservará bien en el frigorífico unos 6 meses en un tarro cerrado. Para una versión sin gluten, sustituya el *shoyu* por *tamari*.

-

Lleve el *mirin* a ebullición a fuego medio-alto en un cazo. Cuézalo hasta que el aroma a alcohol se evapore, unos 3 minutos. Incorpore el azúcar y cuézalo, sin dejar de remover, 1 minuto para que se disuelva. Añada el *shoyu*, remueva una vez y deje que cueza, sin removerlo, hasta que la superficie se cubra de una fina espuma cremosa, de 3 a 5 minutos. Retírelo del fuego, deje que se enfríe a temperatura ambiente y guárdelo en un tarro de una semana a varios meses para que desarrolle su sabor.

盛りつゆ

MORI TSUYU

Preparación: 5 minutos
Para 400 ml

V SL SFS <5 <30

- 300 ml de Kombu dashi (véase pág. 22)
- 6 cdas. de Kaeshi (véase arriba)

El *mori tsuyu* es el caldo que acompaña a los fideos *somen* y a varios platos de *udon* y *soba*. Aunque generalmente se sirve frío, también puede tomarse templado o caliente. La proporción es de tres partes de *dashi* por una de *kaeshi*.

-

Mezcle el *kaeshi* con el *dashi*. Enfríelo o caliéntelo, según el plato.

掛けつゆ

KAKETSUYU

Preparación: 5 minutos
Para 600 ml

V SL SFS <5 <30

- 600 ml de Kombu dashi (véase pág. 22)
- 60 ml de Kaeshi (véase pág. 25)

El kaketsuyu es un caldo caliente que se utiliza para servir los fideos *udon* o *soba* con verduras, setas y otros productos aromáticos. La proporción es de diez partes de *dashi* por una de *kaeshi*.

-

Mezcle en un cazo el *dashi* con el *kaeshi* y llévelo a ebullición a fuego medio antes de usarlo.

天つゆ

TENTSUYU

Preparación: 5 minutos
Para 400 ml

V SL SFS <5 <30

- 300 ml de Kombu dashi (véase pág. 22)
- 5 cdas. de Kaeshi (véase pág. 25)

La tempura se puede servir con diversos condimentos (sal marina común o aromatizada, o limón), pero normalmente se acompaña de un bol de *tentsuyu* y un montoncito de *daikon* y jengibre rallados finos. *El tentsuyu* se calienta antes de servirse. La proporción es de cuatro partes de *dashi* por una de *kaeshi*.

-

Mezcle en un cazo el *dashi* con el *kaeshi* y caliéntelo ligeramente antes de servir.

ころも

MASA DE TEMPURA

KOROMO

Preparación: 5 minutos
Para 125 ml

V SL SFS <5 <30

- 125 ml de agua con hielo o agua con gas fría
- 75 g de harina de repostería sin blanquear
- ¼ de cdta. de sal marina fina

La masa de tempura sin huevo se suele conocer como *shojin koromo* (masa budista). El rebozado es crujiente y exquisitamente ligero, razón de más para no añadir huevo (que introduce una nota ligeramente esponjosa si no se tiene cuidado).

-

En un bol, mezcle el agua con la harina y la sal con unos palillos para cocinar hasta obtener una masa no demasiado fina (quedarán grumos). Utilícela de inmediato.

ご飯

ARROZ JAPONÉS

GOHAN

Preparación: 10 minutos,
más 30 minutos en remojo
Cocción: 20 minutos,
más 5 minutos para reposar
Para 900 g

V SL SG SFS <5

- 450 g (540 ml) de arroz japonés de grano corto (véase pág. 351)

Si cuece el arroz en una olla de fondo grueso en vez de en una arrocera, obtendrá un arroz perfecto que perderá calor con el tiempo, pero que no se sobrehidratará (como ocurre con las arroceras). Las cazuelas de hierro fundido (*tetsu gama*, véase pág. 354) mantienen el calor durante 1 hora; las de barro (*donabe*, véase pág. 353), unos 30 minutos. En Japón, el arroz y los ingredientes relacionados con el arroz, como el sake, se miden en *go* (合), que equivale a 180 ml. Hay muchas variedades de arroz, la que más se consume es la japónica, un arroz de grano corto que no debe confundirse con el glutinoso (que se vende fuera de Japón como arroz «dulce»). Compre «arroz para *sushi*» si no encuentra arroz japonés.

-

Ponga el arroz en un colador de malla sobre un bol en el fregadero. Llénelo hasta arriba de agua, levante el colador y deseche el agua. Frote el arroz con los dedos para eliminar el almidón, vuelva a colocar el colador sobre el bol y lávelo bajo un chorro de agua fría unos 2 o 3 minutos hasta que el agua salga transparente. Levante el colador, deseche el agua (o utilícela para cocer tubérculos blancos, como el taro o la raíz de loto) y vuelva a colocarlo sobre el bol para que escurra 10 minutos.

Pase el arroz a una olla de fondo grueso y vierta 540 ml de agua fría filtrada. Tape la olla y déjelo en remojo 20 minutos.

Ponga la olla a fuego vivo, tapada. En unos 5 minutos debería ver burbujas por los bordes de la tapa. Baje el fuego al mínimo y cuézalo 12 minutos. Retírelo del fuego y déjelo reposar 5 minutos antes de esponjarlo y servirlo.

玄米

ARROZ INTEGRAL

GENMAI

Preparación: 10 minutos,
más 4-6 horas en remojo
Cocción: 40 minutos,
más 10 minutos para reposar
Para 900 g

V SL SG SFS <5

- 450 g (540 ml) de arroz integral japonés de grano corto
- ½ cdta. de sal marina en escamas

El arroz integral absorbe el agua más despacio que el blanco debido a la capa de salvado que lo recubre. En general, el tiempo de remojo es de 6 horas. Para que la textura sea más pastosa, déjelo 3 o 4 horas, y para que sea más blanda, 8 horas. Puede cocerlo en una arrocera, pero yo prefiero una olla de fondo grueso para que el aroma sea mejor y los granos se hinchen más.

-

Ponga el arroz en un colador de malla sobre un bol en el fregadero. Llénelo hasta arriba de agua, levante el colador y deseche el agua. Frote el arroz con los dedos, vuelva a colocar el colador sobre el bol y lávelo bajo un chorro de agua fría unos 2 o 3 minutos hasta que el agua salga transparente. Levante el colador y déjelo escurrir 10 minutos.

Pase el arroz a una olla de fondo grueso de hierro fundido y vierta 750 ml de agua fría filtrada. Tápelo y déjelo en remojo de 4 a 6 horas en un lugar fresco.

Ponga la olla a fuego vivo, tapada. En unos 7 minutos debería ver burbujas por los bordes de la tapa. Baje el fuego al mínimo y cuézalo 30 minutos. Retírelo del fuego y déjelo reposar 10 minutos antes de esponjarlo con cuidado y servirlo.

雑穀

ZAKKOKU

Preparación: 5 minutos
Para 6 cucharadas

V SL SG SFS <30

- 2 cdas. de copos de cebada (oshi mugi, véase pág. 351)
- 1 cda. de mijo menor (awa, véase pág. 351)
- 1 cda. de mijo de corral (hie, véase pág. 351)
- 1 cda. de mijo común (kibi, véase pág. 351)
- 1 cda. de arroz negro (kuromai, véase pág. 351)

El *zakkoku* es una mezcla de granos antiguos que se añade al arroz cuando se cuece para aportarle textura, fibra y sabor. Suele llevar cebada prensada, varios mijos, arroz negro, arroz rojo o incluso alubias secas. Para las recetas de este libro, si no hace su propia mezcla, compre una japonesa ya hecha, pero evite las que contengan alubias porque afectarán al tiempo de cocción. En Japón se dice que el *zakkoku* mejora el metabolismo, favorece el tránsito intestinal y previene la obesidad, ya que es rico en minerales y en fibra dietética. Los japoneses modernos tienen una dieta mucho más blanda que antes, por lo que añadir fibra anima les permite masticar y disfrutar de los contrastes de textura. Si no dispone de las variedades de mijo japonés, utilice las que tenga.

-

En un bol, mezcle los copos de cebada con el mijo y el arroz. Se conservará bien varios meses si se guarda en un tarro hermético en un lugar fresco y oscuro.

Utilice unas 2 cucharadas por cada 450 g (540 ml) de arroz blanco. Antes de añadir el arroz, vierta agua hirviendo sobre el *zakkoku* para cubrirla y déjela en remojo unos 20 minutos. Escúrrala y añádala al arroz remojado con 2 cucharadas más de agua antes de cocinarlo.

ZAKKOKU DE ARROZ: para una mezcla más sencilla, use arroz rojo y negro en una proporción de 1:1 para añadir color y textura. Utilice 1 cucharada de la mezcla por cada 450 g (540 ml) de arroz. Añada 1 cucharada de agua al agua de remojo del arroz cuando añada el *zakkoku* remojado y colado antes de la cocción.

ごま塩

SAL DE SÉSAMO

GOMA SHIO

Preparación: 10 minutos
Cocción: 5 minutos
Para unas 5 cucharaditas

V SL SG SFS <5 <30

- 5 g de sal marina en escamas
- 10 g de semillas de sésamo blanco, negro o dorado

Es clave para elevar a lo sublime algunos de los platos de *okayu* más modestos. Se conservará bien hasta una semana en un recipiente hermético.

-

Coloque una sartén a fuego lento y añada la sal. Remuévala con una cuchara plana de madera hasta que esté bien seca, 1 o 2 minutos. Pásela en un mortero japonés (*suribachi*, véase pág. 354) y muélala fina. Resérvela en un bol y reserve también el *suribachi*.

Vuelva a calentar la sartén a fuego medio hasta que desprenda calor. Retírela del fuego y añada las semillas de sésamo. Agítelas, vuelva a poner la sartén a fuego lento y caliéntelas unos 30 segundos o hasta que desprendan su aroma. Páselas al *suribachi* y májelas hasta formar un polvo. (Atención: no debe quedar pastoso.)

Incorpore el sésamo en el bol con la sal y mézclelos bien. Resérvelo en un recipiente hermético.

三杯酢

SANBAIZU

Preparación: 5 minutos
Cocción: 1 minuto
Para 125 ml

V SL SFS <5 <30

- 3 cdas. de hon mirin
- 3 cdas. de vinagre de arroz
- 3 cdas. de usukuchi shoyu (véase pág. 344) o shoyu

El sanbaizu es un vinagre que conviene tener a mano. Además, se puede conservar en el frigorífico casi indefinidamente. Si no lleva *mirin*, se llama *nihaizu*, pero el dulzor le aporta equilibrio, por lo que es más versátil.

-

En un cazo, mezcle el *mirin* con el vinagre de arroz. Llévelo a ebullición a fuego medio-alto y viértalo en un tarro. Una vez frío, añada la *usukuchi shoyu* o *shoyu*. Se conservará bien, tapado, en el frigorífico varias semanas o más, si lo desea.

炊き味噌

TAKI MISO

Preparación: 10 minutos
Cocción: 5 minutos
Para 6 cucharadas

V SL SG SFS <5 <30

- 6 cdas. de miso blanco
- 2 cdtas. de azúcar ecológico
- 2 cdas. de sake
- 1 cdta. de hon mirin

El taki miso es una salsa dulce a base de *miso* blanco que se utiliza para glasear las verduras. Se puede utilizar un *miso* más oscuro, de arroz integral o cebada, pero las preparaciones más delicadas, como el *Miso* de *yuzu* (véase pág. 29) o el *miso* de hojas de *sansho* (para las Berenjenas asada con *miso* de hojas de *sansho*, véase pág. 212) necesitan *miso* blanco como base.

-

En una cazuela de fondo grueso, mezcle el *miso* con el azúcar, el sake y el *mirin*. Caliéntelo, removiéndolo, a fuego medio 1 minuto, hasta que hierva fuerte. Baje el fuego y cuézalo, removiendo, hasta que el *miso* esté brillante y haya recuperado su consistencia original, otro minuto más o menos. Déjelo enfriar a temperatura ambiente, páselo a un recipiente de cristal o de plástico (u otro no reactivo) y guárdelo en el frigorífico hasta 5 días.

AKA TAKI MISO: para preparar *aka taki miso* (*taki miso* rojo), sustituya 2 cucharadas de *miso* blanco por 2 de *miso* de soja. Utilice esta versión para el *Daikon* al vapor con *miso* (véase pág. 186) o berenjenas a la parrilla.

柚子味噌

MISO DE YUZU

YUZU MISO

Preparación: 10 minutos
Para 6 cucharadas

V SL SG SFS <5 <30

- Taki miso (véase arriba)
- 1 yuzu mediano o limón Meyer pequeño (125 g)

El *miso* de *yuzu*, delicioso, ligero y cítrico, se utiliza en los Rollitos de zanahoria y ñame (véase pág. 156), los Bloques de fideos *shirataki* con *miso* de *yuzu* (véase pág. 46) y la Berenjena a la sartén con *miso* de *yuzu* (véase pág. 210). Puede utilizarlo en otros platos, japoneses u occidentales, o como salsa para hortalizas frescas de primavera o de verano (rábanos, pepino, apio o judías verdes). Y, en función de la temporada, se puede sustituir el *yuzu* por hojas de *sansho*, jengibre rallado, semillas de sésamo tostadas molidas o mostaza japonesa.

-

Ponga el *taki miso* en un bol y ralle fina la piel del *yuzu* encima. Exprima el *yuzu*, retírele las semillas e incorpórelo al *miso*. Se conservará bien un par de semanas en el frigorífico en un recipiente hermético. Cúbralo a piel con film transparente para que no se oxide.

田楽味噌

DENGAKU MISO

Preparación: 10 minutos
Cocción: 5 minutos
Para 6 cucharadas

V SL SG SFS <30

- 3 cdas. de hatcho miso o miso de soja
- 2 cdas. de miso de arroz integral o de cebada
- 1 cda. de miso blanco
- ½ cdta. de azúcar ecológico
- 2 cdas. de sake
- 2 cdas. de hon mirin

El *dengaku miso* es una salsa dulce elaborada con *miso* de arroz integral, cebada o soja. A menudo se unta sobre las verduras antes de asarlas o sobre los tubérculos cocidos al vapor, como el *daikon*, el ñame japonés o el *taro*. Se conserva bien en el frigorífico, pero deberá calentarlo un poco antes de usarlo para que no esté sólido. Se puede ajustar el sabor de los distintos tipos de *miso* o se puede omitir el blanco. El *dengaku miso* también combina bien con la mezcla de especias japonesa (*shichimi togarashi*, véase pág. 351).

-

En una cazuela de fondo grueso, mezcle los tres *misos* con el azúcar, el sake y el *mirin*. Llévelo a ebullición a fuego medio, removiéndolo constantemente. Baje el fuego y cuézalo, removiendo, hasta que el azúcar se haya disuelto por completo y la salsa esté espesa y brillante, unos 3 o 4 minutos.

ごまバター

PASTA DE SÉSAMO-UME

GOMA BATA-

Preparación: 5 minutos
Para 6 cucharadas

SL SG SFS <5 <30

- 2 cdas. de pasta de sésamo dorado
- 2 cdtas. de pasta de «ciruelas» saladas encurtidas (bainiku, véase pág. 350)
- 2 cdas. de miel suave

En esta «mantequilla» (*bata-*), el sabor delicioso del sésamo se mezcla con el dulzor de la miel, que suaviza la pasta de ciruelas, salada y afrutada, sin nada de mantequilla. Utilícela para acompañar un bol de arroz blanco o úntela sobre un trozo de *mochi* a la parrilla o una tostada de trigo.

-

Maje la pasta de sésamo con la pasta de ciruelas y la miel en un mortero. Se conservará bien varias semanas si la guarda en un recipiente hermético en un lugar fresco y oscuro.

寺納豆ペースト

PASTA DE TERA NATTO-SÉSAMO

TERA NATTOU PE-SUTO

Preparación: 15 minutos
Para 150 ml

V SL SG SFS <5 <30

- 60 g de tera natto (véase pág. 350)
- 2 cdas. de pasta de sésamo blanco
- ⅛ de cdta. de pimienta sansho molida

El *tera natto* es la versión original de lo que hoy conocemos como *natto* (véase pág. 352). Los granos de soja cocidos al vapor se fermentan con *koji*, se secan y se dejan curar durante un año. Fuera de Japón, busque *natto* seco. Esta pasta es sorprendente y deliciosa. Tómela con un bol de arroz blanco o una Crema de patata con *tera natto* (véase pág. 250) para darles un toque de sabor increíble.

-

Prepare un puré de *tera natto* con la pasta de sésamo y *el sansho* en un miniprocesador de alimentos, rebañando los lados, hasta que esté fino. Si lo prefiere, hágalo a lo tradicional y májelo en un mortero japonés (*suribachi*, véase pág. 354), pero le llevará mucho más tiempo.

トマトときのこのソース

SALSA DE SETAS CON TOMATE

TOMATO TO KINOKO NO SO-SU

Preparación: 20 minutos
Cocción: 15 minutos
Para 300 ml

V SL SG SFS

- 2 tomates medianos (400 g)
- Agua hirviendo
- 1 tallo de apio mediano sin hojas (75 g), con la parte inferior cortada
- 50 g de setas maitake
- 50 g de setas shimeji
- 1 cda. de aceite de oliva suave
- 1 cdta. de kétchup
- ¼ de cdta. de sal marina en escamas
- ⅛ de cdta. de pimienta negra recién molida
- 1 cdta. de shoyu
- 1 cdta. de hatcho miso o miso de soja

Esta salsa se utiliza en el Gratinado de tofu y tomate (véase pág. 210), pero es tan versátil que he incluido la receta en este capítulo. Utilícela para acompañar fideos o en variantes de la receta del gratinado.

-

Haga un pequeño corte en forma de cruz en la piel de cada tomate y colóquelos en un recipiente refractario. Vierta agua hirviendo hasta cubrirlos y déjelos en remojo 5 minutos. Escúrralos y seque el bol. Pélelos, píquelos finos y vuelva a ponerlos en el bol. Corte el apio, el *maitake* y los *shimeji* en dados finos.

Caliente a fuego medio el aceite de oliva en una sartén 30 segundos. Añada el tomate picado, el apio, los *maitake* y los *shimeji* y sofríalos, removiendo de vez en cuando, hasta que la salsa espese, de 5 a 7 minutos. Añada el kétchup, la sal, la pimienta, el *shoyu* y el *miso*, y cuézala a fuego lento 10 minutos más.

大豆のソース

SALSA DE SOJA CREMOSA

DAIZU NO SO-SU

Preparación: 10 minutos
Para 300 ml

V SL SG SFS <5 <30

- 170 g de Soja cocida (véase pág. 32) fría
- 4 cdas. de Mayonesa de leche de soja (véase pág. 36)
- 1 cda. de kétchup
- ½ cdta. de sal marina en escamas

Compuesta en su mayor parte por soja, esta salsa es, por su aspecto, espesa como el humus, pero más ligera y con poco aceite. Utilícela para untar fritos, rollitos u hortalizas crudas.

-

En un robot de cocina o una batidora, triture la soja con 150 ml de su líquido de cocción hasta que esté cremosa. Pásela a un bol e incorpore la mayonesa, el kétchup y la sal para obtener una salsa espesa y deliciosa.

ゆで大豆

SOJA COCIDA

YUDE DAIZU

Preparación: 5 minutos, más toda la noche en remojo
Cocción: 30 minutos-1 hora
Para 340 g

V SL SG SFS <5

- 160 g de soja seca

Los granos de soja cocidos a fuego lento tienen un sabor a nueces y son ligeramente dulces. Pueden comerse tal cual o añadirse a sopas, ensaladas o platos como el arroz al *curry* (véase *Curry* vegetariano al estilo japonés, pág. 234). Triturados con parte de su líquido de cocción y otros ingredientes, constituyen la base de la versátil Salsa de soja cremosa (véase pág. 31).

-

Lave la soja en un colador de malla bajo un chorro de agua fría. Ponga en remojo la soja toda la noche. (Refrigérela si la remoja los días calurosos y húmedos de verano.)

Escúrrala y pásela a una olla. Llénela de abundante agua fría con sal y llévela a ebullición a fuego medio. Baje el fuego y deje que cueza 1 hora más o menos, en función de la soja y de la textura que desee (la que lleve más tiempo seca tardará más en hacerse). Espume la superficie de manera regular. Compruebe el punto de cocción deseado (un poco más firme para ensaladas o platos que requieran más cocción, más blanda para una salsa), retírela del fuego y déjela enfriar a temperatura ambiente en el líquido de cocción. La soja se conservará en buen estado 2 o 3 días en el frigorífico (preferentemente en el líquido de cocción).

SOJA COCIDA CON SHOYU: en un cazo, añada 170 g de soja cocida, 100 ml de agua, 1 cucharada de *shoyu*, 2 de *mirin* y 1 de sake. Lleve el agua a ebullición a fuego medio-alto y cueza la soja con el resto de los ingredientes a fuego lento hasta que los líquidos se hayan absorbido por completo (con cuidado de que no se pegue), unos 10 minutos. En el último minuto, más o menos, levante el cazo y muévalo por encima del fuego para que se evapore todo el líquido. Resérvela en el frigorífico. Sírvala como aperitivo antes de una comida o como tentempié.

ゆで小豆

JUDÍAS AZUKI COCIDAS

YUDE AZUKI

Preparación: 5 minutos
Cocción: 45 minutos-1 hora
Para 500 g

V SL SG SFS <5

- 200 g de judías azuki

Las judías *azuki* cocidas tienen un dulzor vegetal natural y pueden utilizarse tanto en platos salados como dulces. Combinan muy bien con la *Kabocha* cocida (véase pág. 347).

-

Lave las judías en un colador de malla bajo un chorro de agua fría. Escúrralas, póngalas en una cazuela y cúbralas con abundante agua fría. Llévelas a ebullición a fuego vivo, baje el fuego y cuézalas unos 15 minutos. Vierta 125 ml de agua fría (*bikkuri mizu*) para asustarlas, deje que vuelvan a hervir suave y cuézalas hasta que estén blandas, pero no se deshagan, de 30 a 45 minutos. Si están un poco pálidas después de cocerlas, cuele el líquido de cocción en un cazo y cuézalo a fuego medio-bajo hasta que se reduzca a una cuarta parte. Incorpore la cantidad que desee a las judías para darles color y brillo. Guarde las sobras con el líquido de cocción restante en el frigorífico. Si no las va a utilizar los próximos 2 o 3 días, congélelas por tandas para utilizarlas en otra ocasión.

黒豆

ALUBIAS NEGRAS DULCES

KUROMAME

Preparación: 10 minutos,
más 24 horas en remojo (y toda la noche para infusionar si puede)
Cocción: 2 horas y 30 minutos
Para 365 g

V SL SFS <5

- 130 g de alubias negras japonesas secas (kuromame, véase pág. 352)
- ½ cdta. de bicarbonato de sodio
- 100 g de azúcar ecológico o azúcar moreno refinado japonés (sanonto, véase pág. 339)
- 1 cda. de shoyu

Las alubias negras cocidas con azúcar se sirven a menudo en los hogares japoneses para Año Nuevo, pero pueden formar parte también de los *zensai*, las cajas *bento* o tomarse cualquier momento del año. Son difíciles de preparar, porque deben conservar su brillo y su forma, pero estar muy blandas. Tienden a deshacerse, así que no se desespere si se separa la piel. Las que se utilizan en Japón son una variedad de soja, por lo que no se pueden sustituir por las alubias negras comunes, ya que son demasiado pequeñas. Los ayocotes negros de Rancho Gordo (California), son una excelente opción si se encuentra en Estados Unidos.

-

En una cazuela, ponga las alubias con el bicarbonato de sodio y cúbralas con abundante agua fría. Tápelas y déjelas durante 24 horas en un lugar frío. Escúrralas, lávelas y póngalas en otra cazuela. Vierta 700 ml de agua fría y cuézalas a fuego lento 1 hora.

Añada la mitad del azúcar con 200 ml de agua y cuézalas a fuego lento otros 30 minutos.

Incorpore el *shoyu*, el azúcar restante y 200 ml más de agua, y prosiga con la cocción 1 hora más. Las alubias deben permanecer siempre sumergidas en el líquido de cocción, así que añada un poco de agua, si fuese necesario.

Páselas a un recipiente con tapa y deje que se enfríen fuera del frigorífico antes de taparlas. Sírvalas al día siguiente, si puede, para que se intensifique el dulzor, a temperatura ambiente. Se pueden guardar en el frigorífico unos 10 días.

わらびのアク抜き

BROTES DE HELECHO DESALCALINIZADOS

WARABI NO AKU-NUKI

Preparación: 5 minutos,
más el tiempo para enfriar
Para 100 g

V SL SG SFS <5 <30

- 100 g de brotes de helecho, sin la parte inferior dura
- ½ cdta. de bicarbonato de sodio
- Agua hirviendo

A la mayoría de los brotes de helecho hay que quitarles el amargor antes de utilizarlos, por lo que desalcalinizarlos facilita su consumo. Si tiene poco tiempo, puede saltarse parte del tiempo de enfriado, lavarlos con agua fría y continuar.

-

Coloque los brotes de helecho en un recipiente refractario con el bicarbonato de sodio y vierta agua hirviendo hasta cubrirlos. Deje que se enfríen a temperatura ambiente antes de aclararlos con agua fría.

あく抜き筍

BROTES DE BAMBÚ COCIDOS

AKU-NUKI TAKENOKO

Preparación: 20 minutos, más 1 hora para enfriar
Cocción: 1 hora
Para 340 g

V · SL · SG · SFS · <5

- 2-3 brotes de bambú pequeños sin pelar (1,2 kg)
- 65 g de salvado de arroz
- 2 guindillas rojas japonesas deshidratadas

Para quitarles el amargor a los brotes de bambú, se cuecen a fuego lento, sin pelar, con salvado de arroz. Este método se conoce como *nuka yugaki*. Cada minuto que transcurre después de recolectar los brotes permite que desarrollen su amargor, por lo que si se cuecen enseguida, este paso no es necesario. Asegúrese de realizar esta operación en cuanto compre los brotes de bambú. Antiguamente, cada casa cultivaba y molía su propio arroz, por lo que el salvado de arroz era abundante y tenía muchos usos culinarios y domésticos. Aunque seguimos cultivando y moliendo nuestro arroz, hoy en día la mayoría de la gente compra el salvado de arroz en los supermercados o en las granjas.

-

Frote los brotes con un cepillo de fibra natural (*tawashi*) y aclárelos con agua fría. Córteles las puntas en diagonal con un cuchillo de cocina pesado y afilado. Hágales un corte vertical de 1 o 2 cm de profundidad, empezando por donde acaba de quitarles la punta, para que se hagan mejor.

Colóquelos sin pelar en una sartén honda y de fondo grueso, lo suficientemente grande para que quepan unos al lado de los otros. Añada el salvado de arroz y las guindillas y cúbralos con agua fría. Caliéntelos a fuego medio-alto hasta que casi hiervan. Tenga cuidado porque el salvado de arroz tiende a favorecer el hervor del agua. Coloque una tapa de contacto directo (o la tapa de una olla más pequeña) directamente sobre los brotes, baje el fuego y cuézalos 1 hora (o 45 minutos si son muy pequeños; aunque sean grandes, no los cueza más de 1 hora).

Los brotes deben permanecer todo el rato sumergidos, compruébelo cada 30 minutos y añada más agua si fuese necesario. Pasada 1 hora, pínchelos con una brocheta de bambú por el centro. Si están tiernos, déjelos enfriar en el líquido de cocción.

Retire la capa exterior dura del corte vertical. Agarre los brotes por la parte superior y gírelos para que salga el interior tierno. Lávelos y recorte las partes duras que queden alrededor de la parte inferior. Consérvelos refrigerados, sumergidos en agua fría, hasta 5 días. Cambie el agua cada día.

ふきの下ごしらえ

FUKI ESCALDADO

FUKI NO SHITA-GOSHIRAE

Preparación: 20 minutos
Cocción: 5 minutos
Para 6 tallos

V SL SG SFS <5 <30

- 6 tallos de fuki (300 g)
- 1 cdta. de sal marina en escamas
- 2 cdas. de ceniza (opcional)

Al igual que muchas verduras de montaña, al *fuki* (véase pág. 346) hay que quitarle el amargor (*aku*) antes de usarlo. La ceniza de las chimeneas sigue siendo uno de los métodos más habituales para eliminar el amargor y las toxinas.

-

Recorte los extremos del *fuki* y córtelo por la mitad (o en tercios) a lo ancho para que quepa en una cazuela. Extiéndalo sobre una tabla de cortar y sálelo. Con las manos sobre los tallos, hágalos rodar hacia delante y hacia atrás (*itazuri*) para que se ablanden ligeramente.

Llene una cazuela con tres cuartas partes de agua, añada la ceniza (si utiliza) y llévela a ebullición a fuego vivo. Sumerja el *fuki* y escáldelo 30 segundos. Refrésquelo bajo un chorro de agua fría. Retírele los hilos, pelando unos 2,5 cm de los hilos alrededor del extremo más grueso. Junte los hilos y tire hasta el final del tallo para retirarlos de una sola vez. Puede guardarlo varios días sumergido en agua fría en un recipiente tapado y no reactivo en el frigorífico. Cambie el agua cada día.

鬼皮をむいた栗

CASTAÑAS ENTERAS PELADAS

ONI KAWA WO MUITA KURI

Preparación: 45 minutos, más 1 hora en remojo
Cocción: 3 minutos
Para 850 g

V SL SFS <5

- 1 kg de castañas enteras sin pelar

Un remojo, un hervor rápido y un cuchillo de cocina afilado es todo lo que necesita para pelar las castañas.

-

Coloque las castañas en una cazuela y cúbralas con abundante agua fría. Déjelas en remojo durante 1 hora.

Llévelas a ebullición a fuego vivo y cuézalas 3 minutos. Escúrralas y pélelas. Para ello, introduzca la parte inferior de un cuchillo afilado en la base de la castaña y retire la piel exterior para separarla del interior.

ゆでぎんなん

NUECES DE GINKGO COCIDAS

YUDE GINNAN

- Preparación: 15 minutos
- Cocción: 10 minutos
- Para 12 nueces

V SL SG <5

- 12 nueces de ginkgo ligeramente partidas

Las nueces de *ginkgo* se suelen cocer con cáscara antes de abrirse y retirar la piel interior que las recubre.

-

Ponga las nueces de *ginkgo* en un cazo y cúbralas con agua fría. Llévelas a ebullición a fuego vivo y cuézalas 10 minutos.

Escúrralas y refrésquelas bajo un chorro de agua fría. Presiónelas con el extremo más ancho de la hoja de un cuchillo pesado. Retire las cáscaras y la piel interior.

戻した高野豆腐

KOYADOFU REHIDRATADO

MODOSHITA KOUYADOUFU

Preparación: 20 minutos
Para 4 piezas

V SL SG SFS <5 <30

- 4 trozos (de 9 g cada uno) de tofu liofilizado (koyadofu, véase pág. 352)

El tofu liofilizado (*koyadofu*) surgió en Japón hace varios cientos de años como método tradicional para conservar el tofu. El *koyadofu* debe rehidratarse antes de usarse; además, al remojarlo en múltiples cambios de agua, se elimina el sabor del bicarbonato empleado en la elaboración.

-

Coloque los trozos de *koyadofu* en una sola capa en una sartén rectangular con borde. Vierta agua caliente, pero no hirviendo, hasta cubrirlos (tenga cuidado de no verterla directamente sobre ellos). Cuando se hayan enfriado y vuelto a hinchar, sáquelos de uno en uno del agua con una espátula y deseche el agua. Vuelva a poner el *koyadofu* en la sartén y llénela de agua fría para purgar los restos de bicarbonato de la liofilización. Al cabo de 5 minutos, deseche el agua y añada agua fría limpia. Repita la operación varias veces. Escúrralo antes de usarlo.

豆乳マヨネーズ

MAYONESA DE LECHE DE SOJA

TOUNYUU MAYONE-ZU

Preparación: 15 minutos, más 15 minutos para espesar
Para 240 g

V SL SG SFS

- 60 ml de leche de soja a temperatura ambiente
- 1½ cdtas. de mostaza de Dijon
- ½ cdta. de sal marina en escamas
- 1½ cdtas. de vinagre de arroz
- 200 ml de aceite neutro, como el de colza, cacahuete o sésamo sin tostar

Se trata de una ligera variante de un método original de Food52 que Kyoko Ide leyó en un folleto que venía con una batidora que compró en Japón. (Se puede preparar con unas varillas, pero no tendrá un color tan claro ni una textura tan espesa.) Después de haber hecho la mayonesa tradicional al estilo francés durante décadas, puedo asegurarles que esta versión sin huevo está deliciosa. Es, además, muy ligera, por lo que resulta una alternativa muy válida. Compre la mejor leche de soja que encuentre. A mí me gusta la de Hodo Foods, de Oakland, California. Asegúrese de utilizar un bol lo suficientemente grande, porque salpicará al hacerla. ¡Y prepárese para que su mano y su muñeca se agoten!

-

En un bol hondo de base estrecha, mezcle la leche de soja con la mostaza, la sal y el vinagre. Déjelo reposar 15 minutos para que espese. Triture la mezcla con una batidora. Sin dejar de batir, añada el aceite poco a poco hasta que se termine y la mayonesa esté dura. Guárdela varios días (o más) en un recipiente hermético en el frigorífico.

MAYONESA DE ESPECIAS JAPONESAS: mezcle ⅛ de cucharadita de mezcla de especias japonesa (*shichimi togarashi*, véase pág. 351) con 2 cucharadas de mayonesa.
MAYONESA DE MISO: mezcle 1 cucharadita de *miso* de arroz integral o cebada con 2 cucharadas de mayonesa.
MAYONESA SHOYU: mezcle ½ cucharadita de *shoyu* con 2 cucharadas de mayonesa.

豆腐マヨネーズ

MAYONESA DE TOFU

TOUFU MAYONE-ZU

Preparación: 15 minutos,
más 1 hora para prensar el tofu
Para 150 g

V SL SG SFS

- 150 g de tofu firme (momendofu, véase pág. 352) o tofu suave japonés
- 1 cda. de vinagre de arroz
- ½ cdta. de sal marina en escamas
- Una vuelta o dos de pimienta negra
- ⅛ de cdta. de mostaza amarilla en polvo (karashi, véase pág. 351)
- 2 cdas. de aceite de colza bueno

Con el tofu como base de esta «mayonesa» se obtiene una versión poco aceitada, ligeramente avinagrada y picante que, sin embargo, es cremosa y deliciosa gracias a la textura del tofu. De ahí que sea fundamental utilizar un tofu bueno y de textura blanda.

-

Coloque el tofu en un plato y ponga otro encima durante 1 hora para eliminar el exceso de líquido.

Estrújelo con las manos y póngalo en un mortero japonés (*suribachi*, véase pág. 354). Májelo hasta obtener una pasta cremosa e incorpore el vinagre, la sal, la pimienta y la mostaza. Vierta despacio el aceite, removiéndolo constantemente con energía, hasta que emulsione. Se conservará bien en el frigorífico unos 3 o 4 días.

ホイップクリーム

NATA LIGERAMENTE MONTADA

HOIPPU KU-RIMU

Preparación: 5 minutos
Para 300 ml

SG SFS <5 <30

- 200 ml de nata para montar
- 1 cda. de azúcar ecológico
- ½ cdta. de extracto de vainilla

Ligeramente dulce y montada, es perfecta para acompañar los postres de frutas o los pasteles.

-

Con una batidora, bata la nata, el azúcar y la vainilla a velocidad alta hasta que espese y caiga en forma de cinta, unos 5 minutos, pero sin que esté dura.

ヴィーガンホイップクリーム

NATA MONTADA VEGANA

VI-GAN HOIPPU KURI-MU

Preparación: 15 minutos
Para 300 ml

V · SL · SG · SFS · <5

- 60 ml de aquafaba (líquido de los garbanzos en conserva)
- ⅛ de cdta. de cremor tártaro
- 2 cdas. de azúcar ecológico
- ½ cdta. de extracto de vainilla

Las natas montadas veganas se hacen a menudo con crema de coco, pero su sabor no va bien con los menús japoneses. Este método, que recuerda al merengue de clara de huevo, utiliza aquafaba. En este caso, tiene sentido comprar unos buenos garbanzos. Con un frasco de 425 g obtendrá unos 120 ml de aquafaba. Utilice la mitad para esta receta y congele la otra mitad un máximo de 3 meses.

-

En un bol, con una batidora, bata el aquafaba con el cremor tártaro a velocidad alta hasta que se formen picos suaves, 1 minuto. Añada el azúcar en tres tandas: espolvoree cada tercio de manera uniforme sobre la superficie de la «nata» y bata 1 minuto después de cada adición. Agregue la vainilla y bata hasta que esté densa y esponjosa, 1 minuto más, hasta un total de 5 minutos. Sírvala de inmediato porque se cortará, incluso si se guarda en frío.

ヴィーガンパルメザン風 チーズ

«QUESO» VEGANO AL ESTILO PARMESANO

VI-GAN PARUMENZAN-FUU CHI-ZU

Preparación: 10 minutos, más 2-3 horas para refrigerar
Para 170 g

V · SL · SG · <5

- 150 g de anacardos crudos
- 1 cda. de vinagre de arroz
- ½ cdta. de sal marina en escamas
- 1 pizca grande de mostaza amarilla en polvo (karashi, véase pág. 351)

Este «queso» vegano al estilo parmesano es más brillante y gustoso que las populares versiones de anacardo y levadura nutricional. Además, puede desmenuzarlo y usarlo así, después de triturarlo, o enfriarlo y rallarlo si desea obtener una textura más suave.

-

En un miniprocesador de alimentos, triture los anacardos hasta que estén finos, pero no tenga una mezcla uniforme. Añada el vinagre, la sal y la mostaza y bata hasta que el queso tenga grumos.

Puede utilizarlo de inmediato o enfriarlo para que se pueda rallar. Vuélquelo en dos trozos grandes de film transparente y doble los extremos para hacer una bola con cada uno de ellos. Estrújelas bien y aplánelas en forma de disco. Asegure cada una con una goma y refrigérelas hasta que estén lo suficientemente duras para rallarlas, 2 o 3 horas. Se conservarán bien varios días en el frigorífico; si lo prefiere, introdúzcalas con el film en una bolsa para congelar de 950 ml y congélelas 1 o 2 meses.

すいかジュース

ZUMO DE SANDÍA

SUIKA JYU-SU

Preparación: 20 minutos,
más 1-2 horas para refrigerar
Cocción: 35 minutos
Para 1 litro

V SL SG SFS <5

- 1 sandía pequeña (1,65 kg)
- ½ cdta. de sal marina fina

Una de las mejores formas de combatir el caluroso y húmedo verano japonés, y de reponer la pérdida natural de agua del cuerpo, es comiendo sandía. Si le añadimos sal justo antes de tomarla, el líquido que contiene saldrá y estará aún más dulce. En este caso, la sal se añade después de concentrar el zumo.

-

Corte la sandía por la mitad y retire las semillas con la mano, dejándolas caer en un colador de malla gruesa colocado sobre un bol. Saque la pulpa de la sandía con una cuchara de helado y póngala en el colador. Presiónela contra el colador con el dorso de una cuchara grande para retirar las semillas pequeñas. Pase la pulpa y el líquido que haya soltado a una batidora junto con el líquido que quede en las mitades vacías de la sandía (tendrá 1 kg más o menos). Tritúrelo hasta que quede fino.

Vierta la mezcla en una cazuela, llévela casi a ebullición y deje que cueza suave 30 minutos para que el zumo se concentre. Fuera del fuego, sálelo. Refrigérelo hasta el momento de servir.

トマトジュース

ZUMO DE TOMATE

TOMATO JYU-SU

Preparación: 20 minutos,
más 2½ horas para enfriar y refrigerar
Para 900 ml

V SL SG SFS

- 4 tomates grandes (1 kg)
- Agua hirviendo
- 1 cda. de sal en escamas
- 2 cdtas. de zumo de yuzu, sudachi o limón Meyer
- 2 hojas de shiso verde picadas finas
- Salsa picante japonesa

El zumo de tomate casero es muy refrescante y diferente del envasado. Y es el único zumo de verduras que no se tiene que hacer en una licuadora, una batidora sirve.

-

Coloque los tomates en un bol refractario y vierta agua hirviendo hasta cubrirlos. Cuando estén lo suficientemente fríos para manipularlos, sáquelos del agua y pélelos sobre un bol para recoger los jugos. Retire los pedúnculos y deséchelos con las pieles.

Ponga los tomates y los jugos en una batidora con la sal, el zumo del cítrico, la mitad del *shiso* y unas gotas de salsa picante. Tritúrelo hasta que quede fino y, después, 1 minuto más para que quede completamente líquido. Estará de color rosado y muy espumoso. Refrigérelo antes de servirlo, adornado con el *shiso* restante. Se conservará 2 o 3 días en un recipiente hermético en el frigorífico.

前菜

Aunque coloquialmente se traduce como «antes de comer», los caracteres *kanji* para la palabra *zensai* (前菜) significan en realidad «verduras de antes», es decir, verduras que se toman antes de comer. En sentido estricto, los *zensai* deben elaborarse con los restos de las preparaciones del menú de ese día y se sirven en un plato en pequeños montoncitos. Pero también pueden hacer referencia, simplemente, a un aperitivo de un solo plato servido antes de una comida, y es que a medida que la cultura de los alimentos evoluciona, también lo hacen las definiciones que pueden aplicarse a un término.

Normalmente se reservan para las comidas formales o los restaurantes más que para las cenas familiares o informales, pero no deje que esto le disuada de prepararlos, ya que son magníficos; su formato me encanta. Mientras que las pequeñas raciones caracterizan a la cocina *kaiseki* (la alta cocina japonesa, que se asemeja a un menú degustación, pero es mucho más ligera y comedida), muchos restaurantes, desde los *izakaya*, más informales, hasta los *kappo ryori*, de más etiqueta, sirven una selección de *zensai* para acompañar la primera cerveza o sake que pide el comensal (este primer plato se llama *otoshi* y sirve para abrir el apetito). Soba Ro, uno de mis restaurantes favoritos, ha creado un plato de *zensai* «doble» para cuando yo voy a comer.

Este capítulo contiene solo una muestra de posibles platos *zensai*, por lo que no es necesario limitarse a los incluidos aquí. Los platos aliñados (*Aemono*, véase pág. 68) se prestan a servirse también como *zensai*. En realidad, siempre que puedan tomarse fríos o a temperatura ambiente, muchos de los platos de este libro pueden hacerlo.

Sin embargo, siguiendo la filosofía original de los *zensai*, he incluido platos de pieles de verduras y gelatinas, así como algunos otros tratamientos que parecían encajar perfectamente en un *zensai*.

Como siempre, lo principal a la hora de elaborar un plato o un menú es el equilibrio entre la textura, el sabor, el color y la preparación.

前菜

ZENSAI

ANTES DE COMER

ふき味噌

FUKI MISO

Preparación: 20 minutos
Cocción: 10 minutos
Para 120 g

V SL SG

- 20 g de piñones
- 2 cdtas. de sal marina fina
- 9-10 brotes de ruibarbo de ciénaga (fuki no to, véase pág. 346)
- ½ cda. de aceite de sésamo sin tostar
- 150 g de miso de arroz integral o de cebada
- 1 cda. de hon mirin
- 1 cda. de azúcar de caña japonés marrón claro (kibizato, véase pág. 345)
- 1 cda. de semillas de sésamo blanco molidas

El *fuki miso* es uno de los condimentos más apreciados y deseados de Japón. Elaborado en primavera con los brotes de ruibarbo de ciénaga (*fuki no to*), es salado, terroso, de olor desagradable y silvestre, pero capaz de convertir un plato de arroz en alimento para el alma, sobre todo si hay otros platos de verdura en la mesa. Sírvalo antes de una comida (*zensai*) o con un bol de arroz.

-

Caliente una sartén a fuego medio-bajo y añada los piñones. Tuéstelos, removiéndolos, hasta que se doren y desprendan su aroma, de 30 a 60 segundos. Páselos a un mortero japonés (*suribachi*, véase pág. 354) o uno convencional y májelos finos. Resérvelos.

Llene un cazo con tres cuartas partes de agua, sálela y llévela a ebullición a fuego vivo. Cueza el ruibarbo 1 minuto. Sáquelo con un colador de malla y escurra el exceso de agua. Píquelo fino.

Caliente el aceite a fuego medio en una cazuela de fondo grueso. Añada el ruibarbo y los piñones molidos y sofríalos, removiéndolos, 1 o 2 minutos, para que se evapore el agua que tengan.

Incorpore el *miso*, el *mirin*, el azúcar y las semillas de sésamo y continúe sofriéndolos a fuego medio, removiéndolos constantemente, hasta que el azúcar se haya disuelto por completo y la mezcla esté brillante, 1 o 2 minutos.

梅味噌

MISO DE CIRUELAS ENCURTIDAS

UME MISO

Preparación: 15 minutos
Cocción: unos 2 minutos
Para 300 g

V SL SG SFS <30

- 4 «ciruelas» saladas encurtidas (umeboshi, véase pág. 350)
- 1 puñado pequeño de tororo kombu (véase pág. 349)
- 2 cdas. de sake (o un poco más para ajustar la consistencia)
- 240 g de miso de arroz integral
- 2 cdas. de hon mirin
- 2 cdas. de hojas de shiso verde en zarcillos finos
- 1 cda. de semillas de sésamo dorado calentadas en una sartén sin aceite hasta que desprendan su aroma y trituradas gruesas

El *miso*, muy aromatizante, es el acompañante ideal para este condimento, salado y de olor desagradable. Ponga un poco en un bol de arroz blanco cuando tome una sencilla comida japonesa de arroz con encurtidos y una o dos guarniciones. El *miso* de ciruelas encurtidas también es perfecto para añadir simplemente a un bol de arroz blanco (*okayu*) o unos fideos *udon* o *somen*. El equilibrio de este *miso*, sutilmente aromatizado, es excepcional y combina de maravilla con unas hortalizas frescas en verano o con *natto* en lugar del típico *shoyu* con un poco de mostaza.

-

Retire las pepitas de las ciruelas y píquelas finas.

Ponga a calentar una sartén a fuego lento. Cuando esté caliente, tueste el *tororo kombu* con cuidado, dándole vueltas constantemente con unos palillos para cocinar de madera durante 1 minuto para que quede crujiente sin quemarse. Deshágalo en un bol y resérvelo.

En un cazo, ponga el sake a cocer a fuego vivo para que se evapore el alcohol y retírelo del fuego.

En un bol, mezcle el *miso* con el *mirin* y casi todo el sake y añada las *umeboshi*, el *shiso*, el *tororo kombu* y el sésamo. La mezcla no debe quedar ni demasiado dura, ni líquida o pegajosa. Añada unas gotitas más de sake si fuese necesario para diluir el *miso*.

菜味噌野

MISO VEGETAL

YASAI MISO

Preparación: 15 minutos
Cocción: 10 minutos
Para 300 g

V SL SG SFS <30

- 1 trozo de raíz de loto de 10 cm (75 g) pelada
- 1 trozo de zanahoria de 10 cm (50 g) pelada o raspada
- 1 trozo de bardana de 10 cm (25 g) raspada
- 1 cda. de aceite de sésamo dorado ligeramente tostado (o ½ de sésamo negro y ½ sin tostar)
- 240 g de miso de arroz integral o de cebada

En Japón, varios «*misos*» se preparan salteando un ingrediente con *miso*. En este caso, no se añade *mirin* para contrarrestar la salinidad del *miso*, ya que los tubérculos aportan un retrogusto dulce que resulta delicioso. Utilícelo como condimento para los *nabe* de tofu o úntelo sobre *konnyaku* escaldado, tuéstelo y áselo hasta que se caramelice. La raíz de loto y la bardana se oxidarán, así que píquelas y saltéelas de inmediato después de pelarlas o limpiarlas. Es muy útil para reutilizar restos de tubérculos. Siga estos pasos: córtelas en dados finos, saltéelas con un poco de aceite de sésamo para ablandarlas, añada el *miso* en una proporción de 1:1 y saltéelas a fuego lento.

-

Pique la raíz de loto, la zanahoria y la bardana en dados finos.

Caliente el aceite a fuego medio en una sartén y añádalas. Saltéelas 5 minutos, hasta que se ablanden. Agregue el *miso* y continúe salteándolas a fuego muy lento hasta que desprendan su aroma y se sequen ligeramente, otros 5 o 6 minutos. Se conservará bien, guardado en el frigorífico, unas 2 semanas.

柚味噌の釜

«BOLES» DE MISO DE YUZU

YUZU MISO NO KAMA

Preparación: 45 minutos
Cocción: 10 minutos
Para 4 personas

V SL SG SFS <5

- 5 yuzus pequeños o 5 limones Meyer redondos
- 4 cdas. de miso blanco
- 5 hojas de crisantemo comestible (shungiku, véase pág. 347), 25 g
- 12 setas enoki cortadas en cuartos a lo ancho

Donde nosotros vivimos, el *miso* de *yuzu* se prepara de manera muy básica, con un *miso* fuerte, como el de arroz integral o el de cebada, al que se le añade *mirin* y/o sake para endulzarlo, se saltea a fuego lento para evaporar el alcohol y se infusiona con piel de *yuzu* recién cortada. En esta fantástica versión, la suavidad del *miso* tiene notas cítricas y los hojas de crisantemo comestible (*shungiku*) aportan un toque crujiente y un sorprendente sabor amargo. ¡Excelente!

-

Pele uno de los *yuzus* sin retirar el albedo. Corte la piel en tiras finas.

Corte un poco de la parte inferior de los 4 *yuzus* restantes para que queden planos (si utiliza limón, tendrá que cortar un poco más). Corte la parte superior a un cuarto de distancia de la hendidura del tallo y resérvelas. Vacíelos. Exprima el zumo de la pulpa extraída y del *yuzu* entero restante y cuele las semillas. Mezcle 1 cucharada de zumo de *yuzu* y las tiras cortadas con el *miso*. (Reserve el zumo restante para preparar otro plato.)

Retire las hojas de *shungiku* de los tallos, conservando los tallos finos, y córtelas a lo ancho en trozos de 1 cm. (Si lava las hojas, asegúrese de que están bien secas.) Añada las setas *enoki* y el *shungiku* en el *miso* y rellene con la mezcla los 4 *yuzus* vacíos. Vuelva a poner las «tapas» sobre los *yuzus*.

Coloque una vaporera de bambú sobre un wok. Vierta agua hasta alcanzar un tercio de su volumen y llévela a ebullición. Introduzca los *yuzus* en la cesta de la vaporera y tápela. Cuézalos al vapor a fuego vivo 8 minutos. Sírvalos calientes, para despertar el paladar y revitalizarlo.

梅豆腐

BLOQUES FRÍOS DE UME Y TOFU CON DASHI

UMEDOUFU

Preparación: 30 minutos,
más 2-3 horas para prensar y refrigerar
Cocción: 10-15 minutos
Para 4 bloques

V SL SFS

- 300 g de tofu firme (momendofu, véase pág. 352) o tofu suave japonés
- 1 cda. de hon kuzu (véase pág. 353)
- 2 umeboshi medianas (véase pág. 350)
- Aceite de colza, para engrasar
- 200 ml de Kombu dashi (véase pág. 22)
- ½ cda. de shoyu
- 1 pizca de sal marina en escamas
- 100 ml de brotes de nenúfar (junsai, véase pág. 349)
- Agua hirviendo

Los *junsai*, que se recogen en los lagos de mayo a septiembre, son brotes de nenúfares. Tienen una cubierta gelatinosa natural, por lo que añaden un elemento fresco y de textura resbaladiza a los platos de verano. Si no encuentra, omita o sustitúyalos por judías verdes escaldadas en juliana o *edamame* cocido. Las «ciruelas» saladas encurtidas (*umeboshi*, véase pág. 352) se preparan en Japón desde el periodo Heian (794-1185) y se les atribuyen muchas cualidades que mejoran la salud, como la de favorecer la digestión y combatir la fatiga estival durante la estación de las lluvias. La combinación aquí resulta deliciosa y delicada.

-

Coloque el tofu en un plato y póngale encima una tabla de cortar durante 1 hora.

Maje el *kuzu* hasta convertirlo en un polvo fino en un mortero japonés (*suribachi*, véase pág. 354). Estruje el tofu con las manos para eliminar el líquido restante y colóquelo en el *suribachi*. Májelo con el *kuzu* hasta que esté bien incorporado.

Deshuese las *umeboshi* y deseche los huesos. Pique finas las *umeboshi* e incorpórelas al tofu.

Humedezca un trozo de papel de cocina doblado con aceite y engrase la base y los lados de un molde *nagashikan* de 14 × 11 × 4,5 cm (véase pág. 354) o de un molde para pan de 11,5 × 21 cm (forrado con papel vegetal). Vierta la mezcla de *ume* y tofu en el molde y golpéelo con fuerza contra la encimera para eliminar las bolsas de aire y asegurarse de que el tofu se distribuye de manera uniforme.

Coloque una vaporera de bambú sobre un wok. Vierta agua hasta alcanzar un tercio de su volumen y llévela a ebullición. Ponga el molde en la cesta de la vaporera y tápela. Cuézalo al vapor a fuego vivo 10 minutos hasta que cuaje. Sáquelo de la vaporera, seque la humedad acumulada y extienda un trozo de film transparente encima. Refrigérelo un mínimo de 2 horas antes de servirlo.

En un cazo, mezcle el *dashi* con el *shoyu* y la sal a fuego medio para disolver la sal. Pase la mezcla a un bol y refrigérela durante 1 hora.

Escurra los *junsai* en un colador de malla y vierta agua hirviendo por encima unos 10 segundos. Refrésquelos bajo un chorro de agua fría. Sacuda el exceso de agua y ponga el colador sobre un bol para que escurran. Refrigérelos durante 1 hora.

Desmolde el *umedofu*, córtelo en 4 cuadrados y coloque cada uno en un bol. Introduzca los *junsai* en el *dashi* frío y vierta 1 cucharada de la mezcla alrededor del *umedofu*. Sírvalos de inmediato para limpiar el paladar.

BLOQUES FRÍOS DE UME Y TOFU CON DASHI

しらたきの玉すだれ

BLOQUES DE FIDEOS SHIRATAKI CON MISO DE YUZU

SHIRATAKI NO TAMA-SUDARE

Preparación: 35 minutos, más 2 horas para refrigerar
Cocción: 5 minutos
Para 12 bloques de 4,5 × 3,75 cm

V · SL · SG · SFS · <5

- 1 hebra gruesa (7 g) de agar-agar (kanten, véase pág. 353)
- 200 g de fideos shirataki (véase pág. 353)
- Agua hirviendo
- 500 ml de Kombu dashi (véase pág. 22)
- 3 cdas. de Miso de yuzu (véase pág. 29)

Al poner fideos *shirataki*, gomosos y resbaladizos, en una gelatina de *dashi* elaborada con agar-agar se obtienen unos bloques sólidos y muy refrescantes que combinan estupendamente con cualquier *miso* de temporada. Aquí se preparan con *miso* de *yuzu*, pero están igual de buenos con *miso* de *sansho* o de sésamo o una salsa de mostaza de *miso*. Utilice *shirataki* de la mejor calidad posible, ya que son el ingrediente principal.

-

Trocee el *kanten* en un bol y añada agua fría hasta cubrirlo. Escúrralo al cabo de 10 minutos.

Corte los *shirataki* a lo ancho en tiras de 4 cm de largo, colóquelas en un colador de malla y vierta agua hirviendo por encima durante 10 segundos. Escúrralos bien. Distribúyalos por la base de un molde *nagashikan* de 15 × 14 × 4,5 cm (véase pág. 354) o dos moldes para pan de 11,5 × 21 cm (forrados con papel vegetal), cubriéndolo tanto como pueda.

Lleve el *dashi* y el *kanten* a ebullición a fuego medio en un cazo. Ajuste el fuego y cuézalos, removiéndolos, a fuego lento hasta que el *kanten* se haya derretido por completo, de 3 a 5 minutos. Viértalo sobre los *shirataki* en el molde. Déjelos enfriar a temperatura ambiente y refrigérelos 2 horas.

Desmolde la gelatina de *dashi* y *shirataki* y córtela en 12 cuadrados. Sirva uno o dos por persona y añada *miso* de *yuzu* encima. Se conservará varios días en el frigorífico bien envuelto con film transparente; no utilice papel de aluminio, ya que se filtrará a la superficie de los cuadrados.

大根の葉の佃煮

TSUKUDANI DE DAIKON

DAIKON NO HA NO TSUKUDANI

Preparación: 10 minutos
Cocción: 5 minutos
Para 125 ml

V · SL · SG · SFS · <5 · <30

- 1 cda. de aceite de sésamo tostado
- 1 manojo (200 g) de hojas tiernas de daikon picadas finas
- 1 cda. de shoyu
- ½ cdta. de mezcla de especias japonesa (shichimi togarashi, véase pág. 351)

El *tsukudani* es un condimento dulce y pegajoso que se elabora generalmente con pescado y se cuece varias horas en una mezcla de azúcar, *shoyu* y *dashi*. Esta versión no utiliza azúcar y las hojas de *daikon* se tuestan casi todas en seco, por lo que su ejecución es muy rápida. Resulta perfecto como acompañamiento de platos sencillos de arroz o como *zensai*. Se conservará varios días en el frigorífico.

-

Caliente a fuego medio-alto el aceite de sésamo en una sartén. Añada el *daikon* y saltéelo unos 3 minutos hasta que se ablande. Tenga cuidado de que no se dore, ajustando el calor si fuese necesario. Vierta el *shoyu* y remueva bien. Cuando se haya absorbido y el *daikon* se haya secado y desmenuzado, déjelo unos 3 minutos más, retírelo del fuego e incorpore el *shichimi togarashi*. Páselo a un bol para que se enfríe.

BLOQUES DE FIDEOS SHIRATAKI CON MISO DE YUZU

ポテトサラダ

ENSALADA DE PATATA

POTETO SARADA

Preparación: 30 minutos
Cocción: 35 minutos
Para 1 kg

V SL SG

- 700 g de patatas medianas sin pelar
- ½ zanahoria grande (100 g) lavada y en dados de 1 cm
- ½ cebolla grande (100 g) en dados de 1 cm
- 1½ cdtas. de sal marina en escamas
- 10 judías verdes finas (50 g)
- 175 g de Mayonesa de leche de soja (véase pág. 36)
- ½ cdta. de pimienta negra recién molida
- 1 manojo mediano (200 g) de mizuna verde o morada

En las ensaladas de patata francesas y alemanas, las patatas cocidas se cortan en rodajas y se aliñan con una vinagreta mientras aún están calientes. En las americanas, las patatas cocidas se cortan en dados cuando están frías y se mezclan con mayonesa. Las japonesas son diferentes, ya que la patata se chafa antes de mezclarse con la mayonesa y casi siempre lleva zanahoria, cebolla y algún tipo de verdura verde, como pepino o guisantes. Prepare Minicroquetas de patata (véase pág. 130) con las sobras.

-

Ponga las patatas en la cesta de una vaporera colocada sobre un wok lleno con agua hirviendo hasta alcanzar un tercio de su capacidad. Cuézalas al vapor hasta que estén blandas por el centro, 30 minutos. Pélelas mientras estén calientes, frotándolas con papel de cocina, y póngalas en un bol. Cháfelas con un chafapatatas.

Coloque una hoja de papel vegetal en la cesta de la vaporera y añada la zanahoria y la cebolla. Agregue ¼ cucharadita de sal. Tápelas y cuézalas a fuego vivo de 3 a 5 minutos, hasta que estén tiernas. Saque la cesta del wok, póngala sobre un plato grande y deje que las verduras se enfríen a temperatura ambiente.

Lleve a ebullición una cazuela con agua a fuego vivo. Eche las judías verdes y escáldelas de 1 a 3 segundos. Escúrralas, refrésquelas bajo un chorro de agua fría y séquelas con un paño de cocina. Recorte las puntas y córtelas a lo ancho en trozos de 2 cm.

Añada la zanahoria, la cebolla, las judías verdes, la mayonesa, la sal restante y la pimienta al puré de patatas y mézclelo bien.

Corte los 5 cm superiores de las hojas de *mizuna* y reserve la parte inferior para otro plato. Disponga una porción generosa de ensalada de patata en un bol y decórela con un montoncito de hojas de *mizuna*. Sírvala para comer o como acompañamiento, como hacemos en los hogares en Japón. (Si lo prefiere, sírvala en platos individuales.)

アスパラガス二種のソース

ESPÁRRAGOS CON SALSAS DE AGUACATE Y DE PIMIENTO ROJO

ASUPARAGASU NI-SHU NO SO-SU

Preparación: 45 minutos
Cocción: 10 minutos
Para 4 personas

V SL SG SFS

- 6 espárragos gruesos (200 g)
- 1 cda. de sal marina fina
- 1 pimiento rojo grande (175 g)
- 2 cdas. más 2 cdtas. de aceite de oliva
- ¾ de cdta. de sal marina en escamas
- 2 tomates pequeños (225 g)
- 8 aceitunas verdes francesas, como picholine, sin hueso
- 1 aguacate pequeño (180 g)
- 75 ml de leche de soja

Los espárragos escaldados servidos con dos salsas son un aperitivo saludable e irresistible para tomar antes de cenar. La salsa de aguacate se oxidará, utilícela de inmediato; la de pimiento rojo se conservará bien si se guarda en un recipiente hermético en el frigorífico.

-

Recorte un poco los extremos de los espárragos para revitalizarlos y pele el tercio inferior de cada uno. Prepare un bol de agua con hielo. Llene tres cuartas partes de una olla con agua, añada la sal fina y llévela a ebullición a fuego vivo. Escalde los espárragos unos 30 segundos. Sáquelos y refrésquelos de inmediato en el bol de agua con hielo. Séquelos y córtelos a lo ancho en tercios. Colóquelos en una fuente.

Retire las venas y las semillas del pimiento y córtelo en trozos triangulares irregulares (*rangiri*, véase pág. 17). Caliente 2 cucharadas de aceite de oliva en una sartén a fuego medio-bajo y añada el pimiento. Saltéelo hasta que se ablande y esté hecho, de 5 a 7 minutos. Páselo a una batidora con el aceite y ¼ de cucharadita de la sal.

Descorazone y corte los tomates en trozos triangulares gruesos y añádalos a la batidora. Agregue las aceitunas y las 2 cucharaditas de aceite restantes y bata hasta obtener una salsa de pimientos rojos fina. Póngala en un bol.

Pele y deshuese el aguacate. Retire las partes oxidadas e introdúzcalo en la batidora. Añada la leche y la ½ cucharadita restante de sal en escamas, y bata hasta que quede una salsa fina. Póngala en otro bol.

Dé a cada persona dos boles en los que pueda verter un poco de cada salsa y sirva los espárragos.

うどのアボカド和え

UDO CON AGUACATE CHAFADO

UDO NO ABOKADO-AE

Preparación: 30 minutos
Para 4 personas

V SL SG

- 5 tallos finos de udo (véase pág. 346), apio o hinojo silvestre (125 g)
- 2 cdas. de vinagre de arroz
- Agua hirviendo
- 1 aguacate pequeño (175 g)
- ¼ de cdta. de sal marina en escamas
- 4 ramitas de hojas de sansho, para decorar

Se puede sustituir el *udo* por apio o hinojo, aunque su toque a regaliz es tan difícil de describir como de duplicar. Si puede encontrar *udo*, no se arrepentirá del esfuerzo, pero asegúrese de utilizar tallos finos. Utilice las pieles para preparar *Kinpira* de pieles de *udo* (véase pág. 50).

-

Pele el *udo*. Llene un bol hasta la mitad con agua fría y añada el vinagre. Corte el *udo* en dados de 5 mm y déjelo en el bol 5 minutos (o hasta que lo vaya a usar).

Escurra el *udo* en un colador de malla y sumérjalo en agua hirviendo 10 segundos. Refrésquelo bajo un chorro de agua fría hasta que esté frío y séquelo con un trapo de cocina.

Corte el aguacate por la mitad, deseche el hueso y pélelo. En un bol, sálelo y cháfelo con un tenedor. Mezcle el *udo* con el aguacate y colóquelo en 4 platos pequeños y bonitos. Adórnelo con las hojas de *sansho* y sírvalo antes de las comidas.

湯葉とアボカドのタルタル

TARTAR DE AGUACATE Y YUBA

YUBA TO ABOKADO NO TARUTARU

Preparación: 15 minutos
Para 4 personas

V SL SFS <30

- ¼ de cdta. de sal marina en escamas
- 1 cdta. de wasabi recién rallado
- El zumo de 1 lima pequeña
- 1 aguacate mediano (210 g)
- 85 g de yuba fresca (véase pág. 352)
- ½ cdta. de usukuchi shoyu (véase pág. 344)

La mezcla de las texturas cremosas de la *yuba* y el aguacate es adictiva. Asegúrese, únicamente, de que el aguacate no esté demasiado maduro o blando. La mezcla de las notas cítricas de la lima con el suave picor del *wasabi* le aportan brillantez.

-

En un bol, mezcle la sal con ½ cucharadita de *wasabi*. Añada el zumo de lima poco a poco, removiendo para emulsionarlo. Corte el aguacate por la mitad, deseche el hueso y pélelo. Córtelo en dados de 1 cm y mézclelos con el zumo de lima y *wasabi*. Corte la *yuba* a lo ancho en trozos de 2 cm y añádalos. Dispóngalos en boles individuales, rocíelos con un poco de *usukuchi shoyu* y añada el *wasabi* restante. Sírvalos de inmediato.

うどの皮のきんぴら

KINPIRA DE PIELES DE UDO

UDO NO KAWA NO KINPIRA

Preparación: 20 minutos
Cocción: 5 minutos
Para 4 personas

V SL SFS <30

- 85 g de pieles de udo (véase pág. 346)
- ½ cda. de aceite de sésamo dorado tostado
- ½ cda. de shoyu
- ½ cda. de hon mirin
- ⅛ de cdta. de mezcla de especias japonesa (shichimi togarashi, véase pág. 351)

El *kinpira* es un clásico plato de verduras salteadas con sabor a *shoyu* que se prepara en todo Japón con innumerables variantes. Aquí solo se utiliza la piel para no desperdiciar nada de la verdura y mantenerla entera, uno de los principios básicos de la comida japonesa vegetariana. Prepárelo cuando haga otro plato de *udo*, como el Arroz con flores y *udo* (véase pág. 270) o el *Udo* con aguacate chafado (véase pág. 49).

-

Ponga las pieles en remojo en un bol de agua con hielo y déjelas al menos 10 minutos para eliminar el amargor. Compruebe que no tienen hilos y en caso afirmativo retírelos. Cuando estén listas para servir, séquelas bien con un paño de cocina y córtelas a lo ancho en trozos de 5 cm.

En una sartén, caliente el aceite de sésamo a fuego medio y añádalas. Saltéelas hasta que estén brillantes y ligeramente blandas, 1 minuto. Añada el *shoyu* y el *mirin* y continúe salteándolas a fuego vivo hasta que los líquidos se hayan reducido, unos 30 segundos. Esparza el *shichimi togarashi* y sírvalas en un bol, calientes o a temperatura ambiente.

KINPIRA DE PIELES DE BERENJENA: utilice 50 g de pieles de berenjena, 1 cucharadita de aceite de sésamo dorado tostado, 2 cucharaditas de *shoyu* y 1 cucharadita de *hon mirin*. Ponga las pieles en remojo en abundante agua fría durante 5 minutos para eliminar el amargor, escúrralas, séquelas y córtelas en juliana. En una sartén, caliente el aceite a fuego vivo, añada las pieles y saltéelas 1 minuto para que se reblandezcan. Agregue el *shoyu* y el *hon mirin* y remueva una vez para que el líquido se evapore. Coloque las pieles en montoncitos en 4 boles y sírvalas antes de cenar.

TARTAR DE AGUACATE Y YUBA

ねぎぬた

NEGI NUTA

Preparación: 15 minutos
Cocción: 5 minutos
Para 4 personas, y que sobre

V SL SFS <30

- 4 negis medianos o 12 cebolletas (300 g) con los extremos y las puntas cortado
- 1 cda. de mostaza amarilla en polvo (karashi, véase pág. 351) disuelta en 1 cda. de agua caliente
- 2 cdtas. de vinagre de arroz
- 4 cdtas. de Happo dashi (véase pág. 25) o 3 de Kombu dashi (véase pág. 22) más 1 cdta. de mirin
- ⅛ de cdta. de shoyu
- 100 g de Taki miso (véase pág. 29)

Esta clásica preparación de puerro japonés (*negi*) suele hacerse con almejas. Si lo escalda suavizará su picor natural (y las almejas no se echarán de menos).

-

Llene una olla con agua y llévela a ebullición a fuego vivo. Corte el *negi* a lo ancho en trozos de 3 cm. Eche la parte inferior blanca en el agua hirviendo. Pasados 60 segundos, añada la parte del medio. Cuézalos 20 segundos y agregue la parte superior. Cuézalos 10 segundos más (eso hará un total de 90 segundos para los trozos inferiores más duros, 30 para los del medio y 10 para los superiores). Sáquelos con un colador de malla y déjelos enfriar a temperatura ambiente.

Séquelos con un paño de cocina y colóquelos en un bol.

En un bol, mezcle la mostaza, el vinagre de arroz, el *happo dashi* y el *shoyu* con el *taki miso*. Viértalo en el bol con el *negi*, remueva para que todos los trozos se unten con la salsa, y repártalos entre cuatro boles. (Si lo prefiere, apílelos de forma artística y rocíelos con la salsa de *miso* y mostaza.) Las piezas del plato aguantarán bien hasta el día siguiente, aunque es mejor guardar la verdura y la salsa por separado.

いちじくの胡麻出汁

HIGOS INFUSIONADOS EN DASHI CON SALSA DE SÉSAMO

ICHIJIKU NO GOMA-DASHI

Preparación: 25 minutos
Cocción: 1-2 minutos
Para 4 personas

V SL SFS <30

- 4 higos medianos (de 70 g cada uno)
- Agua hirviendo
- 400 ml más 2 cdas. de Kombu dashi (véase pág. 22)
- 3 cdas. más ¼ de cdta. de hon mirin
- ⅛ de cdta. de sal marina en escamas
- ¼ de cdta. de shoyu
- 4 cdas. de pasta de sésamo blanco

Infusionar los higos en *dashi* les aporta una delicada jugosidad que combina muy bien con la salsa de sésamo. Sírvalos con platos salados, de complemento.

-

Haga un corte superficial y longitudinal a través de la piel de cada higo (sin cortar la pulpa) y colóquelos en un recipiente refractario. Vierta agua hirviendo hasta cubrirlos, déjelos en remojo 1 o 2 minutos, deseche el agua y seque el bol. Pélelos, vuelva a ponerlos en el bol y resérvelos.

En un cazo, mezcle 400 ml del *dashi* con 3 cucharadas de *mirin* y la sal. Llévelo a ebullición a fuego lento para disolver la sal y que el alcohol se evapore un poco. Vierta el *dashi* caliente sobre los higos y deje que alcance la temperatura ambiente.

En un bol, mezcle las 2 cucharadas restantes de *dashi* con ¼ de cucharadita de *mirin* y el *shoyu* con la pasta de sésamo. Saque los higos del *dashi* y disponga cada uno en un plato bonito. Vierta la salsa de sésamo por encima de cada higo para que caiga un poco por los lados y sírvalos. También están deliciosos fríos, pero la salsa de sésamo debe servirse a temperatura ambiente.

NEGI NUTA

TOFU JAPONÉS

El tofu japonés es como un flan ligero. Se come frío (*hiyayakko*), pero también escalfado en *kombu dashi* (*yudofu*) en invierno. En cualquier caso, se sirve rociado con salsa de soja y a veces adornado con *negis* («puerros» japoneses) o cebolletas picadas, y jengibre rallado fino.

Los platos de tofu chafado (*shira-ae*) condimentados con sésamo, *miso*, *mirin*, etc., son también muy habituales. Los salteados de tofu son mucho más raros, porque el tofu japonés es blando. Los saquitos de tofu frito (*usuage*) se emplean generalmente en platos cocidos a fuego lento o aliñados, aunque también pueden añadirse a platos salteados. Los bloques prensados de tofu frito (*atsuage*) se utilizan en platos contundentes.

Para las recetas de este libro le recomiendo que adquiera el tofu más blando que encuentre. Evite el tofu más duro que el mediano. Este último es adecuado para el *shira-ae* y, posiblemente, para los platos cocidos a fuego lento, pero no para los que requieren un tofu suave y fresco. Su gran ventaja es que puede saltarse el paso del prensado. Tendrá que triturarlo en un robot de cocina, ya que el mortero japonés (*suribachi*) no es adecuado. El sabor también es importante. Téngalo en cuenta cuando lo seleccione. Lo que buscamos es un sabor suave, redondo y con sabor a alubias, sin los elementos acres y persistentes del coagulante.

Si dispone de leche de soja fresca de calidad, podría preparar su propio tofu suave. Mezcle 3 ml de *nigari* con 125 ml de leche en una taza de té sin asa o una taza para *chawan mushi*. Tápelo y cuézalo al vapor a fuego medio-alto 15 minutos. Déjelo reposar, tapado, 5 minutos y sírvalo.

La *yuba* es la delicada piel que se desprende de la leche de soja al calentarse durante la elaboración del tofu. En Japón, algunos fabricantes la enrollan en cilindros compactos y la venden en paquetitos. En Oakland (California), Hodo Foods cuenta con una zona de producción exclusiva de *yuba*, por lo que pueden envasar grandes cantidades, y es muy apreciada. La *yuba* es muy delicada, se conserva poco tiempo y se elabora de manera manual, por lo que es cara. No obstante, si puede conseguir *yuba* fresca, cómprela. Es como la burrata, pero sin la cremosidad de la nata espesa.

En Japón hay dos tipos principales de tofu suave: *momen* (tamizado con algodón) y *kinugoshi* (sedoso). El *momen dofu* se elabora agitando rápido un coagulante como el *nigari* (el líquido que queda después de eliminar los sólidos de la sal del agua de mar concentrada) en la leche de soja a 80 °C. Una vez coagulado, se vierte en moldes de madera o de acero inoxidable con agujeros en los laterales para que drene, forrados con muselina, se coloca un peso encima y se deja que se compacte. El *momen dofu* se llama así por el trapo de algodón que se utiliza en la producción y por la característica huella de la textura de la tela que queda en la superficie del tofu. En el caso del *kinugoshi dofu*, fresco y artesanal, el *nigari* se añade a la leche de soja caliente de una sola vez (*ippatsu yose*) y se deja coagular. Para conseguir una textura exquisita se requiere una gran habilidad, por lo que solo lo elaboran los mejores fabricantes de tofu de Japón. Ambos tipos de tofu fresco se venden en agua y se conservan una semana.

Además del tofu fresco, hay tres tipos de tofu frito: *usuage* (saquitos de tofu frito), *atsuage* (bloques prensados de tofu frito) y *ganmodoki* (croquetas de tofu). Para hacer el *usuage*, los bloques de tofu se cortan en láminas finas, se prensan ligeramente y se fríen dos veces para que se hinchen y se puedan rellenar. Los *atsuage* se elaboran con bloques de tofu prensados y fritos. Los *ganmodoki* se preparan eliminando primero el exceso de humedad del tofu y chafándolo hasta obtener una consistencia cremosa. A continuación, se añaden tubérculos, setas o algas en trocitos y un espesante, como el ñame japonés rallado fino. Las croquetas se fríen y se utilizan en platos cocidos a fuego lento. El *yaki-dofu* (tofu prensado a la parrilla) puede añadirse al *sukiyaki* o a otros estofados (*nabe*), aunque para estos se prefiere el tofu fresco y sin cocer.

Se cree que se elaboró en China por primera vez hace 2000 años y que los monjes lo llevaron a Japón durante el periodo Nara (718-784), aunque existen otras teorías, como la de que entró en Japón con los prisioneros de guerra coreanos. En cualquier caso, la primera mención escrita que se conoce fue registrada en 1183 en el diario de un sacerdote del santuario de Kasuga-taisha en la actual ciudad de Nara. Durante el periodo Heian (794-1185), el punto álgido de la corte imperial del Japón clásico, lo consumían las clases más altas de la sociedad japonesa (nobles, samuráis y monjes). A medida que la cocina budista japonesa (*shojin ryori*) se extendió por todo Japón durante los periodos Kamakura (1182-1333) y Muromachi (1393-1572), también lo hizo el consumo y la producción de tofu. Pero no fue hasta el periodo Edo (1603-1868) cuando se convirtió en un alimento para el pueblo llano, lo que dio lugar a preparaciones originales, como el tofu liofilizado (*koyadofu*), las croquetas de tofu (*ganmodoki*), los saquitos de tofu frito (*usuage*), el tofu prensado a la parrilla (*yaki-dofu*) y el tofu sedoso (*kinugoshi dofu*). En 1782 se publicó el primer libro de cocina sobre el tofu. *Tofu Hyakuchin* introdujo cien platos diferentes de tofu, cuarenta y cuatro de los cuales empleaban el *shoyu* como condimento principal, seguidos por dieciocho que utilizaban *miso*. Todavía hoy en día el *shoyu* se considera el condimento preferido para el tofu, caliente o frío.

Anteriormente de textura firme como su predecesor chino, con su popularización durante el periodo Edo y el aumento de los artesanos, evolucionó hasta convertirse en un producto suave, blanco y de sabor delicado. Sin embargo, el cambio más significativo se produjo durante la Segunda Guerra Mundial y los años de la posguerra, que se prolongaron hasta la década de 1950. Se prohibió a los fabricantes de tofu utilizar *nigari*, porque se convirtió en una fuente clave de magnesio para la construcción de aviones ligeros. Al verse obligados a utilizar sulfato de calcio, el sabor y la textura del tofu se resintieron considerablemente. La parte positiva fue el aumento de la ingesta de calcio, que complementó la dieta en tiempos de guerra, el aumento de la producción, que permitió alimentar al país, y el incremento de los beneficios. Se desarrollaron nuevos métodos para impulsar la producción de alimentos, incluido un tofu sedoso de judías de soja enteras coaguladas con sulfato de calcio. Aunque su fabricación se suspendió al finalizar la guerra, la modernización de la industria japonesa del tofu fue ya imparable.

En nombre del progreso y de la rentabilidad, entre 1950 y 1960 se produjeron cambios drásticos en su elaboración. El uso del sulfato de calcio desplazó casi por completo al *nigari* natural y la soja japonesa fue casi por completo sustituida por la estadounidense, a pesar de la pérdida intrínseca de sabor. En un momento dado, se popularizó la harina de soja desgrasada (*dasshi kako daizu*) en lugar de entera, aunque esta práctica no continuó (excepto en la producción de salsa de soja). Otro gran cambio fue el paso del agua de pozo al agua municipal debido a la contaminación de las aguas subterráneas. Se dice que el agua de pozo y de manantial son la base de la producción del tofu (y de otros alimentos y condimentos tradicionales japoneses, como el sake, el *mirin*, el vinagre de arroz y el *shoyu*). La pérdida de claridad del tofu y la introducción de sabores químicos desagradables inherentes al agua municipal supusieron un duro golpe a su calidad.

La maquinaria moderna acabó sustituyendo al equipo tradicional y el acero inoxidable se impuso a las cajas y los barriles de madera. El paso de las tiendas familiares de tofu artesanal a las fábricas de tofu mecanizadas se había impuesto.

He sido testigo del desgaste de los fabricantes locales de tofu en estas tres últimas décadas, desde que llegué a Japón en 1988, pero el declive comenzó en realidad a principios de los años sesenta. De 1960 a 1980 el número de tiendas de tofu se redujo casi a la mitad. Al no poder competir con los productores de tofu a gran escala, los pequeños productores fueron perdieron contratos lucrativos, como los de los hospitales o las escuelas. Además, los hijos ya no querían hacerse cargo del negocio familiar, por lo que las tiendas cerraron. Hoy en día en las ciudades se compra el tofu en los supermercados y cada vez hay menos tofu artesanal disponible.

El tofu se elabora en Japón desde hace mucho tiempo: la leche de soja se produce a partir de granos de soja remojados y cocidos a fuego lento, de los que se separan los sólidos. La pulpa de soja (*okara*) es un subproducto económico y nutritivo de la elaboración del tofu y un ingrediente habitual en la cocina japonesa vegetariana.

Sin embargo, dentro del propio Japón hubo quienes la calificaron de «residuo industrial» y se propusieron eliminarla del proceso de elaboración del tofu. Tras diez años de desarrollo, en 1999, una empresa japonesa de máquinas de tofu estrenó un equipo para producir una soja integral en polvo ultrafina que podía utilizarse para hacer tofu integral (*marugoto-tofu*).

Esta es solo la más reciente de una larga serie de supuestas innovaciones que se han introducido en la industria de la elaboración del tofu en el transcurso de los últimos cien años, pero podría ser la de mayor alcance. Los productores de tofu artesanal, que todavía no son muy conocidos en Japón ni están muy extendidos, están alarmados por los posibles efectos negativos que esta nueva maquinaria y métodos de producción tendrán sobre el tofu japonés. Supongo que el tiempo lo dirá, pero comparto estos profundos recelos, porque el etiquetado puede ser muy engañoso y confuso.

Como ocurre con todos los alimentos, es importante leer las etiquetas cuando se compra tofu. Debemos buscar la soja cultivada en Japón y/o ecológica, el uso de *nigari* natural en lugar de sulfato de calcio y la ausencia de ingredientes añadidos, como los antiespumantes (éster de ácido graso de glicerina, lecitina o carbonato de magnesio). La soja japonesa se ha utilizado en la producción de alimentos (principalmente en la elaboración de tofu) durante más de un milenio, por lo que estas judías de alto contenido proteico son perfectamente adecuadas para los productos y condimentos japoneses a base de soja. Otras judías que se cultivan en todo el mundo (como Estados Unidos, Canadá o China) tienen un alto contenido en aceite y se cultivan precisamente para producir aceite. El uso de *nigari* produce un tofu más suave y es el preferido para el tofu japonés, mientras que el sulfato de calcio produce un tofu más duro, como el coreano y el chino. En última instancia, la elección del coagulante es una decisión personal y cultural. En cuanto al uso de antiespumantes, se trata básicamente de recortar gastos en el proceso de producción y su adición parece restarle valor al aspecto saludable del tofu.

冷奴とオクラ

TOFU FRÍO CON OCRA

HIYAYAKKO TO OKURA

Preparación: 15 minutos
Para 4 personas

V SL <5 <30

- 2 ocras medianas sin la parte superior
- 1 myoga (véase pág. 348) pequeña cortada por la mitad a lo largo
- 300 g de tofu firme (momendofu, véase pág. 352) o tofu suave japonés
- 1 cda. de shoyu

En Japón, el tofu siempre es blando, ya sea firme (*momendofu*) o sedoso (*kinugoshi dofu*), y se presta a servirse frío con un chorrito de *shoyu* y unos cuantos condimentos. El tofu frío (*hiyayakko*) es delicioso y muy fácil de preparar, por lo que es uno de los platos japoneses estrella del verano.

-

Pique fina la ocra hasta obtener una masa homogénea. Coloque la *myoga*, con el lado del corte hacia abajo, en una tabla de cortar y córtela en rodajas finas a lo largo. Separe las tiras.

Corte el tofu en cuartos y colóquelo en cuatro platos individuales. Coloque un pequeño montículo de ocra en mitad de cada trozo de tofu y añada unas cuantas tiras de *myoga*. Rocíelo con el *shoyu* y sírvalo frío para acompañar cualquier comida japonesa durante los meses de verano: desayuno, comida o cena.

オクラと味噌マヨネーズ

OCRA CON MAYONESA DE MISO

OKURA TO MISO MAYONE-ZU

Preparación: 5 minutos
Cocción: 30 segundos
Para 4 personas

V SL SG SFS <5 <30

- ½ cda. de miso de arroz integral o miso de cebada
- 2 cdas. de Mayonesa de leche de soja (véase pág. 36)
- 8 ocras medianas (75 g), sin las partes marrones de la parte superior

La ocra escaldada está deliciosa con mayonesa casera o *miso*. Y si hacemos una mayonesa de *miso* está incluso mejor. Sírvala antes de las comidas, con té u otra bebida.

-

Mezcle el *miso* con la mayonesa y resérvela.

Ponga un cazo con agua a fuego vivo y llévelo a ebullición. Cueza la ocra durante 30 segundos. Escúrrala, séquela y córtela por la mitad a lo largo. Una vez fría, sirva cuatro mitades por persona con 1 cucharadita colmada de mayonesa de *miso* al lado.

OCRA CON MAYONESA DE MISO

大根の豆腐マヨネーズ和え

DAIKON CON MAYONESA DE TOFU

DAIKON NO TOUFU MAYONE-ZU-AE

Preparación: 15 minutos
Cocción: 2 minutos
Para 4 personas, como aperitivo

V · SL · SG · SFS · <5 · <30

- 1 trozo de daikon de 6 cm
- ½ cdta. de sal marina, más un par de pizcas
- 75 g de Mayonesa de tofu (véase pág. 37)
- 15 g de brotes de daikon (kaiware daikon, véase pág. 349), con los tercios inferiores cortados y desechados
- ¼ de cdta. de polvo de shiso rojo (aka shiso, véase pág. 351)

El punto clave es cocinar muy poco el *daikon*, para que los trozos conserven su toque crujiente pero no estén crudos. Acompañado de una mayonesa baja en aceite, este plato es refrescante y delicioso.

-

Corte el *daikon* a lo ancho en trozos de 3 cm y pélelo. Corte los trozos en rodajas finas a lo largo y córtelas a su vez en tiras finas de 1 cm de ancho (*tanzaku-giri*, véase pág. 17). Separe las tiras con la mano para que no se peguen.

Llévelas a ebullición en una cazuela con agua y la sal a fuego vivo. Introduzca el *daikon* en un colador de malla y sumérjalo en el agua hirviendo. Refrésquelo bajo un chorro de agua fría. Escúrralo y séquelo con un paño de cocina.

Justo antes de servir, en un bol, mezcle el *daikon* con la mayonesa de tofu y la mitad de los brotes de *daikon*. Colóquelo en cuatro platos pequeños en un montículo, espolvoréelo con polvo de *shiso*, disponga los brotes de *daikon* restantes de forma artística y sírvalo.

大根の皮の梅肉和え

PIELES DE DAIKON CON UME

DAIKON NO KAWA NO BAINIKU-AE

Preparación: 15 minutos, más 20 minutos para salar y potenciar su sabor
Para 4 personas, como aperitivo

V · SL · SG · SFS · <5

- 60 g de pieles gruesas de un daikon pequeño sin manchas
- Un par de pizcas de sal marina en escamas
- ¾ de cdta. de pasta de «ciruelas» saladas encurtidas (bainiku, véase pág. 350)

Las «ciruelas» encurtidas japonesas (*ume*), en su mayor parte, se salan y se dejan secar al sol. La pasta de *ume* de calidad, sin aditivos ni colorantes artificiales, se puede conseguir fuera de Japón en tiendas de productos macrobióticos. Este aperitivo es excepcional. Merece la pena prepararlo.

-

Corte las pieles por la mitad o en tercios a lo ancho en trozos de unos 6 cm. Apílelas en montoncitos y córtelas en juliana. En un bol, frótelas con suavidad con la sal. Pasados 10 minutos, retírelas del bol, dejando los cristales de sal que queden. Aclárelas bajo un chorro de agua fría y séquelas con un paño de cocina.

Colóquelas en un bol y, con ayuda de unos palillos, mézclelas con la pasta de «ciruelas» encurtidas. Déjelas reposar 10 minutos para potenciar su sabor y, a continuación, sírvalas en boles. ¡Disfrute de este refrescante plato!

PIELES DE DAIKON CON UME

そら豆の寒天寄せ

GELATINA DE HABAS

SORAMAME NO KANTEN-YOSE

Preparación: 30 minutos, más 2 horas para refrigerar
Cocción: 15 minutos
Para 4 personas

V SL SFS

- 12 vainas grandes de habas (450 g)
- 8 rodajas finas (de 10 cm de largo) de pepino japonés, cortadas con un pelador de verduras o una mandolina
- 300 ml de Kombu dashi (véase pág. 22)
- 2 cdtas. de usukuchi shoyu (véase pág. 344)
- ⅛ de cdta. de sal marina fina
- 2 cdas. de sake
- 4 g de copos de agar-agar
- 2 hojas de shiso verde cortadas en chiffonade

Las habas anuncian la primavera en todo el mundo, y Japón no es una excepción. La temporada es corta, así que hay muchas formas de prepararlas. Las vainas se tuestan para resaltar el sabor de los granos que hay en su interior. Además, para no desperdiciar nada, puede asar la piel y comerla también. Sirva esta gelatina vegetal como entrante.

-

Corte una pequeña hendidura longitudinal en cada vaina para permitir que salga el vapor. Caliente una sartén de hierro a fuego vivo y áselas hasta que se formen manchas negras, unos 3 minutos por cada lado. Páselas a una superficie de trabajo. Cuando se hayan enfriado lo suficiente para poder manipularlas, corte un extremo con unas tijeras y recorte toda la vaina a lo largo. Saque las habas y pélelas.

Extienda 4 trozos grandes de film transparente sobre una bandeja rectangular con borde y coloque un cortapastas redondo de acero inoxidable de 6 cm de diámetro en cada uno. Levante los extremos del film alrededor de los lados de los cortapastas y asegúrelos con una goma elástica (así la gelatina no se saldrá). Envuelva los cortapastas con un trozo de papel de aluminio para asegurarlos bien. Enrolle dos trozos de pepino dentro de cada cortapastas para forrarlos de manera uniforme y reparta las habas entre ellos.

En un cazo, mezcle el *dashi* con la *usukuchi shoyu*, la sal y el sake. Espolvoree el agar-agar y llévelo casi a ebullición a fuego vivo, sin remover. Baje el fuego y cuézalo, removiéndolo de vez en cuando, hasta que los grumos se hayan disuelto por completo y la mezcla haya espesado, de 5 a 7 minutos. Déjelo enfriar unos 5 minutos y viértalo sobre las habas de manera uniforme. Refrigérelo al menos 2 horas antes de desmoldarlo y sírvalo de inmediato como un aperitivo, adornado con el *shiso*.

こんにゃくの梅和え

KONNYAKU CON UME Y SÉSAMO

KONNYAKU NO UME-AE

Preparación: 15 minutos
Para 4 personas

V SL SG SFS <5 <30

- 200 g de konnyaku blanco en dados de 2 cm
- Agua hirviendo
- ½ cda. de semillas de sésamo blanco calentadas en una sartén sin aceite hasta que desprendan su aroma
- 1½ cdas. de pasta de «ciruelas» saladas encurtidas (bainiku, véase pág. 350)
- ½ cda. de hon mirin

El *konnyaku*, gomoso y resbaladizo, es un complemento ideal para la pasta de «ciruelas» saladas encurtidas. Las *ume* intensifican el sabor de cualquier plato y este no es una excepción. Adquiera *konnyaku* blanco (en vez de gris parduzco) y, si es posible, el *bainiku* debería estar infusionado en *shiso* rojo para que el contraste con el *konnyaku* blanco sea aún más espectacular.

-

Coloque el *konnyaku* en un colador de malla y sumérjalo en agua hirviendo 10 segundos. Séquelo con un paño de cocina.

Maje las semillas de sésamo en un mortero japonés (*suribachi*, véase pág. 354) o un molinillo de especias. Mezcle la pasta de «ciruelas» saladas encurtidas y el *mirin* con el sésamo hasta que emulsione. Añada el *konnyaku* y remueva bien. Colóquelo en un bol o en platos individuales y sírvalo como un aperitivo refrescante. Se conservará bien varios días en el frigorífico.

GELATINA DE HABAS

こんにゃくのくるみ味噌和え

KONNYAKU CON MISO Y NUECES

KONNYAKU NO KURUMI MISO-AE

Preparación: 15 minutos
Para 4 personas

V SL SG <30

- 300 g de konnyaku en dados de 2 cm
- Agua hirviendo
- 1 cda. de semillas de sésamo blanco, calentadas en una sartén sin aceite hasta que desprendan su aroma
- 3 cdas. de nueces picadas gruesas
- 3 cdas. de miso de arroz integral
- 2 cdas. de hon mirin

La textura del *konnyaku* combina muy bien con el *miso* dulce y salado y las crujientes nueces, y hace de este plato un delicioso aperitivo para tomar con una cerveza antes de cenar.

-

Coloque el *konnyaku* en un colador de malla y vierta agua hirviendo 10 segundos. Escúrralo y resérvelo.

Maje las semillas de sésamo gruesas en un mortero japonés (*suribachi*, véase pág. 354). Añada las nueces, el *miso* y el *mirin*, y májelo un poco más para deshacer las nueces. Incorpore el *konnyaku* hasta que todo se impregne bien. Sírvalo en platos pequeños.

こんにゃくサラダ

ENSALADA DE KONNYAKU

KONNYAKU SARADA

Preparación: 40 minutos
Para 4 personas

V SL SFS

- 200 g de fideos konnyaku (ito konnyaku, véase pág. 353)
- Agua hirviendo
- ⅛ de daikon pequeño (125 g) pelado o raspado
- ½ zanahoria mediana (80 g) pelada o raspada
- ½ cdta. de sal marina en escamas
- 1 cdta. de shoyu
- 200 ml de Mayonesa de leche de soja (véase pág. 36)
- 1 puñado pequeño de brotes de daikon (kaiware daikon, véase pág. 349), con los tercios inferiores cortados y desechados

La textura gomosa, pero deliciosamente resbaladiza, de los fideos *konnyaku* aporta un toque sorprendente a esta ensalada de tubérculos. En Japón, se venden en bolas grandes, por lo que hay que cortarlos. Fuera de Japón puede que se vendan cortados; decida si tiene que cortarlos más o no.

-

Coloque los fideos *konnyaku* cortados a lo ancho en un colador de malla y sumérjalos en agua hirviendo 10 segundos. Enfríelos bajo un chorro de agua fría y séquelos con un paño de cocina. Córtelos en 3 trozos de 8 cm y resérvelos.

Corte el *daikon* y la zanahoria en una juliana de 4 cm de largo, colóquelos en un bol y frótelos ligeramente con la sal. Déjelos reposar 10 minutos, estrújelos suave, séquelos con papel de cocina y póngalos en un bol con los fideos *konnyaku*.

Mezcle el *shoyu* con la mayonesa hasta que esté bien emulsionado y añada los *konnyaku*, el *daikon* y la zanahoria. Adorne el plato con los brotes de *daikon* y sírvalo como una guarnición fría para acompañar una comida japonesa.

ENSALADA DE KONNYAKU

なすの叩き混ぜ

BERENJENA PICADA CON MISO

NASU NO TATAKI-MAZE

Preparación: 30 minutos
Cocción: 10 minutos
Para 4 personas, como aperitivo

V SL SG

- 4 berenjenas japonesas medianas (300 g)
- 1 cda. de miso de arroz integral o de cebada
- 1 cdta. de jengibre fresco rallado
- 1 cda. de hojas de shiso verde picadas
- 1 cda. de piñones calentados ligeramente en una sartén sin aceite
- 1 cda. de semillas de sésamo blanco calentadas ligeramente en una sartén sin aceite
- 1 cdta. de hojas de shiso verde en tiras finas, para decorar

La berenjena sustituye a las sardinas o al jurel crudos en esta clásica preparación. Las semillas de sésamo blanco se incluyen a menudo en los platos de estilo *tataki*, pero aquí la adición de piñones aporta un toque diferente y delicioso. Sírvalo con un bol de arroz blanco o sobre unas tostadas.

-

Ase las berenjenas en una parrilla de pescado, un horno de sobremesa o a 10 cm de la parte superior del gratinador unos 10 minutos o hasta que se chamusque por todos los lados.

Pele las berenjenas y corte los extremos del cáliz. Píquelas en una tabla de cortar con el *miso* y el jengibre hasta que se mezclen bien. Páselas a un bol e incorpore el *shiso* picado, los piñones y las semillas de sésamo. Adórnelas con unas hojas de *shiso*.

柚子のかぶ包み

ROLLITO DE NABO CON YUZU

YUZU NO KABU-ZUTSUMI

Preparación: 30 minutos
Para 4 personas

V SL SG SFS <5

- 1 nabo mediano (100 g) pelado
- ⅛ de cdta. de sal marina en escamas
- 1 yuzu pequeño o limón Meyer
- 8 tallos de mitsuba (véase pág. 346)
- Agua hirviendo

Los nabos salados con *yuzu* son una combinación clásica, pero si se toma la molestia de enrollar cada trocito de nabo alrededor del *yuzu* rallado y atarlo con un tallo de *mitsuba*, la presentación será impresionante y cada bocado se convertirá en una explosión de frescor. Ralle las sobras de nabo finas y añádalas a una sopa de *miso*, si lo desea, y utilice el zumo de los cítricos en una ensalada, por ejemplo.

-

Corte 8 rodajas finas del centro del nabo a lo ancho con un cuchillo afilado o una mandolina japonesa (*benriner*, véase pág. 353). En un bol, frote las rodajas con la sal y déjelas reposar 10 minutos.

Mientras, enrolle la *mitsuba* en un colador de malla y sumérjala en agua hirviendo 10 segundos. Escúrrala y déjela enfriar a temperatura ambiente.

Pele el *yuzu* con un cuchillo afilado. Apile las pieles y córtelas en tiras finas.

Saque las rodajas de nabo del bol, de una en una, y colóquelas unas al lado de las otras en una tabla de cortar. Reparta las tiras de *yuzu* y colóquelas en el centro de cada rodaja de nabo. Enróllelas con cuidado y átelas con un tallo de *mitsuba* por la parte central. Sirva dos rollitos por persona para limpiar el paladar.

ROLLITO DE NABO CON YUZU

生野菜とレーモン味噌のディップ

CRUDITÉS CON MISO DE LIMÓN

NAMA YASAI TO REMON MISO NO DIPPU

Preparación: 45 minutos,
más unos 10 minutos para enfriar
Cocción: 40 minutos
Para 200 ml

V SL SG SFS

- ½ limón ecológico (60 g) raspado y cortado por la mitad a lo ancho
- 500 ml de Kombu dashi (véase pág. 22)
- 6½ cdas. de miso blanco
- 2 zanahorias pequeñas (100 g) limpias y cortadas por la mitad a lo largo
- 4 pimientos verdes japoneses pequeños (piman, véase pág. 347) o pimientos rojos y amarillos (100 g), cortados por la mitad a lo largo, descorazonados y despepitados
- 4 rábanos con hojas (60 g) limpios y cortados por la mitad a lo largo
- 3 tallos pequeños de apio (60 g) en bastoncitos de 1¼ cm de largo y 1 cm de grosor

Las verduras crudas untadas en un *miso* muy gustoso (como el de arroz integral o cebada) resultan perfectas para tomar como aperitivo las noches de verano, con una bebida fría. Si le añade limón al *miso* blanco obtendrá una salsa refrescante y elegante que combina de maravilla con una copa de champán o un poco de sake. Elija las verduras de temporada que más le gusten.

-

Retire las semillas del limón y deséchelas. Llene tres cuartas partes de una cazuela con agua y llévela a ebullición a fuego vivo. Añada el limón y cuézalo 20 minutos.

Escúrralo, déjelo en la cazuela y añada el *dashi*. Llévelo a ebullición a fuego medio-alto y cuézalo otros 20 minutos.

Saque el limón y reserve el *dashi*. Recórtele un poco los extremos y córtelo en dados gruesos. Tritúrelo en una batidora con unos 150 ml del *dashi* hasta obtener una pasta fina.

Pásela a un bol y, una vez a temperatura ambiente, incorpore el *miso*. Disponga las verduras de forma artística en una fuente o en platos individuales y sírvalas con el *miso* de limón.

一口冷奴の緑酢がけ

TOFU FRÍO CON VINAGRE DE PEPINO

HITOKUCHI HIYAYAKKO NO MIDORIZU-GAKE

Preparación: 10 minutos
Para 4 personas

V SL SFS <30

- 2 pepinos japoneses pequeños (150 g) sin pelar
- 4 cdas. de Kombu dashi (véase pág. 22)
- 2 cdtas. de shoyu
- 2 cdtas. de vinagre de arroz
- 300 g de tofu sedoso (kinugoshi dofu, véase pág. 352) en 4 cuadrados

El tofu frío nos ayuda en verano a combatir el calor y la humedad de Japón. El vinagre de pepino le aporta frescor y sabor, pero también podría aliñarse con aceite de sésamo ligeramente tostado o aceite de oliva afrutado con unos tomates.

-

Ralle fino el pepino en un bol. Incorpórele el *dashi*, el *shoyu* y el vinagre de arroz.

Coloque cada cuadrado de tofu frío en un bol y disponga el aliño en el centro. Sírvalo en verano, como un acompañamiento ligero.

TOFU FRÍO CON VINAGRE DE PEPINO

和え物

El alma de la cocina japonesa vegetariana son los platos fríos de verduras, que se sirven de acompañamiento y complementan los fritos o las sopas, aportando variedad y notas refrescantes de sabor. Como presentan innumerables combinaciones y posibilidades, ofrecen una oportunidad única para la creatividad. Aquí es, además, donde la estacionalidad puede brillar de verdad. Aunque existen muchas variantes de los platos tradicionales, es importante no renunciar a su esencia ni a sus parámetros básicos.

Así, por ejemplo, la base de los *shira-ae* (platos aliñados con tofu chafado) es el tofu, o la *yuba* (la piel que se forma en la superficie de la leche de soja al elaborar el tofu). A partir de ahí, algunos añaden sal, *shoyu* o *miso*, o una mezcla de los tres. Y como edulcorantes, azúcar o *mirin*. Las semillas de sésamo molidas o la pasta de sésamo son opcionales, al igual que un toque de vinagre de arroz. Se les puede agregar también piel de *yuzu* u *hoshigaki* (caquis secos), pero no suelen llevar jengibre o guindillas secas. El punto de dulzor, de sésamo o de «sal» puede variar enormemente de un cocinero a otro, pero no la base, que es siempre el tofu (o la *yuba*).

Los *goma-ae*, un aliño (*aemono*) clásico que se emplea a menudo con las espinacas (*horenso no goma-ae*) en los restaurantes japoneses de todo el mundo, también presenta muchas variantes. *Goma* significa «sésamo» en japonés, por lo que obviamente todos estos platos llevan sésamo, tanto en forma de pasta o de semillas molidas como de semillas enteras tostadas. Los *goma-ae* se preparan casi siempre con verduras escaldadas frías, pero también se pueden hacer con verduras crudas, como el pepino, frotadas con sal. El azúcar o el *mirin* sirven de edulcorantes y se añaden a gusto del cocinero. El *miso* se suele mezclar con el sésamo para que las verduras resulten más cremosas, a veces con una pizca de sal o un toque de *shoyu*. Se puede utilizar *shoyu* en lugar de *miso* y un golpe de vinagre de arroz aportará una agradable nota ácida. Como aromatizantes, se recurre al *yuzu* o al jengibre en rodajas, al zumo de jengibre o al *shiso* cortado fino en *chiffonade*. Sin embargo, en general, al principio quizá sea mejor no desviarse demasiado de las recetas que encontrará en este libro. Cuando domine las técnicas, habrá llegado el momento de experimentar y explorar.

和え物

AEMONO

PLATOS ALIÑADOS

バター筍木の芽味噌和え

BROTES DE BAMBÚ CON MISO DE HOJAS DE SANSHO

BATA- TAKENOKO KINOME MISO-AE

Preparación: 15 minutos
Cocción: 5 minutos
Para 4 personas

SFS <30

- 200 g de Brotes de bambú cocidos (véase pág. 34)
- 30 g de mantequilla sin sal
- ½ cdta. de shoyu
- 3 g de hojas de sansho
- 2 cdas. de miso blanco
- 1 cda. de sake
- 1 cda. de hon mirin
- 1 ramita de hojas de sansho, para servir

Las hojas de *sansho* anuncian la primavera. Como pierden su delicado sabor si se trituran demasiado pronto, asegúrese de hacerlo justo antes de cocer los brotes de bambú. El toque de mantequilla y la gran cantidad de *sansho* que lleva la receta hacen que este plato sea exquisito.

-

Corte los brotes de bambú en cuartos o cuñas de 1 cm de grosor (según su forma).

Caliente una sartén a fuego medio-alto. Añada la mantequilla y, una vez derretida, eche el bambú. Vierta el *shoyu* para darle un poco de color y aroma y saltéelo hasta que el bambú desprenda su aroma y se caliente bien, unos 2 o 3 minutos.

En un mortero japonés (*suribachi*, véase pág. 354) o un miniprocesador, triture las hojas de *sansho* hasta que se deshagan. Añada el *miso* blanco, el sake y el *mirin* y remueva hasta que estén bien emulsionados. Agregue el bambú, ligeramente frío, en el *suribachi* (o en un bol) y mézclelo bien. Colóquelo en cuatro platos pequeños o en un bol bonito, adórnelo con la ramita de *sansho* y sírvalo de inmediato.

筍木の芽和え

BAMBÚ CON HOJAS DE SANSHO MAJADAS

TAKENOKO KINOME-AE

Preparación: 30 minutos
Cocción: 10 minutos
Para 4 personas

V SL SG SFS

- 125 g de Brotes de bambú cocidos (véase pág. 34)
- 300 ml de Happo dashi (véase pág. 25)
- 60 g de udo (véase pág. 346)
- 1 cda. de vinagre de arroz
- 10 g de hojas de sansho
- 80 g de Taki miso (véase pág. 29)

Las hojas de *sansho* tienen un sabor casi mentolado que combina muy bien con los brotes de bambú. Utilizadas a menudo como acompañamiento, aquí se machacan hasta formar una pasta que cubre todo el bambú. Si no consigue *udo*, omítalo.

-

Corte los brotes de bambú a lo largo y después a lo ancho en semicírculos de 5 mm de grosor (*ichogiri*, véase pág. 17). Póngalos en un cazo con el *happo dashi* y llévelos a ebullición a fuego medio-alto. Baje el fuego y cuézalos unos 10 minutos. Retírelos del fuego y déjelos que se enfríen en el *dashi*.

Pele el *udo* y córtelo en trozos irregulares redondos-triangulares de 1 cm (*rangiri*, véase pág. 17). Colóquelo en un bol, llénelo con 125 ml de agua fría hasta cubrirlo y añada el vinagre de arroz.

Maje bien las hojas de *sansho* en un mortero japonés (*suribachi*, véase pág. 354). Agregue el *taki miso* y tritúrelo, poco a poco, hasta obtener una pasta homogénea y fina. Escurra el *udo*, séquelo y añádalo al *miso* de *sansho*. Saque el bambú del *dashi* con una espumadera normal o una de araña. Escúrralo e introdúzcalo en el *miso* de *sansho* con el *udo*. Remuévalo con cuidado con una espátula de plástico y dilúyalo con un poco del líquido de cocción del bambú si el *miso* de *sansho* está demasiado espeso. Repártalo entre cuatro boles y sírvalo como acompañamiento de una comida japonesa.

BROTES DE BAMBÚ CON MISO DE HOJAS DE SANSHO

そら豆白和え

HABAS SHIRA-AE

SORA-MAME SHIRA-AE

Preparación: 30 minutos, más toda la noche para prensar
Cocción: 2 minutos
Para 4 personas

V SL SFS

- 200 g de tofu firme (momendofu, véase pág. 352) o tofu suave japonés
- 2 cdtas. de azúcar ecológico
- 1 cdta. de usukuchi shoyu (véase pág. 344)
- ¼ de cdta. de sal marina en escamas
- ½ cdta. de pasta de sésamo blanco japonés
- 200 g de habas desvainadas
- 1 cda. de sal marina fina

Las preparaciones de tofu chafado (*shira-ae*) aportan sabor a las verduras delicadas o cremosidad a las amargas. Aquí el *shira-ae* es muy suave para que las habas acaparen toda la atención.

-

Ponga el tofu en una sartén rectangular y coloque un plato hondo encima. Resérvelo en el frigorífico toda la noche para eliminar el exceso de agua.

Sáquelo del frigorífico y májelo con el azúcar, la *usukuchi shoyu*, la sal en escamas y la pasta de sésamo en un mortero japonés (*suribachi*, véase pág. 354) hasta que quede esponjoso. Resérvelo para que se temple un poco.

Retire con cuidado la parte oscura del hoyuelo de cada haba. En una cazuela, lleve a ebullición 600 ml de agua con la sal. Añada las habas y cuézalas 2 minutos. Escúrralas y déjelas enfriar a temperatura ambiente.

Quite y deseche las pieles finas de las habas, sin deshacerlas. Añádalas a la mezcla de tofu, repártalas entre cuatro boles y sírvalas, en un montoncito.

ほうれん草白和

ESPINACAS SHIRA-AE

HOURENSOU SHIRA-AE

Preparación: 30 minutos, más 3 horas como mínimo para prensar el tofu
Cocción: 1 minuto
Para 4 personas

V SL SFS

- 300 g de tofu firme (momendofu, véase pág. 352) o tofu suave japonés
- 1 manojo (200 g) de espinacas, preferentemente con la raíz
- ½ caqui seco (hoshigaki, véase pág. 350) o 3 orejones de albaricoque sin sulfitos
- 2 cdas. de pasta de sésamo blanco
- ½ cda. de hon mirin
- 1 cda. de shoyu
- ¼ de cdta. de sal en escamas

La cremosidad del tofu chafado y la pasta de sésamo equilibran el ligero amargor de las espinacas. En Japón también se utilizan las raíces, de color blanco rosáceo, que añaden un toque crujiente.

-

Ponga el tofu en un plato y coloque una tabla de cortar encima 3 horas en un lugar fresco (o toda la noche en el frigorífico) para eliminar el exceso de agua.

Ponga las espinacas en un bol con agua fría y déjelas en remojo. Remuévalas con cuidado para eliminar la suciedad, tómelas con la mano y escúrralas en un colador. Vuelva a llenar el bol con agua limpia y lávelas de nuevo. Deje que la tierra se asiente en el fondo y escúrralas como antes. Alinee las espinacas con las raíces hacia afuera.

Lleve a ebullición una olla con agua a fuego vivo. Sujete las espinacas por las hojas y sumerja las raíces en el agua hirviendo 45 segundos. Suéltelas y empújelas para sumergirlas por completo. Sáquelas con un colador de malla sobre un bol. Refrésquelas bajo un chorro de agua fría. Escúrralas y estrújelas con las manos. Alinéelas en una tabla de cortar y pique finas las raíces. Corte los tallos y las hojas en trozos de 3 cm y vuelva a estrujarlas con las manos.

Corte el cáliz del caqui, retire las semillas y córtelo por la mitad a lo ancho. Píquelo fino en juliana. (Si utiliza orejones, píquelos igual.) Parta las espinacas y el caqui en un bol con las manos para separar las tiras de caqui.

Estruje el tofu con las manos y póngalo en un mortero japonés (*suribachi*, véase pág. 354). Májelo hasta que esté fino. Incorpore la pasta de sésamo, el *mirin*, el *shoyu* y la sal. Añada las espinacas y el caqui y sírvalo, en un montoncito, en un bol.

HABAS *SHIRA-AE*

えんどう豆の葛とじ

GUISANTES VERDES CON SANSHO

ENDOU-MAME NO KUZUTOJI

Preparación: 20 minutos, más el tiempo para enfriar
Cocción: 10 minutos
Para 4 personas

V SL SG SFS

- 400 g de guisantes verdes frescos sin desvainar (170 g desvainados)
- ¼ de cdta. de sal marina en escamas
- 1 pizca grande de azúcar ecológico
- 200 ml de Happo dashi (véase pág. 25)
- 1 cda. de hon kuzu (véase pág. 353) disuelto en 3 cdas. de agua hasta que esté fino
- ¾ de cdta. de hojas de sansho picadas finas

Los guisantes verdes son tan delicados que merecen un tratamiento especial. El *kuzu* es el almidón más apreciado en Japón y se reserva para los platos más elaborados, que dependen de su textura. Muy ligeros, sírvalos antes o durante una comida.

-

Desgrane los guisantes.

Llene tres cuartas partes de un cazo con agua, añada la sal y el azúcar y llévelo a ebullición. Añada los guisantes y cuézalos unos 2 o 3 minutos, según su tamaño. Escúrralos en un colador de malla.

Añada el *happo dashi* en el cazo, junto con los guisantes. Llévelos a ebullición a fuego vivo y retírelos del fuego. Deje que se enfríen a temperatura ambiente en el líquido de cocción para que absorban el sabor.

Saque los guisantes y resérvelos. Reserve también el cazo con el líquido de cocción. Añada el *hon kuzu* al cazo con el líquido reservado y llévelo a ebullición a fuego medio. Cuézalo a fuego lento, removiéndolo constantemente, hasta que el líquido sea claro y comience a espesar, 1 o 2 minutos.

Añada los guisantes y continúe cociéndolo y removiéndolo constantemente hasta que se espese y quede brillante, 3 minutos más. Agregue ½ cucharadita de hojas de *sansho* y sirva los guisantes con la salsa en cuatro platitos. Pique las hojas de *sansho* restantes y espárzalas sobre los guisantes. Sírvalos de primer plato en primavera. Están mejor calientes, pero también se pueden comer fríos.

GUISANTES VERDES CON SANSHO

菜の花の筍ソースがけ

FLORES CON SALSA DE BROTES DE BAMBÚ

NANOHANA NO TAKENOKO SO-SU GAKE

Preparación: 30 minutos
Cocción: 20 minutos
Para 4 personas

V SL SG SFS

- 200 g de Brotes de bambú cocidos (véase pág. 34)
- 2 litros de Kombu dashi (véase pág. 22)
- 1 cdta. de sal marina en escamas
- 2 cdtas. de hon mirin
- 1 manojo (150 g) de flores de crucífera (nanohana, véase pág. 347) o grelos, con los extremos duros cortados

Servir flores de crucífera (*nanohana*) con una salsa de bambú, dulce y cremosa, complementa su amargor natural. El contraste entre la salsa, ligeramente salada, y la *nanohana*, sin nada de sal, es intencionado.

-

Ponga los brotes de bambú en una olla con el *dashi* y llévelos a ebullición a fuego medio-alto. Cuézalos a fuego lento 20 minutos. Saque el bambú pero deje el *dashi*.

Cuando esté lo suficientemente frío para manipularlo, córtelo en dados e introdúzcalo en una batidora con unos 200 ml del *dashi*, la sal y el *mirin*. Tritúrelo hasta que quede fino.

Llene una olla con agua y llévela a ebullición a fuego vivo. Cueza las flores de crucífera 20 segundos. Sáquelas con un colador de malla fina, escurra el exceso de agua y envuélvalas con un paño de cocina para que se sequen.

Alinéelas unas al lado de las otras en una tabla de cortar y córtelas a lo ancho en trozos de 3 o 4 cm. Apílelas en cuatro platitos, vierta la salsa de bambú por encima y sírvalas como parte de una comida primaveral.

菜の花のからし和え

NANOHANA CON SALSA DE MOSTAZA

NANOHANA NO KARASHI-AE

Preparación: 30 minutos
Cocción: 5 minutos
Para 4 personas

V SL

- 1 manojo pequeño (150 g) de flores de crucífera (nanohana, véase pág. 347) o grelos, con los extremos duros cortados
- 2 cdtas. de sal marina fina
- 300 ml de Happo dashi (véase pág. 25)
- 4 cdtas. de usukuchi shoyu (véase pág. 344)
- 1 saquito de tofu frito (usuage, véase pág. 352)
- 2 cdtas. de shoyu
- 1 cda. de mostaza amarilla en polvo (karashi, véase pág. 351) disuelta en 1 cda. de agua caliente

Las flores de crucífera (*nanohana*) son amargas y deliciosas, por lo que combinan muy bien con elaboraciones cremosas. Una salsa de mostaza picante también puede darle al plato un toque diferente y sorprendente.

-

Corte las verduras a lo ancho en trozos de 4 cm. Prepare un bol de agua con hielo. Llene una olla con agua, sálela, llévela a ebullición a fuego vivo y añada las flores. Cuézalas hasta que los tallos se ablanden, 2 o 3 minutos, según el grosor. Sáquelas con un colador de malla y refrésquelas en el bol. Cuando estén frías, sáquelas del agua, sacúdalas y séquelas con un paño de cocina.

Póngalas en un bol y mézclelas con el *dashi*. Añada 2 cucharaditas de *usukuchi shoyu* y resérvelas.

Caliente una sartén o un asador a fuego vivo y dore el *usuage* hasta que tenga manchas de color marrón claro, 1 o 2 minutos por cada lado. Córtelo por la mitad a lo largo y después a lo ancho en tiras de 5 mm.

Escurra las flores en un colador de malla y deseche el líquido. Estrújelas ligeramente con las manos y colóquelas en un bol.

En otro bol, mezcle despacio las 2 cucharaditas restantes de *usukuchi shoyu*, el *shoyu* y la mostaza en polvo hasta formar una pasta. Viértala en el bol de las flores y mézclelas bien para que se distribuya de manera uniforme. Incorpore el *usuage* y sírvalas de inmediato en cuatro boles pequeños.

NANOHANA CON SALSA DE MOSTAZA

なすのわさび和え

BERENJENA CON WASABI

NASU NO WASABI-AE

Preparación: 25 minutos
Para 4 personas

V · SL · SFS · <30

- ¼ de cdta. de sal marina en escamas
- 2 berenjenas japonesas medianas (150 g) cortadas a lo ancho en rodajas finas
- 1 myoga (véase pág. 348) grande (25 g) cortada por la mitad a lo largo
- 2 hojas de shiso verde en tiras finas
- 1 cdta. de semillas de sésamo blanco, calentadas en una sartén sin aceite hasta que desprendan su aroma
- 1 cdta. de wasabi recién rallado
- Shoyu, para servir

La cocina japonesa suele frotar las verduras con sal para «cocinarlas» sin calor. Aunque no se suele comer cruda, la berenjena frotada con sal tiene una agradable consistencia esponjosa, perfecta para los meses de verano. Aquí el picor del *shiso* y el *wasabi* se equilibran de maravilla con la *myoga* y el sésamo.

-

En un bol, frote la sal con la berenjena. Déjela reposar unos 10 minutos. Tome la berenjena con las manos (sin tomar la sal), envuélvala con papel de cocina y estrújela para eliminar el exceso de humedad. Limpie el bol y vuelva a echar la berenjena.

Coloque la *myoga* en una tabla de cortar, con el lado del corte hacia abajo, y córtela fina a lo largo. Separe las tiras con las manos y añádalas al bol con la berenjena. Remueva bien.

Repártala entre cuatro boles pequeños. Esparza las semillas de sésamo por encima y añada un poco de *wasabi*. Vierta unas gotas de *shoyu* y sírvala con sake. Está mejor recién preparada.

BERENJENA CON WASABI

梅ときゅうりのあえ物

PEPINO CON UME Y SHISO

UME TO KYUURI NO AEMONO

Preparación: 30 minutos
Para 4 personas

V SL SG SFS <5

- 4 pepinos japoneses pequeños (300 g) sin pelar
- 1 lámina de alga kombu en remojo de 6 × 8 cm, que le haya sobrado al preparar kombu dashi frío
- 2 «ciruelas» saladas encurtidas (umeboshi, véase pág. 350)
- 4 hojas de shiso verde en tiras finas

Si desea llevar esta ensalada de verano a otro nivel, incluya la semilla (*tenjinsan*, 天神さん) de las *umeboshi* para aportarle textura y una deliciosa nota almendrada.

-

Corte los pepinos en tiras finas de 4 cm de largo. Corte el *kombu* en tiras finas por el lado corto.

Deshuese las *umeboshi* raspando la carne con el dorso de un cuchillo. Si utiliza las semillas, golpee el hueso de las *umeboshi* para abrirlas y sáquelas. Píquelas finas. Pique fina también la pulpa de las *umeboshi* hasta obtener una pasta fina.

En un bol, mezcle el pepino con el *kombu*, las *umeboshi* y las semillas (si utiliza) hasta que los ingredientes se distribuyan de manera uniforme. Incorpore el *shiso* y sírvalo como una ensalada de verano ligera. Es mejor hacerlo pronto, ya que las *umeboshi* harán que el pepino se reblandezca.

キャベツサラダ

ENSALADA DE REPOLLO

KYABETSU SARADA

Preparación: 20 minutos
Para 4 personas

V SL SG SFS <30

- ¼ de repollo (250 g) sin los nervios
- ¾ de cdta. de sal marina en escamas
- 1 cda. de zumo de sudachi, yuzu o limón Meyer recién exprimido
- 1 cda. de aceite de sésamo dorado ligeramente tostado
- ½ cdta. de mezcla de especias japonesa (shichimi togarashi, véase pág. 351)

El repollo es dulce y tierno, y combina bien con un aliño a base de cítricos. El *sudachi* es un cítrico japonés pequeño y redondo que produce un zumo muy ácido y de olor penetrante, pero se puede sustituir por *yuzu* o limón Meyer. Si se prepara con aceite de oliva en lugar de aceite de sésamo, esta ensalada se integra bien en los menús occidentales. Si no puede conseguir aceite de sésamo dorado ligeramente tostado, sustitúyalo por aceite de sésamo sin tostar y tostado oscuro en una proporción de 1:1.

-

Corte el repollo en tiras finas con un cuchillo afilado y póngalo en un bol. Esparza ¼ de cucharadita de la sal y frótelo con suavidad. Déjelo reposar 10 minutos.

Sáquelo con la mano, dejando los restos de sal en el fondo del bol, y extiéndalo sobre un trozo grande de papel de cocina. Séquelo.

Lave el bol y séquelo. Vuelva a poner el repollo en el bol y mézclelo con el zumo de cítricos, el aceite, la ½ cucharadita de sal restante y ¼ de cucharadita del *shichimi togarashi*. Sírvalo en un bol bonito o en platos pequeños, espolvoreado con el *shichimi togarashi* restante.

PEPINO CON UME Y SHISO

トマトの豆腐詰め

TOMATES RELLENOS DE TOFU

TOMATO NO TOUFU-ZUME

Preparación: 1 hora,
más 15 minutos para refrigerar
Para 4 personas

V SL SG SFS

- 4 tomates pequeños (de 80 g cada uno)
- 3 cdtas. de aceite de oliva
- 1 cdta. de sal marina en escamas
- ⅛ de cdta. de yuzu kosho verde (véase pág. 350)
- 200 g de bloques prensados de tofu frito (atsuage, véase pág. 352) o tofu mediano
- 2 cdas. (5 g) de daikon seco (kiriboshi daikon, véase pág. 350), remojado en agua fría hasta cubrirlo 20 minutos
- 4 hojas de shiso verde picadas finas

El *kiriboshi daikon* y el *yuzu kosho* añaden una agradable acidez que equilibra el dulzor de los tomates. Las texturas de este plato son magníficas: la jugosidad del tomate se mezcla con el toque crujiente del *kiriboshi daikon* y la cremosidad del tofu chafado. Si no dispone de *atsuage*, utilice tofu mediano (fuera de Japón). Sírvalo como una refrescante comida o cena de verano.

-

Descorazone los tomates y corte unos 5 mm de la parte superior. Corte una capa fina de la base para que no se muevan y reserve las bases y las «tapas» juntas. Coloque los tomates en un recipiente rectangular lo suficientemente grande para que quepan. Vacíelos con la ayuda de una cuchara (con cuidado de no perforar la base o los lados). Pique fina la pulpa y pásela a un bol junto con los jugos.

En otro bol, mezcle 2 cucharaditas del aceite de oliva, ½ cucharadita de la sal y el *yuzu kosho*. Añada el tomate picado.

Retire la piel frita del *atsuage* y píquela fina. Triture gruesa la parte blanca y añádala al bol con la piel picada.

Saque el *kiriboshi daikon* del agua, séquelo con un paño de cocina y píquelo fino. Agréguelo al bol con el *atsuage* y el *shiso*.

Rocíe la cucharadita de aceite restante sobre los tomates vacíos y añada la ½ cucharadita de sal restante. Divida la mezcla de tofu entre los tomates. Vierta la mezcla de tomate picado poco a poco sobre la mezcla de tofu con una brocheta de bambú para que se distribuya de manera uniforme. Tardará unos 15 minutos en añadir la mezcla de tomate.

Vuelva a colocar la «tapa» de los tomates y refrigérelos 15 minutos. Sírvalos en platitos individuales con un tenedor y un cuchillo.

TOMATES RELLENOS DE TOFU

柿の白和え

SHIRA-AE DE CAQUI Y MANZANA

KAKI NO SHIRA-AE

Preparación: 30 minutos,
más 1-2 horas para prensar el tofu
Cocción: 5 minutos
Para 4 personas

V · SL · SFS

- 300 g de tofu firme (momendofu, véase pág. 352) o tofu suave japonés
- 4 cdas. de semillas de sésamo blanco
- 1 cda. de hon mirin
- ½ cdta. de usukuchi shoyu (véase pág. 344)
- ½ cdta. de sal marina en escamas
- 1 caqui Fuyu firme (235 g) pelado y descorazonado
- ½ manzana dulce mediana (125 g) sin pelar, cortada en cuartos y descorazonada
- ½ cdta. de sal marina fina
- ½ manojo (60 g) de hojas de crisantemo comestible (shungiku, véase pág. 347), con los extremos duros cortados

El *shira-ae* de caqui es uno de los primeros platos que me preparó mi marido, que es agricultor, cuando nos casamos. Aquí, la adición final de manzana y hojas de crisantemo resulta asombrosa. El *shira-ae* tiene muchas variantes. Esta versión, con abundante sésamo, confiere profundidad al plato.

-

Ponga el tofu en un plato y coloque una tabla de cortar encima para eliminar el exceso de agua durante 1 o 2 horas en un lugar fresco.

Caliente una sartén a fuego medio y añada el sésamo. Caliéntelo hasta que desprenda su aroma, removiéndolo constantemente y levantando la sartén para evitar que se queme, 1 o 2 minutos. Páselo a un mortero japonés (*suribachi*, véase pág. 354) y májelo hasta que esté casi deshecho, pero no del todo.

Añada el tofu escurrido, el *mirin*, la *usukuchi shoyu* y la sal en escamas y májelo hasta que quede esponjoso. Pruébelo, debe estar dulce con un toque de sal. Ajústelo si fuese necesario.

Corte el caqui en una juliana gruesa y los cuartos de manzana a lo ancho en rodajas finas (*ichogiri*, véase pág. 17). Sumérjalas en 250 ml de agua fría con la sal marina fina 10 minutos.

Lleve a ebullición una olla con agua. Sujete el manojo de *shungiku* por el tallo y sumérjalo en el agua hirviendo 10 segundos. Suéltelo e introduzca las hojas en el agua hirviendo con una cuchara de madera. Sáquelas con un colador de malla y refrésquelas bajo un chorro de agua fría. Estrújelas para extraer el exceso de líquido y córtelas a lo ancho en trozos de 1 cm de largo. Pártalas con la mano.

Escurra los caquis y las manzanas y séquelos con un paño de cocina. Añádalos a la mezcla de tofu chafado con el *shungiku* y sírvalo. Está mejor si se come el mismo día, pero aguantará bien hasta el día siguiente.

SHIRA-AE DE CAQUI Y MANZANA

春菊ごま和え

GOMA-AE DE HOJAS DE CRISANTEMO

SHUNGIKU GOMA-AE

Preparación: 30 minutos
Cocción: 1 minuto
Para 4 personas

V SL SFS

- 6 cdas. de Happo dashi (véase pág. 25) o Kombu dashi (véase pág. 22)
- 4 cdtas. de shoyu
- 1 cdta. de sal marina en escamas
- 1 manojo pequeño (125 g) de hojas de crisantemo comestible (shungiku, véase pág. 347)
- 2 cdas. de pasta de sésamo blanco
- 1½ cdas. de semillas de sésamo blanco molidas
- ½ cda. de semillas de sésamo blanco calentadas en una sartén sin aceite hasta que desprendan su aroma
- 1 cda. de hon mirin
- ¼ de cdta. de vinagre de arroz
- 1 flor pequeña de crisantemo comestible lavanda o amarilla

Las hojas de crisantemo (*shungiku*) tienen una amargor que combina muy bien con el sésamo. En este caso, la adición de semillas de sésamo molidas a la pasta de sésamo le aporta textura y profundidad de sabor.

-

En un bol, mezcle 4 cucharadas del *dashi* con 2 cucharaditas del *shoyu*, y resérvelo.

Llene una olla con agua, sálela y llévela a ebullición a fuego vivo. Añada el *shungiku*, empujándolo para sumergirlo, y sáquelo con un colador de malla. Escúrralo y estrújelo bien para eliminar el agua que sobre. Extiéndalo sobre una sartén rectangular y vierta la mezcla de *shoyu-dashi* encima. Mézclelo bien y déjelo enfriar a temperatura ambiente.

En un bol, chafe la pasta de sésamo, las semillas molidas, las semillas enteras, el *mirin* y el vinagre de arroz con las 2 cucharadas restantes de *dashi* y las 2 cucharaditas de *shoyu* hasta que la salsa esté fina.

Estruje las hojas y córtelas en trozos de 4 cm. Apílelas en cuatro platitos y vierta la salsa de sésamo en forma de cascada. Retire con cuidado los pétalos de los centros de las flores y espárzalos sobre las hojas y la salsa de sésamo para añadir un toque de contraste al plato.

柿ときゅうりの胡麻和え

GOMA-AE DE CAQUI Y PEPINO

KAKI TO KYUURI NO GOMA-AE

Preparación: 45 minutos
Para 4 personas

V SL SFS

- 1 caqui Fuyu firme (235 g)
- 1 cdta. de sal marina en escamas
- 2 pepinos japoneses medianos (200 g)
- 3 cdas. de pasta de sésamo blanco
- 1 cdta. de usukuchi shoyu (véase pág. 344)
- 1 cdta. de shoyu
- 2 cdtas. de hon mirin
- 2 cdtas. de Happo dashi (véase pág. 25)

Si los pepinos ya no son de temporada, puede sustituirlos por judías verdes escaldadas, aunque la textura del pepino aporta un maravilloso contraste.

-

Corte el cáliz del caqui, pélelo y córtelo por la mitad a lo largo. Retire las semillas y deséchelas. Recorte las partes duras. Corte cada mitad a lo largo en cuñas y después a lo ancho en rodajas de 5 mm. Mézclelas con ¼ de cucharadita de sal y déjelas reposar 10 minutos.

Mientras, corte el pepino en diagonal en rodajas de 5 mm. Frótelas con ¼ de cucharadita de sal y déjelas reposar 10 minutos.

Saque el caqui de la sal y séquelo con un paño de cocina. Estruje las rodajas de pepino para extraer el exceso de líquido y deje que se deshagan un poco.

Maje la pasta de sésamo, la *usukuchi shoyu*, el *shoyu* y el *mirin* en un mortero japonés (*suribachi*, véase pág. 354).

Estruje el pepino una vez más y añádalo. Incorpore el aliño de sésamo, remueva bien y agregue el caqui y el *happo dashi*.

GOMA-AE DE HOJAS DE CRISANTEMO

もやしの辛子和え

BROTES DE SOJA Y DAIKON CON SABOR A MOSTAZA

MOYASHI TO DAIKON NO KARASHI-AE

Preparación: 25 minutos
Para 4 personas

V SL <30

- 2 cdtas. de mostaza amarilla en polvo (karashi, véase pág. 351)
- ¼ de cdta. de sal marina en escamas
- 1 trozo de daikon fino (150 g) de 8 cm de largo, pelado y en juliana
- 200 g de brotes de soja verde (moyashi, véase pág. 349) sin la raíz
- Un puñado de hojas de daikon picadas finas
- Agua hirviendo
- 1 cda. de alga wakame deshidratada, remojada en agua fría 10 minutos
- 1½ cdas. de shoyu

Los brotes de soja tienen una textura crujiente increíble, pero son un poco insípidos, por lo que tiene sentido condimentarlos con algo picante, como la mostaza en polvo. Prepárelos en invierno o en primavera, cuando el *daikon* está de temporada y se vende con las hojas intactas. Retire las «raíces» amarillas de los brotes si lo desea, mejorará la textura general del plato.

-

En un bol, bata 1 cucharadita de agua templada con la mostaza para formar una pasta fina. Déjela al menos 10 minutos para que «madure» mientras continúa con el resto del plato.

En un bol, frote ligeramente la sal con el *daikon* y déjelo reposar 10 minutos. Estrújelo suave, de modo que la sal quede en el fondo del bol, y páselo a un bol para servir.

Coloque los brotes de soja y las hojas de *daikon* en un colador de malla y vierta agua hirviendo 10 segundos. Escúrralos y séquelos con un paño de cocina. Escurra el alga *wakame*.

Añada los brotes de soja, las hojas de *daikon* y el alga *wakame* al bol con el *daikon*. Mezcle el *shoyu* con la pasta de mostaza y viértalo encima. Remuévalo y sírvalo de inmediato.

きゅうりの精進スパゲッティー

ESPAGUETIS CON PEPINO, ACEITUNAS Y ALCAPARRAS

KYUURI NO SHOUJIN SUPAGETTI-

Preparación: 30 minutos
Cocción: 15 minutos
Para 4 personas

V SL SFS

- 4 cdas. de sal marina fina (2 % del volumen o peso de la cantidad de agua)
- 4 pepinos japoneses medianos (400 g)
- 3 cdas. de aceite de oliva
- 1 cda. de jengibre fresco picado fino
- 2 guindillas rojas japonesas deshidratadas cortadas a lo ancho en aros finos
- 350 g de espaguetis partidos por la mitad
- 16 aceitunas verdes pequeñas japonesas o francesas, como las picholine, deshuesadas y picadas gruesas
- 1 cda. de alcaparras con sal, remojadas, escurridas y picadas gruesa

Este plato de espaguetis, ligeramente salado y aceitoso, pero ligero, combina los ingredientes clásicos italianos con los japoneses y es ideal para los meses de verano.

-

En una olla, ponga a hervir 4 litros de agua con la sal. Corte el pepino en dados de 5 mm.

En una sartén, caliente el aceite de oliva a fuego lento. Añada el jengibre y las guindillas y remueva hasta que desprendan su aroma, 1 minuto más o menos.

Introduzca los espaguetis en el agua hirviendo con sal, remuévalos bien y tápelos. Pasados 30 segundos, destápelos y remuévalos para que no se peguen. Vuelva a taparlos y remuévalos 30 segundos más tarde. Cuando el agua vuelva a hervir, retire la tapa. Cuézalos 2 minutos menos de lo indicado en las instrucciones del paquete.

Mientras se cuece la pasta, añada el pepino, las aceitunas, las alcaparras y 200 ml del agua de cocción de la pasta a la sartén y llévelo a ebullición a fuego lento. Reserve otros 200 ml del agua de cocción de la pasta.

Cuando los espaguetis estén hechos 2 minutos menos de lo que indica el paquete, escúrralos y páselos a la sartén. Remuévalos a fuego vivo con el agua de la pasta reservada 2 minutos para terminar de cocerlos. Sírvalos calientes o a temperatura ambiente.

BROTES DE SOJA Y DAIKON CON SABOR A MOSTAZA

トマト生姜ソース
スパゲッティー

ESPAGUETIS CON SALSA DE TOMATE Y JENGIBRE

TOMATO SHOUGA SO-SU SUPAGETTI-

Preparación: 30 minutos
Cocción: 25 minutos
Para 4 personas

V SL SFS

- 2 cdas. de sal marina fina
- 2 tomates medianos (400 g en total)
- 3 cdas. de aceite de oliva
- 2 cdas. de jengibre tierno en dados finos (shin shoga, véase pág. 348)
- ½ guindilla roja japonesa deshidratada en aros finos
- 1 tallo de apio mediano (75 g) en dados finos
- 1 lámina cuadrada de alga kombu de 5 cm en dados finos, que le haya sobrado al preparar kombu dashi
- 1 cdta. de sal marina en escamas
- 350 g de espaguetis partidos por la mitad
- 2 cdtas. de semillas de sésamo negro calentadas en una sartén sin aceite hasta que desprendan su aroma

Los espaguetis a la japonesa casi gustan tanto dentro de Japón como fuera. En este caso, la salsa de tomate lleva jengibre tierno, lo que le aporta un toque inusual, y las semillas de sésamo contrastan de forma sorprendente con la salsa roja. Si dispone de sobras de *kombu*, basta con ablandar un trozo pequeño de *kombu* u omitirlo.

-

Llene tres cuartas partes de una olla con agua, añada la sal y llévela a ebullición a fuego vivo.

Hierva agua en un hervidor. Coloque los tomates en un bol refractario y vierta el agua hirviendo hasta cubrirlos. Déjelos 10 minutos. Escúrralos y limpie el bol. Sobre el bol, descorazone y pele los tomates. Córtelos en trozos de 1 cm y échelos en el bol con el jugo que hayan soltado.

En una cazuela, caliente 1 cucharada de aceite a fuego medio-alto. Añada los tomates con su jugo, llévelos casi a ebullición, baje el fuego y cuézalos hasta que se deshagan ligeramente y la salsa esté brillante, unos 5 minutos.

Caliente las 2 cucharadas de aceite restantes en una sartén a fuego lento. Añada el jengibre y la guindilla y remueva hasta que desprendan su aroma, sobre 1 minuto. Incorpore la salsa de tomate, el apio, el *kombu* y la sal, y cueza a fuego medio hasta que el apio se haya ablandado y la salsa haya espesado, 5 minutos.

Agregue los espaguetis a la olla de agua hirviendo y cuézalos al dente según las instrucciones del paquete. Escúrralos.

Mientras se cuecen, añada un cazo del agua de cocción a la salsa de tomate. Cuézala 3 minutos más para que se reduzca ligeramente.

Añada los espaguetis y remuévalos durante 1 minuto a fuego vivo. Sírvalos en forma de pequeños nidos con las semillas de sésamo por encima.

おろし納豆

NATTO CON DAIKON RALLADO

OROSHI NATTOU

Preparación: 20 minutos
Cocción: 1-2 minutos
Para 4 personas

V SL SFS <30

- 2 cdas. de Kombu dashi (véase pág. 22)
- 2 cdtas. de sake
- 2 cdtas. de hon mirin
- 1 cdta. de usukuchi shoyu (véase pág. 344)
- 2 paquetes (de 85 g cada uno) de natto (véase pág. 352) sin airear
- 100 g de daikon rallado fino

El *natto* tiene defensores acérrimos, pero otros detestan sus filamentos babosos. En este caso, no se airea, pero el toque picante del *daikon* rallado contrarresta su carácter fúngico y lo hace más apetitoso. Intente conseguir *natto* elaborado en su país y no en Japón, ya que el que se exporta se congela para su transporte, por lo que pierde parte de sus propiedades.

-

En un cazo, lleve el *kombu dashi*, el sake y el *mirin* a ebullición a fuego lento. Incorpore la *usukuchi shoyu* y viértalo en un vaso medidor para que se enfríe unos 10 minutos.

Divida el *natto* entre cuatro boles de sopa de *miso* y esparza el *daikon* sobre una mitad del *natto*. Añada el *dashi* frío y sírvalo como un bocado delicioso y saludable para empezar el día.

NATTO CON DAIKON RALLADO

NATTO

Comparado a menudo con el queso azul o un calcetín sudado, el *natto* tiene mala reputación en el departamento de olores, pero contiene muchos probióticos y proteínas, por lo que es perfecto para empezar el día. Los amantes del *natto* (entre los que me incluyo) discreparían de las descripciones clásicas de su aroma o de su textura pegajosa, ya que una vez batido se convierte en una maravillosa masa viscosa. Nos encanta su olor especial y somos adictos a su complejo sabor. Sin embargo, la hazaña de llevar unos cuantos granos de soja fermentados desde el bol hasta la boca con un par de palillos puede resultar desalentadora para los no iniciados, especialmente porque los «filamentos» de *natto* que se forman parecen cobrar vida propia.

Además, el *natto* ecológico recién fermentado en pequeños lotes tiene un perfil muy diferente al de las grandes empresas alimentarias. Hace un par de décadas, todavía podíamos adquirir *natto* verde, marrón y negro ecológico en los mejores supermercados locales. Ya no. Yamaki Jozo, una empresa de salsa de soja, *miso*, tofu y encurtidos ecológicos de nuestra ciudad, ha sido nuestra principal fuente de *natto* ecológico durante años, pero su fabricante se retiró hace unos años y tardó unos dos años en encontrar otro que estuviera a la altura de Yamaki. Durante ese tiempo no comimos *natto*.

Shimonita es una ciudad de la prefectura de Gunma, cerca de donde nosotros vivimos, famosa por su *natto*, su *negi* («puerros» japoneses) y su *konnyaku* (lengua del diablo). Cuando mi sobrino, muy interesado en la fermentación, vino a Japón, pensé que le gustaría ver cómo se elaboraba el *natto*. Lo había probado en una visita anterior años atrás. Al ser vegetariano, como el *natto* es rico en proteínas, se convirtió en uno de sus básicos.

Shimonita Natto, el nuevo proveedor de Yamaki Jozo, está situado en la salida de Shimonita de la autopista Joetsu. La mañana que lo visitamos era el primer día de trabajo de Miyu Arai, así que su propietario, Takamichi Nanto, muy entusiasta, nos acompañó durante todo el recorrido. Estaba claro que amaba su trabajo y la docencia. Según Nanto, el «*washoku* (la cocina tradicional japonesa) es la cultura alimentaria de comer soja con arroz», y es que tradicionalmente se ha cultivado soja en los bordes de los campos de arroz porque los cultivos son simbióticos.

Provistos de mascarillas, abrigos y redecillas para el pelo, entramos en las salas de producción anaeróbica. En Shimonita Natto se cuecen al vapor y se fermentan 210 kg de soja al día y todo el proceso de producción se hace a mano. En la sala principal, media docena de trabajadores, vestidos de la cabeza a los pies con monos blancos con capucha, se movían de forma sincronizada mientras introducían la soja fermentada en hojas de papel de pino (*kyogi*) dobladas en forma de cono y, una vez pesada, hacían paquetitos de forma triangular. Meter el *natto* en el *kyogi*, envolverlo en celofán y guardarlo en el frigorífico lo más rápido posible es esencial. Con el frío, la soja fermentada ralentizará (aunque no detendrá del todo) su fermentación para aumentar su vida útil.

Cada día, ocho variedades de soja se ponen primero en remojo toda la noche y se cuecen después al vapor a 100 °C durante 90 minutos hasta que se ablandan, antes de ser inoculadas con esporas de *natto*. Después se extiende en bandejas de madera y se deja fermentar en la sala de fermentación (*muro*) durante 23 horas a 41 °C para que desarrolle su apreciada textura *neba-neba* (pegajosa). Los trabajadores se turnan para dormir en la fábrica y controlar el crecimiento óptimo de las esporas de *natto* durante toda la noche, asegurándose de que la temperatura se mantiene siempre constante.

Para terminar la visita, la esposa de Nanto nos hizo una presentación. Nos mostró carteles y nos entretuvo con la historia de Mametan. Los guiones gráficos los había creado para explicar a los niños locales las maravillosas bondades del *natto*. Como profesora y cocinera para niños que soy, incorporo el *natto* a muchos platos: uno de mis favoritos es el de arroz frito con *natto* y un toque de mayonesa (nos gusta la mayonesa Matsuda ecológica). La forma clásica de comerlo es batiéndolo hasta convertirlo en una masa cremosa y condimentarlo con mostaza japonesa y salsa de soja y quizá un poco de cebollino picado. Se sirve con un bol de arroz, pero también es perfecto para acompañar el *mochi* (arroz glutinoso machacado) el día de Año Nuevo. Un poco de *natto* sin remover mejora las pizzas vegetarianas, también puede mezclarse con mayonesa para aliñar una ensalada. Cuando lo pruebe por primera vez, lo mejor es tomar muy poca cantidad y en un formato que le resulte familiar (por ejemplo, en una pizza). Compre el más fresco y de menor tamaño posible.

Preocupada por que las tradiciones perduren en el tiempo, al final de nuestro recorrido le pregunté a Nanto si tenía a alguien que le tomara el relevo. Se le iluminaron los ojos y me dijo que uno de sus hijos trabajaba con él, pero después se rió y, dirigiéndose a Arai, le dijo: «¡Pero tal vez sea Arai! El que ame el *natto* será el próximo presidente».

アスパラガスとブロッコリーのナムル

NAMUL DE ESPÁRRAGOS Y BRÓCOLI

ASUPARAGASU TO BUROKKORI- NO NAMURU

Preparación: 20 minutos
Cocción: 10 minutos
Para 4 personas

V SL SG SFS

- 6 espárragos medianos (200 g), con el tercio inferior pelado (o cortado si está duro)
- 1 brócoli mediano (400 g)
- 1 cda. de sal marina fina
- 4 cdtas. de hon mirin
- 1 cdta. de sal marina en escamas
- 1 cdta. azúcar ecológico
- 2 cdas. de aceite de sésamo tostado oscuro
- 1 cda. de semillas de sésamo blanco

El *namul* es un plato coreano en el que las verduras escaldadas se aderezan con un aliño de aceite de sésamo con sal o *shoyu*. En este caso, asarlas les aporta más sabor. Las preparaciones coreanas, como el *kimchi* o el *namul*, han llegado a la cocina japonesa y se han integrado bien. Los tallos de brócoli se pueden utilizar para la Crema de tallos de brócoli (véase pág. 250) o los Tallos de brócoli encurtidos en *miso* (véase pág. 320).

-

Corte los espárragos a lo ancho en trozos de 4 cm y el brócoli en ramitos pequeños (200 g). Guarde los tallos para otra receta.

Llene tres cuartas partes de una cazuela con agua y llévela a ebullición. Añada el brócoli, sálelo y cuézalo 1 minuto. Sáquelo con un colador de malla y séquelo.

Lleve el *mirin* a ebullición a fuego vivo en un cazo. Retírelo del fuego y viértalo en un bol. Incorpore de inmediato la sal y el azúcar para disolver los cristales mientras el *mirin* esté aún caliente. Añada el aceite de sésamo y las semillas de sésamo, y remueva bien.

Caliente una sartén o un wok a fuego medio-alto. Tueste los espárragos y el brócoli, removiéndolos, para que se ablanden y se chamusquen ligeramente, hasta que desprendan su aroma, de 3 a 5 minutos. Mézclelos con el aliño en un bol y sírvalos calientes o a temperatura ambiente.

アスパラガズの白和え

ESPÁRRAGOS SHIRA-AE

ASUPARAGASU NO SHIRA-AE

Preparación: 15 minutos, más 2 horas para prensar el tofu
Cocción: 5 minutos
Para 4 personas

V SL SFS

- 300 g de tofu firme (momendofu, véase pág. 352) o tofu suave japonés
- 1 seta shiitake deshidratada grande, remojada en agua hirviendo 30 minutos
- 2 cdtas. de sal marina fina
- 8 espárragos medianos (300 g) con el tercio inferior pelado (o cortado si está duro)
- 1 cda. de semillas de sésamo blanco
- 1 cda. de Dashi de soja (véase pág. 23) o Kombu dashi (véase pág. 22)
- 1 cda. de usukuchi shoyu (véase pág. 344)
- 2 cdtas. de hon mirin
- 1 cdta. de sal marina en escamas

Los platos de tofu chafado presentan un dulzor y unos condimentos variados (*miso* frente a sal o *shoyu*, azúcar frente a *mirin* y presencia o ausencia de sésamo), pero el resultado es siempre un tofu delicioso y cremoso que acompaña verduras escaldadas. Su elegancia es incontestable, igual que su humildad. El tofu es esencial en la cocina japonesa.

-

Ponga el tofu en una bandeja rectangular y coloque una tabla de cortar encima 2 horas para eliminar el exceso de agua. Resérvelo en un lugar fresco o en el frigorífico.

Escurra el *shiitake* y deseche el líquido de remojo. Retire el tallo y corte el sombrero en láminas.

Llene una olla con agua, sálela, llévela a ebullición a fuego vivo y añada los espárragos. Escáldelos 30 segundos. Sáquelos, sacúdalos y séquelos con un paño de cocina. Córtelos a lo ancho, en diagonal, en trozos de 3 cm.

Caliente una sartén a fuego medio-bajo y añada las semillas de sésamo. Mueva la sartén para controlar el calor, calentando el sésamo unos segundos hasta que desprenda su aroma. Páselo a un mortero japonés (*suribachi*, véase pág. 354) o uno convencional y májelo fino. Añada el tofu prensado y tritúrelo hasta que tenga una consistencia cremosa. Añada el *dashi*, la *usukuchi shoyu*, el *mirin* y la sal en escamas. Agregue el *shiitake* y los espárragos, y sírvalo.

酢の物

Las elaboraciones con vinagre en la cocina japonesa no son como los encurtidos occidentales a base de vinagre. Están pensadas para consumirse en uno o dos días y tienen proporciones exactas de vinagre y edulcorantes. El *mirin* azucarado, sin fermentar y con una consistencia de jarabe arrasó en Japón tras la Segunda Guerra Mundial, pero poco a poco parece que se está volviendo al artesanal. Mi preferido es Mikawa Mirin, disponible fuera de Japón bajo diversas marcas (entre ellas, Mitoku, de Natural Imports, véase pág. 355). Como el *hon mirin* (véase pág. 346) se usa en muchas recetas (dentro y fuera de Japón), compre uno de calidad, ecológico, en vez del que se puede adquirir en los supermercados asiáticos.

Si no encuentra (aunque para evitar dar vueltas, lo mejor es que recurra a Internet), yo utilizaría algún azúcar ecológico de sabor agradable. No le recomiendo las variedades más populares de *mirin* que aparecen en las búsquedas y se elaboran con jarabe de glucosa, agua, alcohol, arroz, jarabe de maíz y sal (en ese orden). Al evaluar los productos, es fundamental leer las etiquetas con atención. Aunque digan que están hechos con sake y otros ingredientes de calidad, pueden resultar engañosas. El *mirin* tradicional no se elabora a partir del sake propiamente dicho, sino de la fermentación del arroz japonés de grano corto y arroz glutinoso y, a veces, se mezcla con *shochu* de arroz fermentado y destilado, antes de dejarse envejecer varios meses o incluso más de un año. Además, el sake no es un «vino de arroz» ni el *mirin* un «vino dulce de arroz», porque el proceso de fermentación para producir estos alcoholes no se parece en nada a la vinificación.

La mayoría de las cocinas estadounidenses tienen una botella de vinagre de arroz que no suele tener nada que ver con los auténticos vinagres de arroz elaborados de forma tradicional (véase pág. 345), como los Fujisu, ecológicos, producidos por Iio Jozo en el campo, a unas horas de Kioto; la línea Oochi de vinagres ecológicos producidos por Sennari, en las colinas de Hiroshima; o los vinagres Ohyama, 100 % ecológicos, producidos en Miyazaki. El sake se elabora allí mismo a partir de arroz ecológico, que se deja fermentar hasta convertirse en vinagre de arroz. El resultado es una línea de vinagres bien equilibrada y de sabor redondo que satisfará todas sus necesidades, ideal para platos japoneses y occidentales. Los vinagres de Iio Jozo, Sennari y Ohyama se pueden comprar fuera de Japón. Búsquelos en la sección de productos ecológicos de los supermercados.

El vinagre de arroz puro (*junmai su*, véase pág. 345), fermentado a partir del sake de arroz blanco, es el más empleado en este libro. (Otras versiones contienen poco arroz y se fermentan con alcohol etílico en vez de con sake.)

No dude en sustituirlo por un buen vinagre negro, también llamado vinagre de arroz integral (*kurosu*, véase pág. 345). El *kurosu* se elabora generalmente con arroz integral y un *koji* de arroz integral fermentado en ollas de barro negro, pero también puede hacerse con sake de arroz integral. Iio Jozo, Sennari y Ohyama elaboran uno excelente, pero si lo que busca es uno envejecido, Kakuida es el mejor. En Estados Unidos lo sirve The Japanese Pantry (véanse Recursos, pág. 355). Nihon Ichiban (véanse Recursos, pág. 355) ofrece también bastantes Kakuida.

Las elaboraciones japonesas con vinagre (*sunomono*) utilizan la proporción de dos partes de vinagre de arroz por una de *mirin* (o azúcar) o a partes iguales, además de un poco de sal (en salmuera o directamente 10 minutos).

Si no puede conseguir *mirin* y vinagre de arroz de primera calidad, caliéntelos un poco para que se evapore el alcohol y se suavice la acidez del vinagre. Llévelos a ebullición y retírelos del fuego, así se disolverá también la sal. Asegúrese siempre de enfriarlos antes de usarlos. El paso del calentamiento no se incluye en todas las recetas de este libro porque a veces utilizo los vinagres de Mikawa Mirin y Iio Jozo.

SUNOMONO

EN VINAGRE

春キャベツ胡麻酢和え

REPOLLO CON VINAGRE DE SÉSAMO

HARU KYABETSU GOMASU-AE

Preparación: 25 minutos
Cocción: 8 minutos
Para 4 personas

V SL SFS

- 3 setas shiitake deshidratadas, remojadas en agua fría 1 hora
- 5 cdas. de hon mirin
- 4 cdas. de shoyu
- 4 hojas grandes de repollo (250 g)
- Sal marina en escamas
- ½ zanahoria mediana (75 g)
- 1 usuage (véase pág. 352)
- 3 cdas. de semillas de sésamo blanco calentadas en una sartén sin aceite hasta que desprendan su aroma
- 4 cdas. de vinagre de arroz
- 1 lámina de alga nori en tiras finas

Este plato es muy colorido y saludable, ya que el repollo contiene vitaminas esenciales, como la C, que previene los resfriados, la K, que fortalece los huesos y ayuda a la coagulación de la sangre, y la U (un derivado de la metionina), que mejora el tracto gastrointestinal. El dulzor del repollo combina muy bien con la acidez del vinagre.

-

Retire los *shiitake* del agua y reserve el líquido de remojo. Córtelos en láminas finas y añádalos a un cazo con el líquido de remojo y 3 cucharadas de *mirin* y 3 de *shoyu*. Cuézalos a fuego lento 5 minutos y déjelos enfriar en el líquido de cocción.

Corte el repollo en tiras finas, póngalo en un bol y frótelo con ¼ de cucharadita de sal. Déjelo reposar 10 minutos. Corte la zanahoria en tiras finas de 3 cm de largo y frótela con una pizca de sal en un bol. Déjela reposar 10 minutos.

Estruje el repollo con las manos (dejando los cristales de sal que queden) y colóquelo en un bol. Estruje la zanahoria y añádala al bol. Mézclelos bien.

Caliente una sartén a fuego medio-alto sin aceite y tueste el *usuage* unos 30 segundos por cada lado. Córtelo por la mitad a lo largo y después fino a lo ancho. Escurra los *shiitake* y deseche el líquido de cocción.

Ponga las semillas de sésamo en un mortero japonés (*suribachi*, véase pág. 354) y májelas gruesas. Añada el vinagre de arroz, las 2 cucharadas restantes de *mirin*, 1 cucharada de *shoyu* y una pizca de sal. Vierta la mezcla sobre el repollo y las zanahorias, rebañando todo el sésamo adherido, y mézclelo con el *usuage* y los *shiitake*.

Sírvalo en un bol o en una bandeja pequeña en un montoncito y disponga las tiras de *nori* alrededor.

ウドの梅酢

UDO EN UMESU

UDO NO UMESU

Preparación: 15 minutos, más 1 hora en remojo
Tiempo para encurtir: 1 día
Para 4 personas

V SL SG SFS <5

- 1 tallo largo y fino (120 g) de udo (véase pág. 346)
- 4 cdas. de «vinagre» de ciruelas saladas (umesu, véase pág. 345)
- 2 cdas. de hon mirin
- 2 cdas. de Kombu dashi (véase pág. 22)

El *umesu* («vinagre» de ciruelas) es la salmuera que resulta al salar y prensar las *ume* («ciruelas» encurtidas) para secarlas al aire. Esta salmuera es salada, agria y afrutada, y va de maravilla con las hortalizas crujientes, como el *daikon*, el nabo, el *udo* o el pepino. Si no encuentra *udo*, sustitúyalo por apio pero no lo remoje.

-

Pele el *udo* y córtelo a lo ancho en trozos de 4 cm. Corte por la mitad los trozos inferiores más gruesos a lo largo, pero deje la parte superior como está. Colóquelo en un bol con agua fría hasta cubrirlo por completo. Déjelo en remojo 1 hora.

En un recipiente con tapa, mezcle el *umesu* con el *mirin* y el *dashi*. Escurra el *udo* y séquelo. Añádalo al bol y déjelo durante 1 día en un lugar fresco.

Sírvalo como un encurtido, con sopa y arroz a un lado.

REPOLLO CON VINAGRE DE SÉSAMO

キュウリの生姜酢

PEPINO CON VINAGRE DE JENGIBRE

KYUURI NO SHOUGA-SU

Preparación: 30 minutos
Para 4 personas

V SL SFS

- 2 pepinos japoneses (200 g)
- 1 cda. de sal marina en escamas
- 1 myoga (véase pág. 348) pequeña (15 g), para decorar
- 100 ml de Kombu dashi (véase pág. 22)
- 1½ cdas. de usukuchi shoyu (véase pág. 344)
- ½ cda. de shoyu
- 1 cda. de vinagre de arroz
- 1 cda. de zumo de yuzu o de limón Meyer recién exprimido
- 1 cdta. de zumo de jengibre recién exprimido

El zumo de jengibre aporta una nota refrescante al plato y realza el sabor del pepino. Ralle fino el jengibre y estrújelo para obtener su jugo. Este plato refresca el paladar y nos prepara para cualquier menú de verano.

-

Realice cortes diagonales finos a lo largo de un tercio de los pepinos, a ambos lados, con cuidado de no cortarlos del todo (*jabara-giri*, véase pág. 17). Recorte los extremos y corte los pepinos a lo ancho en trozos de unos 2 cm. En un bol con 500 ml de agua, añada la sal y remueva hasta que se disuelva casi por completo. Eche el pepino y déjelo en remojo 10 minutos como mínimo. Sáquelo y séquelo.

Corte la *myoga* por la mitad a lo largo, colóquela con el lado del corte hacia abajo en una tabla de cortar y córtela fina a lo largo. Esponje y separe los trozos.

En un bol, mezcle el *dashi* con la *usukuchi shoyu*, el *shoyu*, el vinagre de arroz y el zumo de *yuzu*. Añada el pepino. Repártalo entre cuatro boles o platitos y riéguelo con el zumo de jengibre. Disponga un pequeño montículo de *myoga* encima y sírvalo.

みょうがの甘酢

MYOGA CON VINAGRE DULCE

MYOUGA NO AMAZU

Preparación: 10 minutos
Tiempo para encurtir: 1 hora
Para 4 personas

V SL SG SFS <5

- 4 cdas. de vinagre de arroz
- 3 cdas. de hon mirin
- ½ cdta. de sal marina fina
- ¼ de cdta. de shoyu
- 8 myogas (véase pág. 348) medianas (70 g)
- Agua hirviendo

La *myoga* es típica del verano y sirve de acompañamiento de diversos platos fríos. Quizá porque comparte el mismo género (*Zingiber*) que el jengibre, a menudo se la conoce como el «jengibre japonés». Pero llamarla así es engañoso, ya que, aparte del aspecto exterior de las hojas y los tallos, no comparte ninguna cualidad con este rizoma (que se cultiva al aire libre bajo la luz directa del sol). La *myoga* es el brote de la *Zingiber mioga*, una planta que crece a la sombra y cuyo picor es muy distinto al del jengibre.

-

En un bol, mezcle el vinagre de arroz con el *mirin*, la sal y el *shoyu* para obtener un vinagre dulce (*amazu*).

Escurra la *myoga* en un colador de malla y vierta agua hirviendo por encima durante 10 segundos. Escúrrala, séquela y colóquela en una bolsa de 950 ml con cierre. Añada el *amazu* mientras la *myoga* esté todavía caliente y déjela enfriar y encurtir a temperatura ambiente durante 1 hora antes de servirla. Se conservará bien, refrigerada, unas 2 semanas.

MYOGA CON UMESU: utilice 6 cucharadas de «vinagre» de ciruelas saladas (*umesu*, véase pág. 345) en lugar de vinagre dulce (*amazu*) para obtener un encurtido picante y salado, con matices afrutados.

PEPINO CON VINAGRE DE JENGIBRE

VINAGRE DE ARROZ

Se dice que el vinagre es el condimento más antiguo del mundo y que su primera mención, que data de alrededor del año 5000 a. C., se encuentra en unos escritos procedentes del sur de Mesopotamia (después Babilonia). Los registros muestran que la gente fabricaba alcohol entonces: los dátiles y las pasas se convertían en alcohol y, con el tiempo, ese alcohol se transformó de forma natural en ácido acético (vinagre) con la ayuda de las bacterias del entorno.

La elaboración del vinagre en Japón se remonta a los siglos IV y V, cuando los conocimientos sobre la elaboración del sake y el vinagre llegaron desde China a Japón. Estos métodos rudimentarios se fueron perfeccionando y en el siglo VIII, durante el periodo Nara (710-794), se empezaron a utilizar esporas de *koji* (*Aspergillus oryzae*) para producir sake, el método actual. En aquella época, el consumo de sake estaba reservado a la aristocracia y a las ceremonias religiosas, y no estaba al alcance del pueblo. Hasta el día de hoy, es una parte fundamental de las ceremonias sintoístas (como las bodas) y constituye una ofrenda común a los dioses, tanto en los altares de los hogares como en los santuarios más famosos.

El consumo de sake se extendió a toda la población a la vez que el uso del vinagre, durante el periodo Edo (1603-1868), y la elaboración del vinagre floreció. A finales de este periodo, se introdujeron las versiones modernas del *sushi*: el *inari-zushi* (pieles de tofu dulce con *shoyu* rellenas de arroz avinagrado) y el *nigiri-zushi* (pescado crudo sobre arroz avinagrado prensado a mano), que fueron ampliamente disfrutadas por el pueblo llano.

Durante el periodo Taisho (1912-1926) se empezó a producir en masa vinagre sintético barato, consistente en ácido acético glacial (elaborado con petróleo y piedra caliza) o ácido acético disuelto en agua, junto con condimentos químicos y edulcorantes artificiales. Durante la Segunda Guerra Mundial y los años de la posguerra (1937-1953), la escasez de alimentos hizo que se prohibiera la elaboración de vinagre de arroz, por lo que el sintético ocupó la mayor parte del mercado. Sin embargo, a partir de 1970, se exigió a los fabricantes que etiquetaran estos vinagres como «sintéticos», y hoy en día casi no existen (y se limitan principalmente a Okinawa). Dicho esto, la calidad de los «vinagres elaborados» es muy variada: desde los fermentados a partir de sake ecológico de elaboración propia hasta los más baratos «elaborados» a gran escala a partir de alcohol etílico y *amazake* (bebida de arroz fermentado).

En resumen, el «vinagre elaborado» se hace a partir de materias primas como granos (arroz, trigo, maíz), verduras o frutas y azúcar (el que contienen los propios alimentos o añadido) que fermentan en alcohol y se convierten en vinagre por la acción de las bacterias del ácido acético (el que contienen los propios alimentos o añadido). Como el arroz es el alimento básico de Japón, el vinagre de arroz es el más utilizado.

El artesanal se hace con arroz ecológico de primera calidad. Hay pocos productores en Japón que se esfuercen en producir un vinagre de estas características, pero cabe destacar a Iio Jozo (Fuji Su), a las afueras de Kioto, Sennari (vinagre Oochi), en Hiroshima, y Ohyama (vinagre Yamadai) en la prefectura de Miyazaki.

El vinagre tradicional se elabora despacio. Al fermentar a partir de la película superficial de bacterias del ácido acético que flotan en la parte superior del líquido del recipiente (un tanque de acero inoxidable, un barril de madera o vasijas de cerámica), el alcohol se convierte poco a poco en vinagre. La tarea del artesano se limita a vigilar el entorno y a garantizar que las condiciones son óptimas. Esa es la magia y la asombrosa sencillez de la producción del vinagre.

La Segunda Guerra Mundial trajo consigo periodos de desabastecimiento en Japón. Junto con la falta de alimentos, en el país había una necesidad acuciante de revitalizar la infraestructura de producción para recuperar la economía tras los efectos devastadores de la guerra. La población comenzó a emigrar a las ciudades y, como había que alimentarlas, se desarrollaron métodos para acelerar la producción de muchos de los ingredientes básicos de la cocina japonesa, como el vinagre de arroz, el *miso*, el *shoyu* y el *mirin*. La producción en masa de estos ingredientes favoreció además que se exportaran a Occidente, por lo que el vinagre de arroz se convirtió en un ingrediente habitual en las recetas occidentales y en muchos hogares no era extraño encontrar una botella de vinagre de arroz de las marcas Marujan o Mizkan. A pesar de que estos vinagres industriales eran muy ácidos y carecían de su característico sabor a arroz, se convirtieron en el estándar del vinagre de arroz en todo el mundo (incluso en Japón). Sin embargo, la producción a gran escala no puede existir sin métodos para acelerar la fermentación, como el bombeo artificial de aire en el vinagre para que la fermentación dure un día, por lo que solo existen unas pocas empresas de vinagre artesanal en Japón.

Sin los productores de arroz, no tendríamos arroz, por lo que los mejores fabricantes de vinagre mantienen una relación estrecha y solidaria con ellos. Puesto que el vinagre se elabora a partir del alcohol, producir un sake delicioso y de alta calidad es el primer paso.

El arroz se cosecha a finales de otoño y el sake se elabora en invierno. El arroz se descascarilla, se pule parcialmente para eliminar parte del salvado, se lava, se pone en remojo toda la noche y se cuece al vapor. Tras verterlo en una extensa «mesa» de madera, se extiende plano y se enfría hasta que alcanza unos 40 °C. Se esparcen esporas de *koji* (*Aspergillus oryzae*) por encima, y después, rápidamente para que no se enfríe demasiado, los trabajadores le dan la vuelta a mano. Se añade un poco más de *koji* y se recoge o se lleva a un ritmo vertiginoso hasta una sala cálida, húmeda y anaeróbica llamada *koji muro*. El arroz inoculado con *koji* se vigila las 48 horas siguientes mientras las esporas se propagan y acaban por cubrir los granos de arroz con manchas blancas.

A partir de ahí, se hace un *starter* de levadura (*shubo*) combinando arroz inoculado, agua de pozo o de manantial y levadura de la elaboración del sake y se deja fermentar unas dos semanas. El siguiente paso es transferir el *shubo* a grandes tanques de acero inoxidable o esmaltados, donde se añade agua, arroz *koji* y arroz cocido en tres etapas (*sandan-shikomi*). Al cabo de unos treinta días, la base alcohólica (*sumoto-moromi*) ha desarrollado un sabor rico y dulce, lleno de aminoácidos, que acabará convirtiéndose en un vinagre complejo y lleno de matices.

El vinagre de semillas y el agua de pozo o de manantial se añaden a los tanques junto con el *sumoto-moromi*. Se coloca una película de bacterias del ácido acético en la superficie del líquido y se calienta el contenido del tanque a 40 °C. Al cabo de unos días, toda la superficie del líquido está cubierta de bacterias. El alcohol del tanque tardará de 80 a 120 días en convertirse en vinagre. Una vez finalizada la fermentación, el vinagre se transfiere a un tanque de maduración donde sigue envejeciendo. Iio Jozo (considerada la mejor casa de vinagre de Japón) lo deja unos 300 días. Y durante el proceso de envejecimiento, transfiere el vinagre varias veces a otro tanque para airearlo, un paso crucial para tamizar su acidez.

El *junmai su* (vinagre de arroz puro) es el vinagre que necesitará para preparar las recetas de este libro; el *kurosu* (vinagre de arroz integral) es también una excelente opción y puede que sea más fácil de encontrar.

El *kurosu*, literalmente, «vinagre negro», se conoce como «vinagre de arroz integral», quizá para no confundirlo con el vinagre negro chino. Se elabora en vasijas de cerámica en el sur de Japón. Destacan los vinagres Kakuida de 3, 5 y 15 años y el vinagre de arroz integral Yamadai de Ohyama.

El *kurosu* es suave en boca y su color y sabor son ricos y profundos. Se fermenta en vasijas de barro negro dispersas por las laderas de varias zonas del sur de Japón, que contienen arroz integral cocido al vapor, agua de pozo o de manantial y *koji* de arroz integral, además de las bacterias del ácido acético de los lotes anteriores, y se dejan fermentar al sol durante el día. Por la noche, la brisa marina las enfría y la niebla de la madrugada se cuela antes de que el día las caliente.

El contenido de las vasijas tarda cerca de un año en fermentar en alcohol y en convertirse en vinagre. Normalmente, se deja envejecer en las vasijas durante un año antes de embotellarse. Recientemente, Kakuida y algunas otras empresas están envejeciéndolo durante más tiempo para fomentar su complejidad. Estos vinagres son muy singulares y deben utilizarse con cuidado para no apoderarse de los sabores del plato.

El vinagre de arroz artesanal puede sustituir, en realidad, a todos los vinagres si desea simplificar sus opciones, como hago yo. Después de elaborar mi propio vinagre de vino tinto durante más de una década a partir de una «madre» que me había dado una amiga granjera de la Dordoña (Francia), me encontré utilizando cada vez más esos vinagres de arroz puros japoneses de Iio Jozo o los de arroz integral envejecidos, de sabor acaramelado, de Kakuida. Combinan igual de bien con un delicado aceite de colza, con aceites de sésamo de alta calidad ligeramente tostados o con aceite de oliva virgen extra. El resultado es suave, redondo y muy equilibrado.

切り干し大根とにんじんの胡麻酢和え

KIRIBOSHI DAIKON Y ZANAHORIA CON VINAGRE DE SÉSAMO

KIRIBOSHI DAIKON TO NINJIN NO GOMASU-AE

Preparación: 45 minutos
Cocción: 5 minutos
Para 4 personas, y que sobre

V SL SFS

- ½ zanahoria mediana (75 g) pelada o raspada
- 40 g de daikon seco (kiriboshi daikon, véase pág. 350), remojado en agua hirviendo 30 minutos
- 2 setas shiitake deshidratadas, remojadas en 125 ml de agua hirviendo 30 minutos
- 5 cdas. de hon mirin
- 2 cdas. más 1 cdta. de shoyu
- 100 g de brotes de soja verde
- Agua hirviendo
- ½ cdta. de sal marina en escamas
- 3 cdas. de semillas de sésamo blanco
- 50 ml de vinagre de arroz
- ½ usuage (véase pág. 352)
- 1 cdta. de aceite de sésamo tostado oscuro

Los ingredientes secos y frescos se mezclan con un aliño ligero, pero de potente sabor gracias al sésamo. El *usuage* (saquitos de tofu frito) aporta una jugosidad esponjosa, mientras que los brotes de soja añaden un perfecto toque crujiente. Lo que, a primera vista, podría parecer una sencilla guarnición es tan deliciosa como saludable.

-

Corte la zanahoria en una juliana de 3 cm de largo.

Escurra el *kiriboshi daikon*, séquelo y, si los trozos son demasiados grandes, córtelos en larguras manejables, de unos 3 cm. Saque los *shiitake* del agua y estrújelos delicadamente con la mano para eliminar el exceso de agua. Vuelva a ponerlos en el bol. Reserve 2 cucharadas del líquido de remojo. (Guarde el resto para utilizarlo como *dashi* en otra elaboración, si lo desea.)

Corte los tallos de los *shiitake*, deséchelos y corte los sombreros en láminas finas. Póngalos en un cazo con el líquido de remojo reservado y 2 cucharadas de *mirin* y *shoyu*. Llévelos a ebullición y cuézalos 2 minutos. Déjelos enfriar a temperatura ambiente en el líquido de cocción y escúrralos.

Coloque los brotes de soja en un colador de malla y vierta agua hirviendo 10 segundos. Escúrralos, séquelos y mézclelos en un bol con ¼ de cucharadita de la sal. Resérvelos.

En una sartén sin aceite, tueste las semillas de sésamo a fuego medio-alto, sin dejar de remover, hasta que desprendan su aroma. Introdúzcalas en un mortero japonés (*suribachi*, véase pág. 354) y májelas gruesas. (Reserve la sartén para sellar el *usuage*.) Añada el vinagre, las 3 cucharadas de *mirin* restantes, ¼ de cucharadita de sal y 1 cucharadita de *shoyu* y májelo todo.

Vuelva a calentar la sartén a fuego medio-alto y selle el *usuage* 1 minuto por cada lado para que se dore ligeramente. Córtelo por la mitad a lo largo y después a lo ancho en tiras de 5 mm. No limpie la sartén.

En la misma sartén, caliente el aceite a fuego medio-bajo. Añada la zanahoria y saltéela hasta que esté ligeramente brillante y un poco blanda, unos 30 segundos. Pásela a un bol para que se enfríe.

Cuando todos los ingredientes se hayan enfriado a temperatura ambiente, mezcle el *kiriboshi daikon*, los *shiitake*, los brotes de soja, el *usuage* y la zanahoria en el vinagre de sésamo y sírvalo en una fuente o en platos individuales. Está mejor hecho y comido, pero aguantará bien 1 o 2 días en el frigorífico.

KIRIBOSHI DAIKON Y ZANAHORIA CON VINAGRE DE SÉSAMO

わかめともやしの梅酢和え

WAKAME Y BROTES DE SOJA EN UMESU

WAKAME TO MOYASHI NO UMESU-AE

Preparación: 25 minutos
Para 4 personas

V · SL · SG · SFS · <5 · <30

- 1 cdta. de alga wakame deshidratada
- 200 g de brotes de soja verde (moyashi, véase pág. 349)
- Agua hirviendo
- ½ cda. de jengibre fresco en tiras finas
- 2 cdas. de «vinagre» de ciruelas saladas (umesu, véase pág. 345)

Sirva esta refrescante ensalada para limpiar el paladar o para acompañar otros platos más fuertes. Retire las «raíces» de los brotes para mejorar su textura, si lo desea.

-

Sumerja el alga *wakame* en abundante agua fría 10 minutos para que se rehidrate. Escúrrala y elimine el exceso de agua.

Retire las «raíces» del *moyashi* y colóquelo en un colador de malla. Vierta agua hirviendo 10 segundos. Enfríelo bajo un chorro de agua fría y escúrralo.

Seque el alga *wakame* y el *moyashi* con un paño de cocina y mézclelos en un bol con el jengibre y el *umesu*. Sírvalos en boles. Se conservará bien un par de días en el frigorífico.

モロヘイヤ梅酢和え

MOROHEIYA EN UMESU

MOROHEIYA UMESU-AE

Preparación: 15 minutos
Cocción: 1 minuto
Para 4 personas

V · SL · SG · SFS · <5 · <30

- 1 manojo (150 g) de moroheiya (véase pág. 347), con la parte dura del tallo cortada
- ½ cdta. de sal marina fina
- 1 cda. de «vinagre» de ciruelas saladas (umesu, véase pág. 345)

La *moroheiya* (yute) cocida y aliñada con «vinagre» de ciruelas saladas (*umesu*) puede comerse tal cual, con un bol de arroz blanco, o en una ensalada de verano de fideos de cristal con pepino en juliana. Sustitúyala por espinacas de agua si no encuentra.

-

Retire las hojas de la *moroheiya* de los tallos y córtelos a lo ancho en trozos de 3 cm.

Llene una olla con agua, sálela y llévela a ebullición. Eche los tallos y cuézalos 40 segundos. Añada las hojas y sumérjalas en el agua caliente con un par de palillos. Cuézalas 20 segundos más. Sáquelas con un colador de malla y refrésquelas bajo un chorro de agua fría. Escúrralas y estrújelas con las manos.

Pártalas por la mitad a lo ancho y mézclelas con el *umesu*. Sírvalas en platitos a modo de «encurtido» con un bol de arroz y uno de sopa. Se conservarán bien varios días en el frigorífico, aunque podría oxidarse.

WAKAME Y BROTES DE SOJA EN UMESU

山芋なます

ÑAME JAPONÉS CON VINAGRE DULCE

YAMA-IMO NAMASU

Preparación: 45 minutos
Cocción: 5 minutos
Tiempo para encurtir: 1 hora
Para 4 personas

V SL SFS

- 1 ñame japonés fino (200 g) raspado
- 6 cdas. de vinagre de arroz
- 4 cdas. de hon mirin
- 1 cdta. de sal marina en escamas
- 2 setas shiitake deshidratadas, remojadas en 60 ml de agua caliente 20 minutos
- 1 cda. de shoyu
- 1 pepino japonés pequeño (75 g) cortado a lo ancho en rodajas finas
- 1 zanahoria pequeña (75 g), raspada y en juliana fina

Existen diversas variedades de ñame japonés, con dos formas diferentes: el *yamato imo* se parece un poco a un pie zambo, mientras que el *naga imo* (ñame alargado) al *daikon*. Normalmente, el primero se suele rallar; el segundo es mejor cortarlo en trozos y encurtirlo o cocinarlo. Utilice el de forma alargada para esta receta, pero asegúrese de lavarse las manos y los antebrazos con agua templada y jabón después de manipularlo, ya que pica.

-

Pele el ñame japonés, córtelo en cuartos a lo largo y después a lo ancho en rodajas de 2 cm de grosor. Colóquelo en un bol y llénelo con agua fría hasta cubrirlo por completo.

En un cazo, lleve el vinagre, 3 cucharadas del *mirin* y ½ cucharadita de la sal en escamas casi a ebullición a fuego medio-alto. Retírelo del fuego y remuévalo para disolver la sal. Déjelo enfriar a temperatura ambiente.

Escurra el ñame, colóquelo en un bol y mézclelo con la solución de vinagre y *mirin*. Ponga un plato y otro objeto encima para mantener el ñame sumergido 1 hora. (También se puede envasar en una bolsa de plástico con cierre y enrollarla para eliminar el aire.)

Reservando el agua de remojo, retire los *shiitake*, corte los tallos, deséchelos y corte los sombreros en rodajas finas. Ponga los sombreros en otro cazo y añada el agua de remojo, el *shoyu* y la cucharada restante de *mirin*. Lleve la mezcla a ebullición a fuego medio y cuézala 5 minutos.

En boles separados, frote el pepino con ¼ de cucharadita de sal y la zanahoria con el ¼ de cucharadita restante. Déjelos reposar 10 minutos antes de lavarlos rápido con agua fría y dejarlos secar sobre un paño de cocina. Escurra los *shiitake*.

Retire el peso del ñame y colóquelo, apilado, en cuatro boles. Disponga el pepino a un lado del ñame y los *shiitake* al otro. Esparza la zanahoria por encima del ñame y sírvalo como una ensalada fría. (Si lo prefiere, mezcle todos los ingredientes en un solo bol y sírvalo así o en boles individuales.)

ÑAME JAPONÉS CON VINAGRE DULCE

長いもの酢の物

ÑAME JAPONÉS CON SALSA DE SÉSAMO Y VINAGRE

NAGA-IMO NO SUNOMONO

Preparación: 20 minutos
Para 4 personas

V SL SFS <30

- 1 trozo de ñame japonés de 12 cm (300 g) raspado
- 2 cdas. de pasta de sésamo blanco
- 1 cda. de Kombu dashi (véase pág. 22)
- 2 cdtas. de shoyu
- 1 cdta. de azúcar ecológico
- 1 cda. de vinagre de arroz
- ½ cdta. de semillas de sésamo negro

Cuando corte el ñame, coloque un paño encima de la tabla de cortar para que los trozos no se resbalen. A los amantes del ñame les encanta su viscosidad al rallarlo fino, pero para los que lo han probado, fresco en juliana o encurtido es una excelente manera de disfrutar de su textura crujiente. Aquí, la salsa de sésamo le proporciona un maravilloso equilibrio.

-

Pele el ñame y córtelo por la mitad a lo ancho. Córtelo después a lo largo en rodajas finas y dispóngalas en montoncitos. Corte las rodajas a su vez en tiras de 1 cm de ancho (*tanzaku-giri*, véase pág. 17) y colóquelas de forma apilada en cuatro platitos. (Lávese las manos y los antebrazos con agua templada y jabón después de manipularlo, ya que pica.)

En un bol, mezcle la pasta de sésamo, el *dashi*, el *shoyu*, el azúcar y el vinagre. Disponga un poco sobre el ñame, esparza unas semillas de sésamo y sírvalo de acompañamiento frío.

菜の花の甘酢漬け

NANOHANA EN VINAGRE

NANOHANA NO AMAZU-ZUKE

Preparación: 10 minutos
Tiempo para encurtir: 1 día
Para 4 personas

V SL SFS

- 1 manojo pequeño de nanohana o grelos (150 g), sin la parte inferior dura
- Agua hirviendo
- 4 cdas. de vinagre de arroz
- 2 cdas. de hon mirin
- ¼ de cdta. de sal marina fina
- ¼ de cdta. de shoyu

Los brotes tiernos de *nanohana* anuncian la primavera. Si no encuentra, se pueden sustituir por grelos o brócoli. El vinagre dulce suaviza y equilibra su amargor natural, pero tendremos que comerla rápido, pues perderá frescor y se estropeará pronto.

-

Coloque la *nanohana* en un colador de malla y vierta agua hirviendo por encima 10 segundos. Escurra el exceso de agua y extiéndala sobre un paño de cocina. Enróllelo y estrújelo con suavidad para que absorba la humedad. Alinéela en un recipiente rectangular en el frigorífico.

En un bol, mezcle el vinagre con el *mirin*, la sal y el *shoyu*. Viértalo sobre la *nanohana*, inclinando el recipiente para asegurarse de que se empapa bien. Tápelo, refrigérelo y déjelo reposar 1 día.

Córtela en trozos de 5 cm antes de servir. La solución de vinagre hará que se oxide, así que es mejor consumirla de una sola vez.

ÑAME JAPONÉS CON SALSA DE SÉSAMO Y VINAGRE

かぶと干し柿のなます

NABO Y CAQUI SECO EN VINAGRE DULCE

KABU TO HOSHIGAKI NO NAMASU

Preparación: 25 minutos,
más 30 minutos en remojo
Cocción: 1-2 minutos
Para 4 personas

V SL SG SFS

- 4 cdas. de vinagre de arroz
- 2 cdas. de azúcar ecológico
- 2 cdtas. más una pizca de sal marina fina
- 4 nabos pequeños (200 g) raspados, con 1 cm de los tallos intactos
- 1 zanahoria pequeña (50 g) pelada
- 1 caqui seco (hoshigaki, véase pág. 350) o 7 orejones de albaricoque sin sulfitos (60 g)
- ¼ de cdta. de piel de yuzu en tiras finas

El *namasu*, dulce y avinagrado, suele hacerse con *daikon* y zanahoria. En esta deliciosa y suave versión, los nabos, ligeramente amargos, sustituyen al *daikon*, equilibrando así el dulzor del caqui seco.

-

En un cazo, mezcle 100 ml de agua con el vinagre, el azúcar y una pizca de sal. Llévelo a ebullición a fuego vivo para disolver el azúcar y la sal. Viértalo en un bol refractario y déjelo enfriar a temperatura ambiente.

Añada unos 300 ml de agua en otro bol y añada las 2 cucharaditas de sal.

Pele los nabos si la piel está dura y córtelos por la mitad a lo largo. Con el lado del corte hacia abajo, vuelva a cortarlos a lo largo en rodajas de 5 mm de grosor. Sumérjalos en el bol de agua salada.

Corte la zanahoria a lo ancho en trozos de 3 cm y después a lo largo en trozos de 1 cm de ancho. Apílelos y córtelos en tiras muy finas (*tanzaku-giri*, véase pág. 17). Añádalas al bol con los nabos. Déjelo todo en remojo 30 minutos.

Corte el cáliz del *hoshigaki* y retire las semillas si tuviera. Corte la pulpa en tiras finas y sumérjala en la solución de vinagre fría, separando los trozos pegajosos con la mano.

Pasados 30 minutos, saque el nabo y la zanahoria del bol de agua salada y póngalos sobre un paño de cocina. Séquelos.

Mézclelos con el *hoshigaki* en el vinagre dulce junto con la ralladura de *yuzu*. Se conservará bien 1 o 2 días, si lo refrigera, pero es mejor hecho y comido, ya que el nabo soltará líquido.

NABO Y CAQUI SECO EN VINAGRE DULCE

かぶのもみ漬け

NABOS FROTADOS CON SAL EN VINAGRE DULCE

KABU NO MOMIZUKE

Preparación: 30 minutos
Cocción: 1 minuto
Para 4 personas, y que sobre

V SL SG SFS

- 4 nabos con las hojas (350 g)
- ¾ de cdta. de sal marina en escamas
- 1 cda. de alga wakame deshidratada, remojada en agua fría 10 minutos
- 4 cdas. de vinagre de arroz
- 2 cdas. de mirin
- ½ cda. de piel de yuzu en tiras finas

Los nabos frotados con sal son los encurtidos por excelencia de Japón. En este caso, el *wakame* y el vinagre de arroz aportan una innovación al método tradicional y lo convierten en un aperitivo refrescante e irresistible.

-

Corte la parte superior de los nabos, dejando 1 cm de la parte más tierna, y reserve las hojas. Corte también las raíces. Corte los nabos por la mitad a lo largo, coloque el lado del corte hacia abajo en una tabla de cortar y córtelos a lo largo en rodajas de 5 mm. Páselos a un bol y frótelos con ¼ de cucharadita de la sal. Déjelos reposar 10 minutos.

Ponga una olla con agua a fuego vivo y llévela a ebullición. Añada las hojas de los nabos y escáldelas durante 1 minuto. Sáquelas, refrésquelas bajo un chorro de agua fría y estrújelas para eliminar el exceso de agua. Forme una bola apretada y córtela a lo ancho en tiras de 1 cm de grosor. En un bol, corte las hojas con una tijera para separarlas y frótelas con ¼ de cucharadita de la sal.

Escurra el alga *wakame* y sacúdala. En un bol, mézclela con el vinagre, el *mirin* y el ¼ de cucharadita de sal restante. Retire el nabo de la sal, estrújelo ligeramente y añádalo al bol con el *wakame*. Haga lo mismo con las hojas. Mézclelos bien, esparza la piel de *yuzu* y sírvalos.

りんごの落花生酢和え

MANZANA CON VINAGRE DE CACAHUETE

RINGO NO RAKKASEI SU-AE

Preparación: 55 minutos
Cocción: 5 minutos
Para 4 personas

V SL SG

- 1 manzana dulce (200 g) sin pelar
- 1 cebolla pequeña (100 g) cortada por la mitad a lo largo y pelada
- ½ cdta. de sal marina en escamas
- 1 cda. de algas hijiki deshidratadas (véase pág. 349), remojadas en agua fría 20 minutos
- ½ cda. de sal marina fina
- 1 manojo pequeño (100 g) de hojas de crisantemo comestible (shungiku, véase pág. 347)
- 3 cdas. de cacahuetes tostados picados finos
- 3 cdas. de vinagre de arroz
- 3 cdas. de hon mirin

Las manzanas en Japón son más dulces que ácidas. Utilice Jonagold o Red Delicious aquí. Refrescante y deliciosa, esta «ensalada» crujiente es perfecta para la hora de la comida. Si no encuentra *shungiku*, sustitúyalo por alguna hoja picante.

-

Corte la manzana en cuartos y retírele el corazón y las secciones del tallo. Corte los cuartos y las mitades de cebolla a lo largo en rodajas finas. Frote la cebolla con ¼ de cucharadita de la sal, lávela con agua fría y séquela con un paño de cocina. Mézclela con el ¼ de cucharadita de sal restante y déjela macerar 10 minutos. Estrújela para eliminar el líquido y resérvela.

Escurra el *hijiki* en un colador de malla, séquelo bien con papel de cocina y resérvelo.

Ponga a hervir una cazuela con agua y la sal fina. Sujete el *shungiku* por las hojas y sumerja los tallos en el agua hirviendo. Cuente hasta 10, deje caer las hojas en el agua y sumérjalas con los palillos. Cuézalas 20 segundos. Refrésquelas bajo un chorro de agua fría, estrújelas y córtelas en trozos de 3 cm.

En un bol, mezcle los cacahuetes con el vinagre y el *mirin*. En otro, mezcle la manzana, la cebolla, el *hijiki* y el *shungiku* con el aliño y sírvalo. Está mejor el mismo día, pero también al día siguiente.

MANZANA CON VINAGRE DE CACAHUETE

五色菜の落花生酢和え

VERDURAS DE CINCO COLORES CON VINAGRE DE CACAHUETE

GOSHOKU-NA NO RAKKASEI SU-AE

Preparación: 45 minutos
Cocción: 5 minutos
Para 4 personas

V SL

- 1 zanahoria mediana (150 g) raspada
- Agua hirviendo
- 100 g de setas enoki sin la parte inferior y cortadas por la mitad a lo ancho
- ½ manojo (75 g) de hojas de crisantemo comestible (shungiku, véase pág. 347), con los extremos gruesos cortados
- 150 g de fideos shirataki (véase pág. 353)
- 60 g de cacahuetes tostados
- 3 cdas. de vinagre de arroz
- 3 cdas. de shoyu
- 3 cdas. de hon mirin
- 1 saquito de tofu frito (usuage, véase pág. 352)

Los cacahuetes aportan una inesperada profundidad de sabor y un toque crujiente a esta ensalada de fideos y verduras. Resulta perfecta para los días de verano. Si no encuentra hojas de crisantemo comestible (*shungiku*, véase pág. 347), use otras hojas picantes, como *mizuna* o berros, pero vierta agua caliente durante 10 segundos en lugar de escaldarlas. Los colores deslumbrarán a todos.

-

Corte las zanahorias en juliana fina, páselas a un colador de malla y vierta agua hirviendo 10 segundos para que se cuezan ligeramente. Coloque los *enoki* en otro colador y vierta agua hirviendo 10 segundos. Ponga ambos coladores en el fregadero para que escurran. Seque con cuidado los *enoki* con papel de cocina para eliminar el exceso de agua y seque las zanahorias.

Lleve a ebullición una cazuela con agua a fuego vivo. Sumerja los tallos de crisantemo en el agua hirviendo 10 segundos y después las hojas para cocerlas 20 segundos más. Sáquelas con un colador de malla y refrésquelas bajo un chorro de agua fría. Espume el agua hirviendo con cuidado para asegurarse de que no quedan trozos de *shungiku* y eche los *shirataki* en el agua para cocerlos 3 minutos. Sáquelos y déjelos escurrir en el fregadero. Estruje las hojas de crisantemo y córtelas a lo ancho en trozos de 4 cm. Retire el agua que quede en los *shirataki* y córtelos a lo ancho en trozos de 4 cm.

Maje los cacahuetes en un mortero japonés (*suribachi*, véase pág. 354) o un molinillo hasta que liberen su aceite. Mézclelos con el vinagre, el *shoyu* y el *mirin* hasta obtener una pasta fina.

En una sartén sin aceite, selle el *usuage* a fuego medio durante 1 minuto por ambos lados para que esté crujiente. Córtelo por la mitad a lo largo y después a lo ancho en tiras de 5 mm.

Mezcle el *usuage* frío, los *enoki*, la zanahoria, el *shungiku* y los *shirataki* con la pasta de cacahuetes.

Sírvalo en el *suribachi* o en un bol bonito. Las sobras aguantarán bien hasta el día siguiente, aunque la textura y los sabores no serán los mismos.

VERDURAS DE CINCO COLORES CON VINAGRE DE CACAHUETE

こごみの胡麻酢だれ

BROTES DE HELECHO CON VINAGRE DE SÉSAMO

KOGOMI NO GOMASU-DARE

Preparación: 20 minutos
Cocción: 10 minutos
Para 4 personas

V SL SFS

- 12 brotes de helecho de tallo grueso (kogomi, véase pág. 346), 150 g
- 300 ml de Happo dashi (véase pág. 25)
- 3 cdtas. de usukuchi shoyu (véase pág. 344)
- 1 cdta. de hon mirin
- 2 cdas. de pasta de sésamo blanco
- 1 cdta. de azúcar ecológico
- ½ cdta. de shoyu
- 1 cdta. de vinagre de arroz

Los brotes de helecho son la única verdura de montaña fácil de encontrar fuera de Japón. El aliño de sésamo y vinagre suaviza el pronunciado sabor a bosque de los helechos. El resultado es sorprendente.

-

Corte la parte inferior dura de los helechos y deséchela. Corte los helechos por la mitad en trozos de 1,25 o 1,5 cm.

Prepare un bol grande de agua con hielo e introduzca un bol de acero inoxidable en su interior. En un cazo, lleve el *happo dashi* a ebullición a fuego medio. Añada 2 cucharaditas de *usukuchi shoyu* y el *mirin*. Agregue los helechos y cuézalos hasta que la parte inferior se pueda perforar con facilidad con una brocheta de bambú, 2 o 3 minutos. Páselos con el líquido de cocción al bol colocado encima del agua con hielo para que se enfríen de golpe (así mantendrán el color verde brillante).

En otro bol, mezcle la pasta de sésamo, el azúcar, el *shoyu*, el vinagre de arroz y la cucharadita restante de *usukuchi shoyu*. Bátalo enérgicamente hasta obtener una pasta fina. De una en una, añada 2 cucharaditas del líquido de cocción de los helechos, batiéndolo bien. Pruébelo y añada una o dos gotas más de *shoyu*, si lo desea.

Apile los helechos de forma atractiva en una ensaladera o una fuente. Ponga la salsa de vinagre de sésamo en el centro, dejando que gotee a ambos lados de los helechos, y sírvalos como parte de una comida ligera.

柚釜紅白なます

YUZU RELLENO DE NAMASU

YUZU-KAMA KOUHAKU NAMASU

Preparación: 40 minutos
Para 4 personas

V SL SG SFS

- 4 yuzus medianos o limones redondos (de 130 g cada uno)
- 2 cdas. de vinagre de arroz
- 2 cdas. de azúcar de caña japonés marrón claro (kibizato, véase pág. 345) o azúcar ecológico
- 1⅛ cdtas. de sal marina fina
- 250 g de daikon pelado
- 85 g de zanahoria pelada

El *yuzu* vaciado es perfecto para rellenar con *namasu*, un plato tradicional de *daikon* y zanahoria en vinagre dulce. Se puede preparar con antelación y guardar en el frigorífico hasta el momento de servir.

-

Corte aproximadamente el 10 % del *yuzu* por el extremo del tallo y vacíe su interior con una cuchara de pomelo. Estrújelo para extraer el zumo, cuélelo y resérvelo. Raspe el albedo de las partes cortadas y corte en juliana fina la piel amarilla. Resérvelo.

En un bol, mezcle el vinagre con 1 cucharada de zumo de *yuzu*, el azúcar y 1 cucharadita de sal hasta que se disuelvan.

Corte el *daikon* y la zanahoria en una juliana fina de 5 cm de largo. Frótelos con el ⅛ de cucharadita de sal restante y lávelos con abundante agua fría. Escúrralos en un colador de malla y séquelos un paño de cocina.

Añada el *daikon* y la zanahoria a la mezcla de vinagre y remueva bien. Rellene los *yuzu* y adórnelos con la juliana de piel de *yuzu*.

YUZU RELLENO DE NAMASU

大根と干し柿のなます

DAIKON CON CAQUIS SECOS Y MITSUBA

DAIKON TO HOSHIGAKI NO NAMASU

Preparación: 20 minutos, más 30 minutos para macerar
Cocción: 5 minutos
Para 6 personas

V SL SFS

- ¼ de daikon pequeño (250 g) pelado y en juliana
- ½ cdta. de sal marina en escamas
- 1 seta shiitake mediana sin el tallo
- 2 cdas. de sake
- 1 cda. de usukuchi shoyu (véase pág. 344)
- 1 caqui seco (hoshigaki, véase pág. 350) o 7 orejones de albaricoque sin sulfitos
- 1 cda. de piel de yuzu o de limón Meyer en tiras finas
- 1 cda. de zumo de yuzu o de limón Meyer recién exprimido
- 1 manojo pequeño de mitsuba (véase pág. 346) cortado a lo ancho en trozos de 2 cm

El *daikon* es la estrella de este plato, así que asegúrese de hacerlo en invierno, cuando está de temporada. Aunque los demás ingredientes se añaden con moderación, el *hoshigaki* (caqui seco) casi se funde con el *daikon* y lo convierte en un plato frío muy apetitoso.

-

Coloque el *daikon* en un bol y frótelo ligeramente con la sal. Déjelo reposar 10 minutos. Sáquelo con la mano, dejando los cristales de sal que queden, y estrújelo con suavidad para eliminar el exceso de humedad. Póngalo en un bol y resérvelo.

En una sartén sin aceite, selle ligeramente el sombrero del *shiitake* a fuego medio (o en una rejilla sobre una llama muy baja) 2 o 3 minutos y córtelo en rodajas finas. Añádalo al bol con el *daikon*.

En un cazo, mezcle el sake con la *usukuchi shoyu* y caliéntelo brevemente. Páselo a un bol para que se enfríe.

Retire el cáliz del *hoshigaki*, saque las semillas con la mano y corte la pulpa a lo largo en tiras finas.

Cuando el sake y la *usukuchi shoyu* se hayan enfriado, añada el *hoshigaki* y separe los trozos pegados con la mano. Añada la piel y el zumo de *yuzu*.

Agregue esta mezcla al bol con el *daikon* y el *shiitake* y remueva. Déjelo reposar 30 minutos para potenciar su sabor.

Incorpore la *mitsuba* y sírvalo en un bonito bol de porcelana. Este plato aguantará bien 1 o 2 días en el frigorífico.

柿なます

NAMASU DE CAQUI

KAKI NAMASU

Preparación: 30 minutos
Cocción: 3 minutos
Para 4 personas

V SL SG SFS

- 1 caqui Fuyu firme (235 g) pelado y descorazonado
- 4 cdas. de vinagre de arroz
- 3 cdas. de hon mirin
- 1 pizca de sal marina fina
- 1 trozo de daikon de 10 cm pelado
- 1 trozo de zanahoria de 5 cm pelada
- Un par de pizcas de sal marina en escamas
- 1 usuage (véase pág. 352)

El caqui fresco rallado fino aporta un toque refrescante e inesperado, elevando a lo sublime este plato tradicional de *daikon* y zanahoria con vinagre dulce. Los saquitos de tofu frito (*usuage*) añaden textura, pero pueden omitirse si no encuentra.

-

Ralle el caqui con un rallador de cerámica (*oroshiki*, véase pág. 354) o metálico (*oroshigane*, véase pág. 354) en un bol. Eche el vinagre, el *mirin* y la sal. Reserve.

Corte el *daikon* y la zanahoria en una juliana fina de 5 cm de largo y frótelos con la sal en un bol. Déjelos reposar 10 minutos.

Caliente una sartén sin aceite a fuego medio y selle el *usuage* durante 1-1½ minutos por ambos lados para que esté crujiente. Córtelo por la mitad a lo largo y después a lo ancho en tiras de 5 mm.

Saque el *daikon* y la zanahoria del bol y estrújelos con las manos para eliminar el líquido. Póngalos en el bol del caqui rallado. Añada el *usuage* y sírvalo en platitos individuales.

DAIKON CON CAQUIS SECOS Y MITSUBA

揚げ物

Si desea algo parecido a la carne, pero sin que lo sea, los *agemono* son lo que está buscando. Normalmente, los fritos japoneses se comen con moderación y tienden a ser ligeros (excepto las preparaciones de carne más pesadas, como el *katsu*, una chuleta de cerdo empanada muy popular en Occidente hoy en día). Dicho esto, una comida entera a base de tempura puede ser una experiencia reveladora. Los restaurantes de tempura son bastante caros y, aunque priman las verduras, también ofrecen pescado (el tofu frito y las versiones de *yuba* podrían sustituirlo fácilmente si el restaurante fuera flexible). Al llegar al final de un menú de tempura, debería sentirse saciado pero no empachado. La tempura (al igual que el *sushi*) se solía comer de pie en puestos en la calle durante el periodo Edo (1603-1868), pero desde entonces se ha trasladado al interior y, como el *sushi*, cuando se sirve en un restaurante especializado se considera alta cocina.
Tradicionalmente, las verduras (o frutas) se sumergen en una masa sin huevo (*shojin koromo*) y se fríen hasta que están crujientes y ligeras. Esta masa lleva harina blanca disuelta en agua con o sin gas. Pero, a veces, se utiliza una mezcla de harina y fécula de patata. Recientemente, mi hijo Andrew (que me ayuda siempre a probar las recetas) y yo hemos utilizado harina de arroz integral ecológica, que se puede conseguir fácilmente fuera de Japón, y harina sin gluten.

Los buñuelos también son populares y no necesitan servirse calientes. Aderezados a menudo solo con una pizca de sal, pueden servirse con una salsa para tempura (*tentsuyu*, véase pág. 26) a un lado o cocerse ligeramente en *tentsuyu* para potenciar su sabor.

En este libro sigo el método de Kondo, que consiste en freír los alimentos en una sartén alta con solo 3 cm de aceite. Si se fríen en casa en una sartén grande se desperdicia mucho aceite, así que utilizar el aceite justo para mantenerlos sumergidos quizá tenga más sentido. Fumio Kondo es el chef propietario de Tempura Kondo, en Tokio, y el autor de varios libros esclarecedores sobre el mejor método para cocinar el pescado y las verduras en tempura. Aconseja no utilizar recipientes de hierro fundido porque resulta difícil controlar las fluctuaciones de temperatura. Yo tengo dos sartenes modernas antiadherentes para freír, una grande y otra mediana.

La clave del éxito de la temperatura japonesa es el aceite, no lo olvide. Yo utilizo un aceite de colza ecológico clarificado japonés elaborado por Yonezawa Shoten en Saitama. Fuera de Japón, he obtenido buenos resultados con el aceite de sésamo sin tostar. El aceite es seguramente el ingrediente más caro de las tempuras vegetarianas.

揚げ物

AGEMONO

FRITURAS

筍ボール

BUÑUELOS DE BAMBÚ

TAKENOKO BO-RU

Preparación: 15 minutos
Cocción: 5 minutos
Para 20 buñuelos pequeños

V SL SFS <30

- 40 g de harina común sin blanquear
- Unas pizcas de sal marina en escamas
- 250 ml de Brotes de bambú cocidos (véase pág. 34) rallados finos
- Aceite neutro, como el de colza, cacahuete o cártamo, para freír
- ½ cdta. de semillas de sésamo negro

Aunque la costumbre de recolectar brotes de bambú en primavera es habitual en Japón y en otras partes de Asia, los países occidentales también cultivan bambú. Si vive en una casa o cerca de un bosque de bambú, intente recolectarlo usted mismo. Una vez cocido, se conservará en el frigorífico varios días si lo guarda en un bol con abundante agua fría y cambia el agua a diario. Compre bambú envasado al vacío si no puede encontrarlo fresco y utilice un rallador de cerámica o metálico de dientes finos para rallarlo. Estos deliciosos buñuelos son crujientes por fuera y blandos por dentro.

-

En un bol, mezcle despacio con las manos la harina y una pizca de sal con el bambú rallado hasta que la harina se haya incorporado por completo y la mezcla esté compacta. Forme 20 bolitas de 3 cm.

En una sartén grande honda, caliente 3 cm de aceite a fuego medio hasta alcanzar los 170 °C. Para comprobar la temperatura, espolvoree un poco de harina; debería hundirse en el fondo de la sartén y volver a subir enseguida, formándose burbujas de tamaño mediano.

Fría con cuidado los buñuelos en el aceite unos 3 minutos, dándoles la vuelta cada 45 segundos, hasta que se doren ligeramente, floten y el aceite hierva suave. Retírelos y déjelos escurrir en una rejilla sobre una sartén para recoger las gotas que caigan. Repártalos entre cuatro platos pequeños, esparza las semillas de sésamo y un par de pizcas de sal y sírvalos como un aperitivo caliente antes de las comidas o como parte de una comida completa.

BUÑUELOS DE BAMBÚ

新ごぼうとアスパラガスのかき揚げ

KAKIAGE DE BARDANA TIERNA Y ESPÁRRAGOS

SHIN GOBOU TO ASUPARAGASU NO KAKIAGE

Preparación: 20 minutos
Cocción: 10 minutos
Para 4 personas

V SL SFS

- 100 g de harina de repostería sin blanquear
- 1 cdta. de levadura en polvo
- ½ bardana mediana (75 g), preferentemente de primavera, raspada
- 4 espárragos medianos (150 g), con el tercio inferior pelado (o cortado si está duro)
- 10 hojas pequeñas de shiso verde en tiras finas
- Aceite neutro, como el de colza, cacahuete o cártamo, para freír
- Sal marina en escamas, para servir

Los *kakiage*, elaborados con ingredientes más secos, como la bardana y los espárragos, se mantienen bien incluso cuando se consumen a temperatura ambiente, porque se fríen en una masa diferente a la de los buñuelos. Este tipo de *kakiage* no tiene un centro esponjoso, por lo que se puede tomar en un *teishoku*, una comida de muchos platos servidos en una bandeja. (Cada persona recibe su propia bandeja y, como hay muchos platos, la mayoría se sirven a temperatura ambiente.) Los ingredientes primaverales de este *kakiage* lo hacen muy aromático y fresco.

-

En un bol, mezcle la harina con la levadura en polvo.

Sujete la bardana con la mano no dominante y corte tiras finas con un cuchillo afilado mientras la va girando como si afilara un lápiz (*sasagaki*, véase pág. 17), dejándolas caer a medida que avanza en un bol con agua fría para evitar que se oxiden.

Corte los espárragos de la misma manera, dejándolos en el bol de harina. Escurra la bardana y añádala también, rebozándola con unos palillos. Agregue el *shiso* y rebócelo de manera uniforme. Vierta 160 ml de agua con hielo, mezclándola lo menos posible.

En una sartén grande honda, caliente 3 cm de aceite a fuego medio hasta alcanzar los 180 °C. Para comprobar la temperatura, eche un poco de la masa; debería hundirse en el fondo de la sartén y subir enseguida a la superficie, formándose burbujas de tamaño mediano.

Remueva por última vez la mezcla y tome unas cuantas verduras con una espumadera. Escurra el exceso de masa e introdúzcalas con cuidado en el aceite por el borde de la sartén. Repita la operación con más verduras rebozadas y vigile que no hiervan demasiado deprisa para que el aceite no se salga. Si fuera necesario, fríalas por tandas. Fríalas hasta que se doren por ambos lados, unos 90 segundos por cada uno. Déjelas escurrir en una rejilla metálica sobre una sartén para recoger las gotas que caigan. Esparza un poco de sal y sírvalas.

KAKIAGE DE BARDANA TIERNA Y ESPÁRRAGOS

ポテトチップスサラダ

ENSALADA DE PATATAS FRITAS

POTETO CHIPPUSU SARADA

Preparación: 45 minutos,
más 30 minutos en remojo
Cocción: 10 minutos
Para 4 personas

V SL SG SFS

- 450 g de patatas medianas peladas y en rodajas muy finas
- Aceite neutro, como el de colza, cacahuete o cártamo, para freír
- ½ cda. de curry en polvo
- 1 cdta. de sal marina en escamas
- 2 cdas. de vinagre de arroz
- 4 cdas. de aceite de colza
- 1 lechuga lollo rosso pequeña (100 g) en trozos del tamaño de un bocado
- 2 pepinos japoneses medianos (150 g) cortados a lo ancho en trozos de 3 cm y después a lo largo en tiras finas (tanzaku-giri, véase pág. 17)
- 2 tomates medianos (200 g) en dados de 2 cm
- 1 tallo grande de apio (100 g) cortado a lo ancho en diagonal en trozos finos de 3 cm de largo y 5 cm de ancho (sogigiri, véase pág. 17)

Las patatas fritas caseras añaden un toque crujiente irresistible a esta sorprendente y deliciosa ensalada de verano. Y la vinagreta de *curry* le añade profundidad, convirtiéndola en una excelente candidata para un plato único.

-

Ponga las patatas en remojo en agua fría 30 minutos. Escúrralas y séquelas con un paño de cocina para eliminar la mayor cantidad de humedad posible.

En una sartén grande honda, caliente 3 cm de aceite a fuego medio hasta alcanzar los 170 °C. Para comprobar la temperatura, añada una rodaja de patata; debería hundirse en el fondo de la sartén y volver a subir enseguida, formándose burbujas de tamaño mediano.

Fría las patatas por tandas, dándoles la vuelta, hasta que se doren y el aceite hierva suave, unos 3 minutos. Déjelas escurrir en una rejilla sobre una sartén para recoger las gotas que caigan. (Nota: si las patatas tienen demasiada humedad, puede que tenga que freírlas dos veces para que queden bien crujientes.)

En un bol, mezcle el polvo de *curry* con la sal y el vinagre. Incorpore despacio el aceite de colza hasta que emulsione.

Disponga la lechuga en cuatro platos y reparta el pepino y el tomate. Coloque las patatas fritas en el centro y esparza el apio por encima. Rocíe la ensalada con la vinagreta de *curry* y sírvala de inmediato como un plato ligero.

ENSALADA DE PATATAS FRITAS

VERDURAS DE MONTAÑA

A medida que se derrite la nieve y se acerca la primavera, comienzan a florecer las verduras de montaña (*sansai*). Con una deliciosa variedad de sabores, anuncian la primavera japonesa. Mientras que las verduras de primavera occidentales, como los guisantes y los espárragos, son suaves, las japonesas son amargas.

A excepción de los brotes de helecho, el *fuki*, el *udo* y la *mitsuba*, la mayoría no se cultivan, por lo que solo están disponibles en esta época del año, aunque las estaciones se están difuminando. Pero, sin excepción, cuando le preguntas a alguien cuándo es la mejor época para disfrutar de su cocina regional, la respuesta es «la primavera» y la razón, «las verduras de montaña». Los *sansai*, apreciados en todo Japón, son un motivo de orgullo para las zonas donde crecen. Muy esperados, y generalmente consumidos en tempura, encurtidos o en platos aliñados, figuran en los menús desde principios de la primavera hasta principios del verano. Desgraciadamente, no se cultivan fuera de Japón, a excepción de los brotes de helecho. Le aconsejo no salir a buscarlos por su cuenta. Es mejor comprarlos, ya que muchas plantas parecidas son tóxicas.

Conocido como cebollino chino, el *nobiru* (*Allium macrostemon*) es una cebolla silvestre que se encuentra en todo el este de Asia cerca de las fuentes de agua. Con «hojas» finas, parecidas a las del cebollino, y bases blancas, a veces rosadas, y abultadas, comienza a crecer hacia el final del invierno y dura hasta bien entrada la primavera. Se suele comer con *miso*, pero también añade una nota picante a las sopas y los platos a base de huevo, y sirve como sustituto del cebollino o la cebolleta. Existen cebollas silvestres similares en América del Norte, el Reino Unido y Europa.

Los brotes de ruibarbo de ciénaga (*fuki no to*), del tamaño de una pelota de golf, crecen después del deshielo entre la nieve o el tapiz de hojas secas de los bosques y los campos. Son quizá la verdura de montaña más representativa y singular de Japón, aunque las raíces deben evitarse porque contienen toxinas. Estos brotes, con un sabor picante y mentolado, se suelen preparar en tempura y rebozarse con sal marina. Pero también pueden picarse en trozos y cocerse con *miso*, sake y *mirin* para hacer *fuki no to miso*, un condimento irresistible para tomar con un bol de arroz blanco.

De la familia de las *Araliaceae*, el árbol de la angélica japonesa (*Aralia elata*) produce unos brotes de tallo grueso con hojas de color púrpura rizadas (*tara no me*) a finales del invierno y principios de la primavera. El *tara no me* es conocido como el rey de las verduras de montaña, quizá por su versatilidad y universalidad. También de la familia de las *Araliaceae*, la *koshi abura* es apodada la reina de las verduras de montaña: unos brotes de tallo fino con hojas verdes que crecen en un árbol autóctono japonés (*Chengiopanax sciadophylloides*). Tanto el *tara no me* como la *koshi abura* son algo amargos y tienen propiedades reconstituyentes. A veces llamado «espárrago de montaña», el *yama udo* (*Aralia cordata*), también de la familia de las *Araliaceae*, produce en primavera brotes ligeramente hirsutos con puntas suaves. A diferencia de la fragante *koshi abura* y del *tara no me*, tiene un sabor resinoso que facilita la digestión. Todas estas yemas y brotes se cortan con cuidado (dejando lo suficiente para que el árbol prospere) y se preparan en tempura, pero pueden cocerse a fuego lento y aderezarse con un *dashi* de shoyu (*ohitashi*) o tofu chafado y sésamo (*shira-ae*).

El perejil silvestre japonés (*seri*) se recolecta a principios de la primavera y, dependiendo de la variedad, presenta una masa enmarañada de tallos crujientes, de color rosa, con pequeñas hojas picantes, o una serie de tallos finos y erguidos, con hojas parecidas a las del apio. No debe confundirse con la *mitsuba*, otra hierba aromática que a menudo se traduce como «trébol» pero que, erróneamente, también se conoce como «perejil silvestre japonés». Cultivada de forma hidropónica todo el año, se añade siempre en la sopa de *miso* con almejas, dentro y fuera de Japón. Pero la que crece en primavera tiene un sabor inigualable, picante y agradablemente ácida. Tanto el *seri* como la *mitsuba* son deliciosos con huevos, en sopas y en tempura.

Los brotes de helecho son la única verdura de montaña que se encuentra fácilmente en los bosques de todo el mundo. En Japón, existen dos especies principales: los *warabi* (o helechos águila, largos y delgados, con la parte superior fina y rizada) y los *kogomi* (o helecho avestruz, de cabeza apretada y tallos gruesos). Los primeros deben frotarse con ceniza de la chimenea o bicarbonato de sodio y remojarse en agua fría antes de cocinarlos, y los segundos pueden consumirse tal cual. Después de escaldarlos, la mayoría de las veces se toman aliñados solo con *dashi*.

Aunque la estacionalidad está cada vez menos definida en Japón, la primavera sigue siendo una época marcada por el florecimiento de los cerezos en flor y su declive, que nos recuerda lo efímero de nuestras propias vidas. Pero, también, que la naturaleza nos ofrece lo que necesitamos en cada momento. En primavera, necesitamos alimentos amargos para despertar nuestro apetito y estimular nuestros sentidos después del sombrío invierno. Y las cualidades saludables de estos alimentos preparan nuestro cuerpo para los calurosos meses del verano. Esta es la belleza de la estacionalidad.

じゃが芋餅のあんかけ

MOCHI DE PATATA CON SALSA

JYAGAIMO MOCHI NO ANKAKE

Preparación: 25 minutos
Cocción: 35 minutos
Para 8 piezas pequeñas

SFS

- 2 patatas medianas (de 150 g cada una) raspadas y sin pelar
- 2 cdas. de leche entera
- 4 cdtas. de shoyu
- 1 cda. más 2 cdtas. de mirin
- 2 cdas. de fécula de patata
- 2 cdas. de shiratamako (véase pág. 353)
- Aceite neutro, como el de colza, cacahuete o cártamo, para freír
- 8 cdas. de Kombu dashi (véase pág. 22)
- 2 cdtas. de hon kuzu (véase pág. 353) disueltas en 2 cdas. de agua hasta que esté fino

El *shiratamako* es una harina de arroz glutinoso (*mochigome*) que se utiliza para preparar los «*mochi*». Aquí se mezcla con unas patatas chafadas para darle cuerpo. Para una opción sin lácteos, utilice leche de soja.

-

En una cazuela con agua fría, lleve las patatas a ebullición a fuego vivo. Cuézalas hasta que pueda pincharlas fácilmente con una brocheta de bambú, unos 20 minutos. Pélelas cuando estén aún calientes.

En un bol, chafe las patatas con un tenedor o un chafapatatas. Incorpore la leche, 2 cucharaditas de *shoyu*, 1 cucharada de *mirin*, la fécula y el *shiratamako*. Divida la mezcla en 8 trozos y deles forma de óvalo (similar a las monedas *koban* del periodo Edo), asegurándose de eliminar todas las bolsas de aire.

En una sartén honda, caliente 3 cm de aceite a fuego medio hasta alcanzar los 170 °C. Para comprobar la temperatura, espolvoree un poco de fécula de patata; debería hundirse en el fondo de la sartén y volver a subir enseguida, formándose burbujas de tamaño mediano.

Eche despacio el *mochi* de patata, con cuidado de que el aceite no se salga, y fríalo hasta que esté crujiente y dorado, unos 3 minutos por cada lado. Tenga cuidado, las bolsas de aire harán que chisporrotee.

En un cazo, mezcle el *dashi* con las 2 cucharaditas restantes de *shoyu* y *mirin*. Llévelo a ebullición a fuego medio. Baje el fuego, añada el *kuzu* y prosiga con la cocción, sin dejar de removerlo, hasta que el *dashi* esté brillante, unos 5 minutos.

Sirva uno o dos *mochis* calientes por persona, con un poco de salsa por encima.

一口コロッケ

MINICROQUETAS DE PATATA

HITOKUCHI KOROKKE

Preparación: 30 minutos
Cocción: 2 minutos
Para 12 croquetas pequeñas

V SL SFS

- ¼ de la receta (240 g) de Ensalada de patata (véase pág. 48)
- 1 cda. colmada de harina sin blanquear
- 3 cdas. de ñame japonés rallado fino
- 4 cdas. de panko ecológico
- Aceite neutro, como el de colza, cacahuete o cártamo, para freír

Estas pequeñas y crujientes minicroquetas se hacen con los restos de una ensalada de patata. Aquí, en lugar de rebozarlas con huevo batido, se pasan primero por ñame japonés y después por *panko*. Son perfectas tal cual, pero también con una Salsa de pimientos rojos (véase pág. 49).

-

Forme bolitas con 1 cucharadita colmada de ensalada de patata. Espolvoréelas con la harina, sacuda el exceso y colóquelas en un plato.

Ralle el ñame japonés en un bol y lávese las manos y los antebrazos con agua caliente y jabón para que no le piquen.

Coloque las bolitas de patata en el extremo izquierdo de una superficie de trabajo y el bol de ñame a su derecha. Ponga un poco de *panko* en un plato y colóquelo a continuación. Ponga otro plato grande al final.

Pase las bolitas por el ñame y déjelas sobre el *panko*. Lávese y séquese las manos. Pase las bolitas después por el *panko* y colóquelas en el plato limpio, añadiendo un poco más de *panko* si fuese necesario.

En una sartén honda, caliente 3 cm de aceite a fuego medio-alto hasta alcanzar los 180 °C. Para comprobar la temperatura, esparza un poco de *panko*; debería hundirse más o menos hasta la mitad y volver a subir enseguida, formándose burbujas de tamaño mediano.

Eche despacio las croquetas, de una en una, en el aceite por el borde de la sartén. Procure que el aceite no se salga y, si fuese necesario, fríalas por tandas. Fríalas, dándoles la vuelta, hasta que estén crujientes y muy doradas, de 60 a 90 segundos. Déjelas escurrir en una rejilla sobre una sartén para recoger las gotas que caigan. Sírvalas calientes antes de cenar.

飛龍頭

CROQUETAS DE TOFU

HIRYUZU

Preparación: 45 minutos,
más 2-3 horas para prensar el tofu
Cocción: 10 minutos
Para 8 croquetas pequeñas

V SL

- 300 g de tofu firme (momendofu, véase pág. 352) o tofu suave japonés
- 100 g de Brotes de bambú cocidos (véase pág. 34)
- 10 cm de ñame japonés mediano (200 g) raspado y pelado
- 2 setas shiitake deshidratadas, remojadas en agua hirviendo unos 30 minutos
- 50 g de setas maitake
- ½ zanahoria mediana (75 g)
- ¼ de cdta. de sal marina en escamas
- 2 cdtas. de shoyu
- 4 cdas. de shiratamako (véase pág. 353)
- 4 cdas. de fécula de patata
- 6 cdas. de harina común
- Aceite neutro, como el de colza, cacahuete o cártamo, para freír y dar forma a las croquetas

Puede añadir trocitos o pieles de verduras de otras preparaciones, si tiene, pero mantenga las proporciones equilibradas para que el tofu y la harina puedan aglutinar las croquetas. Están también muy buenas cocidas en un *dashi* con sabor a *shoyu* o para acompañar un estofado, como el *Nabe* «tres pájaros y una piedra» (véase pág. 260). Ralle el brote de bambú de abajo arriba (en el sentido que crece) para evitar la acumulación de fibras en el rallador.

-

Coloque el tofu en un plato y ponga otro encima 2-3 horas para eliminar el exceso de líquido. Páselo a un bol y cháfelo a mano.

Ralle finos el brote de bambú y el ñame japonés con un rallador de cerámica (*oroshiki*, véase pág. 354) o metálico (*oroshigane*, véase pág. 354) y póngalos en el bol con el tofu. (Lávese las manos y los antebrazos con agua caliente y jabón para que no le piquen.)

Escurra los *shiitake*. Retire los tallos y resérvelos para otro plato. Pique finos los sombreros, los *maitake* y la zanahoria, y agréguelos a la mezcla de tofu hasta que se distribuyan de manera uniforme. Añada la sal y el *shoyu* y remueva hasta que estén bien incorporados. En un bol, bata el *shiratamako* con la fécula de patata y la harina. Incorpórelos a la mezcla de tofu con una cuchara de madera hasta obtener una pasta fina.

Úntese las manos con aceite y forme 8 bolitas.

En una sartén grande honda, caliente 3 cm de aceite a fuego medio hasta alcanzar los 170 °C. Para comprobar la temperatura, espolvoree un poco de harina; debería hundirse en el fondo de la sartén y volver a subir enseguida, formándose burbujas de tamaño mediano.

Añada las croquetas con cuidado y fríalas hasta que se doren por ambos lados, unos 5 minutos por cada lado. Déjelas escurrir en una rejilla metálica sobre una sartén para recoger las gotas que caigan. Sírvalas calientes.

さつま芋コロッケ

CROQUETAS DE BONIATO

SATSUMA-IMO KOROKKE

Preparación: 45 minutos
Cocción: 40 minutos
Para 8 croquetas

V SL SFS

- 2 boniatos medianos (475 g) pelados
- 1 mazorca pequeña (100 g)
- ½ cda. de aceite de sésamo sin tostar
- 1 cebolla mediana (100 g) en dados
- 1 zanahoria pequeña (50 g) en dados
- 4 cdas. de edamames o guisantes verdes cocidos picados gruesos
- 1 cdta. de sal marina en escamas
- ½ cdta. de pimienta negra recién molida
- 2 cdas. de harina común
- 2 huevos a temperatura ambiente, para una versión vegana véase la introducción
- 60 g de panko ecológico
- Aceite neutro, como el de colza, cacahuete o cártamo, para freír
- 1 limón en 8 cuñas pequeñas, para servir

Puede que las croquetas de *kabocha* sean más populares que las de boniato, pero creo que el boniato les aporta ligereza. Los inusuales ingredientes de estas croquetas las hacen muy especiales y sabrosas. Para una fiesta, duplique o triplique la receta y sírvalas como un aperitivo frito pero saludable. Sustituya los huevos por ñame japonés rallado fino para una versión vegana.

-

Coloque los boniatos en una vaporera de bambú o de metal y cuézalos sobre una olla de agua hirviendo a fuego vivo hasta que estén blandos por el centro, 25 minutos. Cháfelos cuando aún estén calientes con un chafapatatas o un tenedor grande.

Llene un cazo con agua y llévelo a ebullición. Retírelo del fuego y ponga el maíz en remojo 30 segundos. Deje que se enfríe a temperatura ambiente antes de sacar los granos con un cuchillo afilado. (Si no lo cuece ligeramente, los granos explotarán en el aceite.)

Caliente el aceite de sésamo en una sartén a fuego medio. Añada la cebolla y la zanahoria y sofríalas, removiendo, hasta que se ablanden pero sin dorarse, de 3 a 5 minutos. Páselas al bol con el puré de boniato y agregue los granos de maíz, el *edamame*, la sal y la pimienta. Forme 8 cilindros pequeños pero gruesos y redondeados (*tawara-gata*) y páselos por la harina de manera uniforme. Sacuda el exceso de harina.

En un plato hondo, bata bien los huevos. Forme un montículo de *panko* en un lado de una bandeja de horno. De una en una, pase las croquetas primero por el huevo, dejándolas que escurran, y después por el *panko* de manera uniforme. Colóquelas en el otro extremo de la bandeja de horno. Añada más *panko* según sea necesario.

En una sartén grande honda, caliente 3 cm de aceite a fuego medio hasta alcanzar los 170 °C. Para comprobar la temperatura, esparza un poco de *panko*; debería hundirse en el fondo de la sartén y volver a subir enseguida, formándose burbujas de tamaño mediano.

Eche despacio las croquetas, con cuidado de que el aceite no se salga, y fríalas hasta que estén crujientes y doradas por ambos lados, de 3 a 5 minutos por cada lado. Déjelas escurrir en una rejilla sobre una sartén para recoger las gotas que caigan. Sírvalas calientes con una cuña de limón.

CROQUETAS DE BONIATO

なすのはさみ焼きカツ

BERENJENAS RELLENAS

NASU NO HASAMI-YAKI KATSU

Preparación: 55 minutos
Cocción: 10 minutos
Para 8 berenjenas

V SL SFS

- 1 trozo de raíz de loto de 6 cm (175 g)
- 175 g de okara (véase pág. 352)
- 1 cdta. de sal marina en escamas
- ½ cdta. de pimienta negra recién molida
- 4 berenjenas japonesas pequeñas (de 60 g cada una)
- 75 g de panko
- 4 cdas. de harina común
- 2 cdas. de fécula de patata disueltas en 6 cdas. de agua
- 8 cdas. de aceite de colza o sésamo sin tostar
- 2 cdas. de Dengaku miso (véase pág. 30)

Este *katsu* vegetariano le costará hacerlo un poco de tiempo, pero el resultado, crujiente por fuera y cremoso por dentro, es irresistible. Para una opción vegana, sustituya los huevos por fécula de patata. Si no quiere desperdiciar nada, prepare un *kinpira*. Para ello, saltee las pieles de loto, los recortes de berenjena y la carne de la parte superior de la berenjena con un poco de aceite de sésamo y sazónelo con unas gotitas de *shoyu*.

-

Pele la raíz de loto. Rállela fina con un rallador de cerámica (*oroshiki*, véase pág. 354) o metálico (*oroshigane*, véase pág. 354) y déjela escurrir unos 10 minutos en un colador de malla fina colocado sobre un bol para recoger las gotas que caigan. Pásela a un bol y mézclela bien con la *okara*, la sal y la pimienta.

Corte los cálices y los lados curvos de cada berenjena a lo largo. Corte las berenjenas por la mitad a lo largo en rodajas de 1 cm de ancho. Coloque 4 pares de berenjenas en una tabla de cortar, asegurándose de que tengan más o menos el mismo tamaño y forma. Presione una cuarta parte de la mezcla de loto y *okara* con las palmas de las manos para formar una masa plana del tamaño de las rodajas de berenjena. Colóquela entre dos rodajas de berenjena, como si estuviera preparando un sándwich. Repita la operación con el resto de la mezcla para rellenar los cuatro pares de rodajas de berenjena. Lávese y séquese las manos para eliminar cualquier resto de relleno. Presione cada par de berenjenas, de uno en uno, para alisar los bordes y eliminar las bolsas de aire.

Forme un montículo de *panko* en un lado de una bandeja de horno. Espolvoree un plato con la harina y pase con cuidado los pares de berenjena por la harina. Sacúdalos. Páselos a continuación por la mezcla de fécula de patata y después por el *panko*. Alinéelos en el otro extremo de la bandeja de horno.

Caliente a fuego medio el aceite en una sartén. Fría las berenjenas, dándoles la vuelta con cuidado después de 1 minuto para dorar la parte superior y después los dos lados, hasta que las berenjenas estén muy blandas, el relleno de *okara* hecho y el *panko* crujiente y dorado, unos 5 minutos.

Póngalas en una tabla de cortar y unte la parte superior de cada una con el *dengaku miso*. Córtelas por la mitad a lo ancho con un cuchillo muy afilado y sírvalas muy calientes como un plato principal o un aperitivo crujiente antes de las comidas.

じゃが芋ボール

BUÑUELOS DE PATATA RALLADA CON CURRY

JYAGAIMO BO-RU

Preparación: 30 minutos
Cocción: 3 minutos
Para 4 personas

V SL SG SFS

- 2 patatas medianas (300 g) peladas
- ¼ de cdta. de curry en polvo
- ½ cdta. de sal marina en escamas
- ½ cdta. de semillas de sésamo dorado
- Aceite neutro, como el de colza, cacahuete o cártamo, para freír

Los buñuelos de patata rallada fina son ligeros y deliciosos, y perfectos para picar antes de las comidas o para servir como aperitivo, como una pasta para untar, a temperatura ambiente.

-

Coloque un colador de malla sobre un bol. Ralle las patatas con un rallador de cerámica (*oroshiki*, véase pág. 354) o metálico (*oroshigane*, véase pág. 354) y páselas al colador para que se escurran 10 minutos. Pase el colador a un plato pequeño y deseche el agua que hayan escurrido, reservando la fécula de patata acumulada en el fondo del bol. Mezcle las patatas ralladas con la fécula y añada el *curry* en polvo, la sal y las semillas de sésamo.

En una sartén grande honda, caliente 3 cm de aceite a fuego medio hasta alcanzar los 170 °C. Para comprobar la temperatura, añada una pequeña porción de la mezcla de patatas; debería hundirse en el fondo de la sartén y volver a subir enseguida, formándose burbujas.

Utilice dos cucharas soperas para formar pequeños buñuelos ovalados e introdúzcalos en el aceite por el borde de la sartén. Vigile que el aceite no se salga y fríalos, por tandas si fuese necesario, hasta que se doren, 1½ minutos más o menos. Retírelos y déjelos escurrir un momento en una rejilla sobre una sartén. Sírvalos calientes en cuatro platos.

ピーマンのおから詰め揚げ

PIMIENTOS FRITOS CON OKARA

PI-MAN NO OKARA-ZUME AGE

Preparación: 45 minutos
Cocción: 6 minutos
Para 4 personas

V SL SFS

- 200 g de okara (véase pág. 352)
- 2 cdas. de pasta de sésamo blanco
- 1 cda. de usukuchi shoyu (véase pág. 344)
- 1 cdta. de sal marina en escamas
- 2 pimientos verdes y rojos japoneses pequeños (piman, véase pág. 347) o 3 pimientos rojos y amarillos dulces (200 g)
- 4 cdas. de fécula de patata
- Aceite neutro, como el de colza, cacahuete o cártamo, para freír
- 75 g de harina común sin blanquear

La pulpa de soja (*okara*), un subproducto de la elaboración de la leche de soja, es el ingrediente más saludable y económico que existe. Se utiliza para aportar textura, volumen y sabor a los platos de verduras en el medio rural o los templos.

-

En un bol, mezcle la *okara*, la pasta de sésamo, la *usukuchi shoyu* y la sal.

Corte los pimientos por la mitad a lo largo y retire el tallo, las semillas y las venas. Pique finos los recortes que valgan y añádalos a la mezcla de *okara*. Aplaste la mezcla con las manos hasta formar una pasta.

Rellene las mitades de los pimientos con la pasta y rebócelos con la fécula de patata. Sacuda ligeramente el exceso.

En una sartén grande honda, caliente 3 cm de aceite a fuego medio hasta alcanzar los 170 °C. Para comprobar la temperatura, eche un poco de la pasta; debería hundirse en el fondo de la sartén y volver a subir enseguida, formándose burbujas.

En un bol, bata 180 ml de agua fría con la harina. Pase los pimientos por la masa hasta que estén bien rebozados e introdúzcalos en el aceite. Fríalos hasta que estén crujientes y dorados, unos 3 minutos por cada lado y déjelos escurrir un momento en una rejilla sobre una sartén. Sírvalos calientes, como un plato principal ligero, con unas verduras al lado.

えのきと揚げ出し豆腐

AGEDASHI TOFU CON ENOKI

ENOKI TO AGEDASHI-DOUFU

Preparación: 30 minutos,
más 1 hora para prensar el tofu
Cocción: 4 minutos
Para 4 personas

V SL SFS

- 300 g de tofu firme (momendofu, véase pág. 352) o tofu suave japonés
- 1¼ cdtas. de sal marina en escamas
- 10 judías verdes finas (25 g)
- Aceite neutro, como el de colza, cacahuete o cártamo, para freír
- 2 cdas. de fécula de patata
- 2 cdas. de harina de arroz integral (véase komeko, pág. 353)
- 400 ml de Kombu dashi (véase pág. 22)
- 2 cdas. de sake
- 2 cdtas. de usukuchi shoyu (véase pág. 344)
- 140 g de setas enoki sin la parte inferior y cortadas por la mitad a lo ancho

Las setas *enoki* aportan un maravilloso contraste al tofu frito y las judías verdes, un toque de color y un crujido brillantes. Aunque se sirve caliente, este plato es perfecto para cualquier menú de verano.

-

Coloque el tofu en una ensaladera. Ponga un plato encima para eliminar el exceso de agua durante 1 hora, teniendo cuidado de que no pese tanto que rompa el tofu. Córtelo en cuartos.

Llene tres cuartas partes de un cazo con agua, añada 1 cucharadita de sal y llévela a ebullición. Agregue las judías verdes y cuézalas durante 30 segundos. Sáquelas con un colador de malla y déjelas enfriar en el fregadero. Córteles las puntas y córtelas en diagonal en trozos de 2 cm.

En una sartén grande honda, caliente 3 cm de aceite a fuego medio hasta alcanzar los 180 °C. Para comprobar la temperatura, espolvoree un poco de harina; debería hundirse hasta la mitad del fondo de la sartén y volver a subir enseguida, formándose burbujas de tamaño mediano.

En un bol, bata la fécula de patata con la harina de arroz. Pase con cuidado cada cuarto de tofu por la mezcla para rebozarlo bien. Sacuda el exceso e introdúzcalos en el aceite. Fríalos 2 minutos, deles la vuelta y fríalos 1 minuto más. Sáquelos de uno en uno con una espumadera y escúrralos en una rejilla sobre una sartén para recoger las gotas que caigan.

En una cazuela, mezcle el *dashi* con el sake, la *usukuchi shoyu*, el ¼ de cucharadita de sal restante y las setas *enoki*. Llévelo todo a ebullición a fuego medio-alto.

Reparta las setas y el caldo entre cuatro boles. Añada un cuarto de tofu frito y coloque las judías verdes en un montoncito encima. Sírvalo caliente.

AGEDASHI TOFU CON ENOKI

揚げワンタン

TRIANGULITOS DE TOFU FRITOS

AGE WANTAN

Preparación: 45 minutos, más 1 hora para prensar el tofu
Cocción: 5 minutos
Para 16 triángulos

V SL SFS

- 75 g de tofu firme (momendofu, véase pág. 352) o tofu suave japonés
- ⅛ de cdta. de sal marina en escamas
- 1 hoja grande de col china picada fina (60 g)
- 1 seta shiitake deshidratada, remojada en agua templada 30 minutos
- 1 «ciruela» salada encurtida (umeboshi, véase pág. 350) picada en una pasta
- 2 hojas grandes de shiso verde picadas finas
- 16 láminas de wonton
- Aceite neutro, como el de colza, cacahuete o cártamo, para freír
- Unas pizcas de harina, para comprobar la temperatura del aceite

Las *umeboshi* y el *shiso* aportan a esta receta un delicioso sabor. Sírvalos calientes, como aperitivo o como parte de una comida.

-

Coloque el tofu en una ensaladera y ponga un plato encima para eliminar el exceso de agua durante 1 hora. Estrújelo sobre el fregadero y póngalo en un bol.

Frote la col con la sal en un bol y déjela reposar 10 minutos. Estrújela fuerte para extraer todo el líquido posible y póngala en el bol con el tofu.

Saque el *shiitake* del líquido de remojo. Píquelo fino y añádalo al bol. Incorpore las *umeboshi* y el *shiso* y remuévalo bien con la mano. Forme 16 bolas y colóquelas sobre papel vegetal.

Coloque una pila de láminas de *wonton* y un bol de agua al lado. De una en una, tome una lámina con la mano no dominante de forma que una de las puntas mire hacia usted, como si fuera un diamante. Coloque una bola en el centro, justo por encima de la línea central del diamante, y sumerja un dedo en el agua. Humedezca los dos lados del diamante en los que se encuentra el relleno. Doble la lámina sobre el relleno y junte los lados para formar un triángulo. Séllelo bien.

En una sartén grande honda, caliente 3 cm de aceite a fuego medio hasta alcanzar los 170 °C. Para comprobar la temperatura, espolvoree un poco de harina; debería hundirse en el fondo de la sartén y volver a subir enseguida, formándose burbujas.

En dos tandas, fría los triángulos hasta que estén ligeramente dorados, unos 30 segundos por cada lado. Déjelos escurrir un momento en una rejilla sobre una sartén para recoger las gotas que caigan y sírvalos.

青しそのチーズ巻き

ROLLITOS DE SHISO VERDE RELLENOS DE «QUESO»

AOSHISO NO CHI-ZU MAKI

Preparación: 30 minutos
Cocción: 1 minuto
Para 12 rollitos

V SL <5

- 12 láminas de gyoza
- 12 hojas de shiso verde sin los tallos
- 100 g de «queso» vegano para fundir (similar a la mozzarella)
- Aceite neutro, como el de colza, cacahuete o cártamo, para freír
- Unas pizcas de harina, para comprobar la temperatura del aceite

Comer queso es una costumbre relativamente reciente en Japón, así que aquí la opción vegana funciona muy bien, sobre todo si es a base de leche de soja. El resultado es crujiente y cremoso.

-

Coloque las láminas de *gyoza* en una superficie o en una bandeja de horno. Fórrelas con una hoja de *shiso* (la parte exterior de la hoja debe tocar la lámina). Corte el «queso» en bastoncitos de 5 mm. Coloque 2 bastoncitos en el centro de cada hoja de *shiso* y enróllelas bien.

En una sartén grande honda, caliente 3 cm de aceite a fuego medio hasta alcanzar los 170 °C. Para comprobar la temperatura, espolvoree un poco de harina; debería hundirse en el fondo de la sartén y volver a subir enseguida, formándose burbujas.

Introduzca los rollitos en el aceite y fríalos durante 1 minuto. Retírelos y déjelos escurrir en una rejilla sobre una sartén para recoger las gotas que caigan. Sírvalos calientes en platos forrados con un trozo doblado de papel secante para tempura.

TRIANGULITOS DE TOFU FRITOS; ROLLITOS DE SHISO VERDE RELLENOS DE «QUESO»; BROTES DE SOJA FRITOS (PÁG. 140)

もやしのゆば包み

BROTES DE SOJA FRITOS ENVUELTOS EN YUBA

MOYASHI NO YUBA-ZUTSUMI

Preparación: 25 minutos
Cocción: 5 minutos
Para 8 rollitos

V SL SG SFS

- 4 hojas de yuba seca (25 g)
- 1 pizca de bicarbonato de sodio
- 2 cdtas. de aceite de sésamo sin tostar
- 200 g de brotes de soja verde (moyashi, véase pág. 349), sin la raíz
- 1 cdta. de mostaza amarilla en polvo (karashi, véase pág. 351) disuelta en ½ cdta. de agua templada
- 4 cdas. de miso blanco
- Aceite neutro, como el de colza, cacahuete o cártamo, para freír
- Unas pizcas de harina, para comprobar la temperatura del aceite

La *yuba* es la piel que se forma en la superficie de la leche de soja cuando se calienta para hacer tofu. Mientras que fresca puede ser un poco difícil de encontrar fuera de Japón, seca la encontrará sin problemas. Busque en tiendas de alimentación japonesas o asiáticas, o en Internet. Estos fritos salen a la mesa ardiendo, así que es mejor darles un minuto o dos para que se enfríen. Son estupendos como aperitivo. Puede retirar las raíces o no, pero si lo hace mejorará su textura.

-

En un bol, mezcle la *yuba* con el bicarbonato de sodio y añada agua caliente hasta cubrirla bien. Déjela en remojo 5 minutos, escúrrala y séquela con un paño de cocina. Corte cada trozo por la mitad a lo ancho. Coloque las piezas rectangulares en una bandeja de horno, con uno de los lados cortos hacia usted.

Caliente el aceite de sésamo en una sartén a fuego medio-alto. Añada los brotes de soja y saltéelos durante 1 minuto para que se hagan ligeramente. Póngalos en un bol.

Mezcle la pasta de mostaza con el *miso* y échela en el bol con los brotes de soja. Remuévalos bien.

Ponga una línea gruesa de brotes de soja en la parte inferior de cada trozo de *yuba* de forma horizontal y enróllelos fuerte como los rollitos de primavera (no doble los extremos, es un rollo recto). Una vez enrollados, fríalos lo antes posible.

En una sartén grande honda, caliente 3 cm de aceite a fuego medio hasta alcanzar los 170 °C. Para comprobar la temperatura, espolvoree un poco de harina; debería hundirse en el fondo de la sartén y volver a subir enseguida, formándose burbujas de tamaño mediano.

Eche los rollitos en el aceite y fríalos, dándoles la vuelta con frecuencia, hasta que estén dorados y crujientes, unos 2 minutos. Déjelos escurrir 1 o 2 minutos en una rejilla sobre una sartén para recoger las gotas que caigan.

納豆の包み揚げ

TRIANGULITOS DE NATTO Y SHISO

NATTOU NO TSUTSUMI-AGE

Preparación: 20 minutos
Cocción: 1 minuto
Para 8 triángulos

V SL SFS <30

- 85 g de natto
- 4 hojas pequeñas de shiso verde picadas finas
- 2 cdtas. de shoyu
- 8 láminas de wonton
- ¼ de cdta. de mostaza amarilla en polvo (karashi, véase pág. 351)
- 1 cdta. de shoyu
- Aceite neutro, como el de colza, cacahuete o cártamo, para freír

Hice una receta similar de *The Heart of Zen Cuisine* cuando estuve por primera vez en Japón (*natto* envuelto en *shiso* y *nori* y frito) y me enamoré del *natto*. Este método pertenece a mi gran amiga y monja zen Harumi Kawaguchi.

-

Pique fino el *natto* con un cuchillo afilado. Páselo a un bol y mézclelo con el *shiso* picado y 1 cucharadita de *shoyu*. Prepare 8 montoncitos de *natto* en un plato para asegurarse de que el relleno se reparte de manera uniforme.

Coloque una pila de láminas de *fina* y un bol de agua al lado. De una en una, tome una lámina con la mano no dominante de forma que una de las puntas mire hacia usted, como si fuera un diamante. Coloque el *natto* dentro, justo por encima de la línea central del diamante, y sumerja un dedo en el agua. Humedezca los dos lados del «diamante» en los que se encuentra el relleno. Doble la lámina sobre el relleno y junte los lados para formar un triángulo. Selle bien los bordes, teniendo cuidado de no tocar el *natto*.

Prepare *karashijoyu* (*shoyu* de mostaza): en un bol, mezcle ⅛ de cucharadita de agua templada con la mostaza y déjelo durante 10 minutos para que potencie su sabor. Incorpore el *shoyu* y resérvelo. (Si el *natto* viene con dosis individuales de *shoyu* y mostaza de calidad, podría utilizarlos.)

En una sartén grande honda, caliente 3 cm de aceite a fuego medio (el aceite no debe estar demasiado caliente porque las láminas de *wonton* se doran rápido; debería simplemente empezar a humear). Fría los triángulos de *natto* 30 segundos, deles la vuelta y fríalos hasta que estén ligeramente dorados por ambos lados, unos 30 segundos más. Retírelos y déjelos escurrir en una rejilla sobre una sartén para recoger las gotas que caigan.

Sírvalos calientes con un platito de *karashijoyu* por persona. Sumerja una esquina en la salsa antes de comerlos. Están deliciosos con una cerveza fría.

みょうが天

TEMPURA DE MYOGA

MYOUGA TEN

Preparación: 10 minutos
Cocción: 2 minutos
Para 4 personas, como aperitivo

V · SL · SFS · <5 · <30

- Aceite neutro, como el de colza, cacahuete o cártamo, para freír
- 6 myogas medianas (85 g) cortadas por la mitad a lo largo
- ¼ de la receta de Masa de tempura (véase pág. 26)
- 1 pizca de sal marina fina

Myoga se traduce a menudo, erróneamente, como «jengibre japonés». Aunque se parecen, la *myoga* es una planta perenne que crece en las zonas sombreadas del jardín. El jengibre, en cambio, es anual (ya que se recolecta toda la raíz) y necesita sol directo, por lo que se cultiva en los campos. La *myoga* asoma desde el suelo, alrededor de la base de la planta, a partir de principios del verano. Sus brotes de color rosado tienen un delicioso sabor terroso, ligeramente picante, y un agradable crujido. En tempura, es muy refrescante.

-

En una sartén grande honda, caliente 3 cm de aceite a fuego medio hasta alcanzar los 170 °C. Para comprobar la temperatura, eche un poco de la masa de tempura; debería hundirse en el fondo de la sartén y volver a subir enseguida, formándose burbujas de tamaño mediano.

Sumerja las mitades de *myoga* en la masa, sacúdalas e introdúzcalas en el aceite. Fríalas, dándoles la vuelta, hasta que se doren ligeramente en algunos puntos, de 60 a 90 segundos. No las dore demasiado. Sáquelas del aceite, sacuda el exceso y déjelas escurrir un momento en una rejilla sobre una sartén para recoger las gotas que caigan.

Sálelas y sirva tres mitades por persona en platitos individuales forrados con un trozo de papel secante doblado.

梅干しの薄衣揚げ

UMEBOSHI LIGERAMENTE FRITAS

UMEBOSHI NO USUGOROMO-AGE

Preparación: 15 minutos, más 2-3 horas en remojo
Cocción: 1 minuto
Para 4 personas, como aperitivo

V · SL · SFS · <5

- 4 «ciruelas» saladas encurtidas (umeboshi, véase pág. 350)
- 2 cdas. de agua con gas fría
- 2 cdas. de harina para repostería sin blanquear
- Aceite neutro, como el de colza, cacahuete o cártamo, para freír

Las *umeboshi* rebozadas y fritas resultan deliciosamente picantes y son perfectas para limpiar el paladar. Evite las que lleven GMS.

-

Haga un orificio pequeño en el extremo del tallo de cada *umeboshi* y déjelas en remojo en un bol 2 o 3 horas para eliminar la sal. Sáquelas del agua y séquelas.

En otro bol, mezcle el agua con gas con la harina.

En una sartén pequeña honda, caliente 3 cm de aceite a fuego medio hasta alcanzar los 170 °C. Para comprobar la temperatura, eche un poco de la masa de tempura; debería hundirse en el fondo de la sartén y volver a subir enseguida, formándose burbujas de tamaño mediano.

Remueva la masa de tempura y eche las *umeboshi*. Sáquelas, de una en una, sacuda el exceso de masa y sumérjalas en el aceite. Fríalas hasta que se doren y estén crujientes, unos 20 segundos por cada lado. Déjelas escurrir en una rejilla sobre una sartén para recoger las gotas que caigan, y sírvalas de inmediato.

うどの穂の天ぷら

TEMPURA DE PUNTAS DE UDO

UDO NO HO NO TENPURA

Preparación: 10 minutos
Cocción: 8 minutos
Para 4 personas

V SL SFS <5 <30

- Aceite neutro, como el de colza, cártamo o cacahuete, para freír
- 2 puñados (115 g) de puntas de udo (véase pág. 346)
- ¼ de la receta de Masa de tempura (véase pág. 26)
- ¼ de cdta. de sal marina en escamas

En primavera, los tallos de *udo* se suelen cortar en láminas finas, rebozar y freír. Pueden resultar un poco difíciles de comer, a menos que se los acerque a la boca de lado, ya que la fibra va en sentido longitudinal. Las puntas no presentan este problema; además, se fríen muy bien.

-

En una sartén grande honda, caliente 3 cm de aceite a fuego medio hasta alcanzar los 170 °C. Para comprobar la temperatura, eche un poco de la masa de tempura; debería hundirse en el fondo de la sartén y volver a subir enseguida, formándose burbujas de tamaño mediano.

Realice unos cortes en forma de cruz en la parte inferior de las puntas de *udo* y sumérjalas en la masa. Remuévalas, sacuda el exceso de masa e introdúzcalas en el aceite caliente. Fríalas hasta que estén ligeramente doradas y crujientes y las burbujas casi hayan desaparecido, de unos 6 a 8 minutos. Retírelas y déjelas escurrir en una rejilla sobre una sartén para recoger las gotas que caigan. Sálelas.

Sírvalas calientes antes de las comidas con un vasito de sake.

紅生姜天

TEMPURA DE JENGIBRE ROJO

BENISHOGA TEN

Preparación: 15 minutos
Cocción: 10 minutos
Para 4 personas

V SL SFS <30

- 1 trozo pequeño de ñame japonés raspado y pelado
- 150 g de harina de repostería sin blanquear
- ½ cdta. de sal marina fina
- 100 g de jengibre rojo encurtido (benishoga, véase pág. 350) escurrido
- 7 partes de aceite de colza
- 3 partes de cdas. de aceite de sésamo tostado oscuro

El jengibre rojo encurtido (*benishoga*) suele contener colorante rojo. Procure encontrar una versión natural (yo compro el de la marca Ohsawa). Esta receta es adictiva, sobre todo acompañada de una cerveza. El *benishoga* se envasa con *umesu* (véase pág. 345), así que guarde este último para otros platos.

-

Con un rallador metálico (*oroshigane*, véase pág. 354), ralle fino el ñame japonés hasta que esté viscoso y tenga 2 cucharadas.

Coloque la harina en un bol. Añada 125 ml de agua, el ñame rallado y la sal, y remueva para obtener una pasta fina. Añada el *benishoga* escurrido.

En una sartén grande honda, caliente 3 cm de aceite hasta alcanzar los 180 °C. Para comprobar la temperatura, eche un poco de la masa; debería hundirse en el fondo de la sartén y subir enseguida a la superficie, formándose bastantes burbujas de tamaño mediano.

Eche porciones de masa del tamaño de una cuchara y fríalas, dándoles la vuelta, hasta que estén doradas y bien hechas, unos 7 minutos. Déjelas escurrir en una rejilla metálica sobre una sartén para recoger las gotas que caigan. Sirva la tempura caliente.

揚げオクラとトマトのマリネ

OCRA FRITA CON TOMATE

AGE-OKURA TO TOMATO NO MARINE

Preparación: 45 minutos,
más el tiempo para enfriar y refrigerar
Cocción: 5 minutos
Para 4 personas

V SL SG SFS

- 5 tomates medianos (de 150 g cada uno)
- 2 cdas. de vinagre de sidra
- 1 cda. de aceite de oliva
- 5 alcaparras grandes picadas finas
- 2 aceitunas verdes japonesas pequeñas, o picholine, deshuesadas y picadas finas
- 1 cda. de salmuera de aceitunas (del bote de las aceitunas)
- 1 hoja de shiso verde picada fina
- 1 cdta. de sal marina en escamas
- Aceite neutro, como el de colza, cacahuete o cártamo, para freír
- 200 g de ocra, sin la parte marrón
- 1 cda. de fécula de patata

En verano, la cosecha de ocra y de tomates es abundante, y son dos productos que combinan de maravilla. Esta salsa de tomate es muy ligera para equilibrar el aceite de la fritura.

-

Corte 2 de los tomates en dados finos y páselos a un bol. Incorpore el vinagre, el aceite de oliva, las alcaparras, las aceitunas, la salmuera de aceitunas y el *shiso*. Resérvelos en el frigorífico.

Corte los 3 tomates restantes en rodajas de 1 cm de grosor y aderécelos con ¼ de cucharadita de sal. Caliente una sartén de hierro fundido o una sartén antiadherente a fuego medio-alto. Coloque los tomates en la sartén en una sola capa y dórelos 2 minutos por cada lado para que se caramelicen. Forre un plato con capas superpuestas de tomate. Cuando se hayan enfriado, refrigérelos.

En una sartén grande honda, caliente 3 cm de aceite a fuego medio-bajo hasta que desprenda calor. La temperatura del aceite debería ser sensiblemente inferior a la temperatura normal de las frituras, unos 160 °C.

Coloque la ocra de manera horizontal mirando hacia usted en una tabla de cortar y esparza ½ cucharadita de sal. Hágala rodar por la sal con las palmas de las manos para romper un poco las fibras (*itazuri*). Retire la sal y la humedad con papel de cocina, elimine las puntas y corte la ocra por la mitad a lo largo. Espolvoréela ligeramente con la fécula de patata, sacúdala e introdúzcala en el aceite. Fríala, dándole la vuelta, durante 1 minuto. Déjela escurrir en una rejilla sobre una sartén para recoger las gotas que caigan. Una vez fría, refrigérela.

Disponga las rodajas de tomate en un lado de un plato hondo de manera que se superpongan ligeramente. Coloque las mitades de ocra de forma atractiva, aunque desordenada, en el centro del plato, o apílelas en el centro tocando las rodajas de tomate. Esparza el ¼ de cucharadita de sal restante. Vierta la salsa de tomate sobre la ocra colocada al azar, sin que la cubra del todo. Si lo prefiere, forme un montoncito de salsa de tomate y colóquelo sobre la base de la ocra, en el lado opuesto al tomate.

Sírvalo de acompañamiento durante las calurosas noches de verano.

OCRA FRITA CON TOMATE

里いも、そばがきとセロリの葉天

TEMPURA DE TARO, SOBA GAKI Y HOJAS DE APIO

SATO IMO, SOBA GAKI TO SERORI NO HA TEN

Preparación: 30 minutos
Cocción: 15 minutos
Para 4 personas

V SL SFS

- Agua de arroz o agua fría
- 8 raíces de taro muy pequeñas (de 25 g cada una) peladas
- 120 g de harina de soba (sobako, véase pág. 353) o harina de trigo sarraceno «ligera» francesa
- 185 ml de agua hirviendo
- 2 cdas. de shiratamako (véase pág. 353)
- 80 g de harina común tamizada sin blanquear
- Aceite neutro, como el de colza, cacahuete o cártamo, para freír
- 4 trozos grandes de apio (tallos finos con muchas hojas) de 9 cm de largo
- ½ cdta. de sal marina en escamas, para servir

Al abordar la tempura, es importante pensar en las texturas y los perfiles de sabor de los ingredientes. Y, por supuesto, en la estacionalidad. Esta combinación está muy bien equilibrada: desde la textura ligeramente viscosa, pero persistente, del taro hasta la suavidad del *soba gaki* y el delicioso amargor de las hojas de apio. La masa aporta a cada vegetal un crujido etéreo que realza su textura. Si cuece el taro (o el *daikon*) en agua de arroz, suavizará su amargor natural y conservará su carne blanca. Si no tiene, utilice simplemente agua fría.

-

Llene una cazuela con agua de arroz o agua fría y añada el taro. Llévelo a ebullición a fuego medio-alto, deje que hierva suave y cuézalo hasta que pueda pincharlo hasta el centro con una brocheta de bambú, de 3 a 5 minutos. Déjelo escurrir y resérvelo para que se seque.

Llene un recipiente para baño maría (preferentemente redondo) con agua hasta la mitad y llévela a ebullición a fuego vivo. Añada la harina de *soba* en la parte superior del recipiente y remuévala constantemente con una cuchara de madera hasta que esté «cocida» y caliente, unos 5 minutos.

Retire la parte superior del recipiente, colóquela sobre una superficie de trabajo y añada el agua hirviendo de una sola vez. Remueva enérgicamente la mezcla con la cuchara de madera, aplastándola y batiéndola hasta que esté muy fina. Forme de inmediato 12 bolitas (*soba gaki*).

En un bol, bata 325 ml de agua fría con el *shiratamako* hasta que esté fino. Añada rápidamente la harina y bátala hasta que se incorpore, sin batirla demasiado.

En una sartén grande honda, caliente 3 cm de aceite a fuego medio hasta alcanzar los 170 °C. Para comprobar la temperatura, eche un poco de la masa de tempura; debería hundirse en el fondo de la sartén y volver a subir enseguida, formándose burbujas de tamaño mediano.

Sumerja las puntas de apio en la masa, sacúdalas e introdúzcalas en el aceite. Fríalas, dándoles la vuelta, hasta que estén ligeramente doradas, unos 60 segundos. Déjelas escurrir en una rejilla sobre una sartén para recoger las gotas que caigan. Pase el taro por la masa, sacúdalo y fríalo 90 segundos, dándole la vuelta para que se dore de manera uniforme. Déjelo escurrir en la rejilla con el apio. Pase el *soba gaki* por la masa hasta que se reboce de manera uniforme e introdúzcalo en el aceite. Fríalo hasta que se dore ligeramente, unos 60 segundos. Déjelo escurrir un momento.

Forre un plato con un trozo de papel secante para tempura doblado y disponga el taro, el *soba gaki* y las puntas de apio de forma atractiva. Disponga la sal en un pequeño montículo en una esquina del plato y sírvalo bien caliente.

TEMPURA DE TARO, SOBA GAKI Y HOJAS DE APIO

舞茸天

TEMPURA DE SETAS MAITAKE

MAITAKE TEN

Preparación: 15 minutos
Cocción: 10 minutos
Para 4 personas

V SL SFS <30

- Aceite de sésamo sin tostar, para freír
- 2 cdas. de aceite de sésamo tostado oscuro
- 200 ml de sake
- 2 cdtas. de sal marina fina
- 100 g de harina de repostería o para fideos udon sin blanquear
- 1 racimo grande de setas maitake (150 g) en 4 trozos
- ½ cdta. de sal marina en escamas

Las setas *maitake* son perfectas para las tempuras sin huevo de estilo budista. Fragantes y blandas, al rebozarlas quedan ligeras y crujientes. Mientras que un toque de sal marina puede ser el mejor condimento para la tempura de setas *maitake*, con *Tentsuyu* (véase pág. 26), su sabor es un poco más suave.

-

En una sartén grande honda, caliente 3 cm de aceite de sésamo sin tostar y el aceite de sésamo tostado oscuro a fuego lento, vigilándolo bien.

En un bol, mezcle el sake y ½ cucharadita de sal fina con la harina, pero no lo bata demasiado.

En otro bol, disuelva las 1½ cucharaditas de sal fina restantes en 250 ml de agua fría. Pase cada trozo de *maitake* por el agua salada, sacúdalo y sumérjalo en la masa.

Suba el fuego del aceite a medio-bajo y caliéntelo a unos 170 °C. Para comprobar la temperatura, eche un poco de la masa; debería hundirse en el fondo de la sartén y volver a subir enseguida, formándose burbujas.

Pase cada trozo de *maitake* por la masa, sacuda el exceso e introdúzcalo en el aceite. Fríalo, dándole la vuelta, hasta que el aceite hierva más suave y el *maitake* esté crujiente y un poco dorado, 2 o 3 minutos. Déjelo escurrir en una rejilla metálica sobre una sartén para recoger las gotas que caigan. Sírvalo caliente con la sal.

柿の天ぷら

TEMPURA DE CAQUI

KAKI NO TENPURA

Preparación: 15 minutos
Cocción: 3 minutos
Para 4 personas

V SL SFS <5 <30

- 1 caqui Fuyu firme (235 g) pelado
- 2 cdas. de sake
- 3 cdas. de harina de repostería sin blanquear
- Aceite neutro, como el de colza, cacahuete o cártamo, para freír

Los caquis Fuyu no son astringentes y pueden comerse crudos cuando están duros, por lo que aquí se fríen a una temperatura lo suficientemente alta para que la masa esté crujiente pero el caqui no se quede demasiado blando. Sírvalos calientes a mitad de una comida japonesa, con otros platos a temperatura ambiente.

-

Corte el caqui en 8 cuñas. Descorazone y bisele los bordes. En un bol, mezcle el sake y 2 cucharadas de agua con la harina. Pase los trozos de caqui por la masa.

En una sartén grande honda, caliente 3 cm de aceite a fuego medio hasta alcanzar los 180 °C. Para comprobar la temperatura, eche un poco de la masa; debería hundirse en el fondo de la sartén y subir enseguida a la superficie, formándose burbujas.

Tome un trozo de caqui con unos palillos (o con la mano), sacuda el exceso de masa e introdúzcalo en el aceite por el borde de la sartén, con cuidado de que el aceite no se salga. Fríalo hasta que se dore por todos los lados, 1 o 2 minutos. Déjelo escurrir en una rejilla sobre una sartén para recoger las gotas que caigan.

Sirva dos trozos por persona en platitos individuales.

TEMPURA DE CAQUI; TEMPURA DE SETAS MAITAKE

小松菜の信田巻き

SHINODA-MAKI DE KOMATSUNA

KOMATSUNA NO SHINODA-MAKI

Preparación: 25 minutos
Cocción: 6 minutos
Para 4 personas, como aperitivo

V SL SFS

- ½ manojo (100 g) de komatsuna (véase pág. 346) o pak choi
- 4 cdtas. de shoyu
- 2 saquitos de tofu frito (usuage, véase pág. 352)
- 2 cdas. de fécula de patata
- 2 cdas. de aceite de colza o sésamo sin tostar

Los saquitos de tofu frito (*usuage*) se pueden recalentar con aceite para que recuperen su toque crujiente. Con hojas de mostaza japonesa (*komatsuna*), el relleno está muy jugoso. Sírvalos calientes, si es posible, con una taza de té o una bebida, pero están igual de buenos a temperatura ambiente.

-

Llene una cazuela con agua y llévela a ebullición a fuego vivo. Introduzca los tallos de *komatsuna* (o *pak choi*) en el agua hirviendo 30 segundos, suéltelos, sumérjalos enteros y cuézalos otros 30 segundos. Sáquelos con un colador y refrésquelos bajo un chorro de agua fría. Estrújelos y colóquelos a lo ancho en una tabla de cortar, con los tallos alineados. Rocíelos con el *shoyu*, asegurándose de que se adhiere a la *komatsuna* y no se acumula sobre la tabla.

Corte el *usuage* por la mitad a lo ancho con un cuchillo afilado. Con el cuchillo, ábralo por los lados cortos para obtener rectángulos. Colóquelos en una segunda tabla de cortar, con la piel hacia abajo, y espolvoréelos por ambos lados con la fécula de patata. Sacuda el exceso. Dispóngalos con uno de los lados largos mirando hacia usted.

Corte los trozos de *komatsuna* a lo ancho del mismo tamaño que el *usuage* y ponga un tallo fino de *komatsuna* a 1 cm del borde inferior de cada trozo de *usuage*. Enróllelos muy fuerte.

Caliente el aceite en una sartén a fuego lento. Cuando desprenda calor, eche los rollitos y fríalos, dándoles vueltas hasta que se doren, durante 5 minutos, y estén crujientes. Córtelos por la mitad en diagonal y sírvalos.

れんこんと長いもの
柚子ごしょう揚げ

RAÍZ DE LOTO Y ÑAME JAPONÉS FRITOS CON YUZU KOSHO

RENKON TO NAGA-IMO NO YUZU GOSHOU-AGE

Preparación: 35 minutos
Cocción: 5 minutos
Para 4 personas

V SL SFS

- 1 trozo de raíz de loto de 6 cm (150 g)
- 10 cm de ñame japonés mediano (200 g) raspado
- 2 cdtas. de yuzu kosho verde o rojo (véase pág. 350)
- Harina común, para espolvorear
- Aceite neutro, como el de colza, cacahuete o cártamo, para freír
- Sal marina en escamas, para servir

Ligeramente aromatizados con *yuzu kosho*, salado, picante y con toques cítricos, estos fritos son irresistibles. Pueden freírse por separado o en grupos de dos o tres, según su tamaño.

-

Pele el loto y el ñame. Córtelos en trozos triangulares del tamaño de un bocado (*rangiri*, véase pág. 17) y páselos a un bol. Añada el *yuzu kosho* y remueva. Déjelo reposar 10 minutos.

Con papel de cocina, seque el líquido que se haya acumulado alrededor de los trozos en el bol. En otro bol, espolvoréelos con harina y sacúdalos.

En una sartén grande honda, caliente 3 cm de aceite a fuego medio hasta alcanzar los 170 °C. Para comprobar la temperatura, espolvoree un poco de harina; debería hundirse en el fondo de la sartén y volver a subir enseguida, formándose burbujas.

Introduzca los trozos enharinados en el aceite por el borde de la sartén con cuidado. Fríalos unos 4 minutos, deshaciendo los grumos grandes que se formen y dándoles la vuelta hasta que estén crujientes y se doren. Déjelos escurrir en una rejilla sobre una sartén, sálelos ligeramente y sírvalos.

SHINODA-MAKI DE KOMATSUNA

ポテトしんじょの豆乳碗

SHINJO DE PATATA EN DASHI DE LECHE DE SOJA

POTETO SHINJO NO TOUNYUU-WAN

Preparación: 45 minutos,
más 1 hora para prensar el tofu
Cocción: 25 minutos
Para 4 personas

V SL SFS

- 150 g de tofu firme (momendofu, véase pág. 352) o tofu suave japonés
- 1 patata mediana (150 g)
- Sal marina en escamas
- 4 rodajas (de 5 mm de grosor) de calabacín
- 4 hojas de shiso medianas picadas finas
- 1 lámina cuadrada de alga kombu de 5 cm en dados finos, que le haya sobrado al preparar el dashi de abajo
- 3 cdas. de fécula de patata
- Aceite neutro, como el de colza, cacahuete o cártamo, para freír
- 200 ml de Kombu dashi (véase pág. 22)
- 100 ml de leche de soja
- 4 cdtas. de usukuchi shoyu (véase pág. 344)
- 4 cdas. de sake
- 1 cdta. de wasabi recién rallado

La presentación de este plato, con el *wasabi* encima de la rodaja de calabacín, es preciosa. La leche de soja aporta cremosidad al *kombu dashi* y lo complementa perfectamente. Los últimos pasos son un poco complicados, pero aún así merece la pena hacer la receta. Prepárela y sírvala en una ocasión especial.

-

Coloque el tofu en una ensaladera y ponga un plato encima para eliminar el exceso de agua durante 1 hora.

Pele la patata, añádala a una cazuela con agua muy salada y llévela a ebullición. Cuézala hasta que está blanda, unos 20 minutos. Escúrrala y cháfela bien en un mortero japonés (*suribachi*, véase pág. 354). Déjela enfriar. Lleve a ebullición un cazo con agua y una pizca grande de sal y eche el calabacín. Sáquelo con una cuchara al cabo de 30 segundos y déjelo enfriar a temperatura ambiente.

Agregue el tofu, el *shiso*, el *kombu*, 1 cucharada de la fécula de patata y ¼ de cucharadita de sal a la patata y májelo bien. Forme 4 bolas (*shinjo*). Espolvoree con las 2 cucharadas restantes de fécula de patata.

En una sartén honda, caliente 3 cm de aceite a fuego medio hasta alcanzar los 180 °C. Para comprobar la temperatura, espolvoree un poco de fécula de patata; debería hundirse hasta la mitad del fondo de la sartén y volver a subir enseguida, formándose burbujas de tamaño mediano.

Sacuda el exceso de fécula de cada *shinjo* e introdúzcalos en el aceite. Fríalos, dándoles la vuelta, hasta que se doren por todos los lados, unos 8 minutos. Déjelos escurrir en una rejilla sobre una sartén para recoger las gotas que caigan.

En una cazuela, lleve el *dashi*, la leche de soja, la *usukuchi shoyu*, el sake y ¼ de cucharadita de sal casi a ebullición a fuego medio-alto (la leche de soja se cortará si hierve).

Reparta el caldo entre cuatro boles lacados. Ponga un *shinjo* en cada bol, coloque una rodaja de calabacín y un punto de *wasabi* encima. Sirva de inmediato este elegante primer plato.

SHINJO DE PATATA EN DASHI DE LECHE DE SOJA

根菜かき揚げ

KAKIAGE DE HORTALIZAS

KONSAI KAKIAGE

Preparación: 45 minutos
Cocción: 10 minutos
Para 4 personas

V SL

- ¼ de raíz de bardana (50 g) raspada
- ¼ de zanahoria mediana (50 g) pelada o raspada
- 1 lámina de alga kombu de 15 × 8 cm, que le haya sobrado al preparar dashi
- ½ receta de Masa de tempura (véase pág. 26)
- 3 cdas. de jengibre rojo encurtido en juliana (benishoga, véase pág. 350)
- Aceite neutro, como el de colza, cacahuete o cártamo, para freír
- Sal en escamas, para servir

Estas hortalizas de raíz en juliana con jengibre encurtido son irresistibles. Sirva estos fritos como aperitivo o como un entrante caliente.

-

Corte la bardana, la zanahoria y el *kombu* en juliana y sumérjalos en la masa de tempura junto con el *benishoga*, removiéndolos para que se rebocen bien.

En una sartén grande honda, caliente 3 cm de aceite a fuego medio hasta alcanzar los 180 °C. Para comprobar la temperatura, eche un poco de la masa; debería hundirse en el fondo de la sartén y subir enseguida a la superficie, formándose burbujas.

Vierta las hortalizas rebozadas en el aceite y fríalas 4 minutos. Deles la vuelta y fríalas 2 minutos por el otro lado. Vuelva a darles la vuelta y fríalas hasta que estén crujientes y doradas por fuera (por dentro no tienen que estar esponjosas), unos 2 minutos más. Empújelas hacia abajo en el aceite mientras se fríen y compruebe que hierven más despacio. Déjelas escurrir un momento en una rejilla sobre una sartén y sírvalas calientes con una o dos pizcas de sal.

根菜の皮のかき揚げ

KAKIAGE DE PIELES

KONSAI NO KAWA NO KAKIAGE

Preparación: 45 minutos
Cocción: 5 minutos
Para 4 personas

V SL SFS

- 1 trozo de bardana de 10 cm (50 g) raspada
- 2 puñados de pieles de hortalizas de raíz y tubérculos (zanahoria, udo y boniato), retiradas con un pelador de verduras
- 5 cdas. de harina de udon o de repostería sin blanquear
- 2 cdas. de shiratamako (véase pág. 353)
- Aceite neutro, como el de colza, cacahuete o cártamo, para freír
- 4 cuñas pequeñas de yuzu verde o limón, para servir
- ¼ de cdta. de sal marina en escamas, para servir

Preparar fritos con las pieles de las hortalizas de raíz y los tubérculos es una genialidad. ¡Y muy sencillo! Hágalos cuando prepare sopas o guisos. Asegúrese de dejar la piel de *udo* en remojo hasta que la vaya a manipular o se oxidará.

-

Corte la bardana en virutas mientras la va girando como si afilara un lápiz (*sasagaki*, véase pág. 17). Sumérjalas en agua fría. Corte las pieles de las hortalizas a lo ancho en trozos de 2 cm. Escurra la bardana y séquela. Mézclela con las pieles en un bol.

En otro bol, mezcle la harina de *udon* con el *shiratamako* y espolvoréelo encima de las pieles. Remuévalas con unos palillos para cocinar. Rocíelas con 100 ml de agua fría y remuévalas con cuidado para humedecer la harina.

En una sartén grande honda, caliente 3 cm de aceite a fuego medio hasta alcanzar los 170 °C. Para comprobar la temperatura, espolvoree un poco de harina; debería hundirse en el fondo de la sartén y volver a subir enseguida, formándose burbujas.

Con una cuchara redonda para servir, tome 4 cucharadas colmadas de pieles rebozadas y échelas en el aceite de una en una por el borde de la sartén. Fríalas 1 minuto, deles la vuelta y fríalas otro minuto más antes de darles la vuelta y freírlas hasta que estén crujientes y doradas por ambos lados, 1½ minutos más. Déjelas escurrir en una rejilla sobre una sartén para recoger las gotas que caigan.

Coloque el *kakiage* en platitos forrados con un trozo de papel secante doblado. Sírvalo caliente con una cuña de *yuzu* o de limón y un montoncito de sal.

KAKIAGE DE PIELES

長芋とにんじんの信田巻き

ROLLITOS DE ZANAHORIA Y ÑAME

NAGA-IMO TO NINJIN NO SHINODA-MAKI

Preparación: 30 minutos
Cocción: 10 minutos
Para 6-8 rollitos

V SL SG SFS

- 6-8 tallos gruesos de mitsuba (véase pág. 346)
- Agua hirviendo
- 50 g de ñame japonés raspado y pelado, cortado por la mitad a lo largo
- 50 g de zanahoria pelada
- ½ cdta. de sal marina en escamas
- 2 saquitos de tofu frito (usuage, véase pág. 352)
- 2 cdas. de fécula de patata
- 4-6 cdas. de Miso de yuzu (véase pág. 29)
- 2 cdas. de aceite de sésamo sin tostar o de colza

El *miso* de *yuzu*, cremoso y cítrico, resalta el crujiente del ñame y el dulzor de la zanahoria de estos deliciosos rollitos. Y la aromática *mitsuba* les aporta una nota brillante y refrescante. Sírvalos antes de las comidas o como parte de una comida. Haga más si tiene muchos invitados, pero cuide con las cantidades. En función del tamaño del *usuage*, obtendrá de 6 a 8 rollitos.

-

Escurra la *mitsuba* en un colador de malla y vierta agua hirviendo por encima 10 segundos. Lávela bajo un chorro de agua fría y séquela.

Corte el ñame y la zanahoria en bastoncitos de 1 cm de grosor. Frote la zanahoria con la sal. Lleve a ebullición una cazuela con agua a fuego vivo. Cueza la zanahoria 5 minutos, sáquela en un colador de malla y refrésquela bajo un chorro de agua fría.

Abra los dos lados cortos y uno de los largos del *usuage* con un cuchillo afilado para formar un rectángulo plano. Espolvoree el interior de ambos *usuages* con la fécula y sacuda el exceso.

Colóquelos en una tabla de cortar con uno de los lados largos mirando hacia usted y unte el tercio central con el *miso*. Disponga una línea de bastoncitos de zanahoria y ñame encima, alternando los colores (¡si puede!). Enróllelos muy fuerte en forma de cilindro sin dejar huecos.

Caliente el aceite en una sartén a fuego medio-bajo. Colóquelos, con el doble hacia abajo, en la sartén y fríalos, dándoles la vuelta con cuidado con unos palillos para cocinar (*saibashi*, véase pág. 354) o unas pinzas, hasta que se doren de manera uniforme, unos 5 minutos.

Póngalos en una tabla de cortar y deje que se enfríen antes de cortarlos a lo ancho en 3 o 4 rodajas gruesas, según el tamaño del *usuage*. Ate cada rollito con la *mitsuba* y sírvalos.

ごぼうのスティック揚げ

PALITOS DE BARDANA FRITOS

GOBOU NO SUTIKKU-AGE

Preparación: 20 minutos
Cocción: 15 minutos
Para 4 personas

V SL SFS <5

- ½ raíz de bardana pequeña (75 g)
- Aceite neutro, como el de colza, cacahuete o cártamo, para freír
- 1 cda. de semillas de sésamo negro
- ¼ de la receta de Masa de tempura (véase pág. 26)
- Sal marina en escamas, para servir

El sésamo negro contrasta con el marrón de la raíz de bardana en este aperitivo, rico en fibra.

-

Frote la bardana con un cepillo de fibra natural (*tawashi*). Séquela y córtela en bastoncitos de 7,5 cm de largo y 5 mm de grosor.

En una sartén grande honda, caliente 3 cm de aceite a fuego medio hasta alcanzar los 170 °C. Para comprobar la temperatura, eche un poco de la masa; debería hundirse en el fondo de la sartén y volver a subir enseguida, formándose burbujas.

En un bol, mezcle el sésamo con la masa de tempura. Añada los bastoncitos de bardana y rebócelos. Introdúzcalos en el aceite de uno en uno. Fríalos, dándoles la vuelta, hasta que el aceite hierva suave y se hayan dorado (3 minutos si los quiere al dente o 5 minutos para que se hagan bien). Déjelos escurrir en una rejilla sobre una sartén. Espolvoréelos ligeramente con la sal y sírvalos calientes.

ROLLITOS DE ZANAHORIA Y ÑAME

大根揚げびたし

DAIKON FRITO CON CALDO

DAIKON AGE-BITASHI

Preparación: 20 minutos
Cocción: 20 minutos
Para 4 personas

V SL SFS

- 400 ml de Kombu dashi (véase pág. 22)
- 3 cdas. de sake
- 2 cdtas. de usukuchi shoyu (véase pág. 344)
- ½ cdta. de sal marina fina
- Aceite neutro, como el de colza, cacahuete o cártamo, para freír
- ½ daikon pequeño (500 g)
- 2 cdas. de harina de arroz integral (véase pág. 353), para espolvorear
- 1 cdta. de piel de yuzu o de limón Meyer en juliana fina
- 2 tallos de mizuna cortados a lo ancho en trozos de 5 cm, para servir
- 2 cdas. de daikon rallado, para servir

La fritura sella las verduras y permite que el interior se haga hasta que se derrita. Al cocerlas después, nos quedaremos sin parte del aceite, pero les aportaremos jugosidad.

-

Coloque el *dashi*, el sake, la *usukuchi shoyu* y la sal en una cazuela y llévelos a ebullición a fuego medio. Retírelos del fuego, tápelos y resérvelos.

En una sartén grande honda, caliente 3 cm de aceite a fuego medio-bajo a 160 °C.

Corte el *daikon* a lo ancho en rodajas de 1 cm de grosor. Pélelo y bisele los bordes. Espolvoréelo con la harina, sacúdalo e introdúzcalo en el aceite por tandas, con cuidado de que el aceite no se salga. Fríalo hasta que se dore por ambos lados, unos 2 segundos por cada uno. Déjelo escurrir en una rejilla sobre una sartén para recoger las gotas que caigan. Retire el exceso de aceite con papel de cocina.

Añada el *daikon* frito al *dashi*, vuelva a llevarlo a ebullición a fuego medio, ajuste a fuego medio-bajo y cuézalo 10 minutos.

Disponga 2 rodajas de *daikon* en cada plato, superpuestas, con 1 cucharada del líquido de cocción. Ponga la *mizuna* al lado. Coloque un montoncito de *daikon* rallado encima de una de las rodajas de *daikon* y corónelo con un poco de *yuzu*. Sírvalo caliente o a temperatura ambiente, como primer plato.

柚子のフリッター

BUÑUELOS DE YUZU

YUZU NO FURITTA-

Preparación: 30 minutos
Cocción: 10 minutos
Para 4 personas

V SL SFS

- 1 trozo de daikon de 5 cm (75 g) pelado
- 2 yuzus medianos o limones Meyer pequeños
- 5 cdas. de sake
- 75 g de harina de repostería sin blanquear
- 1 cda. de semillas de sésamo negro
- Aceite neutro, como el de colza, cacahuete o cártamo, para freír
- ½ cucharada de shoyu, para servir

Prepare estas rodajas de *yuzu* frito en pleno invierno, cuando aún está jugoso. El *daikon* rallado, ligeramente picante, combina de maravilla con el *yuzu* frito y resulta perfecto como aperitivo o a mitad de una comida.

-

Ralle el *daikon* en un colador forrado con una muselina. Corte los extremos del *yuzu* y exprima el zumo en un bol. Córtelo a lo ancho en rodajas de 5 mm de grosor. Retire las semillas con un palillo o una brocheta de bambú.

En un bol, mezcle el sake y 3 cucharadas de agua fría con la harina. Añada el sésamo y bátalo hasta obtener una masa fina.

En una sartén grande honda, caliente 3 cm de aceite a fuego medio hasta alcanzar los 170 °C.

Para comprobar la temperatura, eche un poco de la masa; debería hundirse en el fondo de la sartén y volver a subir enseguida, formándose burbujas.

Pase el *yuzu* por la masa. Fría los buñuelos, por tandas, hasta que estén dorados, 2 o 3 minutos. Déjelos escurrir un momento en una rejilla sobre una sartén.

Forre cuatro platos con un trozo de papel secante doblado y coloque unas cuantas rodajas encima. Estruje el *daikon* rallado con suavidad y colóquelo en un montoncito junto al *yuzu*. Rocíelo con el zumo de *yuzu* y el *shoyu*, y sírvalo caliente.

DAIKON FRITO CON CALDO

揚げ餅椀

MOCHI FRITO CON CALDO

AGE MOCHI WAN

Preparación: 15 minutos
Cocción: 10 minutos
Para 4 personas

V SL SFS <30

- 3 cdas. de daikon pelado y rallado fino
- 2 hojas de shiso verde picadas finas
- 400 ml de Kombu dashi (véase pág. 22)
- 2 cdas. de sake
- 2 cdtas. de usukuchi shoyu (véase pág. 344)
- ¼ de cdta. de sal marina en escamas
- 1 nabo mediano en 4 rodajas finas
- Aceite neutro, como el de colza, cacahuete o cártamo, para freír
- 4 trozos de mochi de arroz blanco o integral deshidratado

Si puede, sírvalo en un bol lacado con tapa (*o-wan*, véase pág. 354) para conseguir un efecto completo. Este elegante plato debería servirse a mitad de la comida para satisfacer el hambre y calmar el alma. La mezcla de texturas y sabores (con el suave *dashi*, el crujiente y pegajoso *mochi*, el picante *daikon* rallado y el aromático *shiso*) es extraordinaria. Las rodajas de nabo sirven, estratégicamente, para que el *daikon* rallado no se resbale hasta el *dashi* antes de servirlo.

-

En un bol, mezcle el *daikon* con el *shiso*. Resérvelo.

En un cazo, ponga el *dashi*, el sake, la *usukuchi shoyu* y la sal y llévelo a ebullición a fuego vivo. Retírelo del fuego, introduzca el nabo y deje que se «cueza» 2 minutos. Sáquelo con una espumadera y déjelo escurrir en un colador de malla sobre un bol para recoger las gotas que caigan. Vuelva a poner el *dashi* en el fuego a temperatura muy baja para mantenerlo caliente.

En una sartén honda, caliente 3 cm de aceite hasta que note que desprende calor, a 160 °C, sensiblemente inferior a la temperatura normal de las frituras.

Introduzca el *mochi* y, mientras se hincha, tenga cuidado de despegarlo del fondo de la sartén, pues de lo contrario se deformará. Fríalo 3 minutos por un lado, dele la vuelta, y fríalo 1 minuto por el otro, vuelva a darle la vuelta y hágalo otro minuto más por el primer lado. Sáquelo del aceite y escúrralo en una rejilla sobre una sartén para recoger las gotas que caigan.

Coloque un *mochi* en cada bol lacado con tapa (*o-wan*, véase pág. 354). Ponga una rodaja de nabo encima y un montoncito de la mezcla de *daikon* y *shiso* en el centro. Vierta el caldo alrededor del *mochi*, tape los boles y sírvalos.

MOCHI FRITO CON CALDO

青のり揚げ

KOYADOFU FRITO CON NORI VERDE

AONORI-AGE

Preparación: 30 minutos
Cocción: 15 minutos
Para 12 bolitas

V SL SFS

- 250 ml de Kombu dashi (véase pág. 22)
- 1 cda. de shoyu
- ½ cda. de hon mirin
- ¼ de cdta. de sal marina fina
- 4 Koyadofus rehidratados (véase pág. 36) en cuartos
- 125 ml de ñame japonés rallado fino
- 75 g de panko
- 4 cdas. de nori verde (aonori, véase pág. 349)
- Aceite neutro, como el de colza, cacahuete o cártamo, para freír
- Sal marina en escamas, para servir

La primera vez que comí *nori* verde fue en un *mochi* fresco. Me encantó cómo perfumaba el arroz. Lo tomé con *daikon* rallado y salsa de soja, y fue lo mejor que había probado hasta entonces en Japón.

-

En una cazuela, lleve el *dashi*, el *shoyu*, el *mirin* y la sal a ebullición a fuego medio-alto. Introduzca el *koyadofu*, ajuste el fuego y cuézalo 5 minutos. Sáquelo con una espumadera y escúrralo en un colador de malla. Cuando esté lo suficientemente frío para manipularlo, estruje cada trozo con suavidad con la mano para eliminar el líquido de cocción. Trocéelo, dejándolo caer en un bol con el ñame. Añada el *panko* y el *nori* verde y forme 12 bolitas del tamaño de una pelota de golf.

En una sartén grande honda, caliente 3 cm de aceite a fuego medio hasta alcanzar los 170 °C. Para comprobar la temperatura, espolvoree un poco de *panko*; debería hundirse en el fondo de la sartén y volver a subir enseguida, formándose burbujas.

Fría las bolitas unos 6 minutos, hasta que se doren bien. Déjelas escurrir en una rejilla sobre una sartén para recoger las gotas que caigan. Esparza un poco de sal en escamas y sírvalas calientes como aperitivo o como parte de una comida completa.

ふきの薄衣揚げ

RUIBARBO DE CIÉNAGA FRITO

FUKI NO USUGOROMO-AGE

Preparación: 15 minutos
Cocción: 5 minutos
Para 4 personas

V SL SFS <30

- 125 g de tallos finos de fuki (véase pág. 346)
- Agua hirviendo
- Aceite neutro, como el de colza, cártamo o cacahuete, para freír
- 4 cdas. de sake
- 2 cdas. de harina para repostería sin blanquear
- ½ cdta. de sal marina fina

La masa de esta receta es muy ligera para que el sabor del ruibarbo de ciénaga (*fuki*) brille y sea la estrella. Sírvalo muy caliente, antes de las comidas, con una cerveza fría.

-

Prepare un bol de agua con hielo. Corte el *fuki* en tercios a lo ancho y colóquelo en un colador de malla. Vierta agua hirviendo 10 segundos y páselo al bol de agua con hielo. Pele unos 5 cm de los hilos exteriores de uno de los tallos. Junte los hilos y tire hacia abajo para quitarlos. Repita la operación con los otros tallos.

Séquelos bien con un paño de cocina y córtelos a lo ancho en trozos de 4 a 5 cm de largo.

En una sartén grande honda, caliente 3 cm de aceite a fuego medio hasta alcanzar los 170 °C. Para comprobar la temperatura, espolvoree un poco de harina; debería hundirse en el fondo de la sartén y volver a subir enseguida, formándose burbujas.

En un bol, bata el sake con la harina y la sal y eche los trozos de *fuki*. Remuévalos con unos palillos para rebozarlos ligeramente y déjelos caer de uno en uno en el aceite caliente. Fríalos hasta que estén dorados y hiervan suave, de 2 a 4 minutos, dependiendo del grosor. Tenga cuidado de no cocerlos demasiado porque se quedarán blandos. Déjelos escurrir en una rejilla sobre una sartén y sírvalos.

じゃが芋と高野豆腐のすり揚げ

BUÑUELOS DE PATATA Y KOYADOFU

JYAGAIMO TO KOUYADOUFU NO SURI-AGE

Preparación: 1 hora
Cocción: 30 minutos
Para 8 buñuelos pequeños

V SL

- 2 patatas medianas (300 g) peladas y en cuartos
- 2 cdas. de aceite de colza
- 1 cebolla pequeña (100 g) picada fina
- 1 zanahoria mediana (150 g) raspada y en dados finos
- 1 cdta. de sal marina en escamas
- ½ cdta. de pimienta negra recién molida
- 1 cda. de algas hijiki deshidratadas (véase pág. 349), remojadas en agua fría 20 minutos
- 6 cdas. (50 g) de nueces picadas
- 4 cdas. de harina común sin blanquear
- 4 trozos de tofu liofilizado (koyadofu, véase pág. 352) rallado grueso con un rallador
- 1 huevo a temperatura ambiente, para una versión vegana véase la introducción
- Aceite neutro, como el de colza, cacahuete o cártamo, para freír
- 4 cdas. de aceite de sésamo tostado oscuro

Esta receta tiene bastantes ingredientes, pero no se asuste, no se tarda tanto en prepararla como parece. Están mejor hechos y comidos, pero también se pueden servir al día siguiente, recalentados en una sartén sin aceite a fuego lento. Para una versión vegana, sustituya el huevo por ñame japonés rallado.

-

Ponga la patata en un cazo, cúbrala con abundante agua fría y llévela a ebullición a fuego vivo. Cuézala hasta que esté blanda por el centro, de 10 a 12 minutos. Escúrrala y cháfela con un chafapatatas o un tenedor grande.

En una sartén, caliente el aceite de colza a fuego medio-bajo y añada la cebolla y la zanahoria. Saltéelas unos 5 minutos para que se ablanden. Añada ½ cucharadita de sal y ¼ de cucharadita de pimienta y páselas a un bol para que se enfríen.

Escurra el *hijiki* y séquelo. Añádalo junto con la mezcla de zanahoria y cebolla, las nueces, la ½ cucharadita de sal y el ¼ de cucharadita de pimienta restantes al puré de patatas. Haga unos 8 buñuelos de forma ovalada (similar a las monedas *koban* del periodo Edo) y colóquelos en una bandeja de horno. Espolvoréela con la harina y rebócelos por ambos lados. Sacuda el exceso y colóquelos en un extremo de una segunda bandeja de horno. Apile el *koyadofu* rallado en el extremo opuesto, dejando el centro libre.

Casque el huevo en un plato hondo y bátalo con un tenedor. Eche los buñuelos en el huevo batido, de uno en uno, dejando que el exceso de huevo vuelva a caer en el bol, y páselos por el *koyadofu* para rebozarlos de manera uniforme. Colóquelos en el centro de la bandeja.

En una sartén honda, caliente 3 cm de aceite a fuego medio hasta alcanzar los 180 °C. Para comprobar la temperatura, espolvoree un poco de *koyadofu* rallado; debería hundirse hasta la mitad del fondo de la sartén y volver a subir enseguida, formándose burbujas medianas.

Introduzca con cuidado los buñuelos, asegurándose de que el aceite no vuelve a hervir. Fríalos hasta que se doren bien, unos 3 minutos por cada lado. Déjelos escurrir en una rejilla sobre una sartén para recoger las gotas que caigan y sírvalos muy calientes.

チーズのはさみ揚げ

KOYADOFU RELLENO DE QUESO FRITO

CHI-ZU NO HASAMI-AGE

Preparación: 20 minutos,
más 30 minutos para macerar
Cocción: 5 minutos
Para 6 personas

SFS

- 125 ml de Kombu dashi (véase pág. 22)
- 4 Koyadofus rehidratados (véase pág. 36)
- 4 hojas grandes de shiso verde partidas por la mitad a lo largo
- 35 g de mozzarella en 8 rodajas de 5 mm de grosor
- 4 cdas. de harina común sin blanquear
- 150 g de ñame japonés rallado fino
- 75 g de panko ecológico
- Aceite neutro, como el de colza, cacahuete o cártamo, para freír
- Sal marina en escamas, para servir

El queso aparece de vez en cuando en los platos japoneses, aunque no es un ingrediente tradicional. El queso fundido y el parmesano rallado en conserva eran quizá los más habituales hace unas décadas. Hoy en día, sin embargo, existe una amplia gama de quesos en la mayoría de los supermercados japoneses y la mozzarella es uno de los favoritos.

-

Caliente a fuego medio el *dashi* en un cazo. Corte el *koyadofu* por la mitad a lo ancho e introdúzcalo en el *dashi* caliente. Llévelo a ebullición a fuego lento y cuézalo 5 minutos. Escúrralo y estrújelo para extraer el exceso de caldo cuando ya no queme.

Haga una incisión en cada *koyadofu*. Envuelva cada rodaja de queso con la mitad de una hoja de *shiso* y rellene el *koyadofu*. Añada la harina en un bol y, de uno en uno, pase cada *koyadofu* por la harina. Retire el exceso y colóquelos en un plato. Esparza el ñame japonés sobre el *koyadofu* y alise los lados.

Extienda la mitad del *panko* en la mitad de una bandeja de horno. Tome cada *koyadofu*, deje que caiga el exceso de ñame y colóquelos sobre el *panko*. Esparza el resto del *panko* por encima y rebócelos con cuidado de manera uniforme.

En una sartén grande honda, caliente 3 cm de aceite a fuego medio hasta alcanzar los 170 °C. Para comprobar la temperatura, esparza un poco de *panko*; debería hundirse en el fondo de la sartén y volver a subir enseguida, formándose burbujas de tamaño mediano.

Introduzca los *koyadofus* en el aceite y fríalos hasta que estén crujientes y dorados, unos 2 minutos por cada lado. Déjelos escurrir en una rejilla sobre una sartén para recoger las gotas que caigan.

Sírvalos de inmediato, con una o dos pizcas de sal, antes de las comidas, con bebidas gaseosas. Están mejor calientes, si no el queso se quedará duro.

KOYADOFU RELLENO DE QUESO FRITO

蒸し物 Y 煮物

La cocción al vapor es un método muy suave y sencillo que se puede aplicar a muchos alimentos. Las verduras al vapor, en concreto, están deliciosas con salsas a base de sésamo o *miso*. A diferencia de lo que ocurre en la cocción en agua, aquí se pueden recoger los jugos que sueltan y añadirlos al final. Las hortalizas de raíz y los tubérculos, como la *kabocha*, las patatas, los boniatos, los nabos o el *daikon*, son perfectos para este tipo de cocción, porque conservan su forma y no se quedan aguados. También es excelente para que las verduras como la berenjena queden tan blandas como al freírlas, pero sin necesidad de aceite. De hecho, el legendario chef de tempura, Fumio Kondo, propietario de Tempura Kondo, en Tokio, y autor de varios libros excelentes sobre la tempura, sostiene que, en realidad, al cocinar ingredientes rebozados las verduras se cuecen al vapor y la masa se fríe.

Necesitará un equipo de cocción al vapor compuesto por un wok y una vaporera de bambú o de acero inoxidable. En un restaurante, utilice una sartén rectangular perforada colocada dentro de una cubeta Gastronorm, además de papel de aluminio y una tapa (si puede).

Como norma general, en los platos cocidos (*nimono*), los ingredientes se cuecen al dente y se dejan enfriar a temperatura ambiente para que absorban despacio el líquido de cocción antes de calentarlos de nuevo para servirlos. Mi suegra, campesina de origen, cocía cada verdura por separado y después las juntaba en una olla para sazonarlas y cocerlas en un *dashi* aromatizado con *shoyu* y azúcar. En los hogares modernos, los alimentos se suelen cocer y servir a continuación.

Los *nimono* suelen ser platos reconfortantes que recuerdan a los de las abuelas. Sin embargo, con un enfoque un poco más moderno, pueden llegar a ser atractivos y contemporáneos, con la ventaja añadida de poder servirse calientes. Y, si se refrigeran, se conservarán bien un par de días. Solo tendrá que recalentarlos y servirlos. Algunos japoneses juran que los *nimono* mejoran con el tiempo (aunque yo los prefiero hechos y comidos).

MUSHIMONO Y NIMONO

AL VAPOR Y COCIDOS

ふきと厚揚げの煮物

FUKI Y ATSUAGE COCIDOS

FUKI TO ATSUAGE NO NIMONO

Preparación: 15 minutos,
más 30 minutos para enfriar
Cocción: 10 minutos
Para 4 personas

V SL SFS

- 200 g de bloques prensados de tofu frito (atsuage, véase pág. 352)
- 600 ml de Happo dashi (véase pág. 25)
- 1 cda. de azúcar ecológico
- 1½ cdas. de usukuchi shoyu (véase pág. 344)
- ½ cda. de shoyu
- 2 cdas. de hon mirin
- 4 tallos finos de Fuki escaldado (véase pág. 35) o de apio sin las hebras (150 g)

Los alimentos cocidos a fuego lento son una parte importante de la cocina japonesa vegetariana. Muy jugosos, resultan reconfortantes y saludables. Además, son versátiles y pueden servirse en cualquier comida: por la mañana, a mediodía o por la noche. Aunque me gustan más recién hechos, se conservarán en buen estado varios días en el frigorífico. Sustituya el *fuki* por apio, si no encuentra.

-

Coloque el *atsuage* en un colador de malla y vierta agua 10 segundos para eliminar el aceite. Séquelo. Córtelo por la mitad para crear dos piezas rectangulares más finas de tofu del mismo tamaño. Corte cada una de ellas en 6 trozos para obtener cuadrados.

Póngalos en una cazuela y añada el *happo dashi*, el azúcar, la *usukuchi shoyu*, el *shoyu* y el *mirin*. Caliéntelos a fuego medio-alto hasta que rompan a hervir. Retírelos del fuego y déjelos enfriar a temperatura ambiente en el líquido de cocción para que absorban el sabor.

Añada el *fuki*, llévelos a ebullición a fuego vivo y retírelos de inmediato del fuego. Dispóngalos en un bol con parte del líquido de cocción. Ponga un montoncito de *fuki* al lado y sírvalos.

ゆばとえんどうの煮物

TIRABEQUES CON YUBA

YUBA TO ENDOU NO NIMONO

Preparación: 35 minutos
Cocción: 5 minutos
Para 4 personas

V SL SFS

- 1 hongo oreja de madera remojado en agua fría 20 minutos
- 1 cda. de shoyu
- 400 ml más 1 cda. de Kombu dashi (véase pág. 22)
- 1 cda. más 2 cdtas. de hon mirin
- 1 cdta. de usukuchi shoyu (véase pág. 344)
- 1 cdta. de sal marina en escamas
- 20 tirabeques (100 g) sin las puntas ni los hilos
- 70 g de yuba fresca (véase pág. 352) cortada a lo ancho en trozos de 1 cm

La *yuba* (la piel que se forma en la superficie de la leche de soja al calentarse durante la elaboración del tofu), de textura y sabor muy suaves, requieren de una verdura igualmente suave, como los tirabeques, para complementar y realzar su exquisita cremosidad. Y la guarnición de hongos oreja de madera, muy condimentados, aporta un sabor inesperado.

-

Escurra el hongo, deseche las partes duras y córtelo en juliana. Póngalo en un cazo con el *shoyu* y 1 cucharada de *dashi* y otra de *mirin*. Llévelo a ebullición. Retírelo del fuego y déjelo enfriar en el líquido de cocción.

En una cazuela mediana, mezcle los 400 ml restantes de *dashi*, 2 cucharaditas de *mirin*, la *usukuchi shoyu* y la sal, y llévelo a ebullición a fuego medio. Eche los tirabeques y cuézalos 1 minuto. Retírelos del fuego de inmediato y sáquelos de la cazuela, pero reserve el líquido de cocción.

Para servirlos calientes, colóquelos en un lado de un bol, con la *yuba* en el otro. Vierta un poco del líquido de cocción caliente sobre la *yuba* para darle sabor. Tome los hongos con unos palillos, sacúdalos y déjelos caer en forma de montículo en el centro del bol, sobre los tirabeques.

Para servirlos fríos, refrigere los tirabeques y los hongos por separado en sus respectivos líquidos de cocción y la *yuba* con un poco del líquido de cocción de los tirabeques (para sazonarla).

TIRABEQUES CON YUBA

なすとじゅんさいのお椀

BERENJENA Y JUNSAI CON DASHI

NASU TO JUNSAI NO OWAN

Preparación: 20 minutos
Cocción: 25 minutos
Para 4 personas

V SL SFS

- 3 berenjenas japonesas medianas (225 g)
- ¼ de cdta. de sal marina en escamas
- 150 g de brotes de nenúfar (junsai, véase pág. 349)
- Agua hirviendo
- 700 ml de Kombu dashi (véase pág. 22)
- 1 cda. de usukuchi shoyu (véase pág. 344)
- 1 cdta. de hon kuzu (véase pág. 353) disuelta en 1 cda. de agua hasta que esté fino
- ¾ de cdta. de pasta de «ciruelas» saladas encurtidas (bainiku, véase pág. 350)
- ¾ de cdta. de piel de yuzu en tiras finas
- ¾ de cdta. de jengibre fresco en tiras finas

Los *wanmono* son platos de cocción a fuego lento, muy sobrios pero llenos de matices, que se sirven en boles lacados con tapa. Al levantar la tapa, el vapor concentrado envolverá sus sentidos. Esta es la cocina japonesa en su máxima expresión. No se preocupe si no encuentra *junsai* (brotes de nenúfar, también llamados lirios o ninfas de agua); la solución de vinagre en la que se envasan añade un toque ácido y una textura gelatinosa, pero puede omitirse.

-

Pele las berenjenas y póngalas en un plato. Frótelas con ⅛ de cucharadita de sal.

Coloque una vaporera de bambú sobre un wok. Vierta agua hasta alcanzar un tercio de su volumen y llévela a ebullición. Coloque el plato con las berenjenas dentro, tápelas y cuézalas al vapor hasta que estén blandas, 20 minutos. Sáquelas de la vaporera, deseche los extremos del cáliz y corte cada berenjena a lo ancho en trozos de 2 cm. Déjelos en el plato con los jugos para que se enfríen.

Coloque *los junsai* en un bol refractario y cúbralos con agua hirviendo. Remuévalos una o dos veces, déjelos escurrir en un colador de malla y refrésquelos bajo un chorro de agua fría.

En una cazuela, lleve el *dashi*, la *usukuchi shoyu* y el ⅛ de cucharadita de sal restante a ebullición a fuego medio. Vierta el *kuzu* en la cazuela y cuézalo a fuego lento, removiéndolo constantemente, 3 minutos para que espese ligeramente.

Ponga 2 o 3 trozos de berenjena en cada bol lacado con tapa (*o-wan*, véase pág. 354) y reparta los *junsai*. Vierta el *dashi*, aplique un poco del *bainiku* en una de las berenjenas y esparza la piel de *yuzu* y el jengibre. Tápelo y sírvalo como un primer plato ligero.

そら豆の含め煮

HABAS COCIDAS

SORA-MAME NO FUKUME-NI

Preparación: 20 minutos, más 4 horas para refrigerar
Cocción: 5 minutos
Para 4 personas

V SL SFS

- 250 g de habas desvainadas (800 g sin desvainar)
- 400 ml de Happo dashi (véase pág. 25)
- 1 cda. de azúcar ecológico
- 2 cdtas. de usukuchi shoyu (véase pág. 344)
- ¼ de cdta. de sal marina fina
- 1 cda. colmada de hojas de sansho picadas finas

La temporada de las habas es extremadamente corta en Japón (apenas dos o tres semanas), por lo que degustarlas de diversas maneras es la mejor manera de aprovechar su fugaz aparición.

-

Parta un extremo de la vaina y sepárela en dos por la línea longitudinal. Saque con cuidado las habas, sin romperlas.

Prepare un bol grande con hielo y coloque un bol metálico más pequeño en su interior. En un cazo, lleve el *happo dashi* a ebullición a fuego medio-alto. Añada el azúcar, la *usukuchi shoyu* y la sal. Baje el fuego y añada las habas. Cuézalas 1½ minutos y pase la habas y el *dashi* al bol de agua con hielo para que se enfríen. (Así conservarán su color verde brillante.) Una vez frías, refrigere el bol al menos 4 horas para que absorba los sabores.

Escúrralas, deseche el *dashi* y añada el *sansho*. Repártalas entre cuatro boles y sírvalos con una comida ligera.

BERENJENA Y JUNSAI CON DASHI

トマトの煮物

TOMATES COCIDOS CON DASHI

TOMATO NO NIMONO

Preparación: 30 minutos,
más 4 horas para refrigerar
Cocción: 10 minutos
Para 4 personas

V SL SFS

- 4 tomates medianos (800 g)
- Agua hirviendo
- 400 ml de Kombu dashi (véase pág. 22)
- ⅛ de cdta. de sal marina en escamas
- 2 cdas. de shoyu
- 1 cda. de hon mirin
- 4 ramitas de hojas de sansho, para decorar

La clave del éxito de este sencillo pero elegante plato es prepararlo en pleno verano, cuando los tomates están en su mejor momento, y asegurarse de no desperdiciar su preciado jugo. Como norma general, evite utilizar tomates demasiado maduros en la cocina japonesa. Si no encuentra hojas de *sansho*, puede sustituirlas por *mitsuba*, o por *shiso* verde cortados en *chiffonade*. Los tomates contrastan con el *dashi*, resultando un plato muy equilibrado.

-

Coloque los tomates en un bol refractario y vierta agua hirviendo hasta cubrirlos. Pasados 1 o 2 minutos, sáquelos con cuidado con una espumadera y póngalos en un bol de acero. Descorazónelos y pélelos con cuidado sobre el bol, para evitar que el jugo se escape. Colóquelos de nuevo en el bol, con el corazón hacia abajo, a medida que los vaya pelando. Deseche las pieles.

En un cazo, lleve el *dashi* con la sal, el *shoyu* y el *mirin* a ebullición a fuego medio. Retírelo del fuego y viértalo sobre los tomates. Coloque el bol (sin que se hunda) sobre una cazuela con agua hirviendo y cuézalo, destapado, 10 minutos. Mientras, prepare un bol de agua con hielo. Cuando los tomates estén hechos, retire el bol y colóquelo sobre el bol de agua con hielo.

Una vez fríos, colóquelos, con el corazón hacia abajo, en un recipiente cuadrado o rectangular en el que quepan justos. Añada el jugo del tomate reservado y refrigérelos 4 horas.

Coloque un tomate, con el corazón hacia abajo, en cada platito con 1 cucharada del jugo. Adórnelo con una ramita de *sansho* y sírvalo para comer o para cenar.

かぼちゃの煮物

KABOCHA COCIDA CON DASHI

KABOCHA NO NIMONO

Preparación: 15 minutos,
más el tiempo para enfriar
Cocción: 15 minutos
Para 4 personas, y que sobre

V SL SFS

- ½ kabocha (véase pág. 347) pequeña (300 g) despepitada
- 300 ml de Kombu dashi (véase pág. 22)
- 100 ml de Dashi con setas shiitake (véase pág. 22)
- 1 cda. de usukuchi shoyu (véase pág. 344)
- 1 cda. de sake
- ¼ de cdta. de sal marina en escamas

La *kabocha* cocida está presente en muchos libros de cocina japonesa, pero no pase por alto esta sencilla preparación. Su secreto está en los líquidos de cocción reducidos a fuego lento y en la *kabocha* de verano.

-

Coloque la *kabocha* con el lado del corte hacia abajo en una tabla de cortar y, con un cuchillo pequeño, realice cortes decorativos poco profundos para quitarle la piel a intervalos aleatorios. Córtela en trozos de 2 × 3 cm y bisele los bordes. Colóquela, con la piel hacia abajo, en una cazuela y añada el *kombu dashi*, el *dashi* con setas *shiitake*, la *usukuchi shoyu*, el sake y la sal.

Llévela a ebullición a fuego vivo. Coloque una tapa de contacto directo (*otoshibuta*, véase pág. 354) o papel vegetal sobre la *kabocha*, baje el fuego y cuézala hasta que los líquidos se hayan reducido y esté tierna, unos 15 minutos. (Debe mantener su forma, así que no la remueva.) Pásela a un bol y déjela enfriar en el líquido de cocción.

Sírvala a temperatura ambiente, de acompañamiento.

TOMATES COCIDOS CON DASHI

かぼちゃとあずきのいとこ煮

KABOCHA COCIDA CON AZUKI

KABOCHA TO AZUKI NO ITOKO-NI

Preparación: 20 minutos
Cocción: 15 minutos
Para 4 personas

V SL SG SFS

- 300 g de kabocha (véase pág. 347) despepitada y sin pelar
- 200 g de Judías azuki cocidas (véase pág. 32)
- 400 ml de Kombu dashi (véase pág. 22)
- 1 cdta. de sal marina en escamas
- 4 cdas. de sake

El *itoko-ni* es un plato clásico japonés que presenta innumerables variantes. En este caso, el *dashi* se aromatiza con sal y sake en lugar de *shoyu* y *mirin*, lo que permite realzar el dulzor de la *kabocha*. Las *azuki* se añaden después de retirar la *kabocha* para conservar su sabor y color.

-

Corte la *kabocha* en trozos de 3 × 5 cm y bisele los bordes para que quede un atractivo borde de 5 mm alrededor de la piel. Póngala en una cazuela, añada el *dashi*, la sal y el sake y llévela a ebullición a fuego medio. Coloque una tapa de contacto directo (*otoshibuta*, véase pág. 354) o un trozo de papel vegetal encima y cuézala fuego lento hasta que pueda pincharla hasta el centro con una brocheta de bambú pero los trozos permanezcan intactos, de 8 a 10 minutos.

Sáquela con una espumadera (reservando el líquido de cocción) y dispóngala en una fuente bonita. Añada las *azuki* en el líquido de cocción y llévelas a ebullición a fuego medio 5 minutos para potenciar su sabor y que el líquido se reduzca. Colóquelas en un montoncito junto a la *kabocha* y sirva el plato caliente o a temperatura ambiente como parte de una comida.

里芋の梅炊き

TARO COCIDO CON UME

SATO IMO NO UME-DAKI

Preparación: 45 minutos, más 2 horas para refrigerar
Cocción: 20 minutos
Para 4 personas

V SL SG SFS

- 12 raíces de taro muy pequeñas (300 g)
- 1 cda. de salvado de arroz
- 400 ml de Happo dashi (véase pág. 25)
- 4 «ciruelas» saladas encurtidas (umeboshi, véase pág. 350) deshuesadas y picadas finas en una pasta
- 2 cdas. de sake
- 2 cdas. de hon mirin
- 1-2 pizcas de sal marina en escamas (opcional)
- 2 tallos grandes de komatsuna (véase pág. 346), 50 g
- 1 cdta. de semillas de sésamo blanco, calentadas en una sartén sin aceite hasta que desprendan su aroma

Se trata de un plato muy sutil gracias a la sofisticación y la combinación del suave taro con las ácidas y afrutadas *ume*, la frescura de la *komatsuna* y el delicioso sésamo.

-

Corte los extremos del taro y pélelo. Colóquelo en una cazuela y llénela con agua fría hasta cubrirlo. Añada el salvado de arroz y llévelo a ebullición a fuego vivo. Cuézalo hasta que pueda pinchar el taro hasta el centro con una brocheta de bambú, 10 minutos. Escúrralo y lávelo bajo un chorro de agua fría.

Aclare la cazuela y añada el taro, el *happo dashi* y las *umeboshi*. Llévelo a ebullición a fuego vivo, baje el fuego y cuézalo 5 minutos para que las *umeboshi* aromaticen el líquido de cocción. Añada el sake y el *mirin*, y prosiga con la cocción 1 o 2 minutos. Ajuste el punto de sal, debe estar ligeramente salado, así que agregue una o dos pizcas de sal, si fuese necesario. Retírelo del fuego, páselo a un bol, déjelo enfriar a temperatura ambiente y refrigérelo 2 horas.

Mientras, lleve un cazo con agua a ebullición y sumerja los tallos de *komatsuna* en el agua hirviendo 30 segundos. Suéltelos e introdúzcala entera en el agua. Prosiga con la cocción 30 segundos. Déjela escurrir en un colador de malla y refrésquela bajo un chorro de agua fría. Escúrrala y estrújela con las manos. Alinéela en una tabla de cortar y córtela en trozos de 4 cm de largo. Pásela a un bol y refrigérela 1 hora.

Pase el taro con parte del líquido de cocción a un bol y disponga una pila de *komatsuna* encima, esparza unas semillas de sésamo y sírvalo.

TARO COCIDO CON UME

小いものゆばあんかけ

TARO BABY COCIDO CON CREMOSO DE YUBA

KO-IMO NO YUBA ANKAKE

Preparación: 30 minutos, más 2 horas para refrigerar
Cocción: 15 minutos
Para 4 personas

V SL SFS

- 12 raíces de taro muy pequeñas (300 g) peladas
- Agua de arroz o agua fría
- 400 ml de Kombu dashi (véase pág. 22)
- 2 cdas. de shoyu
- 1 cda. de hon mirin
- 2 cdas. de ñame japonés pelado rallado fino
- 100 g de yuba fresca (véase pág. 352)
- 2 cdtas. de leche de soja
- ⅛ de cdta. de sal marina en escamas
- Nori verde (aonori, véase pág. 349) en polvo, para servir

Al cocer el taro en agua de arroz se mantiene su color blanco. Si no dispone de agua de arroz, esparza un poco de salvado de arroz o unos granos de arroz durante la cocción y lave el taro después de escurrirlo. El contraste entre el taro, suave pero persistente, y la salsa de *yuba*, cremosa y ligeramente viscosa, es magnífico; el *nori* verde aporta, por su parte, una sorprendente nota salada, por lo que no debería obviarse.

-

Coloque el taro en una cazuela y añada agua de arroz fría o agua fría del grifo hasta cubrirlo. Llévelo a ebullición a fuego medio y cuézalo hasta que pueda pincharlo hasta el centro con una brocheta de bambú, unos 8 minutos.

Escúrralo, aclare la cazuela y vuelva a colocarlo dentro. Agregue el *dashi*, el *shoyu* y el *mirin* y cuézalo a fuego medio. Baje el fuego y prosiga con la cocción 5 minutos. Páselo a un bol para que se enfríe a temperatura ambiente. Refrigérelo un mínimo de 2 horas antes de servirlo.

Ponga el ñame japonés en un mortero japonés (*suribachi*, véase pág. 354) y májelo con la *yuba*, la leche de soja y la sal hasta que ligue. Guarde el cremoso de *yuba* en el frigorífico si no lo va a utilizar de inmediato.

Saque el taro del frigorífico, deseche el líquido de cocción y colóquelo en un montículo en un bol de porcelana o en platitos individuales. Vierta el cremoso de *yuba* encima, esparza un poco de *nori* verde y sírvalo frío los días de verano.

ふきの伽羅煮

FUKI COCIDO CON DASHI Y TORORO KOMBU

FUKI NO KYARA-NI

Preparación: 30 minutos
Cocción: 5 minutos
Para 4 personas

V SL SFS

- 125 g de Fuki escaldado (véase pág. 35)
- 300 ml de Kombu dashi (véase pág. 22)
- 1½ cdas. de sake
- 1 cda. de shoyu
- ¾ de cdta. de hon mirin
- ½ guindilla roja deshidratada
- 2 cdas. de tororo kombu desmenuzado (véase pág. 349)
- 1-2 pizcas de pimienta sansho molida

El ruibarbo de ciénaga (*fuki*) se parece al apio por su aspecto pero su sabor es diferente, ya que sabe como a regaliz. No obstante, puede ser un buen sustituto si no encuentra *fuki* fuera de Japón. Al manipularlo crudo los dedos se le teñirán de negro, retírele mejor los hilos después de cocido.

-

Corte el *fuki* a lo ancho en trozos de 3 a 4 cm de largo. En una cazuela, ponga a hervir a fuego medio el *dashi*, el sake, el *shoyu*, el *mirin* y la guindilla. Añada el *fuki*, baje el fuego y cuézalo hasta que desprenda su aroma, de 3 a 5 minutos. Páselo a un bol, déjelo enfriar a temperatura ambiente y refrigérelo.

Caliente una sartén de hierro fundido a fuego lento hasta que esté bien caliente. Tueste el *tororo kombu*, removiéndolo, hasta que esté crujiente. Desmenúcelo fino con la mano y añádalo al bol.

Vierta el *fuki* en un bol con una espumadera. Cúbralo con el *tororo kombu*, espolvoree con pimienta *sansho* y sírvalo.

TARO BABY COCIDO CON CREMOSO DE YUBA

豆乳茶碗蒸し

CHAWAN MUSHI DE SOJA

TOUNYUU CHAWAN-MUSHI

Preparación: 25 minutos
Cocción: 25 minutos
Para 4 personas

V SL SFS

- 100 g de edamame con las vainas
- ½ cdta. de sal marina en escamas
- ½ zanahoria mediana (75 g) raspada
- 150 ml de Kombu dashi (véase pág. 22)
- ¼ de cdta. de usukuchi shoyu (véase pág. 344)
- 1 cdta. de mirin
- 1 cdta. de semillas de sésamo negro calentadas en una sartén sin aceite hasta que desprendan su aroma
- 500 ml de leche de soja
- 2½ cdtas. de nigari líquido

En este plato de leche de soja sin huevo, el *nigari* permitirá que la crema cuaje. El resultado es como un tofu suave (*yosedofu*), pero la cocción de los ingredientes le aporta una profundidad increíble. En primavera, sustituya el *edamame* por guisantes.

-

Ponga una cazuela con agua a hervir y añada el *edamame*. Cuézalo a fuego vivo 3 minutos. Escúrralo y refrésquelo bajo un chorro de agua fría. Saque los granos de las vainas y mézclelos con ¼ de cucharadita de la sal. Déjelos reposar 10 minutos y repártalos entre cuatro tazas de té sin asa de 200 ml (*chawan*, véase pág. 354).

Corte la zanahoria a lo ancho en rodajas de 5 mm de grosor. Córtelas en forma de hojas o flores con un cortador de verduras (guarde los recortes para otro uso). En un cazo, lleve a ebullición a fuego medio el *dashi*, la *usukuchi shoyu*, el *mirin*, el ¼ de cucharadita de sal restante y la zanahoria. Cuézalo a fuego lento 5 minutos, retire la zanahoria y déjela escurrir en un colador de malla pequeño sobre un bol. Reserve el líquido de cocción.

Reparta las formas de zanahoria entre las tazas de *chawan mushi* y añada ¼ de cucharadita de semillas de sésamo en cada una.

En una jarra medidora de 500 ml, mezcle la leche de soja, el *nigari* y 4 cucharaditas del líquido de cocción frío, asegurándose de que estén bien mezclados pero no haya espuma. Reparta la mezcla entre las cuatro tazas y tápelas con una tapa de cerámica o con film transparente.

Coloque una vaporera de bambú sobre un wok. Vierta agua hasta alcanzar un tercio de su volumen y llévela a ebullición. Introduzca las tazas en la vaporera, tápela y cuézalas a fuego vivo 5 minutos. Baje el fuego y cuézalas 10 minutos hasta que el *chawan mushi* cuaje. Sírvalo caliente.

筍の煮物

BAMBÚ COCIDO CON KOMBU

TAKENOKO NO NIMONO

Preparación: 15 minutos, más 1 hora para enfriar
Cocción: 10 minutos
Para 4 personas

V SL SFS

- 600 g de Brotes de bambú cocidos (véase pág. 34)
- 1 lámina de alga kombu de 3 cm
- 800 ml de Happo dashi (véase pág. 25)
- 1 cda. de azúcar ecológico
- 2 cdas. de hon mirin
- 2 cdas. de usukuchi shoyu (véase pág. 344)
- ¼ de cdta. de sal marina en escamas
- 4 ramitas de sansho, para decorar

Los brotes de bambú se cosechan en primavera, cuando las hojas de *sansho* están empezando a brotar, por lo que es una combinación perfecta. Aquí el bambú se condimenta poco para mantener toda su esencia y su delicado sabor.

-

Corte la parte inferior de los brotes de bambú a lo ancho en medias lunas de 2,5 cm. Corte las puntas por la mitad a lo largo.

Ponga el *kombu* en una cazuela. Añada el *happo dashi* y llévelo a ebullición a fuego vivo. Incorpore el azúcar, el *mirin*, la *usukuchi shoyu* y la sal. Baje el fuego y cuézalo a fuego medio-bajo 7 u 8 minutos para absorber los sabores. Retírelo del fuego y deje que el bambú se enfríe a temperatura ambiente en el líquido.

Llévelo de nuevo a ebullición a fuego medio-alto para que se vuelva a calentar antes de servirlo en un bol con un poco del líquido de cocción. Adórnelo con las ramitas de *sansho*.

CHAWAN MUSHI DE SOJA

かぶら蒸し

NUBES DE NABO AL VAPOR

KABURA MUSHI

Preparación: 1 hora,
más 20 minutos para escurrir
Cocción: 45 minutos
Para 4 personas

V SL

- 3 nabos pequeños (235 g) pelados
- ⅓ de ñame japonés pequeño (100 g) raspado y pelado
- ½ cdta. de sal marina en escamas
- 50 g de setas enoki sin la parte inferior y cortadas por la mitad a lo ancho
- 500 ml de Kombu dashi (véase pág. 22)
- 1 patata pequeña (100 g)
- Aceite neutro, como el de colza, cacahuete o cártamo, para freír
- 1 trozo de zanahoria de 3 cm pelada
- ½ bulbo de lirio pequeño (60 g), con los «pétalos» separados
- 2 hongos oreja de madera deshidratados, remojados en agua fría 20 minuto
- 1 cda. más ¾ de cdta. de shoyu
- 1 cda. de hon mirin
- 2 cdas. de hon kuzu (véase pág. 353) disueltas en 6 cdas. de agua hasta que esté fino
- 12 Nueces de ginkgo cocidas (véase pág. 35)
- 1 cdta. de wasabi recién rallado

Utilice un rallador redondo de cerámica (*oroshiki*, véase pág. 354) o metálico (*oroshigane*, véase pág. 354) para rallar los nabos y ñames japoneses y lograr la textura etérea de este plato emblemático. Sírvalo cuando empiece a hacer frío en otoño y necesite un reconstituyente bol de nubes de verduras para hacer frente al descenso de las temperaturas. Aunque esta receta tenga muchos pasos, su resultado no le defraudará.

-

Ralle fino el nabo (véase arriba) y páselo a un colador de malla fina sobre un bol 15 minutos para que se escurra. Ralle fino también el ñame y páselo a un mortero japonés (*suribachi*, véase pág. 354). Májelo con el *surikogi* (mano de mortero) hasta que esté fino. Añada el nabo escurrido con ¼ de cucharadita de la sal y májelo bien.

En un cazo, lleve los *enoki* y 90 ml del *dashi* a ebullición a fuego medio-alto. Déjelos enfriar a temperatura ambiente antes de escurrirlos y resérvelos.

Coloque un colador de malla fina sobre un bol. Pele y ralle fina la patata en el colador y déjela escurrir 20 minutos. Deseche el líquido que se haya acumulado en el bol pero conserve la fécula de patata. Mezcle la patata escurrida con la fécula y ⅛ de cucharadita de la sal y forme 4 bolas.

En una sartén pequeña honda, caliente 3 cm de aceite a fuego medio hasta que desprenda calor.

Introduzca las bolas de patata y fríalas, dándoles la vuelta, hasta que se doren bien, unos 3 minutos. Déjelas escurrir en una rejilla sobre una sartén para recoger las gotas que caigan.

Corte la zanahoria a lo ancho en 4 rodajas de 5 mm de grosor. Córtelas después en forma de flor con un cortador de verduras pequeño. Ponga un cazo con agua a fuego vivo y llévelo a ebullición. Introduzca las flores de zanahoria y cuézalas hasta que estén tiernas, de 3 a 5 minutos. Sáquelas con un colador de malla y resérvelas. Añada los «pétalos» de lirio en el agua hirviendo y cuézalos 1 minuto. Escúrralos y resérvelos.

Escurra los hongos y póngalos en una cazuela con 1 cucharada de *shoyu*, de *mirin* y de *dashi*. Llévelos a ebullición y déjelos enfriar en el líquido de cocción antes de escurrirlos.

En un cazo, ponga a hervir a fuego medio-bajo los 400 ml de *dashi* restantes, ⅛ de cucharadita de sal y ¾ de cucharadita de *shoyu*. Incorpore el *kuzu* y remuévalo constantemente a fuego lento hasta que el *dashi* espese y quede brillante, de 5 a 7 minutos.

Divida las bolitas de patata, los *enoki* y los «pétalos» de lirio de manera uniforme entre cuatro tazas de té (*chawan*, véase pág. 354) de 250 ml refractarias y redondas. Vierta la mezcla de nabo y ñame por encima, añada los hongos oreja de madera y las nueces de *ginkgo* de manera que se vean ligeramente, coloque una flor de zanahoria artísticamente encima y corone todo con el *dashi*.

Coloque una vaporera de bambú sobre un wok. Vierta agua hasta alcanzar un tercio de su volumen y llévela a ebullición. Introduzca los boles en la vaporera, cúbralos con dos capas de muselina y tápela. Cuézalos al vapor a fuego vivo hasta que cuajen, de 20 a 25 minutos. Sírvalos calientes con un toque de *wasabi*.

NUBES DE NABO AL VAPOR

かぶの飾り炊き合わせ

NABOS COCIDOS CON NEGI

KABU NO KAZARI TAKIAWASE

Preparación: 15 minutos,
más 30 minutos para enfriar
Cocción: 15 minutos
Para 4 personas

V SL SFS

- 6 nabos pequeños (400 g), con 1 cm de los tallos intactos
- ¼ de cdta. de arroz japonés crudo
- 60 g de negi o cebolletas grandes, solo la parte blanca
- 1 lámina cuadrada de alga kombu de 10 cm
- 700 ml de Happo dashi (véase pág. 25)
- 2 cdas. de hon mirin
- 1 cda. de usukuchi shoyu (véase pág. 344)
- ½ cdta. de sal marina fina
- 2 cdtas. de hon kuzu (véase pág. 353)
- 1 cdta. de piel de yuzu o de limón Meyer en juliana fina

Los nabos de esta receta, una de las verduras de invierno por excelencia, se cuecen a fuego lento hasta que están translúcidos y jugosos. El sabor del caldo, exquisito y suave, y del *negi* se potencian con la piel de *yuzu* rallada, haciéndolo delicioso y muy reconfortante.

-

Frote bien los nabos para limpiar la piel y retirar los restos de suciedad de alrededor de los tallos (pélelos si la piel está dura). Córtelos en cuartos, por el tallo, y bisele los bordes. Póngalos en una cazuela junto con el arroz y cúbralos con abundante agua fría. Llévelos a ebullición a fuego vivo, baje el fuego y cuézalos hasta que pueda pincharlos hasta el centro con una brocheta de bambú, unos 3 minutos. Póngalos en un colador de malla y refrésquelos bajo un chorro de agua fría hasta que estén fríos.

Coloque el *negi* en una tabla de cortar y haga un corte vertical a través de las capas superiores. Retire el centro verde duro y corte las partes blancas en tiras finas de unos 4 cm de largo (*shiraga negi*). Resérvelas.

Coloque el *kombu* en una cazuela. Añada el *happo dashi*, el *mirin*, la *usukuchi shoyu* y la sal y, finalmente, el nabo. Llévelo a ebullición a fuego vivo, baje el fuego y cuézalo 5 minutos. Retírelo del fuego y déjelo enfriar en el líquido de cocción.

En un bol, añada 1 cucharada del líquido de cocción frío en el *kuzu* y remuévalo bien.

Cuando esté listo para servir, saque el *kombu* y los nabos, desechando el *kombu*. Vierta el *kuzu* en el *dashi* y llévelo casi a ebullición a fuego medio. Cuézalo a fuego muy suave, removiéndolo constantemente, hasta que espese ligeramente y quede sedoso, de 5 a 7 minutos. Añada el nabo para que se caliente 1 minuto y retírelo del fuego.

Ponga el nabo con parte del caldo en un bol lacado o de cerámica. Coloque el *negi* al lado y la juliana de piel de *yuzu* entre ambos, de acompañamiento. Sírvalo caliente o a temperatura ambiente. Está mejor en el momento, pero se conservará bien unos días en el frigorífico.

NABOS COCIDOS CON NEGI

かぶのシチュー

NABOS GUISADOS

KABU NO SHICHU–

Preparación: 20 minutos
Cocción: 10 minutos
Para 4 personas

V SL SFS

- 4 nabos pequeños con las hojas (300 g)
- 2 cdas. de aceite de colza
- 3 cdas. de harina común sin blanquear
- 500 ml de leche de soja
- 200 ml de Kombu dashi (véase pág. 22)
- 2 cdtas. de semillas de sésamo dorado, calentadas en una sartén sin aceite hasta que desprendan su aroma
- 1 cdta. de sal marina en escamas

Los nabos se deshacen con facilidad si se cuecen demasiado, por lo que la clave de este plato es encontrar el momento perfecto en el que ya no estén crudos pero estén hechos. Delicioso, cremoso y sencillo, no se lo pierda. Si añade la sal durante la cocción, la leche de soja se cortará. Sálela antes de servir.

-

Corte las puntas de los nabos, dejando 1 cm de los tallos. Frótelos bien y córtelos a lo largo en 6 cuñas. Tome las hojas y deseche las que estén amarillas, marrones o marchitas. Corte las hojas y los tallos a lo ancho en trozos de 3 cm.

En una cazuela de fondo grueso, caliente el aceite a fuego medio. Añada la harina y fríala con una cuchara plana de madera, removiéndola constantemente, sin que se dore, unos 3 minutos. Retírela del fuego e incorpore la leche fuera del fuego hasta que esté fina. Después, añada el *dashi*. Vuelva a poner la cazuela al fuego, agregue el nabo y cuézalo sin que llegue a hervir (o la leche de soja se cortará), removiéndolo constantemente, unos 5 minutos. Eche las hojas y los tallos y cuézalos hasta que las hojas se ablanden y los nabos se puedan justo pinchar con una brocheta de bambú, unos 2 minutos más.

Esparza las semillas de sésamo, repártalo entre cuatro boles y sálelo. Sírvalo de inmediato.

海老芋の煮物

«PATATAS CAMARÓN» COCIDAS

EBI-IMO NO NIMONO

Preparación: 15 minutos
Cocción: 20 minutos
Para 4 personas

V SL SFS

- 4 «patatas camarón» o raíces de taro pequeñas (150 g)
- ½ cda. de salvado de arroz
- 1 lámina cuadrada de alga kombu de 10 cm
- 500 ml de Happo dashi (véase pág. 25)
- 1 cda. de hon mirin
- ¼ de cdta. de sal marina fina
- 2 cdas. de usukuchi shoyu (véase pág. 344)
- 1 cdta. de piel de yuzu o de limón Meyer en juliana fina

Las *ebi-imo* son una variedad de raíz de taro alargada, con forma de camarón, famosas en Kioto, pero también se encuentran en el sur de Japón. Apreciadas por su dulzura y su textura cremosa, resultan excepcionales en los platos cocidos a fuego lento, ya que no se deshacen. El *dashi* empleado para cocerlas eleva este sencillo plato a lo sublime.

-

Pele las «patatas camarón» con un cuchillo afilado, desechando las puntas. Lávelas y colóquelas en una cazuela. Llénela con agua fría hasta cubrirlas y añada el salvado de arroz. Llévelas a ebullición a fuego vivo, baje el fuego y cuézalas hasta que pueda pincharlas hasta el centro con una brocheta de bambú, unos 10 minutos. Escúrralas, elimine los restos de salvado y aclare la cazuela.

Extienda el *kombu* en el fondo de la cazuela y añada el *happo dashi*, el *mirin*, la sal y la *usukuchi shoyu*. Corte las «patatas» por la mitad a lo largo y échelas. Llévelas a ebullición a fuego medio-alto, baje el fuego y cuézalas hasta que absorban el caldo, de 5 a 7 minutos.

Sírvalas con el caldo y el *yuzu* por encima. Están mejor calientes, pero se pueden tomar a temperatura ambiente. Se conservarán bien varios días en el frigorífico. Recaliéntelas antes de servirlas.

NABOS GUISADOS

ふきの葉の煮物

HOJAS DE RUIBARBO COCIDAS

FUKI NO HA NO NIMONO

Preparación: 10 minutos
Cocción: 8 minutos
Para unos 115 g

V SL SFS <30

- 75 g de hojas de ruibarbo de ciénaga, de 2-3 tallos (fuki, véase pág. 346)
- 1½ cdas. de aceite de sésamo dorado tostado oscuro
- 2 cdas. de shoyu
- 2 cdas. de hon mirin
- 2 cdas. de Kombu dashi (véase pág. 22)
- 1 cda. de semillas de sésamo dorado

Los brotes de ruibarbo de ciénaga (*fuki no to*), un apreciado manjar de primavera, se suelen freír. Los tallos, en cambio, se cuecen a fuego lento en un *dashi* con sabor a *mirin* y *shoyu*. Por lo general, las hojas no se comen; aquí se cuecen cambiando el agua varias veces para eliminar su amargor. Un plato perfecto para tomar con un bol de arroz.

-

Llene tres cuartas partes de una cazuela con agua y llévela a ebullición a fuego vivo. Añada las hojas de ruibarbo y cuézalas 1 minuto. Escúrralas y refrésquelas bajo un chorro de agua fría. Repita la operación dos veces más hasta cocerlas 3 minutos en total. Estruje el exceso de agua y píquelas finas.

Caliente el aceite en una sartén a fuego medio-bajo. Estruje las hojas una vez más y fríalas. Remuévalas con una cuchara plana de madera 1 minuto para mezclarlas bien con el aceite. Añada el *shoyu*, el *mirin* y el *dashi* y remueva a fuego medio-alto hasta que los líquidos se hayan absorbido, unos 2 minutos. Esparza las semillas de sésamo.

Sírvalas a temperatura ambiente. Se conservarán bien 2 o 3 días en un recipiente cerrado dentro del frigorífico.

風呂吹き大根

DAIKON AL VAPOR CON MISO

FUROFUKI DAIKON

Preparación: 20 minutos, más 20 minutos para enfriar
Cocción: 35 minutos
Para 4 personas

V SL SG SFS

- 1 trozo de daikon de 12 cm (300 g)
- 1 lámina cuadrada de alga kombu de 10 cm
- 400 ml de Happo dashi (véase pág. 25)
- 4 cdas. de Aka taki miso (véase pág. 29)
- 1 cdta. de zumo de jengibre recién exprimido

Aunque normalmente se cuece a fuego lento, aquí se hace al vapor para conservar su forma (si no a veces se estropea). Existen múltiples variantes de la salsa de *miso*, según los gustos de cada persona. Puede ser dulce, por la adición de azúcar o *mirin*, o picante, por la mezcla de especias japonesa (*shichimi togarashi*, véase pág. 351). Para el zumo de jengibre, rállelo fino y estrújelo con las manos.

-

Corte el *daikon* a lo ancho en 4 rodajas de unos 3 cm de grosor. Pélelas y bisele los bordes. Realice un corte en forma de cruz en la superficie de cada una hasta alcanzar un tercio de su altura para que se hagan de manera uniforme y absorban mejor el líquido de cocción.

Coloque una vaporera de bambú sobre un wok. Vierta agua hasta alcanzar un tercio de su volumen y llévela a ebullición.

Ponga el *kombu* en una cazuela metálica pequeña y añada el *daikon*, con el corte hacia abajo. Introdúzcala en la olla de vapor, tápela y cuézalo hasta que pueda pincharlo hasta el centro con una brocheta de bambú, unos 20 minutos. Añada el *happo dashi* y prosiga con la cocción 8 minutos. Saque la olla de la vaporera y déjela que se enfríe.

Ponga el *aka taki miso* en un bol e incorpore el zumo de jengibre y 1 cucharada del líquido de cocción del *daikon*. Remuévalo hasta que se diluya.

Una vez frío, disponga cada rodaja de *daikon* en un bol y vierta el líquido de cocción por encima. Corónelo con una cucharada del *aka taki miso* y sírvalo.

DAIKON AL VAPOR CON MISO

大根の山椒炊き

DAIKON COCIDO CON SANSHO

DAIKON NO SANSHOU-DAKI

Preparación: 15 minutos
Cocción: 45 minutos
Para 4 personas

V SL SFS

- 600 g de daikon pelado
- Agua de arroz o agua fría
- 400 ml de Kombu dashi (véase pág. 22)
- 200 ml de Dashi con setas shiitake (véase pág. 22)
- 2 cdtas. de pimienta sansho verde molida
- 2 cdtas. de usukuchi shoyu (véase pág. 344)
- 1 cdta. de sal marina en escamas
- 4 ramitas de hojas de sansho, para decorar (opcional)

El *sansho* es la pimienta autóctona japonesa. Crece en las laderas de la prefectura de Wakayama, considerada la cuna de la cocina japonesa. La mejor es de color verde y tiene notas cítricas. La de menor calidad es marrón y debe evitarse. El *sansho* sirve para aromatizar los platos de *daikon* cocido, ya que lo suaviza y confiere un perfil neutro.

-

Corte el *daikon* en trozos triangulares irregulares de 3 cm (*rangiri*, véase pág. 17) y bisele los bordes. Póngalo en una cazuela y añada el agua de arroz hasta cubrirlo. Llévelo a ebullición a fuego medio-alto, baje el fuego y cuézalo hasta que pueda pincharlo hasta el centro con una brocheta de bambú, unos 30 minutos. Escúrralo en un colador de malla y páselo por agua fría para refrescarlo hasta que esté frío y translúcido.

Aclare la cazuela y coloque el *daikon* con cuidado en su interior. Añada el *kombu dashi*, el *dashi* con setas *shiitake*, el *sansho*, la *usukuchi shoyu* y la sal, y cuézalo a fuego medio-bajo unos 10 minutos para aromatizarlo y que se reduzcan los líquidos a un tercio. Retírelo del fuego y enfríelo en la cazuela a temperatura ambiente para que absorba el líquido de la cocción.

Cuando esté listo para servir, dele un hervor suave y viértalo en un bol. Adórnelo con las hojas de *sansho*, si lo desea. Se conservará bien un par de días si lo guarda en el frigorífico con el líquido de cocción.

さつまいものレモン煮

BONIATO COCIDO CON LIMÓN

SATSUMA IMO NO REMON-NI

Preparación: 10 minutos, más 3 horas para enfriar y refrigerar
Cocción: 15 minutos
Para 4 personas

V SL SG SFS <5

- 2 boniatos pequeños (de 150 g cada uno)
- 4 cdas. de zumo de limón recién exprimido
- 2 cdas. de azúcar ecológico
- 1 fruto de gardenia seco (kuchinashi, véase pág. 350), opcional

El fruto de la gardenia (*kuchinashi*) aporta color, intente encontrarlo. Debería poder comprarlo a través de Internet, ya que se utiliza en la medicina herbal china, conocida como *shan zhi zi* (山梔子). El dulzor natural del boniato se ve realzado por el líquido de cocción, ácido y ligeramente azucarado. El resultado es un plato sencillo que merece nuestra atención.

-

Raspe los boniatos, sin pelarlos, y córtelos en rodajas de 1 cm de grosor. Póngalos en una cazuela, añada el zumo de limón, el azúcar y 400 ml de agua. Abra el *kuchinashi* (si utiliza) y añádalo también. Cuézalo a fuego medio-alto hasta que pueda pinchar el boniato con una brocheta de bambú, de 12 a 15 minutos. Retire el *kuchinashi* y deje que el boniato se enfríe a temperatura ambiente en el líquido de cocción. Refrigérelo 2 horas.

Sírvalo como acompañamiento o de aperitivo.

BONIATO COCIDO CON LIMÓN

餅の白菜巻きトロみがけ

MOCHI CON COL CHINA Y SALSA SEDOSA

MOCHI NO HAKUSAI-MAKI TOROMI-GAKE

Preparación: 30 minutos
Cocción: 25 minutos
Para 4 personas

V SL SFS

- 4 hojas grandes (250 g) de col china
- 2 saquitos de tofu frito (usuage, véase pág. 352)
- Agua hirviendo
- 2 trozos (de 40 g cada uno) de mochi de arroz integral deshidratado
- 800 ml de Kombu dashi (véase pág. 22)
- 6 cdas. de sake
- 1 cda. de usukuchi shoyu (véase pág. 344)
- 1 cdta. de sal marina en escamas
- 1 cda. de hon kuzu (véase pág. 353) disuelto en 3 cdas. de agua hasta que esté fino

Las capas de col china escaldada y tofu frito crujiente que envuelven este *mochi* resultan irresistibles. El rollito, ligero y sin sal, contrasta maravillosamente con el *dashi*, ligeramente salado, y nos permite disfrutar de sus texturas y sabores naturales. Estamos ante la quintaesencia de la cocina japonesa vegetariana.

-

Retire la parte blanca y dura del centro de las hojas de col y resérvela para otro plato. Lleve a ebullición una cazuela con agua a fuego vivo. Sumerja las hojas en el agua y cuézalas 30 segundos. Sáquelas y refrésquelas bajo un chorro de agua fría.

Escurra el *usuage* en un colador de malla y vierta agua hirviendo por encima durante 10 segundos. Abra todos los lados de cada «saquito» y sepárelo en cuatro piezas rectangulares.

En una sartén tapada, caliente el *mochi* a fuego lento, dándole vueltas, hasta que esté lo suficientemente blando para cortarlo con un cuchillo, 5 o 6 minutos. Córtelos en cuartos y resérvelos.

Coloque las 4 hojas de col más bonitas, cortadas del mismo tamaño que las mitades de *usuage*, en una bandeja de horno en sentido vertical. Ponga las 4 hojas de col restantes de manera uniforme encima de las otras (manteniendo el tamaño del *usuage*). Añada una mitad de *usuage*, con la piel hacia abajo, encima de cada pila de hojas. Corónelo con 2 cuartos de *mochi*, uno al lado del otro, en el lado corto de cada *usuage*, a unos 2 cm del borde inferior. Recorte la col que sobresalga de la parte superior o inferior del *usuage* y deséchela. Enróllelo y asegure cada rollito con dos palillos, pinchando cada *mochi* de lado a lado, como si fuera un pincho.

En un cazo, mezcle el *dashi*, el sake, la *usukuchi shoyu* y la sal, y llévelo a ebullición a fuego medio. Eche los rollitos, unos al lado de los otros, y baje de inmediato el fuego. Cuézalos 10 minutos. Retire 400 ml del *dashi* y páselo a otro cazo. Tape los rollitos y déjelos en el *dashi* restante para que se mantengan calientes.

Vierta el *kuzu* en el cazo del *dashi* y cuézalo a fuego lento, removiéndolo constantemente, hasta que se espese un poco, unos 3 minutos.

Corte cada rollito por la mitad o déjelo entero, en función del tamaño del *usuage*, en un bol. Vierta la salsa por encima y sírvalos calientes como un magnífico primer plato.

MOCHI CON COL CHINA Y SALSA SEDOSA

薄葛仕立ての高野豆腐清し

KOYADOFU Y ESPINACAS CON KUDZU DASHI

USUKUZU-JITATE NO KOUYADOUFU-SUMASHI

Preparación: 30 minutos
Cocción: 10 minutos
Para 4 personas

V SL SFS

- 1 manojo pequeño (200 g) de espinacas
- 500 ml de Kombu dashi (véase pág. 22)
- 2 cdas. de usukuchi shoyu (véase pág. 344)
- ½ cdta. de sal marina fina
- 4 Koyadofus rehidratados (véase pág. 36)
- 1 zanahoria mediana (150 g) pelada y en rodajas de 5 mm de grosor (si es grande, córtela por la mitad a lo largo y después en medias lunas)
- 1 cda. de hon kuzu (véase pág. 353) disuelto en 3 cdas. de agua hasta que esté fino

El tofu liofilizado (*koyadofu*, véase pág. 352) ha sido un ingrediente habitual de la cocina japonesa vegetariana desde que unos monjes lo descubrieran, de manera accidental, hace cientos de años. Por supuesto, el método moderno de prepararlo ya no consiste en congelarlo en la nieve y dejarlo secar al sol; sin embargo, es interesante saber prepararlo, ya que el ingrediente principal es seco, así que siempre lo tendrá a mano. Aquí las texturas sedosas y los bonitos colores recuerdan a la cocina budista.

-

Lleve a ebullición una cazuela con agua. Escalde las espinacas 10 segundos. Sáquelas y refrésquelas inmediatamente bajo un chorro de agua fría. Escúrralas, sacúdalas y estrújelas. Córtelas a lo ancho en trozos de 6 cm y apílelas de forma atractiva, en un lado de cuatro boles.

En una cazuela, lleve el *kombu dashi*, la *usukuchi shoyu* y la sal a ebullición a fuego medio-alto. Introduzca el *koyadofu* y la zanahoria, baje el fuego y cuézalos 5 minutos para ablandar la zanahoria y permitir que los ingredientes absorban el sabor.

Incorpore el *kuzu*. Cuézalo a fuego lento, removiéndolo constantemente, hasta obtener una salsa sedosa, 5 minutos más.

Coloque en cada bol un trozo de *koyadofu* apoyado sobre una mitad de las espinacas y las zanahorias sobre el extremo inferior del *koyadofu*. Vierta el *kuzu dashi* por encima y sírvalo de inmediato.

KOYADOFU Y ESPINACAS CON KUDZU DASHI

KOYASAN

Mientras nos abríamos paso por entre los principales templos históricos del corazón de Koyasan, casi podía sentir el crujido de la nieve bajo los pies. De hecho, fue un otoño inusualmente templado. Una brisa ligera removía la alfombra de hojas anaranjadas, amarillas y rojas. El sol se asomaba entre las copas de los árboles. La idea de la nieve era magnífica, pero me pregunté si el pleno invierno sería el mejor momento para visitar Koyasan.

Koyasan es un asentamiento de templos budistas situado en el parque de Koya-Ryujin, en un remoto rincón de la prefectura de Wakayama, en el sudoeste de Japón, que tiene más de mil años de antigüedad. Este sitio sagrado es el punto de partida de la ruta Kohechi del Kumano Kodo, uno de los caminos de peregrinación más famosos de Japón. También alberga la tumba de la familia Tokugawa, donde está consagrado el primer *shogun* de Japón, Ieyasu Tokugawa (junto con el segundo, Hidetada, y el tercero, Iemitsu). Koyasan fue designado Patrimonio de la Humanidad por la UNESCO en 2004.

Conocí a Jijyun Inaba hace varios años en unas jornadas sobre fermentación en Kioto. Sacerdote budista, Inaba es el hijo mayor de la familia que ha estado históricamente relacionada con Kongobuji, el principal templo y monasterio del budismo *shingon*, una importante secta budista introducida en Japón en el año 805, a principios del periodo Heian, por el sacerdote Kukai (tras su muerte, Kobo Daishi). El templo es famoso por su soberbia arquitectura y su magnífica colección de puertas correderas (*fusuma*), de varios siglos de antigüedad, que sirven de paredes móviles por todo el templo.

Inaba accedió amablemente a mostrarme varios de los secretos de Koyasan. Después de pasar un rato en la cocina con Tomiyo Nakatani, una abuela octogenaria, disfrutamos del *shojin ryori* (cocina budista japonesa) en una sala sagrada reservada para las reuniones formales de los sacerdotes. Todo estaba cocinado con el corazón y cada plato mostraba una cuidadosa atención por el color; era un verdadero bálsamo para el cuerpo y el alma.

Ese mismo día nos sentamos con Koukan Nakamura, un sacerdote al que le apasionaba la cocina *shojin ryori*. Me enseñó cientos de fotos de platos que había preparado a lo largo de los años, muchos de ellos con un toque occidental o moderno. Está claro que la cocina budista abarca una amplia gama de estilos, siempre que se respeten sus principales parámetros.

Nakamura también había preparado la comida devocional de los monjes (simple y sencilla) durante tres años en Okunoin, un templo en el que los sacerdotes llevan preparando diariamente una ofrenda matinal para el fundador de la secta, Kobo Daishi, a las 6 y a las 10 de la mañana, durante más de 800 años. Observar a los monjes vestidos de naranja levantar los palos para transportar la gran caja de madera provista de agujeros, para que los recipientes de comida no se caigan, y cruzar el puente de piedra hasta el mausoleo adyacente, es impactante y digno de ver.

Los jardines que rodean Kongobuji, diseñados en el periodo Edo (1603-1868), son muy famosos y se pueden disfrutar durante los cambios de estación. También existe un precioso jardín de arena y piedra que anima a la contemplación, así como el Jardín de Rocas Banryutei, el más grande de Japón. Se utilizaron ciento cuarenta rocas de granito, traídas desde Shikoku, lugar de nacimiento de Kukai, para su composición, que representa a dos dragones surgiendo de un mar de nubes para proteger el santuario.

Me llamó la atención la cocina central, con su enorme *irori* (hogar de carbón para cocinar y calentar habitaciones) y numerosos *kamado* (hogares de leña para cocinar), capaces de cocer 280 kg de arroz para unos 2000 monjes al día. Los *irori* y los *kamado* has sido los fogones habituales de la cocina tradicional japonesa y, hasta que renovamos nuestra casa de campo familiar en el año 2000, la cocina seguía teniendo un *kamado* para cocer el arroz y los fideos. En la cocina de Kongobuji también había un gran artilugio de madera colgando de las vigas, un *nezumi otoshi*: una estantería suspendida para almacenar el grano junto a la cocina y protegerlo de los roedores que pudiera haber. Naturalmente, puesto que estos podían acceder a través de las vigas, estaba provisto de una campana de madera bastante más grande, recubierta por completo con papel japonés (*washi*). Como el *washi* es incapaz de soportar el peso de los roedores, estos se caían al suelo. Aunque han existido otros «guardianes de roedores» en Japón, este ingenioso diseño es único en Kongobuji (¡y la envidia de cualquiera que viva en una granja antigua!).

Durante el apogeo del periodo Edo, Koyasan llegó a albergar más de 2000 templos, además de Kongobuji. Dado el entorno de Koyasan (situado en una cuenca rodeada de ocho picos montañosos, que lo asemeja a una flor de loto sagrada), esta remota zona ha servido de retiro a innumerables generaciones de peregrinos, que acudían en busca de una vida contemplativa y necesitaban un lugar donde alojarse. Así comenzó la tradición de que los templos acogieran a huéspedes previo pago. Hoy en día existen unos cincuenta y dos alojamientos en un templo (*shukubo*), en los que se puede dormir, comer la comida vegetariana de los monjes (*shojin ryori*) y asistir a las oraciones de la mañana.

白菜のクリーム煮

COL CHINA CON SALSA

HAKUSAI NO KURI-MU NI

Preparación: 25 minutos
Cocción: 10 minutos
Para 4 personas

V SL SFS

- 3 hojas grandes (200 g) de col china
- ¼ de manojo (50 g) de espinacas
- 40 g de yuba fresca (véase pág. 352)
- 2 cdas. de aceite de sésamo sin tostar
- 3 cdas. de harina común sin blanquear
- 150 ml de Kombu dashi (véase pág. 22)
- 3 setas shiitake frescas medianas (50 g) sin los tallos y con los sombreros en rodajas finas
- 200 ml de leche de soja
- ½ cdta. de sal marina en escamas
- 1½ cdtas. de semillas de sésamo blanco, calentadas en una sartén sin aceite hasta que desprendan su aroma

La col china es muy tierna cuando se cuece al vapor o con agua. La *velouté* de esta receta no lleva lácteos sino leche de soja y *yuba* fresca, que se añaden al final. El sésamo y las setas *shiitake* aportan profundidad y las espinacas confieren equilibrio a este plato, aparentemente sencillo. Para una versión sin gluten, utilice harina de arroz integral ecológica (véase pág. 353).

-

Corte las hojas de col en cuartos a lo largo. Corte los trozos del tallo a lo ancho en tiras de 1 cm de ancho y los de las hojas blandas en trozos de 3 cm. Mantenga los dos montones separados.

Ponga un cazo con agua a fuego vivo y llévelo a ebullición. Sumerja los tallos de las espinacas en el agua hirviendo 10 segundos y después las hojas. Sáquelas con un colador de malla. Refrésquelas bajo un chorro de agua fría y escúrralas. Estrújelas y córtelas a lo ancho en trozos de 2 cm.

Corte la *yuba* por la mitad a lo largo y después a lo ancho en trozos de 1 cm. Pásela a un bol y resérvela.

En una cazuela, caliente el aceite a fuego lento. Incorpore la harina y remuévala con una cuchara plana de madera hasta que burbujee, pero sin que tome color, unos 2 minutos. Vierta despacio el *dashi*, batiéndolo rápidamente, para obtener una salsa fina. Añada las partes del tallo de la col y cuézalas a fuego lento 2 minutos. Agregue el resto de la col y el *shiitake*, y cuézalo 1 minuto más. Vierta la leche de soja y caliéntelo, removiéndolo, 1 minuto. Añada las espinacas, la *yuba*, la sal y 1 cucharadita de las semillas de sésamo. Cuézalo 30 segundos más.

Colóquelo en boles y esparza la ½ cucharadita restante de semillas de sésamo. Sírvalo con un bol de arroz, si lo desea.

炒め物　Y　焼物

Tanto si se trata de asar a la brasa como de ahumar con carbón a baja intensidad, cocinar con fuego es un método japonés milenario que sigue vigente en la actualidad.

Al ser muy rápido, se presta a utilizar una parrilla japonesa de carbón con tierra de diatomeas (*shichirin*, véase pág. 354) en el interior de los hogares, si la zona está bien ventilada, o en la parte exterior de la vivienda. La tierra de diatomeas, compuesta por restos fosilizados de algas, es blanda y porosa, por lo que favorece el intercambio uniforme de aire y la cocción lenta. En algunas casas tradicionales de la montaña siguen teniendo un hogar sumergido forrado de metal (*irori*, véase pág. 194), que no es otra cosa que un agujero en el suelo lleno de arena en el que se esparcen las brasas para cocinar los alimentos y calentar la estancia. El arroz, por ejemplo, se machaca y se forman unos rollitos de arroz alrededor de unas brochetas (*kiritampo*), que se clavan en la tierra sobre las brasas en forma de tipi para que se cocinen despacio, girándolas de vez en cuando. O se puede colgar una olla de sopa de verduras de raíces y tubérculos (*kenjinchiru*) de un gancho del techo (*jizaikagi*) para que se haga a la brasa.

Otros estilos de cocción similares se pueden duplicar con éxito con quemadores de gas de mesa, unidades eléctricas portátiles o sobre el fogón.

Asar los alimentos potencia su sabor intrínseco y les añade una nota de intensidad que se agradece cuando se elabora un menú vegetariano. Aunque la *tare* (una salsa a base de *shoyu* o *miso*) se asocia sobre todo con la carne o el pescado a la parrilla, también se utiliza para untar verduras y frutas, como los caquis (véase Caqui asado con *sansho*, pág. 222), ya que realza las propiedades de las brasas. Eso sí, tenga cuidado porque el *shoyu* (y las salsas a base de *miso* o *koji*) se caramelizan y se queman rápido.

El *dengaku miso* es otra de las salsas que se utilizan para la parrilla, pero en este caso se extiende sobre las verduras una vez asadas y después se colocan en un gratinador para que se caramelicen.

Los dos principales métodos japoneses para saltear verduras son el *kinpira* y el *abura miso*. Las verduras cortadas en juliana (o rodajas finas) se saltean en aceite de sésamo o colza con guindilla roja deshidratada hasta que están medio hechas y se terminan con *shoyu* o *miso* diluido con sake. En el *abura miso* se añaden unas tiras finas de jengibre cuando la verdura está medio hecha. Con estas dos preparaciones japonesas básicas puede saltear cualquier verdura que tenga a mano. En el campo, estos platos suelen llevar solo un tipo de verdura. En la ciudad o en los templos, es más probable que haya varias. Y como el tofu japonés es blando, generalmente no se suele saltear, aunque los saquitos de tofu frito (*abura age*), sin embargo, se pueden añadir a las verduras salteadas para completar su sabor.

ITAMEMONO Y YAKIMONO

SALTEADOS Y ASADOS

筍南蛮炒め

BAMBÚ CON MISO PICANTE

TAKENOKO NANBAN-ITAME

Preparación: 15 minutos
Cocción: 5 minutos
Para 4 personas

V · SL · SG · SFS · <30

- 250 g de Brotes de bambú cocidos (véase pág. 34) de 10 cm de largo
- 1 cda. de miso de cebada
- 1 cda. de miso blanco
- 1 cda. de aceite de sésamo tostado
- 1 guindilla roja japonesa deshidratada pequeña despepitada y picada fina

Los brotes de bambú se cuecen generalmente a fuego lento con un *dashi* ligero y se sirven con unas hojitas de *sansho*, pero me encanta lo vistosa que resulta esta preparación con *miso* de cebada. Los platos que llevan *nanban* («bárbaros del sur») en el nombre, lo hacen en alusión a las guindillas.

-

Corte los brotes de bambú en cuartos a lo largo y después a lo ancho en rodajas de 5 mm de grosor (*ichogiri*, véase pág. 17).

En un bol, machaque el *miso* de cebada y el blanco. Resérvelo.

Caliente el aceite de sésamo en una sartén a fuego medio-alto. Añada los brotes de bambú y saltéelos hasta que se caramelicen ligeramente los bordes, unos 2 minutos. Retírelos del fuego y añada el *miso* hasta cubrirlos. Agregue la guindilla y remuévalos una o dos veces para que se distribuya bien.

Sírvalos calientes o a temperatura ambiente para revitalizar un menú de primavera.

新生姜のきんぴら

KINPIRA DE JENGIBRE TIERNO

SHIN-SHOUGA NO KINPIRA

Preparación: 20 minutos
Cocción: 5 minutos
Para 4 personas

V · SL · SFS · <30

- 20 tirabeques (100 g) sin las puntas ni los hilos
- 2 cdtas. de sal marina fina
- 1 cda. de aceite de sésamo sin tostar
- 120 g de jengibre tierno raspado y cortado a lo ancho en rodajas de 3 mm
- 6 cdas. de sake
- 2 cdtas. de usukuchi shoyu (véase pág. 344)
- 2 cdtas. de azúcar de caña japonés marrón claro (kibizato, véase pág. 345)
- 1 cdta. de piel de limón en tiras finas

Cuando el jengibre tierno llega a los puestos de los mercados, sus raíces, de color amarillo pálido y tinte rosado, se comen crudas con *miso* o se utilizan para decorar sopas y ensaladas. Pero el jengibre tierno también aporta sabor a las verduras salteadas, como los tirabeques. Aquí su toque picante combina muy bien con la piel de limón. Podríamos decir que estamos ante la primavera servida en un plato.

-

Lleve a ebullición una cazuela con agua a fuego vivo. Añada los tirabeques y la sal y cuézalos 30 segundos. Sáquelos con un colador de malla, sacúdalos y séquelos con un paño de cocina. Córtelos por la mitad en diagonal.

Caliente a fuego vivo el aceite de sésamo en una sartén. Añada el jengibre y saltéelo hasta que se ablande y se dore ligeramente, durante 1½-2 minutos. Baje el fuego a medio-alto y agregue el sake, la *usukuchi shoyu* y el azúcar. Cuézalo, removiéndolo, unos 30 segundos más para que se reduzcan los líquidos y se caramelice.

Añada los tirabeques, remuévalos una o dos veces para distribuir los ingredientes y sírvalos en cuatro boles. Adórnelos con la piel de limón y sírvalos calientes o a temperatura ambiente.

KINPIRA DE JENGIBRE TIERNO

セロリの塩きんぴら

KINPIRA DE APIO CON SAL

SERORI NO SHIO KINPIRA

Preparación: 20 minutos
Cocción: 5 minutos
Para 4 personas

V SL SG SFS <30

- 4 tallos medianos de apio sin las hojas (300 g)
- 2 zanahorias (150 g) peladas
- 2 cdas. de aceite de sésamo dorado ligeramente tostado
- 2 cdas. de sake
- ¼ de cdta. de sal marina en escamas
- Mezcla de especias japonesa (shichimi togarashi, véase pág. 351), para servir

El apio tiene una textura similar (aunque no un sabor) a la del *udo*, por lo que combina bien en el *kinpira* (verduras salteadas con aceite de sésamo y *shoyu*). En esta variante, el uso de sal y sake en lugar de *shoyu* conserva los colores del apio y la zanahoria. Utilice las hojas de apio para preparar un caldo de verduras delicioso y ligero o para la Tempura de taro, *soba gaki* y hojas de apio (véase pág. 146).

-

Corte el apio y las zanahorias en una juliana de 4 cm de largo.

En una sartén, caliente el aceite a fuego medio-alto hasta que desprenda calor. Añada el apio y la zanahoria y saltéelos rápido hasta que se empiecen a ablandar, 2 o 3 minutos. Vierta el sake, sálelos y continúe salteándolos durante 1 minuto más para que el líquido se evapore.

Colóquelos en una fuente bonita o en boles individuales y esparza un poco de *shichimi togarashi*. Están deliciosos calientes o a temperatura ambiente, o incluso fríos al día siguiente.

豆乳ポテトグラタン

PATATAS GRATINADAS CON LECHE DE SOJA PICANTE

TOUNYUU POTETO GURATAN

Preparación: 10 minutos
Cocción: 15 minutos
Para 8 gratinados pequeños o 1 mediano

V SL SG <30

- 600 g de patatas cocidas o al vapor en rodajas de 5 mm
- 2 cdtas. de sal marina en escamas
- 2 cdtas. de hojas de shiso verde picadas finas
- 1 cdta. de mezcla de especias japonesa (shichimi togarashi, véase pág. 351)
- 80 g de «Queso» vegano al estilo parmesano (véase pág. 38) rallado o desmenuzado
- 400 ml de leche de soja

Esta receta se me ocurrió durante una noche de insomnio, mientras soñaba que estaba catando recetas. Prepárela cuando tenga restos de patatas cocidas o al vapor.

-

Coloque una rejilla en el tercio superior del horno y precaliéntelo a 220 °C.

En un bol, mezcle las patatas con la sal, el *shiso* y *el shichimi togarashi*, y distribúyalas de manera uniforme entre 8 ramequines de cerámica o una fuente ovalada de 18 × 26 cm. Extienda el «queso». Vierta 50 ml de leche de soja en cada ramequín o toda la leche de soja sobre el gratinado.

Hornéelo unos 12 minutos, hasta que la leche de soja comience a burbujear y el queso esté dorado. Sírvalo caliente.

KINPIRA DE APIO CON SAL

夏野菜の梅味噌炒め

VERDURAS DE VERANO SALTEADAS CON UME MISO

NATSU YASAI NO UME MISO ITAME

Preparación: 30 minutos
Cocción: 10 minutos
Para 4 personas

V SL SG SFS

- 3 berenjenas japonesas pequeñas (250 g)
- ½ calabacín mediano (125 g)
- 1 pimiento rojo grande (175 g)
- 1 cdta. de sal marina en escamas
- 10 judías verdes finas (25 g)
- 1½ cdas. de aceite de sésamo dorado ligeramente tostado
- ½ cda. de jengibre fresco en rodajas finas
- 5 cdas. de sake
- 4 cdas. de Miso de ciruelas encurtidas (véase pág. 42)
- 1 ume encurtida en miso picada fina (de la elaboración anterior), opcional
- 1 cda. de semillas de sésamo dorado, calentadas en una sartén sin aceite hasta que desprendan su aroma

Si no dispone de *miso* de ciruelas encurtidas, utilice el *miso* que desee, excepto blanco. En ese caso, quizá le convenga añadir algo más de sésamo. El *miso* combina muy bien con la berenjena y los pimientos. Estos salteados de *miso* (*abura miso*) se sirven a menudo en las zonas rurales durante los meses de verano. El calabacín, aunque no es una verdura tradicional japonesa, se cultiva hoy en día en todo el archipiélago. Cuando se saltea, suelta mucho jugo, por lo que es mejor añadir poco en relación con la berenjena, de sabor más fuerte.

-

Corte los extremos de las berenjenas y de los calabacines y deséchelos. Córtelos por la mitad a lo largo y después a lo ancho en trozos de 1 cm. Sumerja la berenjena en agua fría para evitar que se oxide.

Retire el corazón y las semillas del pimiento y córtelo en trozos irregulares de 2 cm (*rangiri*, véase pág. 17).

Llene tres cuartas partes de una cazuela con agua, sálela y llévela a ebullición a fuego vivo. Añada las judías y cuézalas hasta que apenas pierdan color, de 1 a 3 minutos, dependiendo del grosor. Recorte las puntas y corte las judías a lo ancho en trozos de 2 cm. Resérvelas.

Escurra la berenjena y séquela. En una sartén, caliente 1 cucharada de aceite a fuego lento. Añada el jengibre, remuévalo una vez para que se impregne de aceite y agregue la berenjena, el calabacín y el pimiento. Suba el fuego, tápelos y sofríalos, removiéndolos de vez en cuando, hasta que se doren ligeramente, 2 o 3 minutos.

Vierta la ½ cucharada de aceite restante y el sake, y remueva bien. Añada el *ume miso* y la *ume* encurtida en *miso* (si utiliza) y saltéelos. Baje el fuego, tápelos y saltéelos hasta que las verduras se ablanden bien, 2 o 3 minutos más. Añada las judías y las semillas de sésamo y sírvalas calientes o a temperatura ambiente. Se conservarán bien 2 o 3 días dentro del frigorífico.

VERDURAS DE VERANO SALTEADAS CON UME MISO

ピーマンの炒め物

PIMIENTOS VERDES SALTEADOS CON PIÑONES

PI-MAN NO ITAME-MONO

Preparación: 15 minutos
Cocción: 2 minutos
Para 4 personas

V SL <30

- 8 pimientos verdes japoneses pequeños (piman, véase pág. 347), 200 g
- 1 cda. de aceite de sésamo tostado
- 1 cda. de semillas de sésamo blanco, calentadas en una sartén sin aceite hasta que desprendan su aroma
- 1 cda. de shoyu
- 1 cda. de hon mirin
- 1 cda. de piñones, calentados en una sartén sin aceite hasta que desprendan su aroma

Los piñones y las semillas de sésamo aportan una nota deliciosa a los pimientos verdes y combinan muy bien con otros muchos platos. Sírvalos en verano, cuando los pimientos están de temporada. Si puede, compre pimientos verdes de piel fina (*piman*), como los de Japón. Si no encuentra, tendrá que cocinarlos más tiempo, ya que tendrán la piel más gruesa.

-

Corte los pimientos por la mitad a lo largo y deseche la parte superior y las semillas. Córtelos después en tiras finas a lo largo.

Caliente el aceite de sésamo en una sartén a fuego medio. Una vez caliente, eche los pimientos verdes. Sofríalos durante 1 minuto, añada las semillas de sésamo, remuévalos 15 segundos y vierta el *shoyu* y el *mirin*. Siga salteándolos 15 segundos a fuego vivo para que se evapore el líquido. Los pimientos no deberían estar crudos sino al dente. Agregue los piñones y páselos a un bol bonito. Sírvalos calientes o a temperatura ambiente.

キャベツの蒸し煮

REPOLLO ASADO EN LA SARTÉN

KYABETSU NO MUSHI-NI

Preparación: 10 minutos
Cocción: 10-15 minutos
Para 4 personas

V SL SG SFS <30

- ¼ de repollo (250 g)
- ½ cda. de aceite de sésamo sin tostar
- ½ cdta. de sal marina en escamas
- ½ cdta. de mezcla de especias japonesa (shichimi togarashi, véase pág. 351)
- 2 cdas. de Mayonesa de leche de soja (véase pág. 36), para servir

El simple hecho de asar el repollo en una sartén sin aceite permite que se haga al vapor en su propio jugo y quede blando y con un sabor muy intenso. Si lo deja enfriar a temperatura ambiente y lo sirve con una mayonesa de leche de soja aromatizada con *shichimi togarashi*, se convertirá en una guarnición inolvidable para tomar con un *ginger ale* o una cerveza fríos.

-

Corte el repollo (con el tronco) en trozos cuadrados de 4 o 5 cm.

Caliente el aceite en una sartén a fuego lento. Cuando la sartén y el aceite estén bien calientes, añada el repollo y sálelo. Tápelo bien y sofríalo lo más despacio posible 10 minutos. Dele la vuelta, de manera que los trozos de abajo queden arriba y los de arriba abajo, tápelo de nuevo y sofríalo hasta que esté muy blando, durante unos 5 minutos más. Páselo a un bol y déjelo enfriar a temperatura ambiente.

En un bol, mezcle el *shichimi togarashi* con la mayonesa. Sírvalo en platos individuales con un dado de mayonesa.

PIMIENTOS VERDES SALTEADOS CON PIÑONES

ピーマンのオーブン焼き

PIMIENTOS ASADOS AL HORNO CON YUBA

PI-MAN NO O-BUN YAKI

Preparación: 15 minutos
Cocción: 2 minutos
Para 4 personas

V SL SFS <30

- 4 pimientos pequeños japoneses verdes y rojos (piman, véase pág. 347) o pimientos rojos y amarillos (120 g)
- 70 g de yuba fresca (véase pág. 352)
- 2 cdas. de shoyu
- 1 cda. de Kombu dashi (véase pág. 22)

El pimiento verde japonés (*piman*) es ovalado y de piel fina. Fuera de Japón, los pimientos rojos y amarillos son un buen sustituto. Aunque generalmente se consumen verdes, hacia el final del verano empezamos a verlos en las plantas de color rojo, porque ya han empezado a madurar. Aquí su amargor se suaviza con la *yuba*. Los *piman* son muy ricos en vitamina C, por lo que ayudan a combatir la astenia veraniega.

-

Corte los pimientos por la mitad a lo largo. Deseche el corazón y las semillas. Gratínelos en un horno de sobremesa, de 60 a 90 segundos por cada lado, hasta que se ablanden ligeramente. Tenga cuidado de no hacerlos demasiado o se romperán. Córtelos a lo largo en tiras de 1 cm de ancho. Corte la *yuba* a lo ancho en trozos de 2 cm.

En un bol, mezcle el *shoyu* con el *dashi*.

En otro bol, mezcle los pimientos y la *yuba* con el aliño. Sírvalos de inmediato como una elegante ensalada veraniega.

焼きなす

BERENJENA ASADA CON DASHI

YAKINASU

Preparación: 15 minutos, más 2 horas para refrigerar
Cocción: 15 minutos
Para 4 personas

V SL SFS <5

- 4 berenjenas japonesas medianas (300 g)
- 400 ml de Happo dashi (véase pág. 25)
- 2 cdas. de usukuchi shoyu (véase pág. 344)
- 2 cdtas. de jengibre tierno rallado fino

Como los hornos o las superficies de cocción incorporadas no son habituales en las cocinas japonesas, en las ciudades utilizan parrillas de pescado u hornos de sobremesa. En el campo, tradicionalmente tenían una parrilla japonesa (*shichirin*, véase pág. 354) o un hogar de cenizas (*irori*, véase pág. 194), aunque en la actualidad se utilizan menos. Para pelar la berenjena, lo mejor es quemarla sobre las brasas o al fuego directo; además, así no estará aceitosa. Esta receta es perfecta para el verano, cuando está de temporada.

-

Ponga una parrilla de malla sobre las brasas de una parrilla japonesa de carbón (*shichirin*) o una llama de gas para que las berenjenas se quemen por todos los lados. (Como alternativa, gratínelas en el horno, a 10 cm del calor.) Pélelas, retire los puntos negros que tengan y recorte la parte superior. Córtelas a lo ancho en trozos de unos 2 cm y póngalas en un recipiente con tapa. Mezcle el *happo dashi* y la *usukuchi shoyu* y viértalo encima. Refrigérelas 2 horas.

Sírvalas en un bol con el *dashi*. Corónelas con un montoncito del jengibre y disfrútelas como un plato ligero en un menú de verano.

PIMIENTOS ASADOS AL HORNO CON YUBA

なすの焼き蒸し

BERENJENAS ASADAS AL VAPOR

NASU NO YAKI-MUSHI

Preparación: 30 minutos
Cocción: 15 minutos
Para 4 personas

V SL SFS <30

- 4 berenjenas japonesas pequeñas (300 g)
- 1 cda. de aceite de colza o sésamo sin tostar
- 2 cdtas. de shoyu
- 3 cdas. de daikon rallado fino escurrido en un colador fino
- 1 cdta. de jengibre fresco rallado fino
- 1 cdta. colmada de negis o cebolletas picados finos

El método de esta receta me lo pasó Nancy Ukai Russell, una vieja amiga de mi difunto editor, Kim Schuefftan. Lo aprendió el año que pasó como aprendiz de costura en el templo Kotokuji de Fukumitsu-machi, en la prefectura de Toyama, a finales de la década de 1970. Nunca había probado la berenjena así, pero creí que me encantaría. Escribí la receta y la probé. Estaba tal como imaginé; riquísima incluso con berenjenas de invierno.

-

Corte los cálices de las berenjenas y deséchelos. Córtelas por la mitad a lo largo.

Colóquelas, con el corte hacia abajo, unas al lado de las otras, en una tabla de cortar. Realice 3 o 4 cortes diagonales poco profundos, con una separación de unos 5 mm, en el centro de cada berenjena. Gire la tabla unos 45 grados en sentido contrario a las agujas del reloj y haga unos cuantos cortes en forma de cruz poco profundos sobre los tres primeros cortes. (Asegúrese de asar las berenjenas de inmediato después de cortarlas para que no se oxiden.)

Caliente una sartén de hierro fundido a fuego medio-alto. Cuando desprenda calor, agregue ½ cucharada del aceite. Añada las mitades de berenjena, con la carne hacia abajo. Fríalas durante 1 minuto y eche la ½ cucharada de aceite restante, levantándolas un poco e inclinando la sartén para empaparlas. Fríalas durante otro minuto más, hasta que se doren y tengan motas marrones. Deles la vuelta y fríalas 2 minutos por el lado de la piel. Vuelva a ponerlas con la carne hacia abajo y añada unos 75 ml de agua (el agua chisporroteará y burbujeará al entrar en contacto con la sartén). Tápela parcialmente para que salga el vapor, baje el fuego y cuézalas hasta que estén blandas pero no se deshagan, 4 o 5 minutos.

Retírelas del fuego y coloque 2 mitades de berenjena, con la carne hacia abajo, una al lado de la otra, en cada plato. Levante cada mitad y úntelas con ¼ de cucharadita de *shoyu* por debajo. Coloque 1 cucharadita de *daikon* rallado en el centro de cada una. Realice una pequeña hendidura en el centro del *daikon* e introduzca ⅛ de cucharadita de jengibre en un montoncito. Ponga ⅛ de cucharadita de *negi* picado encima del jengibre, en otro montoncito, o espárzalo artísticamente, y sírvalo como acompañamiento o como primer plato de una comida veraniega.

BERENJENAS ASADAS AL VAPOR

柚子味噌なす

BERENJENA A LA SARTÉN CON MISO DE YUZU

YUZU MISO NASU

Preparación: 35 minutos
Cocción: 10 minutos
Para 4 personas

V SL SG SFS <5

- 2 berenjenas japonesas redondas y pequeñas (250 g)
- 6 cdas. de aceite de sésamo blanco ligeramente tostado o de sésamo sin tostar
- Miso de yuzu (véase pág. 29)

Si fríe despacio la berenjena mientras la presiona de manera uniforme con un peso, potenciará su textura aterciopelada; el *miso* (dulce y con aroma a cítricos), por su parte, suavizará su toque terroso. Está deliciosa caliente, pero también se puede tomar a temperatura ambiente.

-

Corte los extremos de las berenjenas, pélelas y córtelas a lo ancho en rodajas de 2 cm de grosor. Sumérjalas de inmediato en un bol con agua fría por completo 5 minutos o hasta que vaya a utilizarlas. Sáquelas del agua, séquelas y pínchelas varias veces con un tenedor afilado.

Caliente el aceite en una sartén a fuego medio-bajo. Cuando burbujee, póngalas por el lado del corte más pequeño en la sartén y deje que se empapen. Deles la vuelta y coloque una tapa de contacto directo envuelta en papel de aluminio (*otoshibuta*, véase pág. 354) o una tapa plana (no demasiado pesada). Presiónelas con suavidad mientras se fríen; la idea es que la zona central se ablande, pero sin aplastarla. Fríalas hasta que se doren, unos 5 minutos. Deles la vuelta y fríalas por el lado más pequeño unos 5 minutos más para que se doren ligeramente.

Úntelas con abundante *miso* de *yuzu* y sírvalas.

豆腐トマトグラタン

GRATINADO DE TOFU Y TOMATE

TOUFU TOMATO GURATAN

Preparación: 30 minutos, más 2-8 horas para prensar el tofu
Cocción: 40 minutos
Para 4 personas

SG SFS

- 150 g de tofu firme (momendofu, véase pág. 352) o tofu suave japonés
- 1 patata mediana (150 g) raspada y sin pelar
- 100 g de Brotes de bambú cocidos (véase pág. 34)
- 7,5 g de mantequilla sin sal
- 50 g de setas shimeji partidas por la mitad a lo ancho
- 250 ml de Salsa de setas con tomate (véase pág. 31)
- 125 g de queso mozzarella rallado

Este es uno de esos platos que le harán preguntarse cómo no se le ha ocurrido antes. Ligero y fresco, es sencillamente increíble. Combina la cremosidad del tofu con el toque crujiente del bambú y la suavidad de la patata y las setas. Para una versión sin lácteos, utilice queso vegano y sustituya la mantequilla por aceite de oliva suave.

-

Deje el tofu en el frigorífico toda la noche o al menos 2 horas. Córtelo por la mitad a lo largo y después a lo ancho en rodajas de 5 mm de grosor.

En un cazo, añada la patata, cúbrala con agua fría por completo y llévela a ebullición a fuego vivo. Cuézala hasta que pueda pincharla fácilmente con una brocheta de bambú, de 20 a 25 minutos. Escúrrala y pélela mientras esté caliente. Córtela en rodajas a lo ancho de 5 mm de grosor.

Corte el brote de bambú en cuartos o por la mitad a lo largo, según su forma, y después a lo ancho en rodajas de 5 mm de grosor.

Coloque una rejilla en el centro del horno y precaliéntelo a 180 °C. Unte una fuente ovalada de 18 × 26 cm con mantequilla y fórrela con las rodajas de tofu. Coloque las rodajas de patata encima en una capa uniforme, seguidas del bambú. Añada las setas *shimeji* encima. Vierta la salsa de tomate con champiñones y esparza la mozzarella. Hornéelo hasta que esté ligeramente dorado, de 12 a 15 minutos.

GRATINADO DE TOFU Y TOMATE

里芋の炒め物

SALTEADO DE RAÍZ DE TARO

SATO-IMO NO ITAME-MONO

Preparación: 25 minutos,
más el tiempo para enfriar
Cocción: 20 minutos
Para 4 personas

V SL SFS

- 6 raíces de taro pequeñas (225 g) sin pelar
- 1 cda. de aceite de sésamo dorado ligeramente tostado o ½ cda. de aceite de sésamo tostado oscuro y ½ cda. de aceite de sésamo sin tostar
- 1 cda. de jengibre fresco laminado
- 2 cdas. de shoyu
- 1 cda. de hon mirin
- ½ cda. de piel de yuzu o de limón Meyer en tiras finas
- 1 cda. de hojas de shiso verde en tiras finas

Las raíces de taro japonés se ablandan al cocerlas o asarlas. Las variedades más grandes de las islas del Pacífico no son adecuadas para estos platos, porque tienen almidón y no quedan blandas. En este caso, al saltearlas se reduce su viscosidad natural y se caramelizan. Crujientes, cremosas y recubiertas de *shoyu*, son irresistibles.

-

En una cazuela, mezcle las raíces de taro con agua fría hasta cubrirlas por completo y llévelas a ebullición a fuego vivo. Cuézalas hasta que estén blandas por el centro pero no deshechas, unos 10 minutos. Escúrralas y déjelas enfriar en un colador de malla. Pélelas, séquelas y córtelas en trozos triangulares redondeados de 2 cm (*rangiri*, véase pág. 17).

En una sartén, caliente el aceite de sésamo a fuego medio y, una vez que desprenda calor, añada el jengibre. Remuévalo una vez y añada el taro. Saltéelo con suavidad, para evitar que se rompa, hasta que el taro esté dorado por todos lados, unos 3 minutos. Incorpore el *shoyu* y el *mirin* y saltéelo 1 o 2 minutos más para que se reduzca y se absorban los sabores; tenga cuidado de que el *shoyu* no se queme.

Páselo a un bol bonito o a platitos individuales y sírvalo caliente, adornado con el *yuzu* y el *shiso* en tiras.

木の芽味噌のなす田楽

BERENJENA ASADA CON MISO DE HOJAS DE SANSHO

KINOME MISO NO NASU DENGAKU

Preparación: 15 minutos
Cocción: 15 minutos
Para 4 personas

V SL SG SFS

- ¾ de cdta. de hojas de sansho picadas finas
- 4 cdas. de miso blanco
- 4 cdas. de leche de soja
- 2 cdas. de sake
- 2 cdas. de hon mirin
- 4 berenjenas japonesas pequeñas (250 g)
- 1 cda. de aceite de sésamo tostado

La salsa *dengaku* suele elaborarse con un *miso* fermentado, como el de arroz integral o el de cebada, pero aquí el *miso* blanco y la leche de soja proporcionan una base ligera que no eclipsa a las aromáticas hojas de *sansho*.

-

En un cazo, mezcle las hojas de *sansho* con el *miso*, la leche de soja, el sake y el *mirin*. Cuézalo a fuego lento, removiéndolo con una cuchara plana de madera, 3 minutos.

Coloque una rejilla a 10 cm de la parte superior del gratinador y precaliéntelo.

Corte las berenjenas por la mitad a lo largo, dejando el tallo y el cáliz. Hágales cortes diagonales poco profundos en la pulpa a unos 5 mm de distancia y colóquelas, con el lado del corte hacia arriba, en una bandeja de horno. Úntelas ligeramente con aceite y gratínelas 5 minutos. Deles la vuelta y gratínelas 3 minutos por el otro lado. Deles la vuelta de nuevo, úntelas con el *miso* de *sansho* y gratínelas de nuevo hasta que burbujeen y tengan puntos dorados, 3 o 4 minutos.

Sírvalas calientes, 2 mitades por persona, en platos pequeños.

SALTEADO DE RAÍZ DE TARO

HON MIRIN

Históricamente, el *mirin* era una bebida alcohólica dulce fermentada y elaborada a partir de arroz glutinoso cocido al vapor y *koji* de arroz. Hoy en día existen muchas categorías de *mirin*, que van desde el *hon mirin* («verdadero *mirin*»), pasando por el *mirin* nuevo, el *mirin* salado y el *ni-kiri mirin* (*mirin* cocido), hasta los condimentos tipo *mirin*.

El *hon mirin* es un condimento indispensable en las despensas japonesas. No obstante, es importante comprender la diferencia que existe entre el *hon mirin* de uso general y el artesanal. El primero, aunque se elabora a partir de arroz glutinoso cocido al vapor y *koji* de arroz (arroz cocido inoculado con esporas de *Aspergillus oryzae*), contiene alcohol y jarabe de almidón (*mizuame*) para compensar su corto periodo de producción (de dos a tres meses). El artesanal, en cambio, se fermenta en alcohol y se sacarifica de forma natural antes de prensarse y curarse de uno a dos años para desarrollar su sabor. Los posos de *mirin* se llaman *kobore ume* («restos de ciruelo japones») en alusión a los pétalos que caen al suelo tras la floración de este árbol frutal. El *kobore ume* se utiliza como edulcorante natural en los postres.

Aunque el contenido de alcohol del *hon mirin* es similar al del sake, en torno al 14 %, llamarlo «vino de arroz dulce» no es correcto. (Del mismo modo, al sake se le conoce como «vino de arroz» a pesar de que se fermenta y elabora de manera muy diferente al vino.) Este término se aplicó al *mirin* después de la Segunda Guerra Mundial, cuando los productos japoneses empezaron a salir de Japón y llegaron a los supermercados extranjeros; lo más probable es que se hiciera para facilitar su comprensión y no para ser exactos. Un *mirin* de calidad (como el Mikawa Mirin) deber ser redondo y profundo en la boca, como un jerez añejo, y contar con un dulzor complejo. El punto de referencia para juzgar un *mirin* es su capacidad para beberse. A pesar de sus 500 años de historia en Japón, el *hon mirin* solo lo empleaban la aristocracia, los samuráis y los sacerdotes, y eventualmente los restaurantes de alta cocina o que servían anguila de agua dulce (*unagi*). Finalmente, en la década de 1930, su uso se extendió a los hogares japoneses, aunque todavía solo se podía adquirir en tiendas con licencia para vender alcohol.

En la década de 1940 se había convertido ya en una próspera industria con más de doscientos productores. Después de la Segunda Guerra Mundial, solo quedó un puñado: la cervecería Sumiya Bunjiro Co., Ltd., productora de Mikawa Mirin, fue la más importante, pero también se mantuvieron algunos pequeños productores. A medida que la economía de Japón mejoró y resurgió el orgullo por la cocina japonesa, empezaron a fundarse más empresas de *mirin* artesanal (algunas con suficiente producción para venderlo fuera del país). No obstante, Mikawa Mirin no solo es el mejor *mirin* de Japón, sino el más fácil de comprar en el extranjero (a menudo reenvasado y a la venta en los lineales de condimentos ecológicos).

Siguiendo las costumbres de mi marido, en casa casi no lo utilizamos hasta que empecé a escribir libros de cocina japonesa y a profundizar en los ingredientes artesanales de fuera de nuestra zona. Uno de los primeros viajes que realicé en 2013, cuando grababa con Fuji TV, fue a un fabricante de barriles de Kobe con el que había entablado amistad, y después otro a Konanzuke, un fabricante local de *narazuke* y *mirin*. (El nombre real de la empresa es Takashima Liquor Foods Co., Ltd., pero el nombre de la tienda es Konanzuke.)

La empresa fue fundada en 1870 por Heisuke Takashima en el área de Nada, al este de Kobe, en la prefectura de Hyogo. Originalmente, el fundador compraba posos de sake a un fabricante de sake cercano y su negocio consistía en venderlos, además de fabricar y vender *shochu* (licor destilado). En 1896 Heisuke Takashima comenzó a fabricar y vender *hon mirin* a base de *shochu* y en 1904 añadió *narazuke* (verduras encurtidas con posos de sake, posos de *mirin* y *mirin*). Según cuenta la familia Takashima, sus cajas de regalo *narazuke* se vendieron bien al año siguiente, en 1905, tras el final victorioso de la guerra ruso-japonesa y el consiguiente impulso de la economía de Japón.

El actual presidente, Zenpei Takashima, continúa en la línea de crear productos con mayor valor añadido a partir de sus especialidades: de los posos de sake al *shochu*, del *shochu* al *hon mirin* y del *hon mirin* al *narazuke*. Aunque su negocio principal es el *narazuke* (que se vende en todo el país), Konanzuke fabrica dos *mirin* de primera categoría: Hakubishi Hon Mirin y Hakubishi Hon Mirin de 3 años. En la tienda principal de Konanzuke existe una sala de observación en la que se puede ver cómo envejece el *mirin* en pequeños barriles de madera; este fue mi primer contacto con el *mirin* artesanal. Además, el Hakubishi Hon Mirin se prensa a la manera tradicional, vertiéndose en bolsas de cáñamo que se apilan en un gran bote de prensado de madera (*shiboribune*), se pesan y se dejan escurrir antes de aplicarles presión poco a poco. Desgraciadamente, su producción es demasiado pequeña para la exportación.

Kawaishi Honke es un productor de *mirin* de 150 años de antigüedad situado en Himeji, en la prefectura de Hyogo. Las dos veces que lo visité, Kawaishi, su responsable, me acompañó a ver el proceso de elaboración. Además de su enfoque práctico, que se abastece de arroz local, es igual de impresionante el tradicional *shiboribune* de madera que se sigue utilizando para separar el *mirin* líquido de los sólidos (posos). Aquí se produce una amplia gama de *mirin*, pero destacan: Kawaishi Honke Hon Mirin, Tegarayama Hon Mirin, Junmaimoto Mirin «Enju» y Hon Mirin «Gokujo». Afortunadamente, el reconocimiento a su trabajo y sus excelentes productos está aumentando en Japón.

Hoy en día existen dos métodos de fabricación del *mirin*: el tradicional y el industrial. El tradicional utiliza arroz glutinoso de calidad cocido al vapor en una olla japonesa de vapor (*kama*). El arroz se inocula con esporas de *koji* (*Aspergillus orzyae*), se deja sacar y después curar para que se suavice y desarrolle su complejidad. Sumiya Bunjiro incluye *shochu* de arroz en la elaboración de Mikawa Mirin y el proceso dura dos años. Después de la Segunda Guerra Mundial, se empezaron a utilizar métodos industriales, como la cocción al vapor a presión, así como la licuefacción a alta temperatura para acelerar el proceso de descomposición de los almidones y proteínas.

Como artículo de lujo, el *mirin* estuvo sujeto a fuertes impuestos debido a la escasez de arroz durante la Segunda Guerra Mundial y la posguerra, por lo que además del *hon mirin*, se desarrollaron otros *mirin* para evitar dichos impuestos. Estos nuevos *mirin* se elaboraban con diversos granos (en lugar de arroz) o eran «salados»: alcohol fermentado en agua salada y endulzado artificialmente. En 1975 la Comisión de Comercio Justo desautorizó los *mirin* que no alcanzaban un determinado estándar y exigió que se etiquetaran como «condimentos tipo *mirin*». Estos se elaboran mezclando glucosa, o un jarabe sacarificado con almidón (*mizuame*), con condimentos químicos como el glutamato y las fragancias líquidas de aminoácidos. Los *mirin* salados, por su parte, se obtienen de la fermentación alcohólica en agua salada, y su sabor se ajusta mediante una solución de azúcar. Los nuevos o los cocidos (*ni-kiri mirin*) se elaboran con diversos granos en lugar de arroz, y se les añade glutamato y ácidos de base química. Los condimentos tipo *mirin*, los *mirin* salados, los nuevos y los cocidos no contienen prácticamente nada de alcohol.

Cuando elija un *mirin*, como mínimo, seleccione siempre *hon mirin* para obtener un sabor óptimo y los mejores resultados. Además, como norma general, lea la lista de ingredientes de la etiqueta para verificar que no lleva alcohol, jarabe de almidón u otros añadidos. Si está realmente interesado en un producto, visite la página web de la empresa para conocer sus métodos de producción. Google Translate es una herramienta muy útil cuando se navega por páginas web japonesas. Si no incluyen las palabras clave exactas, como «ecológico», «cultivado en Japón» o «fermentado en barril», puede suponer que los materiales utilizados no lo son. Además, si no hay una explicación detallada del método de elaboración, dudaría de la integridad del producto. Una empresa que sigue los métodos tradicionales detallará claramente su proceso de producción de principio a fin (puede encontrar un gráfico visual fascinante del proceso de elaboración del *mirin* en la web de Mikawa Mirin). Al sacarificarse de forma natural, el *hon mirin* de calidad no deja un dulzor persistente en la boca. El contenido de alcohol del *mirin* aporta brillantez a los alimentos asados y cocidos, y resalta la intensidad de los sabores, como los tubérculos. El *hon mirin* combina muy bien con el *miso*, el *shoyu* y el vinagre de arroz, y suaviza sus perfiles salados o ácidos.

Utilizar *hon mirin* en lugar de azúcar es una elección personal, pero lógicamente, puesto que el *miso*, el *shoyu* y el vinagre de arroz son condimentos fermentados, tiene sentido equilibrar sus perfiles con otro fermentado: el *hon mirin*. Algunos, como el *Aji no Haha*, contienen sal (de ahí que sea catalogado como un condimento y no como una bebida alcohólica para su venta y exportación). Téngalo en cuenta a la hora de maridarlo con *miso* o *shoyu*. Y si cultiva sus propias hortalizas o las compra, razón de más para utilizar condimentos japoneses artesanales, ya que las realzan, dejando una impresión memorable en la boca.

じゃが芋のクリーム煮

PATATAS CREMOSAS

JYAGAIMO NO KURI-MU NI

Preparación: 30 minutos
Cocción: 35 minutos
Para 4 personas

V SL

- 450 g de patatas medianas peladas y en cuartos
- 500 ml de Kombu dashi (véase pág. 22) o Dashi con setas shiitake (véase pág. 22)
- 2 cdtas. de sal marina en escamas
- ½ manojo pequeño (100 g) de espinacas, preferentemente con las raíces
- 2½ cdas. de aceite de colza
- 35 g de harina común sin blanquear
- 250 ml de leche de soja
- 75 g de granos de maíz frescos, de una mazorca (opcional)
- 2 cdas. de piñones
- ½ cdta. de pimienta negra recién rallada
- 1 cdta. de zumo de limón recién exprimido
- 1 puñado de perejil italiano picado grueso
- 2 guindillas verdes japoneses frescas picadas (opcional)
- Arroz japonés recién cocido (véase pág. 27), para servir

Este atractivo plato es la quintaesencia de Japón, pero debe sus orígenes a la cocina occidental. Si dispone de maíz fresco, no dude en emplearlo.

-

En una cazuela, lleve la patata con el *dashi* y 1 cucharadita de sal a ebullición a fuego vivo. Baje el fuego, tape la cazuela y cuézalo hasta que la patata esté blanda por el centro, unos 5 minutos. Escurra las patatas y reserve el líquido de cocción. (Debería tener unos 250 ml de líquido, si no es así, añada más agua.)

Lleve a ebullición una cazuela con agua. Sumerja los tallos de las espinacas en el agua hirviendo 30 segundos. Introduzca las hojas, cuézalas 15 segundos más y sáquelas con un colador de malla. Refrésquelas bajo un chorro de agua fría. Estrújelas. Corte la base de las espinacas, si tienen, en trozos de 1 cm y los tallos y las hojas a lo ancho en trozos de 4 cm.

Caliente el aceite a fuego medio en una cazuela de fondo grueso. Añada la harina y fríala, dándole vueltas con una cuchara plana de madera, durante 1½ minutos, sin que se dore. Bata el líquido de cocción de las patatas reservado con la leche de soja poco a poco para formar una *velouté* fina. Cuézala a fuego lento 10 minutos, removiéndola de vez en cuando para que no se pegue.

Añada las patatas, las espinacas, el maíz (si utiliza), los piñones, la pimienta, el zumo de limón, el perejil, la guindilla (si utiliza) y la cucharadita de sal restante. Sírvalo sobre arroz japonés.

ピーマンのじゃが詰め

PIMIENTOS RELLENOS DE ENSALADA DE PATATA

PI-MAN NO JYAGA-ZUME

Preparación: 20 minutos
Cocción: 2 minutos
Para 4 personas

V SL SG <5 <30

- 4 pimientos verdes japoneses (piman, véase pág. 347) o pimientos rojos y amarillos dulces (120 g)
- ¼ de la receta de Ensalada de patata (véase pág. 48)
- 2 cdtas. de perejil italiano picado
- 4 cdtas. de «Queso» vegano al estilo parmesano (véase pág. 38) rallado o desmenuzado

La ensalada de patata la identificamos con el verano en muchos países, incluido Japón. Utilizar las sobras para rellenar unos pimientos es una magnífica manera de aprovecharlas. Sustituya el queso vegano por parmesano o romano suave, si lo prefiere.

-

Corte los pimientos por la mitad a lo largo. Deseche las semillas pero deje los pedúnculos. Rellénelos con la ensalada de patata con la ayuda de una cuchara.

Alise la superficie y esparza primero el perejil y después el «queso». Forme una especie de «barco» con papel de aluminio y colóquelos en una bandeja de horno de sobremesa. Como las bases son curvas, los pimientos se desestabilizarán. Doble trocitos de papel de aluminio y utilícelos para mantener los pimientos fijos. Gratínelos 2 minutos, hasta que el «queso» se dore. Están mejor calientes, pero se pueden tomar a temperatura ambiente.

PIMIENTOS RELLENOS DE ENSALADA DE PATATA

焼ききのこ柑橘あえ

SETAS ALIÑADAS CON CÍTRICOS

YAKI-KINOKO KANKITSU-AE

Preparación: 30 minutos
Cocción: 10 minutos
Para 4 personas

V SL SFS

- 4 setas shiitake medianas (60 g) sin los tallos
- 80 g de setas shimeji separadas
- 60 g de setas maitake separadas
- 1 cdta. de sal marina en escamas
- 1 manojo pequeño (100 g) de mizuna, con la base inferior intacta
- 160 ml de Kombu dashi (véase pág. 22)
- 2 cdas. de usukuchi shoyu (véase pág. 344)
- 2 cdtas. de shoyu
- 4-6 cdtas. de zumo de sudachi, kobosu o yuzu (o de limón Meyer con un toque de lima)

Las setas terrosas ganan mucho con unas gotas de zumo de cítricos, como el *kabosu*, el *sudachi* o el *yuzu*. Si no dispone de cítricos japoneses, añada un poco de lima ácida o lima común al zumo de limón Meyer para darle un toque ácido. Las setas, la *mizuna* y el aliño pueden prepararse con antelación, pero asegúrese de añadir los cítricos en el último momento para que no pierdan brillo. Alíñelo justo antes de servir. Este delicioso y sorprendente plato destaca por el contraste de texturas y sabores.

-

Caliente una sartén sin aceite a fuego lento y añada los *shiitake* (con los sombreros hacia abajo), los *shimeji* y los *maitake*. Tuéstelos 3 minutos por cada lado, dándoles la vuelta cuando la parte inferior esté ligeramente dorada. Cuando se hayan ablandado un poco, páselos a una tabla de cortar. Cuando se hayan enfriado un poco, corte los sombreros de los *shiitake* con las manos en 6 tiras finas y los *shimeji* y los *maitake* en trozos del tamaño de un bocado.
Llene una olla con agua, sálela y llévela a ebullición. Escalde la *mizuna* 30 segundos. Sáquela y refrésquela bajo un chorro de agua fría. Sacúdala y estrújela para eliminar la mayor cantidad de agua posible. Alinee los extremos de las raíces en una tabla de cortar. Corte los extremos y deséchelos. Corte los tallos y las hojas a lo ancho en trozos de 3 cm. Apílelos y envuélvalos en papel de cocina para eliminar la humedad.

En un bol, mezcle el *dashi*, la *usukuchi shoyu* y el *shoyu*. Justo antes de servir, añada 4 cucharaditas del zumo de los cítricos al aliño y mézclelo con las setas. Pruébelo y añada 1 o 2 cucharaditas más si fuera necesario. Los cítricos deben realzar el aliño, pero no anular el sabor de las setas. Dispóngalo de forma atractiva en cuatro boles lacados o de cerámica, con un montoncito de *mizuna* al lado y sírvalo.

SETAS ALIÑADAS CON CÍTRICOS

舞茸のほうらく焼き

MAITAKE Y HUEVO EN DONABE

MAITAKE NO HOURAKU-YAKI

Preparación: 30 minutos
Cocción: 20 minutos
Para 4 personas

SFS

- 150 g de setas maitake en 6 trozos, para asar
- 1 cda. colmada de jengibre fresco picado fino
- 4 huevos a temperatura ambiente
- 2 cdas. de aceite de sésamo blanco ligeramente tostado o de sésamo sin tostar
- 2½ cdas. de miso blanco
- 4 cdas. de Kombu dashi (véase pág. 22)
- 1 cdta. de usukuchi shoyu (véase pág. 344)

Las cazuelas de barro refractarias (*donabe*, véase pág. 353) se utilizan para cocinar estofados (*nabe*), arroz o platos al horno estilo *horaku*. Aunque aquí los huevos y las setas son los protagonistas, el estilo *horaku* suele incluir un pescado entero y varios tipos de marisco, que se hornean sobre un lecho de hojas de pino. En todos los casos, los ingredientes se asan juntos. Puede prepararlo en cualquier bandeja refractaria pequeña y plana, ya que no hace falta taparlo.

-

Coloque una rejilla en el tercio superior del horno y precaliéntelo a 180 °C.

Ase los *maitake* en una rejilla colocada directamente sobre el fuego unos 2 minutos por cada lado, hasta que desprendan su aroma y se empiecen a dorar, pero no los haga del todo. Cuando se hayan enfriado un poco, rómpalos en trozos que se puedan coger fácilmente con unos palillos y espárzalos por el fondo de una cazuela de barro refractaria de 19 cm (*donabe*) o de una bandeja refractaria ovalada de 18 × 26 cm. Esparza el jengibre de manera uniforme.

Casque los huevos, colocando las yemas en un bol y las claras en otro. Bata despacio el aceite de sésamo con las yemas para que emulsione hasta que haya añadido todo el aceite y la mezcla tenga la textura de una mayonesa. Añada el *miso*.

Vierta el *dashi* en las claras y bátalas con cuidado para mezclarlas sin formar burbujas. Incorpore la *usukuchi shoyu* y páselas por un colador de malla fina para eliminar las burbujas o los grumos. Añádalas a las yemas y vierta la mezcla en el *donabe*, asegurándose de que cubra de manera uniforme los *maitake*.

Hornéelo hasta que suba y se dore, de 15 a 20 minutos.

MAITAKE Y HUEVO EN DONABE

柿の山椒だれ焼き

CAQUI ASADO CON SANSHO

KAKI NO SANSHOU-DARE YAKI

Preparación: 15 minutos
Cocción: 25 minutos
Para 4 personas

V SL SFS

- 125 ml de sake
- 75 ml de hon mirin
- 60 ml de shoyu
- 2 caquis Fuyu firmes (de 235 g cada uno)
- Unas pizcas pequeñas de pimienta sansho verde molida

Esta salsa de sabor denso (*tare*) se utiliza a menudo para marinar carnes o aves, pero aquí el caqui se emplea como los melocotones en Occidente. Utilice las sobras para asar pimientos, berenjenas o melocotones.

-

En un cazo, lleve el sake y el *mirin* a ebullición a fuego vivo unos 3 minutos para que se evapore el alcohol, prestando atención a que los líquidos no se desborden. Cuando el aroma del alcohol haya desaparecido, añada el *shoyu* y cuézalo a fuego medio-alto unos 10 minutos para que el líquido se reduzca un tercio aproximadamente. Se conservará varios meses en el frigorífico.

Caliente un horno de sobremesa o un gratinador con la rejilla colocada a 10 cm de la parte superior.

Retire el cáliz de los caquis, córtelos por la mitad a lo largo y deseche el corazón y las semillas. Biséleles los bordes y sumérjalos en la *tare*. Áselos por un lado unos 2 minutos, úntelos con la *tare* y áselos 2 minutos más hasta que se caramelicen. Úntelos de nuevo con la *tare*, deles la vuelta y áselos por el otro lado otros 4 minutos, untándolos una vez más con la *tare* al cabo de 2 minutos.

Sírvalos calientes, espolvoreados con un poquito de *sansho*.

CAQUI ASADO CON SANSHO

焼き椎茸

SETAS SHIITAKE ASADAS CON DAIKON RALLADO

YAKI SHIITAKE

Preparación: 30 minutos
Cocción: 5 minutos
Para 4 personas

V SL SFS

- 4 setas shiitake medianas (100 g)
- ¼ de cdta. de sal marina en escamas
- 4 cdas. de daikon rallado fino
- 2 hojas medianas de shiso verde picadas finas
- 2 cdtas. de Kombu dashi (véase pág. 22)
- 1 cdta. de usukuchi shoyu (véase pág. 344)
- 1 cdta. de hon mirin

En las décadas de 1960 y 1970, los champiñones rellenos de tallos picados, pan rallado, hierbas, mantequilla y parmesano eran un entremés muy popular en Estados Unidos. En esta fresca, brillante e inusual versión japonesa, no se utilizan lácteos y se añade *daikon* rallado en lugar de pan rallado, lo que los hace más jugosos. Para rallar fino el *daikon*, utilice un rallador japonés *oroshiki* (véase pág. 354) u *oroshigane* (véase pág. 354).

-

Cepille los *shiitake* y límpielos con una toalla húmeda. Retire los tallos y píquelos finos. Sale la parte interior de los sombreros. Caliente una sartén sin aceite a fuego medio y añada los sombreros, con la parte interior hacia abajo, y los tallos. Tuéstelos unos 3 minutos, sin dejar de remover los tallos, hasta que desprendan su embriagador aroma. Coloque los sombreros, con la parte interior hacia arriba, en un plato y los tallos en un bol para que se enfríen.

Añada el *daikon* rallado y el *shiso* al bol con los tallos y remuévalos. Rellene los sombreros y colóquelos en un bonito plato de cerámica. En un bol, mezcle el *dashi* con la *usukuchi shoyu* y el *mirin*, y vierta la salsa sobre los sombreros. Sírvalos de inmediato antes de las comidas.

大根の味噌 幽庵焼き

DAIKON ASADO CON MISO

DAIKON NO MISO YUUAN YAKI

Preparación: 20 minutos, más 2 horas para marinar
Cocción: 15 minutos
Para 4 personas

V SL SFS

- 100 ml de sake
- 400 g de daikon, cortado a lo ancho en rodajas de 3 cm
- 3½ cdas. de miso blanco
- 1 cdta. de piel de yuzu en tiras finas
- 80 ml de hon mirin
- 3 cdas. de usukuchi shoyu (véase pág. 344)
- 1 cda. de shoyu

El *yuuan yaki* es un método de asar empleado en las tiendas de *yakitori*, en el que los trozos de pescado y carne se caramelizan. En este caso, la marinada, muy aromática, infusiona el *daikon* y potencia su sabor durante el asado. La piel de los cítricos es clave para que el plato quede bien, así que sustituya el *yuzu* por limón Meyer si no encuentra.

-

En un cazo, lleve el sake a ebullición para que se evapore el alcohol. Viértalo en un bol para que se enfríe. Pele las rodajas de *daikon*, córtelas por la mitad a lo ancho y bisele los bordes.

Cuando el sake esté a temperatura ambiente, añada el *miso* y ½ cucharadita de piel de *yuzu* para formar una pasta fina. Agregue el *mirin*, la *usukuchi shoyu* y el *shoyu*, y remueva bien. Eche el *daikon* y remueva. Póngalo en una bolsa para congelar de 4 litros, elimine el aire y ciérrela. Refrigérela 2 horas para que absorba el sabor.

Coloque una rejilla a 15 cm de la fuente de calor y precaliente el gratinador.

Deseche la marinada. Seque el *daikon* con papel de cocina y colóquelo en una bandeja de horno. Gratínelo unos 8 minutos por cada lado, hasta que esté bien dorado y caramelizado, sin que se queme. Sírvalo caliente o a temperatura ambiente con una pizca de piel de *yuzu* restante.

SETAS SHIITAKE ASADAS CON DAIKON RALLADO

大根の豆腐詰め

DAIKON RELLENO DE TOFU Y UME

DAIKON NO TOUFU-ZUME

Preparación: 45 minutos,
más 1 hora para prensar el tofu
Cocción: 10 minutos
Para 4 personas

V SL SG SFS

- 200 g de tofu firme (momendofu, véase pág. 352) o tofu suave japonés
- 1 daikon mediano de 8 cm de largo y 7 cm de diámetro
- 2 cdtas. de algas hijiki deshidratadas (véase pág. 349), remojadas en agua fría 20 minutos
- ½ cdta. de polvo de shiso rojo (aka shiso, véase pág. 351)
- 2 cdas. de fécula de patata, y un poco más para espolvorear
- 2 cdas. de aceite de sésamo tostado oscuro
- 4 hojas de shiso verde, para servir
- 1 cdta. de pasta de «ciruelas» saladas encurtidas (bainiku, véase pág. 350)
- ½ cdta. de wasabi fresco rallado fino

El contraste de sabores y texturas de este plato es sorprendente. El toque crujiente del *daikon*, que se rellena de tofu y se termina con pasta de «ciruelas» saladas encurtidas, seca y afrutada (*bainiku*, véase pág. 350), y *wasabi* picante hacen que este plato sea inolvidable.

-

Coloque el tofu en un plato y póngale encima una tabla de cortar durante 1 hora.

Corte el *daikon* a lo ancho en 4 rodajas y pélelas con un cuchillo afilado. Bisele los bordes. Utilice un aro de 5 cm para cortar un círculo de cada rodaja. Realice 5 cortes en forma de V alrededor de los círculos para crear formas de flores; bisele los pétalos. Reserve las «flores» y los «aros» de *daikon*.

Chafe el tofu en un mortero japonés (*suribachi*) hasta que esté cremoso. Escurra el *hijiki*, séquelo con un paño de cocina e incorpórelo al tofu con el polvo de *shiso* y 2 cucharadas de fécula de patata. Remuévalo bien. Ponga los aros de *daikon* en una tabla de cortar y rellénelos con la mezcla de tofu de forma que quede al ras o sobresalga ligeramente. Limpie la superficie del aro para que no queden restos de relleno. Con un tamiz o un colador de malla fina, espolvoréelos con una ligera capa de fécula de patata.

Caliente el aceite de sésamo en una sartén a fuego medio. Marque los aros de *daikon* rellenos y las «flores» hasta que se doren por la parte inferior, 4 o 5 minutos. Espolvoréelos ligeramente con fécula de patata, deles la vuelta y dórelos, unos 4 o 5 minutos más.

Disponga una hoja de *shiso* en un lado del plato y coloque un *daikon* relleno encima de la base del tallo. Ponga la «flor» de *daikon* cerca del *daikon* relleno y añada un montoncito de *bainiku* sobre la hoja de *shiso* o el plato. Agregue una pizca de *wasabi* y sírvalo muy caliente con tenedor y cuchillo.

DAIKON RELLENO DE TOFU Y UME

柚子田楽

YUZU CON MISO DE SÉSAMO

YUZU DENGAKU

Preparación: 30 minutos
Cocción: 10 minutos
Para 4 personas, como aperitivo

V SL SG SFS <5

- 2 yuzu pequeños y jugosos o limones Meyer (200 g)
- 6 cdas. de semillas de sésamo blanco
- 2 cdas. de miso blanco
- 2 cdas. de sake
- 1 pizca de sal marina en escamas

La salsa *dengaku* consiste en un *miso* dulce que se unta sobre las verduras cocidas (o la carne) antes de asarlas para que se caramelicen. Aunque a menudo se elabora con *miso* fermentado (de arroz integral o cebada), aquí el *miso* blanco se mezcla con semillas de sésamo blanco molidas y se unta sobre el *yuzu* antes de asarlo para potenciar su textura. Sírvalo a mitad de una comida o antes, para abrir el apetito.

-

Limpie el *yuzu* y recorte los extremos. Córtelo en rodajas de 1 cm de grosor. Retire las pepitas y deséchelas.

Coloque una vaporera de bambú sobre un wok. Vierta agua hasta alcanzar un tercio de su volumen y llévela a ebullición. Ponga las rodajas de *yuzu* directamente en la vaporera, tápelas y cuézalas durante 5 minutos. Sáquelas y déjelas enfriar.

Caliente las semillas de sésamo en una sartén sin aceite hasta que desprendan su aroma. Introdúzcalas en un mortero japonés (*suribachi*, véase pág. 354) y májelas bien hasta que los suelten su aceite. (Como alternativa, tritúrelas en un molinillo de especias.) Incorpore el *miso* y remueva hasta obtener una pasta espesa. Vierta el sake para diluirla.

Disponga el *yuzu* en una bandeja de horno forrada con papel de aluminio y úntelo de forma uniforme con la pasta de sésamo-*miso*. Gratínelo en un horno de sobremesa hasta que se caramelice, unos 3 minutos.

Esparza un poco de sal marina y sírvalo caliente.

YUZU CON MISO DE SÉSAMO

納豆お好み焼き

NATTO OKONOMIYAKI

Preparación: 15 minutos
Cocción: 15 minutos
Para 4 personas

SFS

- 150 ml de leche entera
- 80 g de harina común
- ¼ de cdta. de sal marina en escamas
- 2 paquetes (de 85 g cada uno) de natto picado fino
- 75 g de queso cheddar suave rallado grueso
- 2 cdtas. de aceite de colza o sésamo sin tostar
- Nori verde (aonori, véase pág. 349) en polvo, para servir

Las lonchas de queso amarillo son populares en Japón desde hace décadas y aparecen a menudo en las recetas que llevan queso. Yo prefiero el cheddar suave, que es el que he utilizado aquí. Para una versión sin lácteos, sustituya la leche de vaca por leche de soja y queso vegano. Nota: aunque no está demostrado, se cree que el «*natto*» se llama así en los templos budistas porque los granos se fermentaban en un edificio llamado *nassho*.

-

En un bol, bata la leche con la harina y la sal. Añada el *natto* y remueva la masa enérgicamente. Incorpore el queso.

En una sartén grande de hierro fundido bien sazonada o una sartén antiadherente, caliente el aceite a fuego lento.

Vierta 4 cucharadas de la masa, tape la sartén y fría las tortitas despacio hasta que se formen burbujas en toda la superficie, unos 10 minutos. Deles la vuelta y fríalas hasta que se doren, unos 5 minutos más.

Sírvalas calientes, una por persona y espolvoreadas ligeramente con *nori* verde.

精進お好み焼き

SHOJIN OKONOMIYAKI

Preparación: 25 minutos
Cocción: 15 minutos
Para 4 personas

V SL SFS

- 6 cm de ñame japonés mediano (100 g) raspado
- 4 hojas grandes de repollo (250 g) en dados gruesos
- 8 cm de takuan (150 g) en dados
- 375 ml de leche de soja
- 200 g de harina común tamizada
- 4 cdas. de tenkasu (véase introducción de la receta), opcional
- 2 cdas. de aceite de colza o sésamo sin tostar
- Shoyu, para servir
- Nori verde (aonori, véase pág. 349) en polvo, para servir

Lo mejor de esta receta es que se pueden utilizar los restos de verduras o pepinillos que tenga por el frigorífico. Asegúrese de guardar los trocitos de masa de tempura fritos (*tenkasu*) después de preparar cualquiera de los platos de tempura de este libro. Congélelos en un recipiente hermético. Aunque se pueden comprar, es casi imposible encontrarlos sin glutamato y otros aditivos alimentarios. En este libro también hay una receta para preparar *Takuan* (véase pág. 316), pero lo encontrará en las tiendas de alimentación saludable y de productos japoneses.

-

Pele y ralle fino el ñame japonés con un rallador de cerámica (*oroshiki*, véase pág. 354) o metálico (*oroshigane*, véase pág. 354) y páselo a un bol. Añada el repollo, el *takuan*, la leche de soja, la harina y el *tenkasu* (si utiliza) y remuévalo ligeramente.

Prepare dos sartenes grandes antiadherentes, póngalas a fuego lento y caliente 1 cucharada de aceite en cada una. Vierta la masa para hacer 4 tortitas en cada sartén. Fríalas despacio unos 10 minutos, tapadas. Destápelas cada 3 minutos, retire el agua acumulada en la parte superior y presiónelas con el dorso de una espátula para prensarlas. Deles la vuelta y fríalas 5 minutos más por el otro lado, presionándolas una vez con el dorso de una espátula hasta que estén doradas por ambos lados y bien hechas.

Coloque 2 tortitas, superpuestas, en cada plato. Rocíelas con *shoyu*, espolvoree con polvo de *nori* verde y sírvalas calientes.

NATTO OKONOMIYAKI; SHOJIN OKONOMIYAKI

麻婆豆腐

MABODOFU CON TERA NATTO

MA-BO-DOUFU

Preparación: 30 minutos
Cocción: 15 minutos
Para 4 personas

V SL SFS

- 600 g de tofu firme (momendofu, véase pág. 352) o tofu suave japonés, cortado en dados de 2 cm
- 500 ml de Kombu dashi (véase pág. 22)
- 1 cda. de miso de cebada
- 2 cdas. de tobanjan
- 2 cdas. de tenmenjan
- 2 cdas. de aceite de sésamo tostado oscuro
- 1 cda. de aceite de sésamo sin tostar
- 1 cdta. de pimienta de Sichuan entera
- 1 cda. de ajo picado fino
- 1 cda. de jengibre fresco picado fino
- 150 g de Soja cocida (véase pág. 32) picada fina
- 2 cdas. de Tera natto (véase pág. 350) picado fino
- 1 cdta. de pimienta negra recién molida
- 1 cda. de fécula de patata disuelta en 2 cdas. de agua
- 6 hojas centrales gruesas de col china (300 g) en dados de 5 mm
- 4 cebolletas o cebollinos chinos (30 g) cortados a lo ancho en trozos de 2 cm
- 1 cdta. de pimienta de Sichuan molida
- 2 cdtas. de shoyu

El *mabodofu* es un plato de Sichuan que introdujo en Japón un chef chino a través del canal de televisión de la NHK en la década de 1970. Este chef modificó el plato tradicional para que fuera más atractivo y Japón lo adoptó al instante, haciéndolo suyo. Como el *tera natto* es similar a las judías negras fermentadas chinas, si lo añade lo acercará a sus auténticas raíces. Esta versión vegetariana tiene texturas y sabores similares a la versión original con carne, y conserva una sensación de frescura. Tenga cuidado, las salsas chinas *tobanjan* y *tenmenjan* son picantes. Si no le gusta la pimienta de Sichuan, reduzca a la mitad la cantidad que se añade al final u omítala.

-

Ponga una olla con agua a hervir y añada el tofu. Cuézalo a fuego vivo, pero controlado, durante 2 minutos. Sáquelo con cuidado con un colador de malla y deje que escurra.

En un bol, mezcle 3 cucharadas del *dashi* con el *miso*, el *tobanjan* y el *tenmenjan* hasta que emulsione y esté fino.

Caliente una sartén a fuego medio y, cuando desprenda calor, añada 1 cucharada del aceite de sésamo oscuro, el aceite de sésamo sin tostar y la pimienta de Sichuan entera. Remuévalo 30 segundos, agregue el ajo, el jengibre, la soja y el *tera natto*, y saltéelo 30 segundos hasta que desprenda su aroma.

Incorpore la pimienta negra, el *dashi* restante y la mezcla de *miso*, *tobanjan* y *tenmenjan*, y llévelo a ebullición a fuego medio-alto. Eche la fécula de patata y cuézalo a fuego medio, removiéndolo, 5 minutos para que espese.

Añada la col china, asegurándose de que está bien impregnada de salsa, y cuézalo 3 minutos más. Eche la cebolleta o el cebollino y agregue despacio el tofu. Separe cada trozo para que no se peguen unos con otros y riéguelos con la salsa. Vierta la cucharada restante de aceite de sésamo oscuro, espolvoree con pimienta de Sichuan y cueza a fuego medio-alto 2 minutos, sin removerlo, para que se caliente.

Añada el *shoyu* y sírvalo, con o sin arroz, a mediodía o para una cena informal y picante.

MABODOFU CON TERA NATTO

野菜カレー

CURRY VEGETARIANO AL ESTILO JAPONÉS

YASAI KARE–

Preparación: 1 hora
Cocción: 35 minutos
Para 4 personas

V SL SFS

- 4 patatas medianas (600 g)
- 2 zanahorias medianas (300 g)
- 3 cdas. de aceite de colza o sésamo sin tostar
- 600 ml de Kombu dashi (véase pág. 22)
- 600 g de tomates en conserva, con su jugo, en dados
- 4 cdas. de curry suave en polvo
- 4 cdas. de pasta de sésamo blanco
- 2 cdas. de hatcho miso o miso de soja
- 50 g de setas shimeji separadas
- 50 g de setas maitake en trozos grandes
- 200 g de bloques prensados de tofu frito (atsuage, véase pág. 352) cortado en sextos
- Aceite neutro, como el de colza, cacahuete o cártamo, para freír
- 4 berenjenas japonesas medianas (300 g)
- 8 ocras medianas, para servir
- 1 cdta. de sal marina en escamas
- 1 cda. de shoyu
- Arroz japonés (véase pág. 27) recién cocido, para servir

El arroz al *curry*, o el *ramen*, podrían ser el plato nacional japonés. La manera británica de preparar el *curry* a partir de una salsa de harina aromatizada con una mezcla de especias de *curry* la importaron los marineros británicos a Japón durante el periodo Meiji (1868-1912). Originalmente se elaboraba con un *roux* casero, hasta que apareció una versión comercial. Hoy en día mucha la gente se limita a comprar una de las muchas marcas disponibles, la mayoría de las cuales contienen glutamato. Casi todos los japoneses le añaden carne de cerdo, pero si mezcla verduras y setas no hará falta que añada. Además, la mezcla de tomates, *miso* y pasta de sésamo hace que sea innecesaria la adición de harina, por lo que la textura del *roux* resulta perfecta. Si no dispone de *atsuage*, utilice tofu mediano, pero añádalo los últimos 5 minutos de cocción. El maíz fresco, salteado rápido 30 segundos, también constituye una excelente guarnición, en lugar de la ocra.

-

Pele las patatas y las zanahorias y córtelas en trozos gruesos y triangulares del tamaño de un bocado (*rangiri*, véase pág. 17).

En una cazuela, caliente 2 cucharadas de aceite a fuego medio. Añada las patatas y las zanahorias y saltéelas. Agregue el *dashi*, llévelo a ebullición a fuego vivo y deje que cuezan hasta que estén blandas, unos 10 minutos.

Caliente a fuego medio-alto la cucharada de aceite restante en una sartén. Añada el tomate y el *curry* y sofríalo 5 minutos, removiéndolo, para quitarle el sabor terroso al *curry* y dejar que el tomate se concentre.

En un bol, mezcle la pasta de sésamo con el *miso*. Vierta 1 cucharada pequeña del líquido de cocción de las patatas y las zanahorias y remueva para emulsionarlo. Vuelva a ponerlo en la cazuela con las patatas y las zanahorias y añada los *shimeji*, los *maitake*, la mezcla de tomate y el *atsuage*. Llévelo a ebullición a fuego medio y cuézalo durante 15 minutos más.

En una sartén honda, caliente 3 cm de aceite a fuego medio-alto.

Corte las berenjenas en trozos irregulares del tamaño de un bocado (*rangiri*, véase pág. 17) y échelos en el aceite caliente. Fríalos, dándoles la vuelta con unos palillos para cocinar (*saibashi*, véase pág. 354), hasta que estén brillantes, 3 minutos.

Ponga un cazo con agua a fuego vivo y llévelo a ebullición. Pele las partes marrones de la parte superior de la ocra y colóquela de forma horizontal a usted en una tabla de cortar. Esparza ¼ de cucharadita de sal y hágala rodar con la palma de la mano para romperle un poco la piel fibrosa. Cuézala en el agua hirviendo 30 segundos. Escúrrala y resérvela.

Eche la sal de la tabla de cortar en el *curry* junto con los ¾ de cucharadita de sal restantes. Incorpore el *shoyu*.

Ponga el arroz en un lado de un plato y un poco de *curry* en el otro. Adórnelo con la ocra y la berenjena y sírvalo caliente como una comida informal.

CURRY VEGETARIANO AL ESTILO JAPONÉS

汁物

El *dashi* es la base de la cocina japonesa. El *dashi* vegetariano suele prepararse con algas *kombu* o una mezcla de setas *shiitake* y algas *kombu*, pero puede hacerse igualmente con judías cocidas, *daikon* seco, verduras deshidratadas, etc. Los líquidos de cocción de las judías *azuki* y negras le conferirán al arroz un atractivo tono si sustituyen al agua de cocción, y también pueden utilizarse en vez del *dashi* en las sopas de *miso*. Los líquidos de cocción de las verduras y hierbas que no amargan, como los tirabeques o la *mitsuba*, aportarán profundidad.

Reservar los líquidos de cocción menos intensos y añadirlos a los platos cocidos ligeramente más fuertes, aportará sabor a la comida vegetariana, y le permitirá disfrutar tanto del proceso de cocción como de la propia comida. Si no prepara comida japonesa todos los días, es más difícil reutilizar las sobras. No se preocupe y sáltese ese paso, aunque si dispone de espacio en el congelador, siempre podría congelarlas para otra ocasión.

Como el *kombu* tiene un papel central en la cocina japonesa vegetariana, utilice uno de buena calidad. La mayoría de las setas *shiitake* deshidratadas disponibles en el extranjero se cultivan en China, pero quizá, con un poquito de esfuerzo, las pueda encontrar cultivadas en Japón. Las *donko* (setas *shiitake* deshidratadas de sombrero grueso) son la variedad japonesa más utilizada, aunque las *koshin* (de sombrero fino, ancho y liso) también son deliciosas. El *dashi* es el aromatizante más importante; tómese su tiempo en prepararlo.

Haga el caldo un poco fuerte si lo prefiere, pero no se exceda. Tenga en cuenta lo que está haciendo: el *kombu* se expande casi cinco veces su tamaño, así que tendrá que pensar en cómo utilizarlo una vez remojado. Puede cortarlo, por ejemplo, en una juliana fina, mezclarlo con un poco de vinagre y servirlo como acompañamiento; o rebozarlo con *curry* en polvo, dejarlo secar, freírlo y tomarlo como un delicioso aperitivo. Los *shiitake* cortados en rodajas finas y el *kombu* en juliana pueden saltearse con aceite de sésamo y condimentarse al final con *shoyu* y *mirin* (en una proporción de 2:1), cocerse y espolvorearse con *sansho* o una mezcla de especias japonesa (*shichimi togarashi*, véase pág. 351).

Ichiju sansai (una sopa, tres platos) es el formato clásico de una comida japonesa, y consiste en una sopa y tres platos para acompañarla (además de un bol de arroz y un plato de encurtidos). Puede modificarlo si tiene menos comensales o más, pero generalmente en números impares, como *ichiju issai* (una sopa, un plato) o *ichiju gosai* (una sopa, cinco platos), etc. Tradicionalmente, los japoneses tomaban sopa con cada comida y eso les servía de bebida. El té se servía después, ya que su sabor chocaba con el toque salado de estas. Aunque cada vez hay más gente que bebe agua en Japón, cuando yo llegué, en 1988, era muy raro. A menudo me ofrecían diferentes bebidas hasta que conseguía convencerles de que solo quería agua.

La moderación es esencial en la cocina japonesa. A la hora de preparar un plato de caldo claro o de *miso*, no olvide que menos es más. Las sopas claras deben ser aún más parcas que las de *miso* y llevar solo uno o dos ingredientes y una sencilla guarnición. Las sopas de *miso* nunca deben constar de más de tres ingredientes principales y una guarnición o dos, como semillas de sésamo, jengibre en tiras, cebolletas o hierbas aromáticas picadas: hojas de perejil silvestre japonés (*seri*), *mitsuba* o *sansho* (véase Cómo preparar un bol de sopa de *miso*, pág. 264).

Normalmente cocinados en una plancha de butano encima de la mesa, los estofados (*nabe*) llevan de todo, por lo que las verduras, como la col china y la *komatsuna*, se añaden en el *kombu dashi* con tofu y setas para crear un plato exquisito. Una vez cocidos a fuego lento, los ingredientes y el caldo se sirven en boles y se sazonan con *ponzu* (*shoyu* cítrico) o una salsa de sésamo. Como alternativa, podría añadir *miso* (o posos de sake). Y la leche de soja puede mezclarse con una sopa base para preparar un *nabe* cremoso (véase *Nabe* de tofu y leche de soja, pág. 262). En estos casos, los ingredientes se sirven y se comen tal cual. El uso de boles pequeños que se rellenan con frecuencia permite mantener el caldo caliente. El *nabe* se acompaña de un bol de arroz. También podría echar arroz cocido o fideos *udon* al caldo y servirlos para saciar su apetito al final de la comida.

SHIRUMONO

SOPAS

竹の子のつみれ汁

SOPA DE ALBÓNDIGAS DE BAMBÚ

TAKENOKO NO TSUMIRE-JIRU

Preparación: 45 minutos
Cocción: 20 minutos
Para 4 personas

V SL SFS

- 2 rodajas (de 5 cm de grosor) de Brotes de bambú cocidos (véase pág. 34), 250 g
- 1 cdta. de sal marina en escamas
- 4 cdas. de fécula de patata
- 1 cda. de hojas de sansho picadas finas
- Aceite neutro, como el de colza, cacahuete o cártamo, para freír
- 12 tirabeques sin las puntas ni los hilos
- 600 ml de Kombu dashi (véase pág. 22)
- 1 cda. de usukuchi shoyu (véase pág. 344)
- 1 cda. de sake

Los brotes de bambú duran muy poco en la planta. Nosotros tuvimos la suerte de tener una amiga octogenaria que cultivaba cítricos y nos enviaba los primeros brotes que encontraba en el bosque, en la isla del sur de Japón donde vivía. Preparar albóndigas con estos brotes crujientes supone un poco más de esfuerzo, así que tal vez tenga sentido quedar con más gente para prepararlas. Las albóndigas japonesas son ligeras y suelen servirse con caldo, por lo que no tienen nada que ver con las connotaciones que la palabra «albóndiga» podría evocar en Occidente. Si no encuentra hojas de *sansho*, omítalas, pero merece la pena buscarlas. Las albóndigas de bambú también están deliciosas solo con un poco de sal.

-

Corte las rodajas de bambú en cuartos, colóquelas en una cazuela y añada agua fría hasta cubrirlas por completo. Llévelas a ebullición a fuego medio-alto, baje el fuego y cuézalas durante 10 minutos hasta que estén blandas. Escúrralas, sacúdalas y póngalas en un mortero japonés (*suribachi*, véase pág. 354). Májelas hasta obtener una pasta o tritúrelas en un robot de cocina.

Pase la mezcla a una muselina, ciérrela y estrújela para eliminar el exceso de agua.

Vuelva a ponerla en el *suribachi* y májela con la sal y la fécula de patata. Añada las hojas de *sansho* y remuévala bien. Forme 8 bolitas pequeñas con las palmas de las manos.

En una sartén grande honda, caliente 3 cm de aceite a fuego medio hasta que esté caliente y empiece a burbujear.

Eche las albóndigas, de una en una, con cuidado de que el aceite no se salga. Fríalas, dándoles la vuelta cada 30 segundos, durante 1½ minutos, hasta que se doren. Déjelas escurrir en una rejilla sobre una sartén para recoger las gotas que caigan.

Para servir, ponga 2 albóndigas por bol. En un cazo con agua hirviendo, escalde los tirabeques 30 segundos. Sáquelos y ponga 3 en cada bol de forma artística.

En un cazo, mezcle el *kombu dashi*, la *usukuchi shoyu* y el sake, y llévelo a ebullición a fuego vivo. Viértalo en los boles y sírvalo de inmediato como un plato delicado pero saciante.

SOPA DE ALBÓNDIGAS DE BAMBÚ

翡翠そうめん

«SOMEN» VERDE

HISUI SOUMEN

Preparación: 30 minutos,
más 1 hora para refrigerar
Cocción: 5 minutos
Para 4 personas

V SL SFS

- 200 ml de Kombu dashi (véase pág. 22)
- 200 ml de Dashi con setas shiitake (véase pág. 22)
- 2 cdas. de sake
- ¼ de cdta. de yuzu kosho verde (véase pág. 350)
- 2 cdas. de usukuchi shoyu (véase pág. 344)
- 2 ocras medianas (35 g)
- 1 pizca de sal marina en escamas
- 2 pepinos japoneses medianos (300 g)
- 50 g de fécula de patata tamizada

El pepino cortado en juliana fina sustituye aquí al *somen* y se convierte en la estrella del verano. Para cortarlo necesitará un cuchillo bien afilado y un poco de tiempo, pero el resultado será tan bonito como ligero y delicioso, así que merece la pena el esfuerzo. Sírvalo cuando quiera tomarse un respiro del sofocante calor estival.

-

En una cazuela, lleve los dos *dashis* y el sake casi hasta ebullición a fuego medio-alto. Páselos a un vaso medidor de cristal de 500 ml. En un bol, mezcle una cucharilla del *dashi* con el *yuzu kosho* para diluirlo y viértalo en el vaso. Incorpore la *usukuchi shoyu*, déjelo enfriar a temperatura ambiente y refrigérelo 1 hora aproximadamente.

Ponga una olla con agua a fuego vivo y llévela a ebullición. Coloque la ocra de manera horizontal mirando hacia usted en una tabla de cortar y sálela. Hágala rodar por la sal con las palmas de las manos (*itazuri*). Sumérjala en el agua y escáldela 30 segundos. Sáquela con un colador de malla pequeño y déjela enfriar. Mantenga el agua a fuego lento. Retire la parte superior y córtela en rodajas finas de 3 mm de grosor.

Deseche los extremos de los pepinos y córtelo en tiras anchas a lo largo con un pelador de verduras. Coloque una tira encima de otra, enróllelas con cuidado de no romperlas y córtelas a lo ancho lo más fino que pueda, de 1 mm. Separe los «fideos» de pepino e introdúzcalos en una bolsa de plástico con la fécula de patata. Sacuda el exceso de fécula y resérvelos.

Prepare un bol de agua con hielo. Suba el fuego de la olla, eche los fideos y escáldelos 30 segundos. Sáquelos con un colador de malla y refrésquelos de inmediato en el bol de agua con hielo. Retírelos al cabo de unos segundos y sacuda el exceso de agua.

Reparta el «*somen*» de pepino entre cuatro boles. Añada la ocra, vierta el *dashi* frío alrededor de los fideos y sírvalo. Se come con palillos y se sorbe como si fueran fideos con caldo.

«SOMEN» VERDE

そうめんとオクラ

SOMEN CON OCRA

SOUMEN TO OKURA

Preparación: 20 minutos
Cocción: 1 minuto
Para 4 personas

V SL SFS <30

- 6 ocras pequeñas (60 g)
- 2 manojos (de 50 g cada uno) de somen
- 600 ml de Mori tsuyu (véase pág. 25) frío
- 1 cda. de jengibre fresco en tiras finas
- 1 guindilla verde japonesa o 1 chile serrano pequeño frescos en aros finos
- 4 hojas pequeñas de shiso verde en tiras finas

El *somen* se toma en verano en todo Japón con múltiples acompañantes: cebolla verde picada o cebollino al ajo, pepino o jengibre en rodajas, ocra picada, guindilla verde o roja en rodajas finas... las posibilidades son infinitas siempre que aporten un toque fresco a los fideos y al caldo. Aquí la ocra es la protagonista, por lo que el jengibre y la guindilla solo aportan sabor.

-

Corte el pedúnculo de la ocra y deséchelo. Píquela fina.

Llene un bol de agua con hielo. Llene tres cuartas partes de una olla con agua y llévela a ebullición a fuego vivo. Retire el papel de los manojos de *somen* y eche los fideos en el agua. Cuézalos durante 1 minuto y sáquelos rápido con un colador grande de malla y unos palillos para cocinar (ayúdese con ellos para introducirlos en el colador). Sumérjalos de inmediato en el agua con hielo 1 o 2 minutos.

Sirva el caldo frío en cuatro boles hondos para sopa (*donburi*, véase pág. 354). Tome puñados de fideos, sacuda el exceso de agua y échelos en forma de espiral en cada bol hasta terminarlos. Adórnelos con la ocra, el jengibre, la guindilla y el *shiso*, y sírvalos de inmediato.

グリーンスープ

CREMA VERDE

GURI-N SU-PU

Preparación: 20 minutos
Cocción: 2 minutos
Para 4 personas

V SL SG SFS <30

- 1 manojo (125 g) de moroheiya (véase pág. 347) o de hojas de crisantemo comestible (shungiku, véase pág. 347), con la parte dura del tallo cortada
- ½ cdta. de sal marina fina
- 350 ml de Kombu dashi (véase pág. 22)
- ¼ de cdta. de sal marina en escamas
- ½ cdta. de semillas de sésamo blanco, calentadas en una sartén sin aceite hasta que desprendan su aroma

Las hojas de *moroheiya* (yute), de color verde, son blandas y viscosas y deben consumirse (cocidas o crudas) poco después de cosecharlas. Se consumen en verano y son ricas en vitaminas y minerales. Sustitúyalas por hojas de crisantemo comestible (*shungiku*) o espinacas de agua si no encuentra *moroheiya*, aunque no obtendrá una sopa tan espesa.

-

Separe las hojas de los tallos y corte los tallos a lo ancho en trozos de 3 cm.

Ponga a hervir una cazuela con agua y sal fina. Introduzca los tallos y cuézalos 40 segundos. Empuje las hojas para sumergirlas enteras y cuézalas 20 segundos más. Escúrralas, refrésquelas bajo un chorro de agua fría y sacúdalas. Póngalas en una batidora con el *dashi* y la sal en escamas y tritúrelas hasta que la crema emulsione y esté fina.

Pásela a un cazo y llévela a ebullición a fuego medio. Sírvala caliente en cuatro boles lacados con las semillas de sésamo esparcidas por encima.

CREMA VERDE

春キャベツスープ

SOPA DE REPOLLO

HARU KYABETSU SU-PU

Preparación: 30 minutos
Cocción: 20 minutos
Para 4 personas

V SL SG SFS

- 500 ml de Kombu dashi (véase pág. 22)
- 250 ml de Dashi con setas shiitake (véase pág. 22)
- 125 ml de sake
- ¼ de repollo (250 g) sin los nervios y en tiras finas
- 1 cdta. de sal marina fina
- ½ cdta. de pimienta negra recién molida
- Aceite neutro, como el de colza, cacahuete o cártamo, para freír
- 1 patata mediana (150 g) raspada
- 500 ml de leche de soja
- 125 g de granos de maíz frescos, de 2 mazorcas
- 1 puñado de perejil italiano picado fino

El repollo se cultiva en Japón desde el periodo Edo (1603-1868). Con un sabor un poco occidental, esta sopa es sin embargo muy japonesa y constituye un magnífico plato de finales de primavera o principios de verano, cuando el maíz y el repollo coincide que están en plena temporada.

-

En una cazuela, lleve el *kombu dashi*, el *dashi* con setas *shiitake* y el sake a ebullición a fuego vivo. Añada el repollo, la sal y la pimienta, baje el fuego y cuézalo 10 minutos.

Mientras la sopa hierve suave, en una sartén honda, caliente 3 cm de aceite a fuego medio-alto hasta que burbujee, pero sin que humee.

Corte la patata en dados de 1 cm. Échelos despacio en el aceite, con cuidado de que no salpiquen, y fríalos hasta que se doren, de 3 a 5 minutos. Sáquelos y déjelos escurrir un poco sobre papel de cocina.

Incorpore la leche de soja y el maíz en la sopa y caliéntela a fuego lento, sin que llegue a hervir, 5 minutos. (Si la leche de soja hierve, se cortará.)

Viértala en platos hondos y adórnela con las patatas fritas y el perejil picado. Sírvala como un plato ligero pero contundente.

白みそ入り冷やしとろろ汁

SOPA DE MISO BLANCO FRÍO

SHIRO MISO-IRI HIYASHI TORORO-JIRU

Preparación: 30 minutos, más 1-2 horas para refrigerar
Para 4 personas

V SL SG SFS <5

- 400 ml de Kombu dashi (véase pág. 22)
- 4 cdas. de miso blanco
- 150 g de ñame japonés
- Unas pizcas de polvo de nori verde (aonori, véase pág. 349)

La sopa de *miso* fría es perfecta para el verano. Esta receta es tan elegante como refrescante. Sírvala como parte de una comida especial con varias guarniciones de verduras. Utilice un rallador redondo de cerámica (*oroshiki*, véase pág. 354) o metálico (*oroshigane*, véase pág. 354) para que el ñame rallado tenga una consistencia cremosa.

-

Añada un poco de *kombu dashi* en el *miso* blanco para diluirlo. Júntelo con el resto del *kombu dashi*, remuévalo y refrigérelo.

Pele el ñame japonés, rállelo fino y páselo a un mortero japonés (*suribachi*, véase pág. 354). Májelo bien hasta obtener una consistencia viscosa ultrasuave. Añádalo despacio a la sopa de *miso* fría hasta que se incorpore de manera uniforme. Refrigérelo.

Sírvalo en boles de cristal o de cerámica fríos con una pizca de *nori* verde.

SOPA DE REPOLLO

焼き味噌汁

SOPA DE MISO GRATINADO CON MYOGA Y SOMEN

YAKI MISO SHIRU

Preparación: 20 minutos,
más 2 horas para refrigerar
Cocción: 10 minutos
Para 4 personas

V SL SG SFS

- 4 cdas. de miso de arroz integral o de cebada
- 800 ml de Kombu dashi (véase pág. 22)
- ½ saquito de tofu frito (usuage, véase pág. 352)
- 1 manojo (50 g) de somen
- 3 myogas (véase pág. 348) medianas cortadas en cuartos a lo largo
- 3 hojas de shiso medianas en tiras finas
- 1 umeboshi (véase pág. 350) deshuesada y picada fina (opcional)

Gratinar el *miso* antes de añadirlo al *dashi* aporta un toque de acidez y una profundidad indescriptibles a esta sopa fría de verano. La ración de sopa es muy generosa porque nos parece magnífica. Mientras que la *myoga* añade un toque crujiente y el *somen* un poco de cuerpo, el *shiso* y las *umeboshi* (opcional) le confieren un acabado brillante.

-

Unte el *miso* en una capa uniforme sobre un trozo de papel de aluminio formando un rectángulo de 10 × 15,25 cm. Gratínelo en un horno de sobremesa o un gratinador a 10 cm de la fuente de calor hasta que desprenda su aroma y se seque ligeramente por los bordes, pero no se queme o dore, 3 o 4 minutos. Póngalo en un vaso medidor de 1 litro.

En un cazo, caliente un poco del *kombu dashi* a fuego lento. Incorpórelo despacio al *miso* gratinado y añada el *dashi* restante. Refrigérelo 2 horas.

Marque el *usuage* en una sartén sin aceite durante 1 minuto por cada lado a fuego vivo, hasta que aparezcan manchas marrones. Córtelo en cuartos y resérvelo.

Prepare un bol de agua con hielo. Llene una olla con agua y llévela a ebullición a fuego vivo. Añada el *somen* y cuézalo 1 minuto. Escúrralo y sumérjalo de inmediato en el bol de agua con hielo para detener la cocción.

Tome una cuarta parte del *somen*, sacúdalo y gírelo para formar un nido en el fondo de cada bol. Apoye 3 trozos de *myoga* de pie contra el lado del bol, con la base tocando el *somen*, y vierta la sopa de *miso* fría. Disponga un cuadrado de *usuage* encima y adórnelo con el *shiso*. Si lo desea, sírvalo con las *umeboshi* al lado.

マスカットの冷汁

SOPA DE MOSCATEL Y JENGIBRE

MASUKATTO NO HIYAJIRU

Preparación: 20 minutos,
más 2 horas para enfriar y refrigerar
Cocción: 5 minutos
Para 4 personas

V SL SFS

- 600 ml de Kombu dashi (véase pág. 22)
- ¼ de cdta. de sal marina en escamas
- 2 cdtas. de usukuchi shoyu (véase pág. 344)
- 4 cdas. de sake
- 125 g de uvas moscatel (8-12 uvas) peladas
- ½ cdta. de jengibre fresco en tiras finas
- ½ cdta. de alga nori en tiras finas

En este caso, el *dashi* está ligeramente salado para que el sabor de las uvas se aprecie bien. Las cantidades de jengibre y *nori* son escasas por la misma razón. Esta refrescante sopa puede servirse al principio de una comida o a mitad, para limpiar el paladar. (Si no dispone de uva moscatel, sustitúyala por otra variedad de uva verde sin semillas, pero asegúrese de pesarla, ya que los tamaños varían considerablemente.)

-

En un cazo, ponga a hervir a fuego medio el *kombu dashi*, la sal, la *usukuchi shoyu* y el sake durante 1 minuto para disolver la sal y que el alcohol se evapore un poco. Páselo a un recipiente con tapa, déjelo enfriar a temperatura ambiente y refrigérelo un mínimo de 2 horas.

Coloque 2 o 3 granos de uva (o reparta la que tenga) en cada bol. Vierta el caldo frío y adórnelo con un poco de jengibre y unas tiras de *nori*. Sírvalo enseguida.

SOPA DE MOSCATEL Y JENGIBRE

冷製トマトのスープ仕立て

TOMATE FRÍO CON CALDO DE TOMATE CLARO

REISEI TOMATO NO SU-PU JITATE

Preparación: 30 minutos,
más 2 horas en remojo y para refrigerar
Cocción: 20 minutos
Para 4 personas

V SL SFS

- 200 g de brotes de nenúfar (junsai, véase pág. 349)
- 4 tomates Momotaro pequeños u otros rojos redondos (900 g)
- Agua hirviendo
- 800 ml de Kombu dashi (véase pág. 22)
- 4 cdas. de sake
- 2 cdtas. de sal marina en escamas
- 1 cda. más 1 cdta. de usukuchi shoyu (véase pág. 344)
- 500 ml de Caldo de tomate claro (véase abajo)

Los Momotaro son populares en Japón desde hace unos diez años: no son ácidos y tienen un perfil dulce. El caldo de tomate claro en este plato es inusual y resulta brillante. Además, cocer los tomates en el *dashi* les aporta una ligera nota de sabor. Si no encuentra brotes de nenúfar (*junsai*), simplemente omítalos, aunque añaden una maravillosa textura, imposible de duplicar.

-

Escurra los brotes de nenúfar en un colador y remójelos en abundante agua fría 1 hora. Sáquelos con un colador, lávelos bajo un chorro de agua fría y sacúdalos. Séquelos con papel de cocina y refrésquelos 1 hora.

Ponga los tomates en un bol y añada agua hirviendo hasta cubrirlos. Déjelos enfriar unos 5 minutos. Saque un tomate y compruebe que la piel está agrietada y se puede pelar fácilmente. Si no es así, déjelo que se enfríe un poco más en el agua caliente. Escúrralos.

Ponga los tomates en una tabla de cortar y aclare el bol. Sobre el bol, córtelos, descorazónelos y pélelos. Resérvelos dentro del bol. En una cazuela, ponga a hervir a fuego vivo el *dashi*, el sake, 2 cucharaditas de la sal y la *usukuchi shoyu*. Baje el fuego, añada los tomates y cuézalos a fuego lento 20 minutos para que se ablanden. Déjelos que se enfríen a temperatura ambiente y refrigérelos en el líquido de cocción unas 2 horas.

Reparta el caldo de tomate claro y los brotes de nenúfar entre cuatro boles. Coloque 1 tomate frío y cocido a fuego lento en el centro, con el corazón hacia abajo. (Deseche el líquido de cocción del tomate.) Sírvalo frío como primer plato.

トマトの透明スープ

CALDO DE TOMATE CLARO

TOMATO NO TOUMEI SU-PU

Preparación: 30 minutos,
más 2 horas para escurrir
Para 500 ml

V SL SG SFS <5

- 8 tomates medianos (1,6 kg)
- ¼ de cdta. de sal marina fina

Este caldo es a la vez reconstituyente y refrescante. Sírvalo durante una comida para estimular el apetito.

-

Pique gruesos los tomates y póngalos en una batidora con la sal. Tritúrelos hasta obtener un zumo fino. Forre un colador de malla con varias hojas de papel de cocina o un filtro de café, colóquelo sobre un bol y cuele el zumo de tomate. Déjelo escurrir 2 horas en el frigorífico.

Sírvalo frío en un vaso de cristal o de cerámica pequeño, o caliéntelo rápido antes de servirlo.

TOMATE FRÍO CON CALDO DE TOMATE CLARO

じゃが芋のポタージュ寺納豆ソース

CREMA DE PATATA CON TERA NATTO

JYAGAIMO NO POTA-JYU TERA NATTOU SO-SU

Preparación: 15 minutos
Cocción: 25 minutos
Para 4 personas

V SL SG SFS

- 2 patatas medianas (de 150 g cada una) raspadas
- ½ cdta. de sal marina en escamas
- 450 ml de Kombu dashi (véase pág. 22)
- 2 cdas. de Pasta de tera natto-sésamo (véase pág. 30)
- 200 ml de leche de soja
- 1 cdta. de aceite de egoma japonés (véase pág. 345) o aceite de sésamo sin tostar

Salar el agua de cocción de las patatas, pero no la crema, provoca una sensación salada casi imperceptible. La salsa de *tera natto*, salada y terrosa, aporta un toque picante. El resultado es inusualmente equilibrado y sorprendentemente reconfortante.

-

Ponga las patatas en una cazuela con la sal y añada agua fría hasta cubrirlas por completo. Tápelas, llévelas a ebullición a fuego vivo y cuézalas hasta que pueda pincharlas hasta el centro con una brocheta de bambú, de 20 a 25 minutos. Escúrralas y pélelas mientras estén calientes. Déjelas enfriar a temperatura ambiente.

En un bol, mezcle 2 cucharadas del *dashi* con la pasta de *tera natto*-sésamo y resérvelo.

Corte la patata en trozos e introdúzcalos en una batidora con el *dashi* restante, la leche de soja y el aceite de *egoma*. Triture la crema hasta que esté fina. Pásela a una cazuela y llévela casi a ebullición a fuego medio-alto.

Viértala en cuatro boles, añada artísticamente unas gotitas de la salsa de *tera natto* y sírvala.

ブロッコリーのポタージュ

CREMA DE TALLOS DE BRÓCOLI

BUROKKORI- NO POTA-JYU

Preparación: 20 minutos
Cocción: 10 minutos
Para 4 personas

SG SFS

- 4 ramitos pequeños de brócoli, para decorar
- 2 tallos gruesos de brócoli (250 g) pelados y picados gruesos
- 400 ml de leche entera
- 2 cdtas. (10 g) de mantequilla sin sal
- ½ cdta. de sal marina en escamas
- ¼ de cdta. de pimienta negra recién molida

Cuando prepare platos de brócoli, como el *Namul* de espárragos y brócoli (véase pág. 93), en los que solo se utilizan los ramitos, piense en esta sopa; le servirá de inspiración para reducir desperdicios. Y, al hacerlo, sentirá una agradable sensación. Los tallos contienen minerales y vitaminas esenciales, por lo que también son nutritivos. La mantequilla y la leche se pueden sustituir por aceite de sésamo sin tostar y leche de soja para preparar una versión sin lácteos de esta sopa, ligera y deliciosa.

-

Lleve a ebullición una cazuela con agua a fuego vivo. Añada los ramitos y cuézalos hasta que se ablanden pero no se deshagan, de 30 segundos a 1 minuto. Sáquelos y escúrralos en el fregadero en un colador de malla.

Eche los tallos en el agua hirviendo y cuézalos hasta que estén muy tiernos, unos 5 minutos. Escúrralos.

En una batidora, tritúrelos con la leche hasta que la crema esté fina. Pásela a una cazuela, añada la mantequilla y llévela casi a ebullición a fuego medio-alto. Salpimiéntela.

Viértala en boles y adórnela con un ramito de brócoli. Sírvala caliente.

CREMA DE TALLOS DE BRÓCOLI

かぶのみぞれ汁

SOPA DE MISO CON NABO RALLADO

KABU NO MIZORE-JIRU

Preparación: 20 minutos
Cocción: 5 minutos
Para 4 personas

V SL SG SFS <30

- 2 nabos medianos (200 g) pelados
- 700 ml de Kombu dashi (véase pág. 22)
- 150 g de tofu firme (momendofu, véase pág. 352) o tofu suave japonés
- 3 cdas. de miso de arroz integral o de cebada
- 1 cdta. de semillas de sésamo blanco o negro, calentadas en una sartén sin aceite hasta que desprendan su aroma
- 1 cdta. de piel de yuzu en tiras finas

El *daikon* rallado se suele añadir al *mizore-jiru*, pero aquí aporta redondez y no diluye el *miso*, ya que carece del contenido de agua del *daikon*.

-

Ralle fino el nabo con un rallador de cerámica (*oroshiki*, véase pág. 354) o metálico (*oroshigane*, véase pág. 354) y repártalo entre cuatro boles lacados.

Caliente a fuego lento el *dashi* en una cazuela. Corte el tofu en dados de 1 cm y caliéntelo en el *dashi* 1 o 2 minutos. En un bol, ponga el *miso*, añádale 1 cucharada del *dashi* y remuévalo hasta que esté bien emulsionado. Devuélvalo a la cazuela y remuévalo.

Vierta la sopa en los boles con el nabo. Decórela con las semillas de sésamo y el *yuzu*, y sírvala.

じゃが芋と枝豆の冷製すり流し

CREMA FRÍA DE PATATAS Y EDAMAME

JYAGAIMO TO EDAMAME NO REISEI SURI-NAGASHI

Preparación: 30 minutos, más 1-2 horas para refrigerar
Cocción: 25 minutos
Para 4 personas

V SL

- 40 g de cacahuetes crudos
- 250 g de edamame con las vainas
- 2 cdtas. de sal marina en escamas
- 2 patatas medianas (300 g) peladas y en dados de 1 cm
- 3 cdtas. de aceite de oliva
- 50 g de setas shimeji, separadas en grupos pequeños
- 250 ml de leche de soja
- 2 cdtas. de usukuchi shoyu (véase pág. 344)
- 1 cdta. de perejil italiano picado fino

Este plato es bajo en grasa, pero su cremosidad resulta muy reconfortante cuando buscamos algo un poco más sustancioso que una crema a base de caldo.

-

En una sartén sin aceite, tueste los cacahuetes a fuego lento hasta que tomen un poco de color, de 5 a 7 minutos.

Llene tres cuartas partes de una cazuela con agua y llévela a ebullición a fuego vivo. Añada el *edamame* y 1 cucharadita de sal, y cuézalo 8 minutos. Sáquelo y, cuando esté lo suficientemente frío, desvaínelo. Quítele la piel y deséchela junto con las vainas.

Caliente 1 cucharadita de aceite de oliva en una sartén a fuego medio. Agregue las patatas y los *shimeji*, saltéelo 3 minutos y vierta 100 ml de agua. Cuézalo a fuego lento hasta que la patata esté tierna, de 3 a 5 minutos. Páselo a una batidora, añada los cacahuetes, la sal restante, 150 ml de la leche de soja y 150 ml de agua. Tritúrelo hasta obtener una crema fina y pásela a un vaso medidor de 1 litro. Lave el vaso de la batidora.

En el vaso de la batidora, añada el *edamame*, los 100 ml restantes de leche de soja, los 100 ml restantes de agua, la *usukuchi shoyu* y las 2 cucharaditas restantes de aceite de oliva. Tritúrelo hasta obtener una crema fina y pásela a un vaso medidor de 500 ml.

Refrigere las mezclas de patata y *edamame* durante 1 o 2 horas y reparta la crema de patata entre 4 boles. Vierta la crema de *edamame* en forma de espiral por encima y decórela con un poco de perejil.

SOPA DE MISO CON NABO RALLADO

枝豆のすり流し

CREMA DE EDAMAME

EDAMAME NO SURINAGASHI

Preparación: 15 minutos, más 2 horas para refrigerar
Cocción: 10 minutos
Para 4 personas

V SL SG SFS

- 400 g de edamame con las vainas
- 400 ml de Kombu dashi (véase pág. 22)
- 2 cdtas. de sake
- ½ cdta. de sal marina en escamas
- 1 cdta. de aceite de sésamo blanco ligeramente tostado o de sésamo sin tostar

La soja se cultiva desde principios del verano hasta el otoño, por lo que tenemos varias cosechas de *edamame* que llegan hasta bien entrado septiembre u octubre, dependiendo del tiempo. El *edamame* fresco es dulce, con lo que un ligero toque de sal le va muy bien en esta sopa. Este tipo de platos, poco condimentados, resumen la esencia de la cocina japonesa vegetariana.

-

Llene una olla con agua y llévela a ebullición a fuego vivo. Eche el *edamame* y cuézalo 10 minutos hasta que esté blando. Escúrralo y cuando esté lo suficientemente frío para manipularlo, desvaínelo. Reserve 12 granos para el final.

Ponga el resto en una batidora con 125 ml del *dashi*. Tritúrelo varios minutos a velocidad alta hasta que la crema esté fina y homogénea. Añada el *dashi* restante y el sake, y tritúrela durante 1 o 2 minutos más hasta que esté bien emulsionada. (Como alternativa, utilice un mortero japonés. Añada el *dashi* y el sake poco a poco hasta que esté cremosa.) Pásela por un colador de malla fina y refrigérela 2 horas.

Viértala en cuatro boles. Adorne cada bol con 3 granos de *edamame* y un chorrito de aceite de sésamo. También está buena caliente, en cuyo caso omitirá el paso del enfriado y la calentará a fuego medio-alto antes de servirla, sin el aceite.

まつたけ椀

MATSUTAKE CON CALDO

MATSUTAKE WAN

Preparación: 25 minutos
Cocción: 20 minutos
Para 4 personas

V SL SFS

- 2 setas matsutake (80 g)
- 25 g de mibuna (véase pág. 346) o puntarelle italianos
- 600 ml de Happo dashi (véase pág. 25)
- 2½ cdtas. de usukuchi shoyu (véase pág. 344)
- ¼ de cdta. de sal marina en escamas
- Piel de yuzu en tiras finas, para decorar

Las setas *matsutake* son muy caras y quizá estén fuera de su alcance, aunque crecen en varias partes del mundo. Sustitúyalas por otra seta de tallo grueso y aroma similar.

-

Cepille las setas con suavidad y recórteles una pequeña parte del extremo del tallo para limpiar y eliminar la parte dura. Llene un bol de agua hasta la mitad. Introduzca y saque las setas, frotando la suciedad con la mano o con papel de cocina. Córtelas por la mitad a lo largo y después a lo ancho si son grandes. Hágales unos cortes superficiales en los sombreros para que penetre el *dashi*.

Lleve a ebullición una olla con agua. Eche la *mibuna*, empújela hacia abajo para sumergirla y sáquela de inmediato con un colador de malla. Enfríela bajo un chorro de agua fría o un bol de agua con hielo. Estrújela para eliminar el exceso de agua y córtela a lo ancho en trozos de 4 cm.

En un cazo, mezcle el *dashi* con las setas y caliéntelo despacio a fuego medio-bajo, sin que llegue a hervir, unos 5 minutos. Cuando desprenda su aroma, añada la *usukuchi shoyu* y la sal. Prosiga con la cocción hasta que las setas estén bien hechas, unos 10 minutos más.

Repártalas entre cuatro boles con tapa (*o-wan*, véase pág. 354) y coloque la *mibuna* en el centro. Vierta el caldo caliente alrededor, adórnelo con una pizca de piel de *yuzu*, tápelo y sírvalo caliente.

MATSUTAKE CON CALDO

大根のみぞれ汁

SOPA DE DAIKON RALLADO

DAIKON NO MIZORE-JIRU

Preparación: 15 minutos
Cocción: 15 minutos
Para 4 personas

V SL SFS

- 1 trozo de daikon de 20 cm con las hojas tiernas (350 g)
- 2 nabos pequeños con las hojas (150 g)
- 2 trozos (de 40 g cada uno) de mochi de arroz integral deshidratado
- 800 ml de Kombu dashi (véase pág. 22)
- 100 g de setas shimeji sin los extremos
- 1 cdta. de sal marina en escamas
- 2 cdas. de shoyu

Las sopas con *daikon* rallado se llaman *mizore-jiru*. Son muy reconfortantes durante los meses de invierno y el *daikon*, además, favorece la digestión. Esta sopa es sencillamente deliciosa, no se la pierda.

-

Llene dos cuartas partes de una cazuela con agua y llévela a ebullición. Escalde las hojas del *daikon* 2 minutos, sáquelas y refrésquelas bajo un chorro de agua fría. Córtelas a lo ancho en trozos de 5 mm y estrújelas para eliminar el exceso de agua. Escalde las hojas de los nabos en la misma cazuela 2 minutos. Sáquelas, refrésquelas bajo un chorro de agua fría, córtelas a lo ancho en trozos de 5 mm y estrújelas.

Pele y ralle el *daikon* con un rallador redondo de cerámica (*oroshiki*, véase pág. 354) o metálico (*oroshigane*, véase pág. 354). Déjelo escurrir en un colador de malla fina sobre un bol para recoger las gotas que caigan.

Pele y corte los nabos por la mitad a lo largo. Póngalos en una tabla de cortar con el lado del corte hacia abajo y córtelos en medias lunas de 5 mm de grosor.

Coloque una rejilla a 10 cm de la fuente de calor y precaliente el gratinador. (O precaliente un horno de sobremesa.) Gratine el *mochi* hasta que se hinche y se dore ligeramente, 3 minutos. Dele la vuelta y gratínelo por el otro lado. Córtelo por la mitad y disponga un trozo en cada plato.

Mientras el *mochi* se gratina, caliente el *dashi* a fuego medio en una cazuela. Cuando humee, pero sin que llegue a hervir, introduzca las setas. Añada el nabo y cuézalo a fuego lento hasta que esté hecho pero no se deshaga, unos 2 minutos. Incorpore el *daikon* rallado, la sal y el *shoyu*. Cuando vuelva a hervir, agregue las hojas de *daikon* y nabo picadas, y retírelo del fuego.

Reparta la sopa sobre el *mochi* entre cuatro boles y sírvala.

SOPA DE DAIKON RALLADO

無明碗

CALDO CLARO CON TOFU, ZANAHORIA Y DAIKON

MUMYOU WAN

Preparación: 35 minutos,
más 15 minutos para prensar el tofu
Cocción: 10 minutos
Para 4 personas

V SL SFS

- 150 g de tofu firme (momendofu, véase pág. 352) o tofu suave japonés
- 1 trozo de zanahoria de 2 cm cortado a lo ancho en rodajas de 5 mm
- 1 litro de Kombu dashi (véase pág. 22)
- 2 cdtas. de shoyu
- 3 cdas. de sake
- 2 cdtas. de hon mirin
- 4 rodajas finas de daikon mediano
- ¾ de cdta. de sal marina en escamas
- 2 cdtas. de aceite de sésamo dorado ligeramente tostado

La zanahoria se transparenta a través del *daikon*, de ahí su nombre (無明碗), que hace referencia al concepto *Avidya*, utilizado en los textos budistas para referirse a la ignorancia o las ideas erróneas. Los caracteres japoneses para *Avidya* (無明) significan ausencia de claridad, y 碗 (*wan*), el bol en el que se sirve el plato. Aquí, la zanahoria parece escondida, pero no lo está, reflejando así esta idea abstracta.

-

Ponga el tofu en un plato y coloque otro encima, con cuidado de no romperlo o aplastarlo. Déjelo unos 15 minutos para que suelte agua. Córtelo en cuartos y resérvelo.

Ponga las rodajas de zanahoria en un cazo con 200 ml de *dashi* y llévelas a ebullición a fuego medio-alto. Añada el *shoyu*, 1 cucharada de sake y el *mirin*, y cuézalo 5 minutos más.

Ponga un cazo con agua a fuego vivo, llévelo a ebullición y eche el *daikon*. Cuézalo 1 minuto, escúrralo y refrésquelo bajo un chorro de agua fría. Escúrralo.

En una cazuela, lleve los 800 ml de *dashi* restantes, 2 cucharadas de sake y la sal casi hasta ebullición a fuego medio-bajo.

En una sartén, caliente el aceite a fuego lento. Añada el tofu y dórelo hasta que tome color, de 20 a 30 segundos por cada lado.

Coloque un trozo de tofu en el centro de un bol lacado con tapa (*o-wan*, véase pág. 354). Ponga una rodaja de zanahoria encima y corone con un trozo de *daikon*. Vierta el caldo, tápelo y sírvalo a continuación, caliente.

雲片汁

SOPA DE PIELES DE VERDURAS DE RAÍZ CON SABOR A JENGIBRE

UNPEN-JIRU

Preparación: 25 minutos
Cocción: 10 minutos
Para 4 personas

V SL SFS

- 2 cdas. de aceite de sésamo tostado
- 50 g de pieles de verduras de raíz (daikon, zanahoria) picadas
- ¼ de cdta. de sal marina en escamas
- 750 ml de Kombu dashi (véase pág. 22)
- 2 cdtas. de shoyu
- 2 láminas de alga kombu de 4 cm ablandadas y en dados finos
- 2 cdas. de hon kuzu (véase pág. 353) disueltas en 6 cdas. de agua
- 4 cdtas. de zumo de jengibre fresco

Esta sopa, aparentemente humilde, posee todo el sabor del jengibre, la sedosidad del *kuzu* y la exquisitez del aceite de sésamo, por lo que es en realidad muy especial. Hágala cuando tenga muchas pieles de verduras que quiera reutilizar.

-

En una cazuela, caliente el aceite de sésamo a fuego medio-alto. Añada las pieles y saltéelas 1 minuto hasta que desprendan su aroma. Agregue ⅛ de cucharadita de sal y saltéelas otro minuto más a fuego lento. Incorpore el *dashi*, el *shoyu*, el *kombu* y el ⅛ de cucharadita de sal restante. Vierta el *kuzu* y continúe removiéndolo constantemente a fuego medio hasta que se espese ligeramente, unos 2 o 3 minutos y eche el zumo de jengibre.

Vierta la sopa en boles lacados. Sírvala para acompañar una comida ligera, ya sea un desayuno, un almuerzo o una cena.

CALDO CLARO CON TOFU, ZANAHORIA Y DAIKON

一石三鳥精進鍋

NABE «TRES PÁJAROS Y UNA PIEDRA»

ISSEKI SANCHOU SHOUJIN NABE

Preparación: 45 minutos
Cocción: 10 minutos
Para 4 personas

V SL SFS

- 1 manojo pequeño (200 g) de espinacas, preferentemente con las raíces
- 4 hojas grandes (250 g) de col china
- 1 trozo de zanahoria de 6 cm (75 g) raspada
- 1 raíz de bardana pequeña (75 g) raspada
- 1 cda. de vinagre de arroz
- 200 g de fideos shirataki (véase pág. 353)
- Agua hirviendo
- 100 g de miso blanco
- 100 g de miso de arroz integral o de cebada
- 600 ml de Kombu dashi (véase pág. 22)
- 200 ml de Dashi de soja (véase pág. 23)
- 400 ml de Dashi de pieles de verduras (véase pág. 23)
- 300 g de tofu firme (momendofu, véase pág. 352) o tofu suave japonés en 8 dados
- 4 Croquetas de tofu (véase pág. 131)
- 400 ml de leche de soja

El nombre de este inolvidable *nabe* de invierno hace referencia a la variedad de ingredientes que contiene: tofu de dos tipos, verduras, tubérculos y *miso*, fideos *konnyaku* (*shirataki*) y leche de soja. El *kombu dashi* combina bien con los *dashis* terrosos de soja y pieles de verduras, aportando ligereza al plato. Sírvalo con un bol de arroz japonés al lado, si lo prefiere. Tenga cuidado, el contenido de sal del *miso* hará que la leche de soja se corte, así que añádala justo antes de servir.

-

Corte las espinacas y la col china a lo ancho en trozos de 3 cm. Corte la zanahoria y la bardana en diagonal en rodajas de 5 mm. Ponga la bardana en remojo en agua fría con el vinagre hasta que la utilice para evitar que se oxide. Escúrrala antes de añadirla al *nabe*.

Escurra los fideos en un colador de malla y vierta agua hirviendo por encima durante 10 segundos. Sacúdalos y córtelos por la mitad a lo ancho.

En un bol, mezcle bien los *misos* hasta que se incorporen.

Vierta los tres *dashis* en el *nabe* y añada la col, la zanahoria, la bardana, los dados de tofu y los fideos, cada uno en una parte distinta del *nabe*. Llévelo a ebullición a fuego medio y cuézalo hasta que las verduras se ablanden, de 5 a 7 minutos.

Incorpore un poco del *dashi* caliente en el bol de *miso* y remueva para diluirlo. Páselo al *nabe*, ponga las espinacas en una esquina y las croquetas en otra en un montoncito. Tápelo y vuelva a ponerlo al fuego. Baje el fuego, vierta despacio la leche de soja y caliéntelo sin que llegue a hervir.

Sírvalo en boles individuales, muy caliente.

NABE «TRES PÁJAROS Y UNA PIEDRA»

豆腐の豆乳鍋

NABE DE TOFU Y LECHE DE SOJA

TOUFU NO TOUNYUU NABE

Preparación: 20 minutos
Cocción: 10 minutos
Para 4 personas

V SL SFS

- 300 g de tofu firme (momendofu, véase pág. 352) o tofu suave japonés
- ¼ de cabeza de col china (200 g)
- ½ manojo de mizuna (15 g)
- 1 zanahoria mediana (150 g) pelada o raspada
- ½ manojo de espinacas (115 g)
- 100 g de setas shimeji separadas
- 800 ml de Kombu dashi (véase pág. 22)
- 200 ml de leche de soja
- 3 cdas. de pasta de sésamo blanco
- 1 cda. de usukuchi shoyu (véase pág. 344)
- 1 cda. de hon mirin
- 1 cdta. de sal marina en escamas

El empleo de la leche de soja como base de este estofado, muy equilibrado y con muchas verduras, aporta una untuosidad al plato que se ve reforzada por la pasta de sésamo. Tenga en cuenta que la leche de soja tiene tendencia a cortarse. Pero no se preocupe, el resultado seguirá siendo magnífico. Además, es muy rápido de preparar.

-

Corte el tofu en 8 dados y resérvelos en un plato. Corte la col china y la *mizuna* a lo ancho en trozos de 3 cm y colóquelas en dos montoncitos separados en un plato.

Lleve a ebullición una olla con agua. Corte la zanahoria a lo ancho en trozos de 2 cm y después a lo largo en rodajas finas (*tanzaku-giri*, véase pág. 17). Añada la zanahoria a la olla y blanquéela 30 segundos. Sáquela con un colador de malla y déjela enfriar en el fregadero. Sacúdala y colóquela en un plato en un montoncito. Sumerja las espinacas en el agua hirviendo y sáquelas de inmediato, refrésquelas bajo un chorro de agua fría y estrújelas hasta formar una bola. Córtela a lo ancho en trozos de 3 cm. Colóquela en el plato con la zanahoria y añada las setas, cada una en un montoncito separado.

Cuézalo en el fuego o encima de la mesa: en una cazuela de barro refractaria (*donabe*, véase pág. 353), caliente el *kombu dashi* y la leche de soja a fuego lento. En un bol, mezcle la pasta de sésamo, la *usukuchi shoyu*, el *mirin* y la sal, y remueva hasta obtener una pasta fina. Mezcle 200 ml del *dashi* en la pasta de sésamo para diluirlo y que emulsione. Viértalo en el *donabe*. Llévelo a ebullición suave y añada los ingredientes en este orden: tofu, setas, zanahoria, col china, *mizuna* y espinacas, cada uno en su sitio. Cuézalo a fuego lento unos 5 minutos para que la col, la *mizuna* y las setas estén hechas y el tofu caliente por el centro.

Viértalo en boles hondos para sopa (*donburi*, véase pág. 354) y sírvalo como una cena ligera pero rica en proteínas.

白みそ雑煮

OZONI DE MISO BLANCO

SHIRO MISO ZOUNI

Preparación: 45 minutos
Cocción: 15 minutos
Para 4 personas

V · SL · SG · SFS

- 1 trozo de daikon fino de 6 cm de largo pelado y cortado en cuartos a lo ancho
- 1 trozo de zanahoria mediana de 6 cm pelada y cortada en cuartos a lo ancho
- ½ manojo pequeño (115 g) de komatsuna (véase pág. 346)
- 1,2 litros de Kombu dashi (véase pág. 22)
- 4 mochis redondos o cuadrados secos
- 3 cdas. de miso blanco
- 1 cdta. de miso de arroz integral o miso de cebada
- 1 cdta. de piel de yuzu o de limón Meyer en juliana fina

El *ozoni*, que se sirve el día de Año Nuevo, tiene muchas variantes en Japón, pero todas llevan *mochi*. El *mochi* saciará su apetito, y la sopa, sencilla pero reconfortante, le permitirá iniciar el año de manera saludable. Se puede condimentar con *shoyu* o con cualquier tipo de *miso*, aunque aquí, en la tradición de Kansai (Japón occidental), se le añade *miso* blanco con una pizca de *miso* más oscuro para matizarlo. Aunque la mayoría de la gente ya no prepara *mochi* en Japón, fresco está disponible el día de Año Nuevo. Fuera de Japón se puede comprar seco y así se ha utilizado en esta receta por razones prácticas. Aunque generalmente se prepara en Año Nuevo, se puede tomar en otras épocas del año. Esta deliciosa versión es muy ligera.

-

Corte el *daikon* y la zanahoria en forma de flor (*hanagiri*, véase pág. 17) con un cortador de verduras o un cuchillo de pelar. Póngalos en una cazuela, añada agua fría hasta cubrirlos, llévelos a ebullición a fuego vivo y deje que cuezan hasta que se ablanden, 3 minutos. Escúrralos en un colador de malla.

Llene una olla con agua y llévela a ebullición a fuego vivo. Sumerja los tallos de *komatsuna* en el agua hirviendo durante 30 segundos. Suéltelos, sumérjalos enteros y cuézalos 30 segundos más. Sáquelos con un colador de malla, refrésquelos bajo un chorro de agua fría y déjelos escurrir en el fregadero. Estrújelos para eliminar el exceso de líquido y córtelos a lo ancho en trozos de 5 cm. Sepárelos en 4 montoncitos uniformes.

En una cazuela, lleve 500 ml de *dashi* a ebullición a fuego medio-alto y añada el *mochi*. Cuézalo 10 minutos para que se ablande.

En otra cazuela, lleve los 700 ml de *dashi* restantes a ebullición a fuego medio-alto. En un bol, mezcle el *miso* blanco con el *miso* de arroz integral. Vierta un poco del *dashi* caliente en la mezcla de *miso* y bátalo para emulsionarlo. Páselo a la cazuela del *dashi*.

Saque los *mochis* con una espumadera y colóquelos en un bol lacado con tapa (*o-wan*, véase pág. 354). Añada un trozo de *daikon* y de zanahoria y un montoncito de *komatsuna*. Vierta el *dashi* de *miso* caliente alrededor del *mochi* (para no tocar el *daikon*, la zanahoria y la *komatsuna*). Adórnelos con la piel de *yuzu*, tápelos y sírvalos.

CÓMO PREPARAR UN BOL DE SOPA DE MISO

Un bol de sopa de *miso* consta de cuatro ingredientes: *dashi*, de 1 a 3 ingredientes de temporada, *miso* y una guarnición (*yakumi*).

Los ingredientes se cortan en trozos del tamaño de un bocado para que se coman bien con palillos.

Las verduras de raíz se cortan en rodajas finas, se cuecen ligeramente con verduras de temporada en el *dashi* hasta que se ablandan. El *miso* se añade al final, fuera del fuego, para no estropear su maravilloso aroma y sus propiedades probióticas.

Las guarniciones (*yakumi*), como el *yuzu*, el jengibre y la *myoga* en rodajas, se esparcen al final en el bol antes de servirlo.

DASHI

- alga *kombu*
- setas *shiitake* deshidratadas + alga *kombu*
- pieles de verduras + alga *kombu*

MISO

La Federación Japonesa de Cooperativas de Fabricantes de Miso reconoce tres clasificaciones de *miso*, según el grano o la legumbre que se haya inoculado con esporas de *koji* antes de añadirlo a las semillas de soja cocidas al vapor que forman la base principal del *miso* japonés:

- *kome* (arroz)
- *mugi* (cebada)
- *mame* (soja)

GUARNICIONES (*YAKUMI*)

- *yuzu*, jengibre, *myoga* o *shiso* verde en tiras
- cebolleta o cebollino picados finos
- hojas de berro, *mitsuba* o *sansho* troceadas
- mezcla de especias japonesa (*shichimi togarashi*)
- pimienta roja en polvo (*ichimi togarashi*)
- pimienta negra
- pimienta *sansho* verde
- semillas de sésamo tostadas

INGREDIENTES DE TEMPORADA

PRIMAVERA

- espárragos, coles tiernas + hojas de *sansho*
- patata nueva, tirabeques + cebolleta picada fina, solo la parte blanca
- col, cebolla + *shichimi togarashi*
- huevo escalfado, boniato, espinacas + *ichimi togarashi*
- tofu, huevo + *shichimi togarashi*
- lechuga, setas *enoki* + pimienta negra
- apio, judías verdes + semillas de sésamo blanco
- tofu + berros

VERANO

- berenjena japonesa + *myoga* en rodajas
- berenjena japonesa asada + *shiso* verde en *chiffonade*
- ocra, tomate + sal
- tomate, maíz + *ichimi togarashi*
- tomate, calabacín + semillas de sésamo blanco, cebolletas picadas
- *kabocha*, judías verdes + *shiso* verde, pimienta negra
- *kabocha*, *kimchi* + cebolleta entera picada
- *kabocha*, *wakame* + jengibre en rodajas finas
- bolas de patata + *myoga* en tiras
- boniato, *koyadofu*, judías verdes + cebolleta picada fina, solo la parte blanca

OTOÑO

- setas de temporada + piel de *yuzu*
- setas *shimeji*, *komatsuna* + *yuzu* en tiras, *shichimi togarashi*
- bolas de loto, *konnyaku* + *mitsuba* picada, *ichimi togarashi*
- ñame japonés, pétalos de crisantemo + semillas de sésamo negro
- patata, coliflor, espinacas + mantequilla sin sal

INVIERNO

- tofu, *komatsuna* + *yuzu* en tiras
- col, *atsuage* + jengibre en tiras, cebollino picado
- *kabocha* + cebollino, *yuzu* en tiras, *shichimi togarashi*
- setas *shimeji*, *komatsuna* + semillas de sésamo blanco
- tofu, lechuga + semillas de sésamo blanco
- *daikon*, setas *hijiki*, zanahoria + *mitsuba* picada
- *kimchi* de col china, setas *enoki* + cebolleta entera picada

雪鍋

NABE DE NIEVE

YUKI NABE

Preparación: 15 minutos,
más 30 minutos en remojo
Cocción: 15 minutos
Para 4 personas

V SL SFS

- 1 trozo de alga kombu de 4 cm
- 1 trozo de daikon de 15 cm pelado y rallado fino
- 500 g de tofu firme (momendofu, véase pág. 352) o tofu suave japonés en dados de 2 cm
- 3 cdas. de shoyu
- Ponzu, para servir
- Pimienta roja en polvo (ichimi togarashi, véase pág. 351), opcional

Esta variante del *yudofu* (un clásico *nabe* vegetariano de tofu cocido) se prepara aquí con abundante *daikon* rallado fino, de ahí su nombre. Sobrio, pero reconfortante, se puede tomar como una cena ligera las noches frías de invierno. Y si le gusta el picante, añádale un poco de *ichimi togarashi* al servir.

-

Coloque el *kombu* en un *nabe* mediano y añada 1,4 litros de agua fría. Ponga el *kombu* en remojo 30 minutos.

Añada el *daikon* rallado y llévelo a ebullición a fuego medio. Baje el fuego y cuézalo hasta que esté translúcido, unos 5 minutos. Agregue con cuidado el tofu y vierta el *shoyu*. Prosiga con la cocción otros 5 minutos más a fuego lento.

Viértalo en boles. Eche un poco de *ponzu*, espolvoree con *ichimi togarashi* (si utiliza) y sírvalo caliente con varias guarniciones de verduras.

基本の味噌汁

SOPA BÁSICA DE MISO

KIHON NO MISO SHIRU

Preparación: 15 minutos
Cocción: 5 minutos
Para 4 personas

V SL SG SFS <30

- 1 puñado pequeño de alga wakame fresca (35 g) o 1 cda. de wakame deshidratada
- 150 g de tofu firme (momendofu, véase pág. 352) o tofu suave japonés
- 700 ml de Kombu dashi (véase pág. 22)
- 3 cdas. de miso (40 g)
- 1 cdta. de semillas de sésamo blanco, calentadas en una sartén sin aceite hasta que desprendan su aroma

Menos es más cuando se trata de una sopa de *miso*, y empezar con un magnífico *dashi* claro es esencial. Busque la sencillez. Esto aplica también a las guarniciones: elija una o dos. La moderación es fundamental. Aunque la cantidad sugerida de *miso* puede servirle de guía, añada más o menos a su gusto. Para un sabor más profundo, utilice *miso* de soja o mezcle *miso* de soja con *miso* de arroz o de cebada. Para una comida budista clásica (*ichiju sansai*), sírvala con un bol de arroz y una guarnición de encurtidos.

-

Llene tres cuartas partes de una cazuela con agua y llévela a ebullición a fuego vivo. Sumerja el alga *wakame* en el agua hirviendo y sáquela de inmediato para asustarla y que recupere su color verde. Sacúdala y córtela en trozos del tamaño de un bocado. (Si está deshidratada, remójela en un bol con abundante agua fría 10 minutos antes de escurrirla.)

Repártala entre cuatro boles. Corte el tofu en dados de 1 cm y resérvelos.

Lleve el *dashi* a ebullición a fuego medio-alto en una cazuela. Añada inmediatamente el tofu y llévelo de nuevo a ebullición. Retírelo del fuego. Ponga el *miso* en un cazo y vierta un poco del caldo. Remuévalo en el cazo hasta que esté bien emulsionado e incorpórelo al caldo, rebañando los restos. Remuévalo una vez con una cuchara, evitando romper el tofu, y retírelo del fuego.

Repártalo entre cuatro boles y sírvalo adornado con semillas de sésamo.

赤出汁の味噌汁

SOPA ROJA DE MISO

AKA DASHI NO MISO SHIRU

Preparación: 15 minutos
Cocción: 10 minutos
Para 4 personas

V SL SG SFS <30

- 150 g de setas nameko (véase pág. 348)
- Agua hirviendo
- 150 g de tofu firme (momendofu, véase pág. 352) o tofu suave japonés
- 600 ml de Kombu dashi (véase pág. 22)
- 2 cdas. de sake
- 2 cdas. de miso de soja
- 2 cdas. de miso blanco
- 4 tallos finos de mitsuba (véase pág. 346), los tallos cortados a lo ancho en trozos de 1 cm y las hojas en tercios

El *aka dashi* se refiere al *dashi* aromatizado con *miso* fermentado por lo menos un año, de color oscuro y elaborado a base de *koji* de soja, como el *miso* Hatcho. Se consume sobre todo en las zonas de montaña durante el invierno, cuando se buscan los sabores intensos. En este caso, el sake aporta un toque ácido y la *mitsuba* un gusto picante. Sus hojas, de un verde intenso, contrastan con la paleta marrón del *miso* y las setas. Puede sustituirla por cebolletas picadas si no encuentra.

-

Recorte la base descolorida de las setas, sepárelas y colóquelas en un colador de malla. Vierta agua hirviendo 10 segundos para eliminar parte de su película gelatinosa. Escúrralas y resérvelas.

Escurra el tofu y córtelo en dados de 12 mm.

En una cazuela, lleve el *kombu dashi* y el sake a ebullición a fuego lento y añada las setas. Baje el fuego y ponga los dos tipos de *miso* en un cazo. Introdúzcalo en la cazuela para tomar un poco del caldo y remuévalo con unos palillos para cocinar (*saibashi*, véase pág. 354) hasta que esté bien emulsionado. Viértalo en la cazuela y remuévalo. Para terminar, agregue con cuidado el tofu.

Reparta la sopa entre cuatro boles. Adórnelo con la *mitsuba* y sírvalo de inmediato.

SOPA ROJA DE MISO

El carácter para *han* (飯) significa «alimento» o «comida», pero en realidad se refiere, literalmente, al arroz cocido, y es que el arroz es la comida. Aunque se suele escribir con el honorífico *go*, como en *gohan*, también se encuentra como *meshi*. *Gohan* y *meshi* son dos palabras japonesas que aluden tanto al arroz cocido como a la comida en general. Evidentemente, el arroz es el centro de la comida familiar y las guarniciones (*okazu*) lo acompañan. Tenga en cuenta, sin embargo, que el *okayu*, el arroz frito y el *sushi* se sirven con muy pocas guarniciones, ya que son platos muy completos en sí mismos. Si utiliza una olla de hierro o de barro, obtendrá mejores resultados que si utiliza una arrocera.

Aunque el arroz se puede sazonar cuando se prepara *okayu*, arroz frito o platos de *sushi*, la mayoría de las veces se sirve sin sal ni *shoyu* porque los platos que lo acompañan están sazonados (algunos son salados, otros llevan sésamo o nueces, otros son crujientes y otros se gratinan con *shoyu* o *miso* y son muy aromáticos). En las comidas más formales o en los restaurantes, el arroz suele servirse al final.

Los fideos pueden sustituir al arroz, pero no se suelen mezclar en el mismo menú. En este libro solo encontrará unas pocas recetas de fideos porque hay muchísimos platos de verduras y el arroz combina muy bien. La mayoría de los caldos o *nabe* vegetarianos pueden utilizarse como base para los *udon*, pero como todos se preparan con *dashi* de algas *kombu* y *katsuobushi* (atún ahumado, fermentado y secado al sol), no son apropiados para un libro de cocina vegetariana. En cuanto a los *soba* y el *ramen*, al vivir en Japón, solo se comen en los restaurantes de *soba* o *ramen*.

En cuanto a la calidad del arroz, me gustaría decir que he colaborado con muchos restaurantes de todo el mundo durante esta década en la que he estado escribiendo libros de cocina. Al principio, siempre viajaba con varios kilos del arroz ecológico que cultiva mi marido, Tadaaki, pero era demasiado complicado. Todavía llevo conmigo algunos ingredientes artesanales, pero cada vez es más fácil adquirirlos en el extranjero, por lo que mi maleta es mucho más ligera. Sin embargo, el abastecimiento de arroz japonés sigue siendo un problema. Que un arroz esté envasado en Japón no significa que se haya cultivado aquí. Fuera de Japón, he visto arroz americano y chino en envases japoneses.

También he comprobado que a veces es (misteriosamente) más pesado de lo que debería ser, por lo que recomiendo seguir un sistema de medición de arroz y agua a partes iguales y utilizar el volumen métrico en lugar del peso, de ahí que estas recetas de arroz estén en mililitros además de en gramos.

HANMONO

ARROZ

うどの桜飯

ARROZ CON FLORES Y UDO

UDO NO SAKURA MESHI

Preparación: 20 minutos, más 30 minutos para escurrir y en remojo
Cocción: 25 minutos, más 5 minutos para reposar
Para 4 personas

V SL SG SFS

- 1 tallo pequeño de udo (véase pág. 346) o apio (25 g)
- 2 cdas. de Flores de cerezo encurtidas con sal (véase pág. 300), remojadas en agua fría 20 minutos
- 175 g (200 ml) de arroz
- Agua hirviendo
- 1½ cdas. de Zakkoku (véase pág. 28)
- 1 cdta. de «vinagre» de ciruelas saladas (umesu, véase pág. 345)

Los cerezos en flor son tan mágicos como efímeros. Los árboles empiezan a florecer a principios de la primavera, pero el momento exacto depende del tiempo, por lo que es casi imposible de predecir. El *udo* tiene un sabor amargo difícil de duplicar, pero una pizca de apio podría funcionar si no lo encuentra. De igual modo, si no ha podido recolectar flores de cerezo en primavera, en Internet encontrará algunas de calidad.

-

Pele el *udo*, retirándole una capa gruesa de piel, y deséchela o prepare *Kinpira* de pieles de *udo* (véase pág. 50). Córtelo en dados de 5 mm. Colóquelo en un bol y llénelo de agua fría. (Si utiliza apio, quítele las hebras antes de cortarlo; no necesitará ponerlo en remojo.) Escurra las flores.

Lave y escurra el arroz según las indicaciones del arroz japonés (véase pág. 27). Póngalo en una olla y añada 200 ml de agua fría. Déjelo en remojo 20 minutos. Mientras, vierta agua hirviendo sobre el *zakkoku* en un bol y déjelo en remojo 20 minutos.

Escúrralo y añádalo al arroz en remojo. Tápelo, llévelo a ebullición a fuego vivo (unos 90 segundos), baje el fuego y cuézalo 12 minutos.

Retírelo del fuego y déjelo reposar, tapado, 5 minutos. Viértalo en un recipiente de madera para arroz (*ohitsu*, véase pág. 354) o en un bol de madera y añada el *udo*, las flores de cerezo y el *umesu*. Sírvalo en boles de arroz.

新生姜ご飯

ARROZ CON JENGIBRE TIERNO

SHIN SHOUGA GOHAN

Preparación: 15 minutos, más 30 minutos para escurrir y en remojo
Cocción: 20 minutos, más 5 minutos para reposar
Para 4 personas

V SL SFS

- 500 ml de Kombu dashi (véase pág. 22)
- 2 cdas. de sake
- 1 cdta. de sal marina fina
- 1 cdta. de usukuchi shoyu (véase pág. 344)
- 450 g (540 ml) de arroz japonés de grano corto
- 50 g de jengibre tierno raspado
- 2 hojas de shiso verde cortadas en chiffonade

Desde su primera aparición a principios del verano, el jengibre tierno se utiliza para adornar y dar sabor a una amplia gama de platos. Cocerlo con arroz suavizará su picor y le aportará un suave aroma al arroz. Asegúrese de seleccionar un trozo que esté blanco y rosado, ya que el contraste de color añadirá belleza al plato. Además, la cocina se llenará de un aroma cálido y muy sugerente.

-

En un cazo, caliente el *kombu dashi*, el sake, la sal y la *usukuchi shoyu* a fuego medio 1 o 2 minutos para disolver la sal y rebajar el alcohol. Déjelo enfriar a temperatura ambiente en un bol.

Lave y escurra el arroz según las indicaciones del arroz japonés (véase pág. 27). Póngalo en una cazuela de hierro fundido (*tetsu gama*, véase pág. 354) o de barro refractaria (*donabe*, véase pág. 353), añada el *dashi* frío y déjelo en remojo 20 minutos.

Corte el jengibre (sin pelar) en juliana y espárzalo sobre el arroz. Tápelo y llévelo a ebullición a fuego vivo. Tardará unos 5 minutos. Cuando burbujee, baje el fuego al mínimo y cuézalo durante 12 minutos. Déjelo reposar 5 minutos antes de esponjarlo con una pala de arroz o con unos palillos para cocinar.

Colóquelo en boles de arroz y sírvalo caliente, con un poco de *shiso*, o forme bolitas de arroz.

ARROZ CON FLORES Y UDO

たけのこご飯

ARROZ CON BROTES DE BAMBÚ

TAKENOKO GOHAN

Preparación: 25 minutos, más 30 minutos para escurrir y en remojo
Cocción: 15 minutos, más 5 minutos para reposar
Para 4 personas

V SL SFS

- 450 g (540 ml) de arroz japonés de grano corto
- 150 g de Brotes de bambú cocidos (véase pág. 34)
- 1 saquito de tofu frito (usuage, véase pág. 352)
- Agua hirviendo
- 600 ml de Kombu dashi (véase pág. 22)
- 1½ cdas. de usukuchi shoyu (véase pág. 344)
- ¼ de cdta. de sal marina fina
- 1 cda. de hojas de sansho partidas finas, para decorar

El *takenoko gohan* es una de las formas más populares de comer bambú en Japón. El arroz absorbe el sutil sabor de los condimentos y los brotes de bambú le aportan una textura suave y prolongada. También se pueden moldear en forma de triángulos de vértices redondeados (*onigiri*), envolver con una alga *nori* y comer. Esta sencilla receta es perfecta para acompañar otras verduras de primavera.

-

Lave y escurra el arroz según las indicaciones del arroz japonés (véase pág. 27).

Corte la parte inferior del bambú en dados de 1 cm. Corte la parte superior en cuartos a lo largo y después a lo ancho en trozos de 5 mm.

Corte el *usuage* en cuartos a lo largo, apílelo y córtelo a lo ancho en dados de 1 cm. Colóquelo en un colador de malla y vierta agua hirviendo 10 segundos para eliminar el aceite. Escúrralo y séquelo con un paño de cocina.

Ponga el arroz, el bambú y el *usuage* en una cazuela de fondo grueso y añada el *kombu dashi*, la *usukuchi shoyu* y la sal. Tápelo y déjelo reposar 20 minutos para que absorba el sabor.

Llévelo a ebullición a fuego vivo. En unos 5 minutos deberían aparecer burbujas por los bordes de la tapa. Baje el fuego al mínimo y cuézalo 15 minutos. No lo destape durante el tiempo de cocción y de reposo. Retírelo del fuego y déjelo reposar 5 minutos antes de esponjarlo. Sírvalo en boles de arroz, adornado con las hojas de *sansho*.

ARROZ CON BROTES DE BAMBÚ

菜の花ちらし

ARROZ CON FLORES DE CRUCÍFERA

NANOHANA CHIRASHI

Preparación: 30 minutos, más 1 hora para escurrir, en remojo y para reposar
Cocción: 20 minutos
Para 4 personas

V SL SFS

- 450 g (540 ml) de arroz japonés de grano corto
- 250 ml de Kombu dashi (véase pág. 22)
- 250 ml de Dashi con setas shiitake (véase pág. 22)
- 2 cdas. de sake
- 4 cdas. de vinagre rojo (akasu, véase pág. 345)
- 3 cdas. de azúcar de caña japonés marrón claro (kibizato, véase pág. 345)
- 3½ cdtas. de sal marina fina
- 1 manojo de flores de crucífera o grelos con 5 cm de los extremos gruesos cortados (150 g)
- 1 saquito de tofu frito (usuage, véase pág. 352)
- 4 setas shiitake deshidratadas rehidratadas (de la elaboración del Dashi con setas shiitake de arriba)
- 1 zanahoria pequeña (75 g)
- 1 cdta. de aceite de sésamo tostado oscuro
- 1 cdta. de usukuchi shoyu (véase pág. 344)
- 2 hojas de shiso verde picadas finas
- 1 cdta. de semillas de sésamo blanco, calentadas en una sartén sin aceite hasta que desprendan su aroma

Comer arroz con una capa de ingredientes aromatizados por encima se hizo popular durante el periodo Muromachi (1336-1573). Y así, con las flores de primavera por excelencia (*nanohana*, véase pág. 347), se sirve durante el Festival del Melocotón, también conocido como el Festival de las Muñecas, el 3 de marzo desde el periodo Edo (1603-1868). Aunque el *chirashi zushi* (*sushi* esparcido) se prepara a menudo con pescado crudo, esta versión es muy especial y quizá sea la mejor que haya probado jamás.

-

Lave y escurra el arroz según las indicaciones del arroz japonés (véase pág. 27). Ponga el arroz en una cazuela de fondo grueso, añada el *kombu dashi*, el *dashi* con setas *shiitake* y el sake, y déjelo en remojo 20 minutos. A continuación, cuézalo según las indicaciones del arroz japonés.

En un bol, mezcle el vinagre con el azúcar y 1 cucharadita de la sal. Mientras prepara los demás ingredientes, vaya removiendo la solución de vinagre para que el azúcar y la sal se disuelvan.

Llene tres cuartas partes de una olla con agua, añada 2 cucharaditas de la sal y llévela a ebullición a fuego vivo. Sumerja los tallos de las flores de crucífera en el agua hirviendo 10 segundos, introdúzcalas enteras y cuézalas otros 50 segundos. Sáquelas con un colador de malla y refrésquelas bajo un chorro de agua fría. Sacúdalas y envuélvalas con un paño de cocina limpio para eliminar la mayor cantidad de humedad posible.

Alinéelas sobre una tabla de cortar, con todos los tallos hacia el mismo lado. Corte los tallos y píquelos finos. Corte por la mitad los brotes a lo ancho y reserve los tallos y los brotes por separado.

Corte el *usuage* por la mitad a lo largo y después a lo ancho en tiras finas. Corte los *shiitake* en rodajas finas. Corte la zanahoria en trozos rectangulares y finos de 4 cm de largo (*tanzaku-giri*, véase pág. 17).

Caliente una sartén a fuego medio-bajo y añada el aceite. Eche el *usuage*, los *shiitake* y la zanahoria y remueva una vez con una cuchara plana de madera para distribuir el aceite. Añada la *usukuchi shoyu* y la ½ cucharadita de sal restante, y saltéelo con suavidad unos 3 minutos para que la zanahoria se ablande y los ingredientes tomen sabor. Retírelo del fuego y déjelo enfriar en la sartén.

Cuando el arroz esté cocido, extiéndalo sobre un recipiente plano de madera (*handai*, véase pág. 353) o una tabla de cortar de madera grande. Dele una última vuelta a la solución de vinagre y viértala de manera uniforme sobre el arroz. Utilice una mano para abanicar el arroz y la otra para darle la vuelta para que absorba el vinagre. No debe quedar líquido. Cúbralo con un paño de cocina húmedo y déjelo reposar durante 30 minutos para potenciar su sabor.

Añada los *shiitake*, el *usuage*, la zanahoria y los jugos de la sartén, junto con las flores de crucífera picadas. Repártalo en el *handai* o en un *ohitsu* (véase pág. 354) y corónelo con las flores. Esparza el *shiso* y las semillas de sésamo y sírvalo a la hora de comer, como un plato ligero.

ARROZ CON FLORES DE CRUCÍFERA

菜飯

ARROZ CON HOJAS DE DAIKON

NA-MESHI

Preparación: 10 minutos, más 30 minutos para escurrir y en remojo
Cocción: 15 minutos, más 5 minutos para reposar
Para 4 personas

V SL SG SFS

- 300 g (360 ml) de arroz japonés de grano corto
- 1 cda. de sake
- 1 cdta. de sal marina fina
- 4 tallos tiernos de hojas de daikon (100 g)
- 1 cdta. de aceite de sésamo dorado tostado oscuro
- 1 cda. de semillas de sésamo negro

Los manojos de hojas tiernas de *daikon* se venden en los puestos agrícolas a partir de finales de la primavera o principios del verano, cuando los agricultores están recolectándolos; a menudo se venden con raíces. En esta receta, las delicadas hojas se utilizan para añadir brillo a un simple plato de arroz. Si no dispone de hojas tiernas de *daikon*, sustitúyalas por hojas de nabo o de mostaza. No deje de prepararlo si le falta uno de los ingredientes principales.

-

Lave y escurra el arroz según las indicaciones del arroz japonés (véase pág. 27). Póngalo en una cazuela de fondo grueso y añada 345 ml de agua, el sake y la sal. Cuézalo, déjelo reposar y espónjelo según las indicaciones del arroz japonés.

Mientras, ponga un cazo con agua a hervir a fuego vivo. Añada las hojas de *daikon* y cuézalas 2 minutos. Sáquelas con un colador grande de malla y refrésquelas bajo un chorro de agua fría. Córtelas a lo ancho en trozos de 5 mm. Estrújelas por tandas para eliminar el exceso de agua.

En una sartén, caliente el aceite de sésamo a fuego medio-bajo. Añada las hojas de *daikon* picadas y saltéelas 2 minutos para que se sequen un poco y adquieran más sabor. Échelas al arroz y sírvalo en boles de arroz, con las semillas de sésamo negro esparcidas por encima.

ARROZ CON HOJAS DE DAIKON

さつま芋ご飯

ARROZ CON BONIATO

SATSUMA-IMO GOHAN

Preparación: 30 minutos, más 1 hora en remojo
Cocción: 15 minutos, más 5 minutos para reposar
Para 4 personas

V SL SG SFS <5

- 150 g de boniato sin pelar en dados de 1 cm
- 450 g (540 ml) de arroz japonés de grano corto
- ½ cdta. de sal marina en escamas
- 1 cda. de semillas de sésamo negro

Los boniatos japoneses más comunes tienen la piel roja y la pulpa amarilla, que se vuelve esponjosa cuando se hornea. A menudo se sirven o se cocinan con semillas de sésamo negro, por el contraste de colores.

-

Ponga el boniato en remojo en agua fría 1 hora. Escúrralo y lávelo bajo un chorro de agua fría.

Lave, escurra y ponga en remojo el arroz según las indicaciones del arroz japonés (véase pág. 27). Añada el boniato y la sal. Cuézalo y déjelo reposar según las indicaciones del arroz japonés. Después del reposo, esparza las semillas de sésamo negro de manera uniforme mientras lo separa con una pala.

Sírvalo en boles para acompañar un par de platos de verduras.

枝豆ご飯

ARROZ CON EDAMAME

EDAMAME GOHAN

Preparación: 30 minutos, más 50 minutos para escurrir y en remojo
Cocción: 15 minutos, más 5 minutos para reposar
Para 4 personas

V SL SG SFS <5

- 1 lámina cuadrada de alga kombu de 5 cm
- 2 cdtas. (9 g) de sal marina en escamas (2 % del peso del agua)
- 300 g de edamame con las vainas bien lavadas
- 450 g (540 ml) de arroz japonés de grano corto

El arroz con *edamame* es una forma fresca y deliciosa de servir el arroz blanco en verano, cuando la soja está creciendo. El *edamame* (soja verde) se cosecha en Japón desde principios de junio hasta septiembre, dependiendo de la variedad. Aunque algunos agricultores cultivan la soja exclusivamente para venderla como *edamame* (ya que hay que arrancar la planta entera con la raíz al cosecharla), otros venden parte como *edamame* y dejan que la mayoría de la cosecha madure. En el caso de la soja madura, las vainas se dejan en la planta para que se sequen y después se cosechan. El método de cocción de esta receta es un tanto inusual, porque reutiliza el agua de cocción del *edamame* para aromatizar sutilmente el arroz.

-

En un bol, sumerja el *kombu* en 450 ml de agua 20 minutos. Retírelo, píquelo en juliana y resérvelo. Pase el agua de remojo a una cazuela, añada la sal y llévela a ebullición a fuego vivo. Añada el *edamame*, llévelo a ebullición y cuézalo durante 3 minutos. Sáquelo y reserve el agua de cocción. Viértala, caliente, en un vaso medidor y añada suficiente agua fría para obtener 540 ml. Déjela enfriar a temperatura ambiente.

Lave y escurra el arroz según las indicaciones del arroz japonés (véase pág. 27). Agregue el agua de cocción del *edamame* fría y el *kombu* y déjelo en remojo 20 minutos. Cuézalo, déjelo reposar y espónjelo según las indicaciones del arroz japonés.

Desvaine el *edamame*, échelo al arroz y sírvalo de inmediato.

ARROZ CON BONIATO

人参ピラフ

PILAF DE ZANAHORIAS

NINJIN PIRAFU

Preparación: 30 minutos
Cocción: 15 minutos,
más 5 minutos para reposar
Para 4 personas

V SL SFS

- 300 g (360 ml) de arroz japonés de grano corto
- 1 lámina cuadrada de alga kombu de 3 cm
- 1 saquito de tofu frito (usuage, véase pág. 352)
- Agua hirviendo
- 200 ml de zanahoria rallada fina
- 1 cda. de aceite de sésamo sin tostar
- ¼ de cdta. de sal marina en escamas
- 1 cdta. de usukuchi shoyu (véase pág. 344)
- 1 cda. de sake
- 1 puñado de hojas de zanahoria sin los tallos

Las hojas de la zanahoria contienen mucho caroteno y añaden un agradable toque picante a este arroz *pilaf*, así que asegúrese de comprarlas con las hojas. Utilice un rallador redondo de cerámica (*oroshiki*, véase pág. 354) o metálico (*oroshigane*, véase pág. 354) para rallar la zanahoria fina. Este *pilaf*, poco salado, combina bien con otros platos. Puede sustituir las hojas de zanahoria por perejil italiano picado.

-

Lave, escurra y ponga en remojo el arroz con el *kombu* según las indicaciones del arroz japonés (véase pág. 27), pero utilizando solo 360 ml de agua para el remojo. Al cabo de 20 minutos, corte el *kombu* en tiras finas (unas 2 cucharadas colmadas) con un cuchillo afilado y échelo de nuevo en el arroz.

Ponga el *usuage* en un colador de malla y vierta agua hirviendo por encima durante 10 segundos. Córtelo por la mitad a lo largo y después a lo ancho en tiras de 5 mm. Añádalo al arroz junto con la zanahoria rallada, el aceite, la sal, la *usukuchi shoyu* y el sake, tápelo, llévelo a ebullición a fuego vivo (unos 2 minutos) y cuézalo 12 minutos a fuego lento.

Mientras, en una olla pequeña con agua hirviendo, escalde las hojas de zanahoria durante 1 minuto. Escúrralas, refrésquelas bajo un chorro de agua fría, séquelas y píquelas fina.

Cuando el arroz esté hecho, déjelo reposar 5 minutos. Espónjelo, póngalo en boles de arroz y esparza las hojas de zanahoria por encima. Sírvalo como una cena ligera o una comida copiosa, con dos o tres guarniciones de verduras y un caldo claro.

PILAF DE ZANAHORIAS

とうもろこしご飯

ARROZ DE MAÍZ

TOUMOROKOSHI GOHAN

Preparación: 20 minutos, más 30 minutos para escurrir y en remojo
Cocción: 15 minutos, más 20 minutos para reposar
Para 4 personas

SFS <5

- 300 g (360 ml) de arroz japonés de grano corto
- 1 mazorca grande (250 g)
- 2 cdtas. (10 g) de mantequilla sin sal (o aceite de sésamo sin tostar para una opción sin lácteos)
- ½ cdta. de shoyu

La cocción del arroz con un par de trozos de mazorca de maíz le confiere una maravillosa nota a nueces. Prepare este delicioso plato a principios del verano, cuando el maíz está en todo su esplendor.

-

Lave, escurra y ponga en remojo el arroz según las indicaciones del arroz japonés (véase pág. 27), pero utilizando solo 400 ml de agua.

Ponga la mazorca de maíz en un bol y retire los granos con un cuchillo afilado. Raspe la mazorca con el dorso del cuchillo para extraer los trocitos jugosos que hayan quedado. Corte dos rodajas de 3 cm de grosor de la mazorca y sumérjalas en el arroz en remojo. Tápelo y llévelo a ebullición a fuego vivo (unos 2 minutos). Cuézalo a fuego lento 12 minutos y déjelo reposar 20 minutos.

Caliente una sartén a fuego medio. Añada la mantequilla y deje que se derrita. Sofría el maíz hasta que desprenda su aroma y se dore ligeramente, sobre 1 minuto. Retírelo del fuego e incorpore el *shoyu*. Agréguelo al arroz y sírvalo en boles de arroz.

栗と銀杏のご飯

ARROZ CON CASTAÑAS Y NUECES DE GINKGO

KURI TO GINNAN NO GOHAN

Preparación: 45 minutos, más 45 minutos para escurrir y en remojo
Cocción: 15 minutos, más 10 minutos para reposar
Para 4 personas

V SL SG <5

- 450 g (540 ml) de arroz japonés de grano corto
- 12 Castañas enteras peladas (véase pág. 35)
- 12 nueces de ginkgo
- 1½ cdtas. de sal marina en escamas

Existe un momento mágico durante el otoño en el que las castañas y las nueces de *ginkgo* pueden disfrutarse en múltiples platos de temporada. Es el único momento del año en el que ambas están disponibles frescas. Sirva este sobrio y elegante plato con varias guarniciones de verduras.

-

Lave y escurra el arroz según las indicaciones del arroz japonés (véase pág. 27).

Retire las pieles de las castañas con un cuchillo afilado. Póngalas en remojo en agua fría hasta cubrirlas 15 minutos y elimine las manchas marrones que puedan tener. Córtelas por la mitad o en cuartos, según el tamaño.

Envuelva las nueces con un paño y golpéelas con un mazo de goma para romperlas. Retire las cáscaras y ponga las nueces en remojo en un bol con agua fría 15 minutos. Sáquelas de una en una para retirar la piel interior con la uña o un cuchillo afilado. Córtelas por la mitad y resérvelas.

Eche la sal en 650 ml de agua para que se disuelva; no debe estar excesivamente salada. Coloque el arroz lavado y escurrido en una cazuela de hierro fundido (*tetsu gama*, véase pág. 354) o de barro refractaria (*donabe*, véase pág. 353). Añada el agua con sal y alise la superficie. Esparza las castañas de manera uniforme. Tape la cazuela y déjela en remojo 20 minutos.

Llévela casi a ebullición a fuego vivo, 4 minutos. Inmediatamente (y muy rápido) añada las castañas, tápelo y cuézalo durante 1 minuto más a fuego vivo. Baje el fuego al mínimo y prosiga con la cocción 12 minutos. Déjelo reposar, tapado, 10 minutos, antes de esponjarlo y servirlo.

ARROZ DE MAÍZ

四種のきのこご飯

ARROZ CON CUATRO SETAS

YON-SHU NO KINOKO GOHAN

Preparación: 30 minutos, más 30 minutos para escurrir y en remojo
Cocción: 15 minutos, más 5 minutos para reposar
Para 4 personas

V SL SFS

- 335 g (400 ml) de arroz japonés de grano corto
- 1 cda. de sake
- ¼ de cdta. de sal marina en escamas
- 1 cda. de shoyu
- Agua hirviendo
- 2 cdas. de Zakkoku (véase pág. 28)
- 1 saquito de tofu frito (usuage, véase pág. 352) crujiente en una sartén sin aceite
- 50 g de setas maitake troceadas
- 50 g de setas shimeji separadas y cortadas por la mitad a lo ancho
- 3 setas shiitake medianas (50 g) sin los tallos y con los sombreros en rodajas finas
- 50 g de setas enoki sin la parte inferior y cortadas por la mitad a lo ancho
- 12 tallos finos de mitsuba (véase pág. 346) cortados a lo ancho en trozos de 1 cm

Con componentes que refuerzan el sistema inmunitario y reducen el colesterol, las setas *shiitake* puede que sean consideradas el alimento más saludable en Japón. Frescas o secas, y con un aroma intenso, son esenciales en la cocina japonesa y aparecen en pequeñas cantidades en muchos platos. En otoño, cuando abundan, el arroz con setas (*kinoko gohan*) se prepara a lo largo y ancho de Japón. No es necesario hacerlo con las setas de esta receta, lo mejor es utilizar las que tenga disponibles. Sírvalo como plato principal con guarniciones de verduras.

-

Lave y escurra el arroz según las indicaciones del arroz japonés (véase pág. 27). Añada el arroz en una cazuela de fondo grueso junto con el sake, la sal, el *shoyu* y 400 ml de agua, y déjelo en remojo un mínimo de 20 minutos.

Mientras, vierta agua hirviendo sobre el *zakkoku* en un bol y déjelo en remojo 20 minutos. Escúrralo y añádalo al arroz en remojo.

Corte el *usuage* por la mitad a lo largo y después en una juliana fina a lo ancho. Agréguelo al arroz en remojo con las setas. Cuézalo, déjelo reposar y espónjelo según las indicaciones del arroz japonés. Sírvalo en boles de arroz, adornado con la *mitsuba*.

ARROZ CON CUATRO SETAS

茗荷寿司

SUSHI DE MYOGA

MYOUGA ZUSHI

Preparación: 1 hora, más 30 minutos para escurrir y en remojo
Cocción: 12 minutos, más 30 minutos para reposar
Para 12 piezas

V SL SFS

- 4 myogas (véase pág. 348) grandes (100 g)
- 3 cdas. de «vinagre» de ciruelas saladas (umesu, véase pág. 345)
- 300 g (360 ml) de arroz japonés de grano corto
- 1 lámina cuadrada de alga kombu de 5 cm
- 2 cdas. de vinagre de arroz, y un poco más para formar el sushi
- 1½ cdas. de hon mirin
- 1 cdta. de usukuchi shoyu (véase pág. 344)
- ½ cdta. de sal marina fina
- 12 tallos gruesos de mitsuba (véase pág. 346), de 15 cm de largo
- Agua hirviendo
- 1 cdta. de zumo de limón recién exprimido

Myoga se traduce a menudo, erróneamente, como «jengibre japonés». Aunque forma parte de la familia del jengibre, no sabe ni se parece en nada a este, que también se cultiva aquí. La *myoga*, de un sabor parecido al apio, tiene el aspecto de un brote en forma de llama de color rosado. Los brotes sobresalen de la tierra a principios del verano y se sirven en ensaladas y platos de *sashimi* en esta época. Como complemento natural del arroz, aquí se prepara en forma de *sushi*. Dependiendo del tamaño de las *myogas*, podría terminar con las sobras de arroz de que disponga; en ese caso, pique los centros de la *myoga*, mézclelos con el arroz que quede después de preparar el *sushi* y forme triángulos de vértices redondeados (*onigiri*). Envuélvalos con film transparente y consúmalos ese mismo día o al siguiente.

-

Eche la *myoga* en una bolsa de plástico de 1 litro con cierre y añada el *umesu*. Elimine todo el aire y séllelo. Colóquelo dentro de un bol y ponga un peso encima mientras procede a preparar el arroz del *sushi*.

Lave, escurra y ponga en remojo el arroz con el *kombu* según las indicaciones del arroz japonés (véase pág. 27), pero utilizando solo 360 ml de agua fría. Después de remojarlo, retire el *kombu* y córtelo en dados de 5 mm (unas 2 cucharadas colmadas). Échelos al arroz, cúbralo y llévelo a ebullición a fuego vivo (unos 2 minutos). Cuézalo a fuego lento durante 12 minutos.

En un bol, mezcle el vinagre de arroz con el *mirin*, la *usukuchi shoyu* y la sal. Coloque la *mitsuba* en un colador de malla fina y vierta agua hirviendo 10 segundos. Déjela escurrir en el fregadero. Cuando se enfríe, estrújela con cuidado para eliminar el exceso de agua.

Una vez cocido, pase el arroz a un recipiente plano de madera (*handai*, véase pág. 353) o una tabla de cortar de madera y añada el zumo de limón. Alíñelo con la mezcla de vinagre, corte el arroz y dele vueltas con una pala para distribuirlo y favorecer la absorción del vinagre. Abaníquelo con un abanico de mano o un trozo de cartón para que se enfríe mientras lo corta. Déjelo reposar cubierto con una muselina durante unos 30 minutos para que absorba el *umesu*.

Coloque un bol con vinagre de arroz a su lado, humedezca las palmas de las manos y los dedos con un poco del vinagre y forme 12 trozos alargados de arroz para *sushi*.

Escurra la *myoga* (reservando el *umesu* para aliñar una ensalada o preparar encurtidos rápidos) y separe las capas (reserve el centro para picarlo y añadirlo al arroz que sobre después de preparar el *sushi*). Apílelas en 12 montoncitos uniformes, con los lados curvos hacia arriba. Tome uno de los trozos de arroz, apóyelo en la palma de la mano y presione un montoncito de *myoga*, con los lados curvos hacia abajo, ahuecando la parte superior del arroz. Átelo con un tallo de *mitsuba* y colóquelo en un plato bonito. Repita la operación con cada trozo de arroz y sírvalos de inmediato con té verde como un tentempié refrescante.

SUSHI DE MYOGA

キャベツのめはり寿司

SUSHI AL ESTILO MEHARI

KYABETSU NO MEHARI-ZUSHI

Preparación: 1 hora, más 1 hora para macerar y 2 horas para prensar
Cocción: 25 minutos, más 5 minutos para reposar
Para 8 «bolas» grandes de arroz

V SL SFS

- 300 g (360 ml) de arroz japonés de grano corto
- 2 «ciruelas» saladas encurtidas (umeboshi, véase pág. 350) deshuesadas y picadas finas
- 8 hojas pequeñas de repollo (250 g)
- 1 cdta. de sal marina en escamas
- ½ cdta. de sal marina fina
- 4 cdas. de vinagre de arroz
- 4 cdas. de hon mirin
- 4 hongos oreja de madera deshidratados
- Agua hirviendo
- 100 ml de Kombu dashi (véase pág. 22)
- 2 cdas. de shoyu
- 1 trozo de zanahoria de 5 cm (60 g) pelada y en dados finos
- 1 raíz de bardana mediana de 10 cm (30 g) raspada y en dados finos

El *mehari-zushi*, que se prepara tradicionalmente envolviendo el arroz para *sushi* con hojas de mostaza encurtidas (*takana*), es originario de las prefecturas de Wakayama y Mie. Aquí el sabor es más suave debido al repollo. Y aunque el vinagre y las *umeboshi* («ciruelas» saladas encurtidas) aportan una nota picante, se utiliza arroz normal en lugar de arroz para *sushi*. Además, las hortalizas de raíz y los tubérculos se sazonan con condimentos dulces para equilibrar los sabores. Estos paquetitos de *sushi* son perfectos para llevar en una caja *bento* o para las comidas que se sirven en los aviones.

-

Lave, escurra y ponga en remojo el arroz según las indicaciones del arroz japonés (véase pág. 27), pero utilizando solo 360 ml de agua fría. Tápelo, llévelo a ebullición a fuego vivo (unos 2½ minutos) y cuézalo 12 minutos a fuego lento. Déjelo reposar 5 minutos antes de esponjarlo y pasarlo a un recipiente plano de madera (*handai*, véase pág. 353) o un bol de madera. Añada las *umeboshi* y distribúyalas bien con unos palillos para cocinar (*saibashi*, véase pág. 354). Cúbralo con un paño de cocina húmedo mientras prosigue con la receta.

Maje el tronco duro del repollo con una mano de mortero (*surikogi*, véase pág. 354) o aplástelo con un rodillo. Frote las hojas con la sal en escamas en un bol grande.

Llene un tercio de un wok con agua y llévela a ebullición. Forre el fondo de una vaporera de bambú con las hojas, tápela y póngala dentro del wok. Cuézalas al vapor a fuego vivo 3 minutos hasta que se ablanden. Retire la vaporera del wok, destápela y deje que se enfríen a temperatura ambiente.

En un bol, mezcle la sal fina con el vinagre para que se disuelva. Endúlcelo con 2 cucharadas del *mirin* para obtener *amazu*. Apile las hojas del repollo al vapor frías en un bol, vierta el *amazu* y coloque una tapa de contacto directo (*otoshibuta*, véase pág. 354) o un plato encima para que se impregnen del *amazu*. Déjelas macerar durante 1 hora.

Coloque los hongos oreja de madera en un bol refractario y cúbralos con agua hirviendo. Déjelos que se ablanden 15 minutos antes de escurrirlos y cortarlos en dados finos.

En un cazo, lleve el *dashi*, el *shoyu*, las 2 cucharadas de *mirin* restantes, la zanahoria, la bardana y los hongos a ebullición. Cuézalo a fuego lento 10 minutos, hasta que el líquido se reduzca y los ingredientes absorban el sabor. Déjelo enfriar a temperatura ambiente, escúrralo y añádalo al arroz cocido con las *umeboshi*. Deseche el líquido de cocción.

Retire el repollo del *amazu*, séquelo y extienda las hojas, unas al lado de las otras, en una bandeja. Forme 8 bolitas de arroz del mismo tamaño, aplastándolas y comprimiéndolas con suavidad entre las palmas de las manos (el arroz debe formar una pasta compacta pero no estar aplastada). Coloque cada una en la base de una hoja de repollo. Enróllela una vez, doble los lados de las hojas hacia el centro y siga enrollándola para formar un paquetito. Dispóngalos en el centro de la bandeja y coloque encima otra bandeja invertida. Ponga un objeto de 1 kg en cada uno de los lados cortos de la bandeja (no directamente sobre los paquetitos) y déjelo 2 horas.

Córtelos en rodajas de 2 cm de grosor y sírvalos. Se conservarán bien un par de días si los guarda en el frigorífico, aunque el arroz se quedará un poco duro.

SUSHI AL ESTILO MEHARI

椎茸寿司

SUSHI DE SETAS SHIITAKE

SHIITAKE SUSHI

Preparación: 45 minutos, más 30 minutos para escurrir y en remojo y 30 minutos para reposar
Cocción: 15 minutos
Para 8 piezas

V SL SFS

- 200 g (240 ml) de arroz japonés de grano corto
- 1 lámina de alga kombu de 5 cm
- 2 cdas. de vinagre de arroz, y un poco más para formar el sushi
- 2 cdas. de hon mirin
- ½ cdta. de sal marina fina
- 4 setas shiitake deshidratadas grandes de sombrero grueso (donko, véase pág. 350), remojadas en agua hirviendo 30 minutos
- ½ cda. de aceite de sésamo tostado
- 1 cda. de sake
- 1 cdta. de sal marina en escamas
- 16-32 tallos finos de mitsuba (véase pág. 346)
- Agua hirviendo
- 1 cdta. de semillas de sésamo blanco, calentadas en una sartén sin aceite hasta que desprendan su aroma y ligeramente machacadas

Las *donko*, cultivadas en Japón, son deliciosas, intente encontrarlas. Como absorben el líquido de cocción pero conservan su calidad, no se apoderan del sabor.

-

Lave, escurra, ponga en remojo y cueza el arroz según el método de la página 27 pero ponga el *kombu* encima antes de remojarlo y utilice solo 240 ml de agua fría. Cuézalo durante 12 minutos.

En un bol, mezcle el vinagre de arroz y 1 cucharada del *mirin* con la sal fina hasta que se disuelva.

Vierta el arroz en un recipiente plano de madera (*handai*, véase pág. 353) o una tabla de cortar y retire el *kombu*, soltando los granos que se hayan adherido. Deseche el *kombu* y vierta la mezcla de vinagre. Abaníquelo mientras se incorpora hasta que alcance la temperatura corporal. Cúbralo con una muselina y deje que repose y absorba el sabor, 30 minutos.

Escurra los *shiitake*, estrújelos para eliminar el exceso de agua y corte los tallos. Caliente a fuego medio el aceite en una sartén. Añádalos, remuévalos una vez y añada el sake, la sal y la cucharada restante de *mirin*. Cuézalos a fuego lento unos 3 minutos, removiéndolos cada 30 segundos con una cuchara, hasta que los líquidos se hayan absorbido. Resérvelos.

Enrosque la *mitsuba* en un colador de malla y vierta agua hirviendo 10 segundos. Sacúdala y sepárela en 8 montoncitos de 2 o 3 hebras, con las puntas alineadas, los utilizará de cuerdas.

Prepare un bol con vinagre de arroz y sumerja los dedos. Forme 8 porciones alargadas y esparza el sésamo por los lados. Corte los sombreros de los *shiitake* por la mitad y colóquelos encima de las porciones de arroz. Átelos con un montoncito de tallos de *mitsuba* y sírvalos a temperatura ambiente.

ゆばとごま塩ののり巻き

ROLLITOS DE NORI CON SAL DE SÉSAMO Y YUBA

YUBA TO GOMASHIO NO NORI-MAKI

Preparación: 30 minutos
Para 4 personas

V SL SG SFS

- 1½ cdas. de azúcar ecológico
- 1 cdta. de sal marina fina
- 3 cdas. de vinagre de arroz
- 300 g (400 ml) de arroz japonés recién cocido (véase pág. 27)
- 2 láminas de algas nori cortadas por la mitad a lo largo
- 60 g de yuba fresca (véase pág. 352)
- 4 cdtas. de Sal de sésamo blanco o negro (véase pág. 28)
- 4 ramitas de nandina u hojas de arce pequeñas, para decorar

La cantidad de arroz crudo necesaria para preparar esta receta es de 1 *go* (1 合), que equivale a 150 g (180 ml).

-

En un bol, mezcle el azúcar con la sal y el vinagre, y remuévalo.

Vierta el arroz en un recipiente plano de madera (*handai*, véase pág. 353) o una tabla de cortar de madera. Vierta la mezcla de vinagre encima mientras lo abanica y le da vueltas hasta que se absorba.

De una en una, coloque las algas en forma de cruz, con el lado brillante hacia abajo, sobre una esterilla de bambú (*makisu*). Dejando 1-2 cm de espacio libre en la parte superior, extienda una cuarta parte del arroz de manera uniforme encima. Coloque una cuarta parte de la *yuba* en el centro del arroz y esparza una cuarta parte de la sal de sésamo. Enrolle el alga y córtela a lo ancho con un cuchillo en 6 rodajas. Coloque los rollitos en un plato y adórnelos con una ramita de *nandina* o una hoja de arce.

ROLLITOS DE NORI CON SAL DE SÉSAMO Y YUBA

OKAYU: GACHAS PARA SANAR EL CUERPO Y EL ALMA

En Japón, el *okayu* son unas gachas de arroz que se toman cuando uno se encuentra mal o le molesta el estómago. Mi marido solía preparar su propia versión para él o para nuestros hijos, aunque años más tarde me enteré de que en realidad lo que preparaba era *ojiya*, porque lo hacía con arroz cocido. Removía el arroz con agua (o *dashi*) y lo cocía a fuego lento con una *umeboshi* hasta que la mezcla quedaba espesa y cremosa como un *risotto*. Como entonces vendía huevos de corral, los huevos formaban parte de nuestro menú diario. Así que, aunque no es lo habitual, añadía un huevo crudo antes de servirlo. La versión más común del *ojiya*, llamada *zosui*, se prepara dándole al arroz cocido un suave hervor con la salsa que haya sobrado de un *nabe* (estofado).

El arroz es la base de la dieta tradicional japonesa. El primer alimento que se da a los bebés se conoce como *rinyuu shoku* (離乳食), cuyos caracteres *kanji* significan «separación [de] los alimentos lácteos». Después de la leche materna, a los bebés se los alimenta con *omoyu* (重湯), o «agua caliente pesada», a base de arroz. Aunque generalmente se elabora como el *okayu* —con arroz crudo y agua (o *dashi* para *okayu*)— lleva una proporción mucho mayor de agua que de arroz, de 10 o 20 a 1. Dicho esto, a veces se prepara con arroz cocido para ir más rápido. Y nunca medimos las cantidades. Después de llevarlo a ebullición a fuego medio, se remueve una vez para soltar los granos de arroz que se hayan pegado a la cazuela, se tapa parcialmente y se deja cocer a fuego lento unos 30 minutos. Los sólidos del arroz se cuelan mientras está caliente y el líquido, una vez frío, se le da al bebé. (Los adultos deberían comer el arroz colado.) El siguiente paso para introducir los «alimentos sólidos» en la dieta del bebé es triturar o chafar el líquido del arroz con los sólidos.

Dada la importancia del arroz, comprar cualquier arroz cultivado en Japón, al azar, puede no ser la mejor opción para las personas que viven fuera del país, ya que buena parte del arroz que llega a otros países es de baja calidad. Si tiene dudas sobre la calidad del arroz japonés, le recomiendo que acuda a los productores locales. Y en última instancia, las variedades italianas, como el arborio o el carnaroli, son perfectas, ya que también pertenecen a la variedad japónica.

No aprecié el *okayu* hasta que probé una receta para mi tercer libro, *Japón: Gastronomía*. Era un *okayu* increíblemente sencillo de arroz blanco, agua y sal marina. El perejil silvestre japonés (*seri*, véase pág. 347) y el *mochi* de arroz integral gratinado se añadían justo antes de servir. Se lo di a probar a varios de los niños del jardín de infancia que estaban por la tarde conmigo mientras cocinaba y a todos les encantó. Y me pareció tan bueno que lo servimos en una cena que organicé en Reynard, un restaurante que había antes en el Hotel Wythe de Brooklyn, Nueva York. Utilizamos arroz ecológico de la granja de mi marido, *mochi* de arroz integral de Ohsawa, sal marina Wajima no Kaien y un berro local picante. En esta ocasión, los ingredientes marcaron la diferencia porque la belleza está en la sencillez.

El *okayu* del desayuno, de arroz integral o blanco, es humilde y sin adornos. Se sirve con un poco de *takuan* (*daikon* encurtido) en invierno o *umeboshi* («ciruelas» saladas encurtidas) en verano, y un montoncito de sal de sésamo al lado. Al introducir la punta de una cuchara de *okayu* en la sal de sésamo, al sabor del polvo salado, potente y aromático, le sigue de inmediato el del cremoso *okayu* sin sal. Resulta difícil de creer que el contraste sorprenda tanto. De manera similar, tomar un poco de *takuan* o unas *umeboshi* entre las cucharadas de *okayu*, proporcionará una intensidad de sabor inimaginable a esta humilde preparación. No la subestime.

La cocción lenta del arroz en caldo (o agua) resalta su dulzura y, con un simple bocado, su cuerpo se sentirá reconfortado e invadido por una sensación de bienestar. El *okayu*, tan sencillo, es muy nutritivo para el cuerpo y el alma. Como norma general, cualquier adición de verduras u hortalizas puede realzarlo, elevándolo sutilmente a otra dimensión. La clave está en cómo se toma: untando siempre cada bocado en sal de sésamo o acompañándolo de un encurtido.

El *okayu* representa lo mejor de la cocina japonesa vegetariana y encarna el principio de la comida que se condimenta poco. Menos es más.

山芋のお粥

OKAYU DE ÑAME JAPONÉS

YAMA-IMO NO OKAYU

Preparación: 40 minutos
Cocción: 25 minutos
Para 4 personas

V SL SG SFS

- 150 g (180 ml) de arroz japonés de grano corto
- ½ ñame japonés pequeño (125 g) raspado
- ½ cdta. de sal marina en escamas
- 1 cdta. de té matcha
- 2 cdtas. de Sal de sésamo negro (véase pág. 28)

El té *matcha* se utiliza a menudo para acompañar al ñame japonés, pero en este caso se añade después de la cocción. Se trata de un plato de arroz cremoso, sutilmente aromatizado, que resulta muy reconfortante por la mañana, pero también antes de irse a dormir después de una noche de fiesta. No mezcle el *matcha* con el arroz, pues es precisamente el contraste de cada bocado lo que lo hace tan especial.

-

Lave y escurra el arroz según las indicaciones del arroz japonés (véase pág. 27). Póngalo en una cazuela de fondo grueso.

Pele el ñame japonés y córtelo en dados de 1 cm. Añádalo a la cazuela con la sal. (Lávese las manos y los antebrazos con agua templada y jabón después de manipularlo, ya que pica.)

Vierta 2 litros de agua fría y llévelo a ebullición a fuego medio-alto. Remueva para soltar los granos de arroz que se peguen al fondo de la cazuela, baje el fuego y prosiga con la cocción hasta que el líquido se haya reducido y el arroz se haya hinchado y esté bien hecho, unos 25 minutos.

Añada 2 cucharaditas de agua en el té *matcha* hasta que esté fino. Coloque el *okayu* en cuatro boles, vierta el té *matcha* y sírvalo caliente con un platito de sal de sésamo para cada persona. Introduzca la punta de cada cucharada de *okayu* y té *matcha* en la sal de sésamo antes de comer cada bocado. Los contrastes de sabores (amargo, dulce, aromático y suave) le sorprenderán.

五味粥

OKAYU DE CINCO SABORES

GO-MI GAYU

Preparación: 15 minutos, más 20 minutos en remojo
Cocción: 30 minutos
Para 4 personas

V · SL · SG · SFS

- 150 g (180 ml) de arroz japonés de grano corto
- Agua hirviendo
- 4 cdas. de Zakkoku (véase pág. 28)
- 2 litros de Kombu dashi (véase pág. 22)
- ¼ de manojo (55 g) de mizuna cortada a lo ancho en trozos de 3 cm
- 2 cdtas. de Sal de sésamo blanco (véase pág. 28)

El *zakkoku* es una mezcla de mijo que se añade al arroz para aportarle textura, aroma y propiedades saludables, como la fibra. Puede hacerlo usted o comprar una variedad comercial que se vende como «mezcla de granos para el arroz» en las tiendas de alimentos saludables o en los supermercados japoneses. El arroz rojo y negro le conferirá un precioso color lavanda.

-

Lave y escurra el arroz según las indicaciones del arroz japonés (véase pág. 27). Vierta agua hirviendo sobre el *zakkoku* y déjelo en remojo 20 minutos.

Escúrralo y añádalo a una cazuela de fondo grueso con el arroz. Incorpore el *dashi* y cuézalo sin tapar a fuego medio-bajo, vigilando que el arroz no se salga, hasta que se haya hinchado y esté blando, de 20 a 25 minutos.

Viértalo en boles hondos para sopa (*donburi*, véase pág. 354), adórnelo con abundante *mizuna* y sírvalo como desayuno, para empezar el día con energía. Dé a cada persona un platito con sal de sésamo para untar cada cucharada de *okayu*.

餅入り七草粥

OKAYU DE SIETE VERDURAS CON MOCHI

MOCHI-IRI NANAKUSA GAYU

Preparación: 30 minutos
Cocción: 25 minutos
Para 4 personas

V · SL · SG · SFS · <5

- 150 g (180 ml) de arroz japonés de grano corto
- 2 puñados (50 g) de verduras de primavera, como perejil silvestre japonés (seri, véase pág. 347), nabos y mitsuba (véase pág. 346) picados gruesos
- 4 trozos (de 40 g cada uno) de mochi de arroz integral deshidratado
- 2 cdtas. de Sal de sésamo blanco (véase pág. 28)

Este plato de arroz, caldoso, reconfortante y nutritivo, es uno de los máximos referentes de la cocina vegetariana y se suele tomar para desayunar, pero también a mediodía. El arroz no lleva sal para que lo sirva con sal de sésamo (o encurtidos salados) al lado. El *mochi* de arroz integral contrasta de maravilla con el *okayu* de arroz blanco, pero puede sustituirlo, si lo prefiere, por *mochi* de arroz blanco.

-

Lave y escurra el arroz según las indicaciones del arroz japonés (véase pág. 27).

En una cazuela de fondo grueso de tamaño medio, lleve 2 litros de agua a ebullición. Añada el arroz y las verduras, baje el fuego y remueva el fondo una vez para soltar los granos de arroz que se hayan adherido. Cuézalo durante 20 minutos.

Cuando hayan pasado unos 15 minutos, tueste el *mochi* en un horno de sobremesa 3 minutos para que se ablande y se hinche. Córtelo con un cuchillo afilado (necesitará un cuchillo de mesa para retirar los trozos de *mochi* caliente de la lama del cuchillo después de cada corte).

Eche el *mochi* tostado y cuézalo 5 minutos más, un total de 25 minutos.

Viértalo en cuatro boles de arroz y sírvalo de inmediato con un platito con sal de sésamo por persona. Introduzca la punta de cada cucharada de *okayu* en la sal de sésamo para sazonarlo.

OKAYU DE CINCO SABORES

冷やし汁かけご飯

SOPA FRÍA DE ÑAME Y OCRA CON ARROZ

HIYAJIRU-KAKE GOHAN

Preparación: 1 minuto,
más 1 hora para refrigerar
Cocción: 20 minutos,
más 5 minutos para reposar
Para 4 personas

V SL SFS

- 600 ml de Kombu dashi (véase pág. 22)
- 1½ cdas. de shoyu
- 1¼ cdtas. de sal marina en escamas
- 300 g (360 ml) de arroz japonés de grano corto
- Agua hirviendo
- 2 cdas. de Zakkoku (véase pág. 28)
- 400 g de ñame japonés raspado
- 150 g de tofu firme (momendofu, véase pág. 352) o tofu suave japonés
- 8 ocras pequeñas (75 g)
- ½ lámina de alga nori en tiras finas
- 2 cdtas. de wasabi recién rallado

Las sopas frías son un magnífico remedio contra el sofocante calor del verano en Japón. Tanto la ocra como el ñame japonés tienen una viscosidad natural que, según se dice, aportan fortaleza y, a menudo, se combinan. Es importante no verter la sopa hasta que vaya a comerla, porque los granos de arroz se empaparán y quedarán pastosos. Asegúrese también de lavarse las manos y los antebrazos con agua templada y jabón después de manipular el ñame, ya que pica.

-

Prepare un bol de agua con hielo. En una cazuela, caliente el *dashi* con el *shoyu* y 1 cucharadita de la sal a fuego medio para disolverla. Retírelo del fuego, viértalo en un bol de acero inoxidable y colóquelo encima del hielo para que se enfríe. Refrigérelo durante 1 hora.

Lave y escurra el arroz según las indicaciones del arroz japonés (véase pág. 27). Remójelo 20 minutos en una cazuela de hierro fundido con 400 ml de agua. Mientras, vierta agua hirviendo sobre el *zakkoku* en un bol y déjelo en remojo unos 20 minutos.

Escúrralo, añádalo al arroz y tápelo. Llévelo a ebullición a fuego vivo (tardará unos 3 minutos), baje el fuego y cuézalo 15 minutos. Déjelo reposar 5 minutos y páselo a un bol para que se enfríe.

Pele el ñame japonés y rállelo fino con un rallador de cerámica (*oroshiki*, véase pág. 354) o metálico (*oroshigane*, véase pág. 354). Introdúzcalo en un mortero japonés (*suribachi*, véase pág. 354) y májelo hasta que quede fino. Resérvelo.

Corte el tofu en dados de 1 cm y póngalos en un bol.

Coloque la ocra de manera horizontal mirando hacia usted en una tabla de cortar y sálela con el ¼ de cucharadita de sal restante. Hágala rodar por la sal con las palmas de las manos (*itazuri*). Ponga un cazo con agua a hervir y échela. Cuézala durante 1 minuto hasta que tenga un color verde brillante. Sáquela y refrésquela bajo un chorro de agua fría. Séquela. Corte la parte superior y deséchela. Corte la ocra a lo ancho en rodajas de 5 mm.

Cuando el *dashi* se haya enfriado lo suficiente, coloque un montoncito generoso de arroz en un lado de un bol hondo para sopa (*donburi*, véase pág. 354) y el ñame japonés rallado en otro. Disponga el tofu y la ocra en los otros dos lados, en otro montoncito, y añada una pizca generosa de tiras de *nori* encima del ñame japonés. Ponga un poco de *wasabi* en mitad de las tiras y vierta la sopa fría alrededor. Sírvalo de inmediato como un plato saludable y delicioso durante el verano.

SOPA FRÍA DE ÑAME Y OCRA CON ARROZ

漬物　Y　保存食

Tsukemono se traduce normalmente como «encurtidos», aunque en realidad significa «poner a cocinar algo». Es decir, cocinar con algo salado: sal, *miso*, *shoyu*, *umesu*, salsa de pescado, etc. Los encurtidos japoneses pueden elaborarse, de forma natural, por lactofermentación o *umesu* (salmuera afrutada, entre salada y ácida que resulta de salar las «ciruelas» encurtidas), pero generalmente no llevan vinagre. Las preparaciones con vinagre se llaman *sunomono* (véase pág. 94) y eran tradicionalmente la versión japonesa de una ensalada. Los *tsukemono* son en su mayoría lo que consideramos encurtidos rápidos; sin embargo, bajo su paraguas se encuentran los *hozonshoku* (alimentos en conserva), como las *umeboshi* («ciruelas» saladas encurtidas), el *takuan* (*daikon* semideshidratado fermentado con salvado de arroz y *miso*) y el *narazuke* (pepino o calabaza secados al aire y encurtidos con posos de sake y *miso*). Muchos tipos de *hozonshoku* se envasan en barriles o vasijas y se guardan en un lugar fresco y oscuro varios meses o incluso más. Pero también incluyen alimentos secados al sol, como los *hoshigaki* (caquis secos) o los *kiriboshi daikon* (tiras de *daikon* seco).

Si no está habituado a cocinar platos japoneses, le recomiendo que empiece por los *tsukemono*. Los encurtidos japoneses comerciales, incluidos los llamados «tradicionales», que se venden en barriles en los sótanos de los grandes almacenes (*depachika*) y en el famoso mercado Nishiki de Kioto, se elaboran a partir de verduras importadas y seguramente contienen conservantes y glutamato.

Una excepción a esta regla son las verduras ecológicas y encurtidas al natural que produce Yamaki Jozo en la ciudad de Kamikawa, en la prefectura de Saitama.

Sirva los *tsukemono* o *hozonshoku* con un poco de arroz y un bol de sopa de *miso*, la quintaesencia de la cocina japonesa.

TSUKEMONO Y HOZONSHOKU

ENCURTIDOS Y CONSERVAS

桜の塩漬け

FLORES DE CEREZO ENCURTIDAS CON SAL

SAKURA NO SHIO-ZUKE

Preparación: 10 minutos
Tiempo para encurtir: 1 semana
Para unas 4 cucharadas

V SL SG SFS <5

- Sal marina en escamas
- 2 puñados de flores de cerezo

Los cerezos en flor son tan mágicos como efímeros. Los árboles empiezan a florecer a principios de la primavera, pero el momento exacto depende del clima. Hágalas cuando los capullos se abran pero antes de que las flores empiecen a caer como lluvia de primavera.

-

Añada 5 mm de sal en el fondo de una vasija o tarro pequeño. Eche unas flores de cerezo encima y esparza más sal. Siga poniendo capas de flores y sal hasta terminar con unos 5 mm de sal en la parte superior. Coloque un trozo de film transparente encima y agregue un peso para comprimirlas. Consérvelas en sal una semana más o menos. Sumérjalas en agua fría para desalarlas antes de usarlas. Si lo prefiere, póngalas en remojo en abundante agua fría 20 minutos y séquelas al sol en cestas planas forradas con papel neutro de 5 a 6 horas. Enváselas en un tarro con «vinagre» de ciruelas saladas (*umesu*, véase pág. 345) y guárdelas en el frigorífico.

スピード芝漬

SHIBAZUKE RÁPIDO

SUPI-DO SHIBAZUKE

Preparación: 30 minutos
Tiempo para encurtir: 1-2 horas
Para 450 g

V SL SG SFS

- 2 berenjenas japonesas medianas (175 g)
- 2 pepinos japoneses medianos (200 g)
- 1 cdta. de sal marina en escamas
- 3 myogas (véase pág. 348) medianas cortadas por la mitad a lo largo
- 8 hojas de shiso verde en tiras finas
- 4 cdas. de «vinagre» de ciruelas saladas (umesu, véase pág. 345)

El *shibazuke* es un encurtido tradicional de verano que consiste en salar las verduras durante medio día y después encurtirlas en una solución de *shiso* rojo 2 días más para que adquieran sabor. Aquí se utiliza *umesu* rojo para acelerar el proceso y hacerlas en 2 horas. Las verduras no tendrán un tono rojo tan intenso, pero se impregnarán del *umesu* afrutado y brillante, y estarán deliciosas.

-

Recorte el cáliz de las berenjenas y los extremos de los pepinos y corte el resto en rodajas de 1 cm. Colóquelas en un bol y frótelas con suavidad con ¾ de cucharadita de sal. Frote las mitades de *moga* en un bol con el ¼ de cucharadita de sal restante. Déjelas reposar 10 minutos.

Estruje la berenjena y el pepino para extraer el jugo, evitando la sal que quede en el fondo del bol, y colóquelo en una prensa para encurtir (*tsukemono yoki*, véase pág. 354). (Como alternativa, prepare un recipiente rectangular en el que pueda encajar uno más pequeño para que actúe como prensa y añada pesas.)

Estruje la *myoga*, evitando la sal, y añádala con la berenjena y el pepino. Eche las hojas de *shiso* y el *umesu* y prénselo con firmeza pero sin destrozar las verduras. (Como alternativa, colóquelo en una bolsa de plástico, enróllelo bien y coloque un peso en la parte superior de la bolsa.) Déjelo reposar durante 1 o 2 horas antes de servirlo. Se conservará bien una semana en el frigorífico en un recipiente hermético.

SHIBAZUKE RÁPIDO

セロリの塩麹漬け

APIO ENCURTIDO CON SHIO KOJI

SERORI NO SHIOKOJI-ZUKE

Preparación: 10 minutos
Tiempo para encurtir: 2-3 horas
Para 170 g

V SL SG SFS <5

- 2 tallos medianos de apio (150 g), con algunas hojas y sin la parte inferior gruesa
- 2 cdas. de shio koji

El *shio koji* ha tomado el mundo por asalto gracias a Myoho Asari en la prefectura de Oita, en la isla Kyushu. Myoho encontró una referencia al *shio koji* (sardinas encurtidas) en un libro de cocina antiguo y, a partir de ahí, desarrolló un método para producirlo. Al encurtir o marinar en *shio koji*, se obtiene el beneficio de la sal, pero también el suave dulzor del *koji* (*Aspergillus oryzae*), las esporas utilizadas para hacer *shoyu*, *miso*, sake y *mirin*.

-

Corte el apio en diagonal en trozos de 5 mm. Póngalo en una bolsa de plástico con cierre y añada el *shio koji*. Enrolle la bolsa para eliminar el aire y masajear el apio con el *shio koji*. Resérvelo en el frigorífico 2 horas antes de servirlo en un platito. Se conservará bien 2 o 3 días si lo refrigera, pero es mejor hecho y comido. Si le parece demasiado salado, escurra o estruje el apio para eliminar el exceso de *shio koji* antes de servirlo.

荒布の時雨煮

ARAME SECO CON SABOR A CIRUELAS ENCURTIDAS

ARAME NO SHIGURE-NI

Preparación: 20 minutos, más toda la noche para infusionar y 1 día para secar
Cocción: 15 minutos
Para 4 personas

V SL SG SFS

- 25 g de alga arame deshidratada (véase pág. 349), remojada en agua fría 20 minutos
- 75 ml de «vinagre» de ciruelas saladas (umesu, véase pág. 345)
- 125 ml de sake
- 50 ml de hon mirin
- ⅛ de cdta. de sal marina fina
- ½ cda. de piel de mandarina ecológica secada al sol en juliana (chinpi, véase pág. 350)
- 1 cdta. de jengibre fresco picado fino

El *shigure* («lluvia de noviembre») es un antiguo método de conservación de alimentos, como las algas, que consiste en cocerlos, ponerlos en remojo y dejarlos secar al sol. El «vinagre» de ciruelas saladas (*umesu*), la piel de mandarina seca y el toque picante del jengibre hacen de este plato un bocado apetitoso y atractivo durante el frío y oscuro invierno, o en verano, con una bebida fría. La proporción de *umesu*, sake y *mirin* para la cocción es de 3:5:2.

-

Escurra bien el *arame* en un colador de malla 10 minutos.

Póngalo en una cazuela y añada el *umesu*, el sake y el *mirin*. Coloque una *otoshibuta* (tapa de contacto directo, véase pág. 354) o un trozo de papel vegetal y llévelo a ebullición a fuego medio. Baje el fuego y cuézalo hasta que el líquido se haya reducido a la mitad y el *arame* esté muy blando, unos 12 minutos.

Esparza la sal, la piel de mandarina y el jengibre. Déjelo reposar toda la noche, removiéndolo de vez en cuando.

Por la mañana, llévelo a ebullición suave y retírelo del fuego. Extienda el *arame* en una cesta de bambú o un marco de alambre y séquelo al sol durante 1 día, hasta que se haya secado en un 80 %. Se conservará bien en un recipiente de plástico en el frigorífico varios meses. Tómelo con arroz japonés cocido o como aperitivo afrutado y ácido.

APIO ENCURTIDO CON SHIO KOJI

梅干し

UMEBOSHI

Preparación: 1 hora (repartida), más toda la noche en remojo
Tiempo para la salmuera: 2-3 semanas
Tiempo para secar: 3 días
Para 2½ kg

V SL SG SFS <5

- 5 kg de ume verdes maduras pero duras
- 400 g de sal marina fina (8 % del peso de las umes)

Dado el precio de las *umeboshi* de calidad, merece la pena prepararlas en casa. No cuesta mucho hacerlas, pero hay que estar atento al proceso y vigilar la salmuera, ya que podría formarse moho en la superficie. A lo largo de los años, he oído a muchos cocineros o amantes de los fermentados relatar sus supuestos «experimentos» para hacer *umeboshi* con otras frutas aparte de *ume*. El sustituto más común son las ciruelas maduras, aunque no están directamente relacionadas con las *ume*. Si tiene ganas de preparar algo parecido a las *umeboshi*, busque un agricultor (o un vecino) que tenga albaricoques maduros pero no estén blandos. Las *ume*, de la familia de los albaricoques, siguen estando duras como una piedra cuando están listas para recolectarse y procesarse.

-

Lave las *ume* en un cubo y déjelas en remojo toda la noche en agua fría. Escúrralas y páselas a una vasija o una cubeta de plástico. Esparza la sal, tratando de distribuirla de manera uniforme por encima. Cúbralas con una muselina, lo suficientemente grande para cubrir los lados de la vasija. Coloque una tapa de contacto directo (*otoshibuta*, véase pág. 354) con un peso de 5 kg encima (si no tiene un peso grande, utilice otros más pequeños pero colóquelos de manera uniforme).

Déjelas 2 o 3 semanas en un lugar protegido a temperatura ambiente, pero compruebe a diario que la salmuera ha subido y las *ume* están sumergidas, y que no se está formando moho. En este caso, levántelo con cuidado asegurándose de que no cae nada en la salmuera. Si es así, escúrralas, límpielas cuidadosamente y cuélelas a través de un colador de malla forrado con una muselina para que se quede ahí el moho. Lave y seque la vasija, la tapa y el peso antes de volver a poner las *ume* y la salmuera, coloque una muselina encima y vuelva a colocar la tapa y el peso.

Sáquelas de la salmuera y reserve este «vinagre» de ciruelas saladas (*umesu*) en el frigorífico para encurtidos o aderezos ácidos. Extienda las *ume* sobre una esterilla de ratán suspendida sobre un marco de bambú (o en una cesta grande) y colóquelas a la luz directa del sol un día luminoso y soleado. Déjelas secar desde la mañana hasta el final de la tarde e introdúzcalas por la noche en bolsas de plástico grandes llenas hasta la mitad y guárdelas en el interior. Déjelas secar 2 días más al sol y guárdelas, bien cerradas, en las bolsas de plástico en un lugar fresco y oscuro o en el frigorífico.

梅味噌

UME MISO

Preparación: 30 minutos,
más una vuelta diaria
Tiempo para encurtir: 1 mes
Para 1,3 kg

V SL SG SFS <5

- 600 g de azúcar ecológico
- 900 g de arroz integral o inaka miso
- 900 g de ume verdes

Recolectar las *ume* cuando están justo en su punto puede ser complicado, ya que es cuestión de días... ¡o de horas! Sin embargo, esta preparación requiere poco trabajo, solo tiempo, por lo que vale la pena el esfuerzo. Utilícelo como saborizante para los salteados, como base para aliñar ensaladas o simplemente con tofu frío en verano. Guárdelo en un recipiente con válvula, ya que la fermentación es bastante activa. Si utiliza *ume* muy pequeñas, no necesitará remojarlas o perforarlas. También puede hacerlo mezclando arroz integral o *inaka miso* a partes iguales con Jarabe de *ume* con miel (véase pág. 307).

Ponga las *ume* en remojo toda la noche (o un mínimo de 4 horas) en un bol. Escúrralas y séquelas bien. Perfórelas en dos o tres lugares alrededor de la circunferencia con un tenedor.

-

En un bol, mezcle bien el azúcar y el *miso* con las manos. Pase un tercio de la mezcla a un tarro esterilizado o un recipiente de fermentación. (Yo uso una olla esmaltada de acero inoxidable.) Introduzca las *ume* y añada el resto del *miso* por encima. Agítelo un poco de lado a lado para asentarlo y eliminar las bolsas de aire. Ciérrelo con una tapa no hermética o con dos capas de muselina y asegúrela con una banda elástica o con bramante.

Déjelo en un lugar fresco y oscuro durante 1 mes, pero dele una vuelta con las manos todos los días. El *miso* se conservará, en el frigorífico, hasta 2 años, a partir de ahí adquirirá características similares al *narazuke*, un encurtido de posos de sake de fermentación larga que se elabora en la prefectura de Nara.

オクラの煎り酒浸し

OCRA ENCURTIDA EN UMEBOSHI Y SAKE

OKURA NO IRIZAKE BITASHI

Preparación: 10 minutos
Cocción: 5 minutos
Tiempo para encurtir: 2-3 horas
Para 4 personas

V SL SG SFS <5

- 12 ocras medianas (115 g), sin las partes marrones de la parte superior
- ¼ de cdta. de sal marina en escamas
- 1 «ciruela» salada encurtida (umeboshi, véase pág. 350)
- 200 ml de sake

La ocra encurtida es una forma deliciosa de aprovechar estas pequeñas y crujientes verduras en verano, cuando abundan. Aquí, este rápido encurtido obtiene sus refrescantes notas afrutadas, saladas y ácidas de las *umeboshi* y el dulzor del sake.

-

Coloque la ocra de manera horizontal mirando hacia usted en una tabla de cortar. Esparza la sal y hágala rodar por encima con las palmas de las manos para romper las fibras (*itazuri*).

Lleve a ebullición una cazuela con agua. Añada la ocra y escáldela 20 segundos, sáquela con un colador de malla y déjela enfriar.

Deshuese y pique finas las *umeboshi*. Reserve los huesos. Ponga la pasta de *umeboshi* en una cazuela y vierta el sake. Eche también los huesos y llévelo a ebullición a fuego medio. Cuézalo a fuego vivo 3 minutos para que se evapore el alcohol (olerá el aroma que desprende la cazuela). A esto se le llama *irizake*.

Enfríe el *irizake* a temperatura ambiente en un bol. Retire y deseche el hueso y coloque la ocra y el *irizake* en una bolsa de plástico con cierre. Enróllela para eliminar el aire y guárdela en el frigorífico 2 o 3 horas antes de servirlo al final de una comida.

VERDURAS SECADAS AL SOL

Recuerdo una calurosa mañana de agosto en la que vi a mi suegra dándoles la vuelta a unas rodajas de berenjena japonesa que había colocado sobre esterillas de ratán para que se secasen al sol. Nunca la había visto haciendo aquello, aunque es posible que simplemente no me hubiese percatado antes. En aquella época yo estaba trabajando en mi primer libro sobre gastronomía y sobre la vida en una granja japonesa y le había preguntado a Baachan (literalmente, «abuelita») acerca de sus recetas de *sushi* tradicional (*inaka-zushi* e *inari-zushi*). Imagino que compartir su receta conmigo le sirvió de inspiración para recuperar la antigua práctica del secado de verduras. Conforme se hizo mayor, Baachan perdió parte de su vitalidad y dejó de elaborar *miso* o encurtidos y tan apenas cocinaba. Sin embargo, disfrutaba de la comida internacional que servíamos en nuestra mesa cada noche y se conformaba con los platos sencillos que ella misma se preparaba durante el día. Baachan falleció en 2011, un año antes de que se publicara mi primer libro, pero nunca olvidaré su sombrero de paja, su colorida faja y su amplia sonrisa mientras les daba la vuelta a las rodajas de berenjena y me explicaba cómo las guardaba en vasijas y las empleaba a lo largo del año para elaborar sus platos.

Años después, durante un viaje a Tokio en el tren bala entablé una conversación con una mujer mayor. Yo estaba escribiendo mi segundo libro de cocina japonesa, esta vez sobre encurtidos y conservas, y empezamos a hablar del tema. Cuando le conté cómo Baachan secaba las berenjenas, sus ojos se iluminaron y comenzó a enumerar todas las frutas, verduras y setas que ella secaba en su porche: zanahorias, *daikon*, nabos, *shiitake*, pepinos, berenjenas, pieles de mandarina, etc. Fue reconfortante saber que, a pesar de vivir en una ciudad, no había renunciado a esta práctica. Las tradiciones que hoy parecen desvanecerse pueden servir de sustento para una sociedad como la japonesa, cuya juventud, por suerte, está mostrando interés por llevar una vida más saludable, siguiendo el ritmo de las estaciones.

Las verduras se suelen secar hacia finales del otoño y principios del invierno y hacia mediados y finales del verano. El método es sencillo y no requiere mucho tiempo; tan solo precisa de días soleados. El secado incrementa la concentración de los azúcares naturales, de modo que el resultado es una verdura melosa, nutritiva y muy versátil. El clima japonés es ideal para realizar un secado suave debido a la elevada humedad atmosférica durante todo el año. Si el sol es demasiado intenso, las verduras pierden su color y se secan demasiado.

En Japón es fácil conseguir productos deshidratados y muchas granjas venden sus propias setas *shiitake* secas (laminadas o enteras), tiras de *daikon* (*kiriboshi daikon*) y de zanahoria (*kiriboshi ninjin*) o tallos de taro (*zuiki*). En los supermercados lo normal es que solo tengan los productos más comunes, como *shiitake*, algas, calabaza (*kampyo*) y quizá *daikon*. Secar alimentos para conservarlos forma parte de las tradiciones culinarias japonesas, pero ahora que cualquier alimento está disponible todo el año, esta costumbre es cada vez menos frecuente. Sin embargo, como método de conservación es el más sencillo y no requiere ningún ingrediente adicional, solo luz solar.

Ya en las canciones antiguas se menciona el arroz hervido y seco, un alimento esencial que los soldados llevaban cuando iban a la guerra o durante sus viajes. Una vez seco era ligero y fácil de transportar. En el periodo Muromachi (1336-1573), los soldados se anudaban a la cintura tallos secos de taro cocidos en miso (*imogara nawa*). Cuando lo necesitaban, tomaban un trozo y lo cocían a fuego lento en agua para preparar una sopa de miso instantánea.

El proceso de secado potencia el dulzor e intensifica los sabores, ya que se reduce el contenido de agua. Además, conforme las verduras se secan al sol las enzimas naturalmente presentes se activan, produciendo componentes de sabor *umami*. El secado activa la amilasa de las verduras, que descompone los almidones en azúcares como la glucosa y la maltosa, aportando dulzor. Y no solo eso; cuando la verdura se rehidrata adquiere una textura más firme que cuando está cruda, lo que aporta una textura diferente a los platos en vinagre o cocidos a fuego lento.

La energía solar es capaz de alterar los nutrientes de algunos ingredientes. Un ejemplo es la marcada diferencia de sabor entre una seta *shiitake* fresca y una seca, pues esta última tiene un aroma y una profundidad únicas. Cuando está fresca, esta seta tiene un compuesto, llamado ergosterol, que se transforma en vitamina D al exponerse al sol. Sin embargo, cuando se seca y se almacena pierde la mitad de su vitamina D en un mes, por lo que se recomienda consumirla rápidamente. Para potenciar la presencia de vitamina D en las setas *shiitake* secas que hayan estado almacenadas, colóquelas a plena luz del sol entre 30 minutos y 1 hora antes de utilizarlas. (Nota: la mayoría de las setas deshidratadas que se comercializan han sido secadas con aire caliente, en lugar de al sol. Lea siempre la información del envase.)

El *daikon* seco contiene unas quince veces más de calorías y fibra alimentaria y veinte más de contenido de calcio que su versión fresca. Cuando se seca (*Kiriboshi daikon*, véase pág. 308), el característico sabor del *daikon* crudo se concentra y adquiere una atractiva textura crujiente.

Las verduras deshidratadas son buenas para la salud, por lo que vale la pena tomarse el tiempo necesario para extenderlas bajo al sol y ver cómo se secan.

梅のはちみつシロップ

JARABE DE UME CON MIEL

UME NO HACHIMITSU SHIROPPU

Preparación: 15 minutos
Tiempo para encurtir: 1 mes
Para 2 litros

V SL SG SFS <5

- 1,8 kg de ume maduras
- 2 litros de miel

Este versátil jarabe se elabora a partir de *ume* maduras, cuando están amarillas y rosas. Añádalo a los cócteles, los vinos espumosos o al agua, o mézclelo a partes iguales con *miso* de arroz integral para obtener un *ume miso* instantáneo para las Verduras de verano salteadas con *ume miso* (véase pág. 202).

-

Limpie las *ume* y colóquelas en una jarra o una vasija esterilizada de 4 litros. Llénela de miel y tápela con dos capas de muselina. Sujétela bien con bramante o una goma elástica resistente y déjela en un lugar fresco y oscuro durante un mes hasta que esté efervescente. Cuele los huesos o los sólidos no disueltos y guarde el jarabe en tarros o botellas en el frigorífico. Tenga cuidado al abrir los envases porque se producirá una gran efervescencia si no suelta el aire comprimido despacio. Se conservará bien durante al menos un año.

切り干しにんじん

KIRIBOSHI DE ZANAHORIAS

KIRIBOSHI NINJIN

Preparación: 30 minutos
Tiempo para secar: 1-2 días
Para 30 g

V SL SG SFS <5

- 2 zanahorias medianas (300 g) peladas

Aunque no es tan frecuente hoy en día, las campesinas japonesas llevan secando verduras desde hace cientos de años. Últimamente, es normal encontrar *kiriboshi daikon* en los mercadillos, pero se pueden secar muchos tipos de verduras. Las berenjenas y los pepinos deben cortarse en rodajas, mientras que los tubérculos en tiras finas. Es fundamental secar las hortalizas cuando se tenga la certeza de que habrá varios días con sol, ya que las zanahorias se suelen ennegrecer si tardan demasiado en secarse. En Japón, donde abundan las lluvias, esto ocurre generalmente a finales del verano o comienzos del otoño.

-

Sujete una zanahoria con la mano no dominante y pele la mitad a lo largo con un pelador de verduras. Dele la vuelta para pelar la otra mitad hasta que no pueda pelar más sin «pelarse» la mano. Repita la operación con la otra zanahoria. Coloque las pieles en cestas de bambú a la luz directa del sol 2 días, dependiendo de la fuerza del sol en su localidad. Llévelas al interior por la noche y cúbralas con papel si un día no es suficiente. Guárdelas en un recipiente hermético en un lugar fresco y oscuro y añádalas a los platos cocidos, a la sopa de *miso* o a las verduras salteadas.

切り干し大根

KIRIBOSHI DAIKON

Preparación: 1 hora
Tiempo para secar: 2-3 días
Para 100 g

V SL SG SFS <5

- 1 daikon pequeño (1 kg) raspado o pelado

Si vive fuera de Japón y puede conseguir *daikon* de invierno, le animo a que prepare su propio *kiriboshi daikon*. Necesitará al menos dos o tres días soleados seguidos y unas cestas grandes o esterillas de ratán. Una mandolina simplificará enormemente el proceso.

-

Corte el *daikon* a lo largo en tiras de 5 mm de ancho con una mandolina japonesa (*benriner*, véase pág. 353). (Si lo prefiere, utilice un pelador de verduras, pero tendrá que enrollar las pieles y cortarlas en tiras finas a mano; esto puede llevarle algo más de tiempo.)

Colóquelas en cestas de bambú o en una esterilla de ratán a la luz directa del sol 2 o 3 días para que se sequen. Deben estar lo suficientemente secas para que no les salga moho al guardarlas. Llévelas al interior por la noche y cúbralas con papel antes de volver a ponerlas al sol al día siguiente. Guárdelas en un recipiente hermético en un lugar fresco y oscuro. Deberían conservarse en buen estado varios meses, si están bien secas. Para rehidratarlas, lávelas y déjelas en remojo durante 1 hora en abundante agua fría.

切り干し大根の針針漬け

KIRIBOSHI DAIKON PICANTE ENCURTIDO

KIRIBOSHI DAIKON NO HARI-HARI ZUKE

Preparación: 15 minutos, más 1 hora en remojo
Tiempo para encurtir: 1 día
Para 450 g

V SL SFS

- 50 g de daikon seco (kiriboshi daikon, véase pág. 350)
- 2 láminas cuadradas de kombu de 5 cm, de la elaboración de kombu dashi
- 50 ml de sake
- 75 ml de vinagre de arroz
- 50 ml de hon mirin
- 25 ml de shoyu
- 1 guindilla roja japonesa deshidratada

En invierno, cuando el *daikon* es dulce y abundante, se corta en juliana para preparar *kiriboshi daikon* y se deja secar al sol, aunque las versiones secadas a máquina están disponibles en los supermercados todo el año. En las zonas frías con sol de invierno, el *kiriboshi daikon* es fácil de preparar en casa (véase *Kiriboshi daikon*, arriba), pero también se puede comprar en los puestos agrícolas de todo Japón. Las versiones naturales están disponibles fuera de Japón en tiendas de productos macrobióticos.

-

En un bol, raspe el *daikon* seco para eliminar los posibles olores y lávelo varias veces con agua fría. Déjelo en remojo 1 hora. (Si tiene prisa, remójelo con agua hirviendo 15 minutos.)

Escúrralo, séquelo y córtelo a lo ancho en trozos de 5 cm.

Corte el *kombu* en juliana fina y mézclelo con el *daikon*. Introdúzcalos en un tarro de cristal esterilizado.

En un cazo, lleve a ebullición a fuego medio el sake, el vinagre, el *mirin*, el *shoyu* y la guindilla, y viértalos de inmediato en el tarro. Déjelo enfriar a temperatura ambiente antes de taparlo. Refrigérelo durante 1 día antes de utilizarlo. Se conservará bien varias semanas.

KIRIBOSHI DAIKON PICANTE ENCURTIDO

なすの一夜漬け

BERENJENA ENCURTIDA EN UNA NOCHE

NASU NO ICHIYA-ZUKE

Preparación: 30 minutos,
más 10 minutos para salar
Tiempo para encurtir: toda la noche
Para 4 personas

V SL SG SFS

- 2 berenjenas japonesas medianas (200 g)
- 2 cdtas. de sal marina en escamas
- ⅛ de repollo pequeño (125 g) en cuadrados de 3 cm
- 1 cda. de jengibre tierno en tiras, remojadas en agua fría 10 minutos
- 1 zanahoria pequeña (50 g) en juliana fina
- 1 cda. de shiso verde en tiras finas

Los encurtidos salados rápidos forman parte de la vida diaria en Japón. Lo más probable es que las madres o las abuelas los prepararan mientras la familia tomaba sus baños nocturnos. Aunque en su mayoría es un fenómeno del pasado, las esposas de los agricultores o los pescadores eran las que primero se levantaban y las últimas que se acostaban.

-

Corte la berenjena en rodajas de 5 mm y póngalas en un bol. Frótelas con ½ cucharadita de sal y déjelas reposar 10 minutos. En otro bol, frote el repollo con ½ cucharadita de sal hasta que suelte agua. Déjelo reposar 10 minutos. Estruje las rodajas de berenjena y el repollo por tandas y póngalas en un bol limpio. Escurra el jengibre y séquelo.

Añada la zanahoria y frótelo todo con la cucharadita de sal restante. Agregue el jengibre y el *shiso* y remueva. Introdúzcalo en una bolsa para congelar de 4 litros con cierre. Enróllela, eliminando el aire a medida que avanza, y refrigérelo toda la noche antes de usarlo. Se conservará bien unos días, pero las verduras perderán algo de su gracia al filtrar el líquido.

BERENJENA ENCURTIDA EN UNA NOCHE

山芋の甘酢漬け

ÑAME JAPONÉS ENCURTIDO EN VINAGRE DULCE

YAMA IMO NO AMAZU-ZUKE

Preparación: 15 minutos
Tiempo para encurtir: 1-2 días
Para 200 g

V SL SG SFS <5

- 1 trozo de ñame japonés fino de 20 cm (250 g) raspado
- 4 cdas. de vinagre de arroz
- 2 cdas. de hon mirin
- ¼ de cdta. de sal marina en escamas

El ñame japonés se suele encurtir con *shoyu* o *miso*, pero aquí se convierte casi en una ensalada. Es perfecto para encurtir porque, crudo, tiene un agradable crujido que aguanta bien el proceso de encurtido.

-

Pele el ñame japonés, lávelo y séquelo con un paño. (Lávese las manos y los antebrazos con agua templada y jabón después de manipularlo, ya que pica.) Córtelo a lo ancho en rodajas de 1 cm de grosor. Colóquelo en una bolsa de plástico para congelar con el vinagre, el *mirin* y la sal. Retire el aire y enróllela. Agítela para que se distribuya bien y refrigérela 1 o 2 días antes de usarlo. Se conservará bien una semana.

山芋味噌漬け

ÑAME JAPONÉS ENCURTIDO EN MISO

YAMA IMO MISO-ZUKE

Preparación: 25 minutos
Tiempo para encurtir: 1 día
Para 300 g

V SL SG SFS <5

- 1 ñame japonés (300 g) de 9 cm de largo y 6 cm de ancho raspado
- 2 cdas. de hon mirin
- 4 cdas. de miso de arroz integral o de cebada

El *miso* de cebada o de arroz integral confieren profundidad al ñame japonés. Está delicioso al final de una comida.

-

Pele, lave y seque el ñame japonés. (Lávese las manos y los antebrazos con agua templada y jabón después de manipularlo, ya que pica.) Córtelo en cuartos a lo largo y envuelva cada trozo con muselina.

En un bol, mezcle el *mirin* con el *miso*. Extienda un tercio de la mezcla sobre el fondo de un recipiente rectangular lo suficientemente grande para que quepan los trozos de ñame unos al lado de los otros. Coloque el ñame japonés envuelto sobre el *miso* y úntelo con los dos tercios restantes de la mezcla de *miso*. Coloque otro recipiente rectangular del mismo tamaño encima y añada una o dos latas de tomate para que pese. Refrigérelo durante 1 día.

Desenvuélvalo y córtelo en medias lunas de 1 cm de grosor. Guárdelo en un recipiente limpio, envuelto en la muselina, durante aproximadamente una semana. El ñame japonés exudará bastante líquido, por lo que no se podrá utilizar para hacer otros encurtidos, pero podría añadirse a un caldo para obtener una sopa de *miso* con un toque dulce.

ÑAME JAPONÉS ENCURTIDO EN VINAGRE DULCE; ÑAME JAPONÉS ENCURTIDO EN MISO

白菜のスピード漬け

COL CHINA ENCURTIDA RÁPIDO

HAKUSAI NO SUPI-DO ZUKE

Preparación: 40 minutos
Cocción: 5 minutos
Para 4 personas

V SL SFS

- 4 hojas grandes (250 g) de col china
- ½ cdta. de sal marina en escamas
- 1 trozo de zanahoria de 5 cm (50 g) pelada o raspada
- 1 trozo de daikon de 3 cm (75 g) pelado o raspado
- 1 saquito de tofu frito (usuage, véase pág. 352)
- 1 seta shiitake deshidratada, remojada en agua hirviendo 30 minutos
- 75 ml de vinagre de arroz
- 50 ml de hon mirin
- ¼ de cdta. de sal marina fina
- 1 cdta. de shoyu
- 1 guindilla roja japonesa deshidratada pequeña picada fina
- 2 cdtas. de aceite de sésamo dorado ligeramente tostado o 1 cdta. de aceite de sésamo tostado oscuro y 1 sin tostar
- Mezcla de especias japonesa (shichimi togarashi, véase pág. 351), para servir (opcional)

Los encurtidos de col china son probablemente los más fáciles de preparar y los mejores para tener siempre a mano, y esta versión no es una excepción. La idea es utilizar la col china como base y añadir después trozos de tubérculos, como zanahoria o *daikon*. Las setas *shiitake* y el *usuage* pueden omitirse para darles un toque más moderno, pero le aportan dimensión al plato.

-

Corte las hojas de col a lo largo en tiras de 5 cm de ancho. Apílelas y córtelas en una juliana de 5 mm. Frótelas con suavidad con ¼ de cucharadita de la sal en escamas y déjelas 10 minutos.

Corte en juliana la zanahoria y el *daikon* y colóquelos en dos boles separados. Frote la zanahoria con el ⅛ de cucharadita de la sal restante y el *daikon* con el ⅛ restante y déjelos 10 minutos.

Estruje toda la verdura y póngala en un bol. Remuévala ligeramente para distribuirla bien.

Caliente una sartén sin aceite a fuego medio-alto. Añada el *usuage* y dórelo ligeramente durante 1 minuto por cada lado. Córtelo por la mitad a lo largo y después a lo ancho en tiras de 5 mm. Colóquelo en el bol de las verduras.

Escurra el *shiitake* y estrújelo con suavidad. Corte el tallo y deséchelo, o reutilícelo para el *dashi*. Corte el sombrero en rodajas finas y añádalas al bol de las verduras.

En un cazo, caliente el vinagre, el *mirin*, la sal fina, el *shoyu*, la guindilla y el aceite a fuego medio hasta que salga vapor y se formen pequeñas burbujas alrededor, unos 5 minutos. Vierta el aliño en el bol y remueva.

Sírvalo en platos individuales como un encurtido o una ensalada pequeña. Y si le gusta el picante, espolvoree un poco de *shichimi togarashi*.

COL CHINA ENCURTIDA RÁPIDO

たくあん TAKUAN

Preparación: 1 hora
Tiempo para secar: 1 semana
Tiempo para encurtir: 1 mes
Para 3 kg

V SL SG SFS

- 4 daikons medianos con las hojas (5 kg), raspados
- 200 g de sal marina en escamas
- 495 g de salvado de arroz (15 % del peso del daikon seco)
- 4 guindillas rojas japonesas deshidratadas en trozos
- 2 puñados de pieles de caqui seco (de Caquis secos, véase a la derecha), opcional
- Tiras de piel de 2 naranjas amargas o yuzus grandes

El *takuan* requiere de un poco de trabajo, pero al final, el resultado es muy superior al que se puede comprar, dentro o fuera de Japón. La mayoría no solo contienen glutamato y colorante alimentario amarillo, sino que no se han secado al sol despacio para desarrollar su dulzor, ni fermentado adecuadamente. Es importante secar el *daikon* hasta que haya perdido cerca del 40 % de su peso y las raíces sean bastante flexibles. Nota: el salvado de arroz no se tuesta como se hace para los encurtidos con salvado de arroz (*nukazuke*).

-

Ate las hojas de 2 de los *daikons* juntas y colóquelas en un palo para que se sequen al aire, al sol indirecto del invierno, una semana hasta que se sequen un 66 % de su peso original. Necesitamos que las raíces sean flexibles, pero que no amarilleen o se arruguen (excepto en los extremos).

Corte la parte superior del *daikon*, de modo que las hojas estén unidas a la raíz; reserve las hojas. Esparza un poco de sal en una vasija o una cubeta de plástico. Pese el *daikon* para saber la cantidad de salvado de arroz que necesitará (15 % del peso del *daikon*). Añada una capa de 2 cm de salvado de arroz. Enrolle un poco de *daikon* en la vasija o cubeta (si fuese necesario, córtelo en trozos) para formar una capa. Midiendo la cantidad de sal, salvado de arroz y aromáticos que tiene, frote el *daikon* con sal, enróllelo en la vasija y esparza en cada capa (en este orden) guindilla, pieles de caqui (si utiliza), pieles de cítricos y salvado de arroz. Antes de empezar la siguiente capa, rellene con las hojas secas de *daikon* los espacios vacíos para eliminar las bolsas de aire, en las que se podría formar moho.

Sea generoso con la última capa de salvado de arroz y extienda una muselina encima, de forma que la tela caiga por los lados de la vasija. Coloque una tapa de contacto directo (*otoshibuta*, véase pág. 354) y un peso de 10 kg en la parte superior. Cúbrala con periódicos o con muselina, átela fuerte con bramante y déjela en un lugar fresco y protegido del jardín un mes para que fermente.

Pasada una semana, compruebe cómo está el salvado de arroz. Debería estar húmedo. Si está seco y en forma de polvo, disuelva ¾ de cucharadita de sal marina fina en 125 ml de agua y viértalo encima. Vuelva a colocar el paño, la tapa y el peso. Cúbralo y déjelo 3 semanas, comprobándolo periódicamente si lo prefiere. Al cabo de un mes, estará listo. Retire un trozo con un poco del salvado de arroz adherido y resérvelo en el frigorífico hasta que vaya a comerlo. Entonces, corte una porción, lávela y córtela en trozos de 5 mm. Mientras haga frío, puede dejar el *takuan* en la vasija, retirando la mitad del peso (5 kg).

干し柿

CAQUIS SECOS

HOSHIGAKI

Preparación: 1½ horas
Tiempo para secar: 1 mes
Para 20 unidades

V · SL · SG · SFS · <5

- 20 caquis duros Hachiya (astringentes)

Es difícil imaginar algo más sencillo y más exquisito que los *hoshigaki*. Imposibles de duplicar (aunque los albaricoques sin sulfitos son un buen sustituto), por alguna misteriosa razón, los de los puestos agrícolas nunca son tan buenos como los que se preparan en casa. Solo esto ya es un excelente argumento para hacerlos. Aunque se suelen secar bajo los aleros de las casas, en Yamanashi observé que un productor secaba los más dulces y redondos (Fuyu) a la luz directa del sol. Yo lo he hecho con ambas variedades, así que no se preocupe si no puede conseguir una en concreto. Lo más importante es que estén maduros, pero duros.

Si puede, hable con el agricultor antes de que los corte del árbol: si deja la parte del tallo en forma de T, le resultarán mucho más fácil de colgar. Aunque también puede hacerlo si solo utiliza el cáliz. En ese caso, pase un cordel más fino por debajo del cáliz que rodea la parte superior del caqui.

-

Llene una olla con agua y llévela a ebullición a fuego vivo. Pele los caquis pero deje el cáliz y el tallo. (No deseche las pieles.) Los caquis tienen un tallo de 1 cm que sobresale del cáliz y los mantiene unidos a las finas ramas del árbol los días de viento del otoño. Coloque cada caqui, de uno en uno, en un colador de malla fina y sumérjalos en el agua hirviendo para «pasteurizarlos». Escúrralos de inmediato sobre una toalla grande y gruesa.

(Extienda las pieles de caqui en cestas grandes y séquelas al sol durante una semana hasta que estén bien secas. Guárdelas en bolsas de plástico en un lugar fresco y oscuro y úselas para hacer encurtidos, como el *Takuan*, véase a la izquierda.)

Si los caquis todavía tienen la parte del tallo en forma de T, corte cinco trozos de un metro de cuerda de cáñamo fina. Perfore la parte superior de la T a intervalos de 10 cm, perforando alternativamente los tallos a cada lado de la cuerda para que los caquis estén en equilibrio. Pondremos unos cinco en cada cuerda. Cuelgue la parte superior de la cuerda de un clavo debajo del alero para protegerlos, pero bajo la luz directa del sol. Si no dispone de un alero, simplemente cuélguelos al sol. (Como alternativa, si los caquis ya no tienen las partes del tallo en forma de T, utilice un trozo de cuerda de fibra más fino y córtelo en trozos de 1,25 metros. Enrolle cada extremo alrededor del cáliz, de modo que haya dos caquis en el extremo de cada trozo de cuerda y cuélguelos del clavo.)

Masajéelos, a diario siempre que sea posible para ver cómo van, colocando los dedos a lo largo de la fruta y las palmas de las manos sobre la base, así favorecerá que la gravedad los alargue, si son redondos, y activará el proceso de ablandamiento y secado. Al cabo de un mes más o menos, la superficie de los *hoshigaki* será parecida al cuero, aunque no tan dura, y estará ligeramente blanqueada. Guárdelos en bolsas de plástico en un lugar fresco y seco durante unos meses o congélelas. Desarrollarán una capa blanquecina con el paso del tiempo debido a los azúcares naturales que aflorarán a la superficie.

巻き干し柿

ROLLITOS DE CAQUIS SECOS

MAKI HOSHIGAKI

Preparación: 15 minutos
Tiempo para encurtir: 1-2 días
Para 6 unidades

V SL SG SFS <5

- 6 caquis secos (hoshigaki, véase pág. 350)

Los caquis se cosechan a finales del otoño, se pelan y se cuelgan en invierno para que se sequen al aire. Los caquis secos (*hoshigaki*) son afrutados e inolvidables. Aquí se enrollan, se deja que se peguen unos a otros, se cortan y se sirven en rodajitas. Esta es quizá la mejor manera de comer *hoshigaki*, ya que la parte interior se pega a la exterior, que está seca, y los hace deliciosos.

-

Deseche la parte superior, realice un corte vertical por el lado de cada *hoshigaki* y ábralos como un libro. Retire las pepitas y deséchelas. Coloque 6 trozos de film transparente sobre una superficie de trabajo y coloque cada *hoshigaki* encima con uno de los lados cortos hacia usted. Enróllelos y envuélvalos bien. Déjelos en un lugar fresco durante 1 o 2 días para que se peguen. Cuando los vaya a servir, desenvuélvalos y córtelos en rodajas a lo ancho de 1 mm de grosor. Sírvalos en una caja *bento* o en un bol para refrescar el paladar. Se conservarán bien varias semanas si los envuelve y no los corta.

にんじんの常備菜

ZANAHORIAS ENCURTIDAS «SIEMPRE A MANO»

NINJIN NO JOUBISAI

Preparación: 15 minutos
Cocción: 3 minutos
Para 375 g

V SL SFS <30

- 2 zanahorias grandes (450 g) peladas o raspadas
- ½ cda. de aceite de sésamo sin tostar
- 100 ml de vinagre de arroz
- 80 ml de hon mirin
- ¼ de cdta. de sal en escamas
- 1 cdta. de shoyu
- 1 guindilla roja japonesa deshidratada pequeña en aros finos

Sofreír las zanahorias un poco antes de rociarlas con vinagre dulce alarga la vida útil de estos deliciosos encurtidos rápidos.

-

Corte las partes gruesas de la zanahoria en cuartos a lo largo y las más finas por la mitad a lo largo. Córtelas después de forma aleatoria en trozos diagonales e irregulares (*rangiri*, véase pág. 17) de unos 2 cm de largo.

Caliente a fuego medio el aceite en una sartén. Añada las zanahorias y saltéelas hasta que desprendan su aroma y estén ligeramente caramelizadas, unos 3 minutos.

Introdúzcalas en un tarro esterilizado lo suficientemente grande para que ocupen solo el 75 % del volumen. Añada el vinagre, el *mirin*, la sal, el *shoyu* y la guindilla. Tápelo, agítelo bien y guárdelo en el frigorífico para tenerlo siempre a mano. Se conservará en perfecto estado unas 2 semanas.

ROLLITOS DE CAQUIS SECOS

ブロッコリーの茎の味噌漬け

TALLOS DE BRÓCOLI ENCURTIDOS EN MISO

BUROKKORI– NO KUKI NO MISO-ZUKE

Preparación: 25 minutos
Tiempo para encurtir: 1-2 días
Para 150 g

V SL SG SFS <5

- 2 tallos de brócoli gruesos de 5 cm (175 g)
- 6 cdas. de miso de soja
- Mezcla de especias japonesa (shichimi togarashi, véase pág. 351), para servir

La capa exterior de los tallos de brócoli tiende a ser fibrosa, pero una vez retirada, la textura del interior es deliciosa. Al encurtirlos en *miso* durante un par de días, los tallos se vuelven crujientes y llenos de sabor, perfectos para tomar con una bebida fría o caliente. Si los tallos del brócoli son finos (3 cm), encúrtalos solo durante 1 día y córtelos en rodajas enteras, en lugar de por la mitad. Para que el sabor sea más suave, utilice *miso* de arroz integral o de cebada.

-

Pele el exterior de los tallos unos 3 mm. Introdúzcalos en una bolsa de plástico de 1 litro y úntelos con *miso*. Enróllela firmemente, eliminando todo el aire, y séllela. Refrigérela 1 o 2 días.

Cuando estén listos, sáquelos del *miso* y ráspelos con la mano. Retíreles los restos de *miso* (podrá reutilizarlo una vez para otros encurtidos, para preparar una sopa de *miso* de brócoli con tofu y *negi* picado, o para potenciar el sabor del arroz al *curry* o del *mabodofu*).

Corte los tallos a lo ancho en trozos de 2 cm, colóquelos, con el corte hacia abajo, en una tabla de cortar y córtelos por la mitad, manteniendo las mitades juntas para servirlas. Disponga o apile varias mitades juntas de forma atractiva en el plato. Esparza el *shichimi togarashi* y sírvalo.

シャキシャキ漬け

REPOLLO Y PEPINO CRUJIENTES

SHAKISHAKI-ZUKE

Preparación: 20 minutos
Para 4 personas

V SL SFS <30

- ½ cdta. de sal marina en escamas
- 2 pepinos japoneses medianos (200 g) en rodajas de 5 mm
- ¼ de repollo (250 g) cortado a lo ancho en tiras finas
- 4 hojas de shiso verde enrolladas y cortadas en zarcillos finos
- 1 cda. de aceite de sésamo sin tostar
- 1½ cdtas. de usukuchi shoyu (véase pág. 344)

Sin ser realmente un encurtido o una ensalada, este tratamiento recuerda al *namul*, un apreciado plato coreano en el que las verduras crudas o cocidas se aderezan con aceite y sal.

-

Frote ligeramente en las rodajas de pepino con la sal. Estrújelas con suavidad y mézclelas con el repollo, el *shiso*, el aceite y la *usukuchi shoyu*. Sírvalo de acompañamiento de una comida japonesa u occidental. Se conservará bien durante unos días en el frigorífico, aunque los pepinos soltarán algo de líquido.

TALLOS DE BRÓCOLI ENCURTIDOS EN MISO

甘味

Una pieza de fruta es todo lo que necesita al final de una comida japonesa, pero quizá le apetezca algo dulce. En ese caso, piense en dulces naturales o a base de frutas, natillas, helados, pasteles con trigo sarraceno o dulces con tofu, leche de soja u *okara* (véase pág. 352). Está bien que se incline por los postres occidentales si le apetece, pero tenga en cuenta estas pautas y evite los tratamientos pesados o las creaciones elaboradas que impliquen nubes de nata montada.

Las comidas formales japonesas no incluían tradicionalmente un postre, si acaso, una pieza perfecta de fruta de temporada. Sin embargo, con el tiempo, la cultura alimentaria occidental ha influido en la forma de comer de los japoneses y eso incluye la forma de construir los menús.

Los postres que se sirven al final de las comidas no occidentales deben ser sencillos y tender a un perfil vegetal o frutal. No deben ser excesivamente dulces, ya que los platos salados suelen contener *mirin* o azúcar. Pero, en su mayor parte, los dulces preparados tradicionalmente se sirven con el té por la tarde como interludio para animarse o cuando los invitados irrumpen de manera improvisada.

Muchos de los dulces de este capítulo son a base de soja, por lo que son veganos, o pueden serlo si usa nata montada vegana. También puede tomar componentes de un postre y utilizarlos en otro postre. Muchas piezas son intercambiables o complementarias.

甘味

KANMI

DULCES

苺ババロア

BABÁ AL RON DE FRESAS

ICHIGO BABA ROA

Preparación: 15 minutos,
más 2 horas para refrigerar
Cocción: 5 minutos
Para 8 piezas pequeñas

SG SFS <5

- 400 g de fresas sin el rabillo
- 8 g de copos de agar-agar
- 200 ml de Nata ligeramente montada (véase pág. 37)
- Unas ramitas de menta, para decorar

En Japón, las fresas de invernadero se cultivan en invierno, lo que parece haber afectado a las fresas de junio. Cada vez se cultivan menos fresas en el exterior, tal vez a causa de la lluvia. Si puede, busque esas deliciosas fresas tempranas de finales de primavera-comienzos de verano, cultivadas bajo el sol. Son excepcionales.

-

Ponga las fresas en una batidora y tritúrelas a velocidad alta. Añada el agar-agar y tritúrelas a velocidad alta 30 segundos más. Páselas a una cazuela y caliéntelas unos 3 minutos a fuego medio-bajo para que el agar-agar se derrita por completo. Retírelas del fuego y viértalas en un molde *nagashikan* de 14 × 11 × 4,5 cm (véase pág. 354) o en un molde para pan de 11,5 × 21 cm (forrado con papel vegetal). Refrigérelo un mínimo de 2 horas para que cuaje bien.

Una vez cuajado, córtelo en 8 trozos y sírvalo con 1 cucharada de nata montada y una ramita de menta.

苺シャーベット

SORBETE DE FRESA

ICHIGO SHA-BETTO

Preparación: 20 minutos,
más 2 horas para refrigerar
y 30 minutos para batir
Cocción: 5 minutos
Para 1 litro

V SL SG SFS <5

- 135 g de azúcar ecológico
- 340 g de fresas pequeñas sin el rabillo

Las fresas se prestan a tratamientos helados porque son dulces y no soportan bien el calor. Sírvalo como un postre refrescante al final de una comida japonesa vegetariana. Utilice las mejores fresas de principios del verano y maduradas al sol que pueda encontrar.

-

En un cazo, lleve a ebullición el azúcar y 125 ml de agua a fuego vivo. Baje el fuego y cuézalo 5 minutos. Deje que el almíbar se enfríe a temperatura ambiente y refrigérelo.

En un robot de cocina o una batidora, triture las fresas hasta obtener un puré fino. Añada el almíbar frío y congélelo según las indicaciones de la heladera.

BABÁ AL RON DE FRESAS

苺ジャム

MERMELADA DE FRESA

ICHIGO JYAMU

Preparación: 20 minutos
Cocción: 5 minutos
Para 200 ml

V · SL · SG · SFS · <5 · <30

- 300 g de fresas pequeñas sin el rabillo
- 2 rodajas finas de limón
- 100 g de azúcar ecológico

La mermelada de fresa aporta una impresionante nota de color rubí intenso a los postres y puede utilizarse en un simple pastel o en una *panna cotta* de leche de soja.

-

Corte las fresas en rodajas y póngalas en una cazuela con las rodajas de limón. Añada el azúcar, frótelas con suavidad hasta que suelten su jugo y déjelas macerar 10 minutos.

Ponga la cazuela a fuego medio-alto y llévelo a ebullición. Cuézalo, aplastando las fresas mientras se hacen, hasta que estén brillantes y el azúcar se haya disuelto por completo, de 3 a 5 minutos.

Hierva un tarro de 250 ml con la tapa durante 1 minuto para esterilizarlo. Llénelo con la mermelada, ciérrelo y póngalo boca abajo hasta que se enfríe por completo. Guárdelo en el frigorífico. Consúmalo en unas pocas semanas.

すいか羹

GELATINA DE SANDÍA

SUIKA KAN

Preparación: 30 minutos, más 2 horas para reposar
Cocción: 5 minutos
Para 8 piezas pequeñas

V · SL · SG · SFS · <5

- 400 ml de Zumo de sandía (véase pág. 39)
- 8 g de copos de agar-agar
- 8 cuñas pequeñas de yuzu verde, sudachi, kobosu o lima ácida

Este postre dulce es a la vez suave y sutil. Los cítricos le aportan un maravilloso toque ácido. Sírvalo para limpiar el paladar durante una comida o al final, como un postre ligero.

-

Vierta el zumo en una cazuela y espolvoree el agar-agar. Déjelo 3 minutos para que se ablande.

Póngalo a fuego medio-bajo y llévelo casi a ebullición, removiéndolo unos 3 minutos para que el agar-agar se derrita por completo. Retírelo del fuego y viértalo en un molde *nagashikan* de 14 × 11 × 4,5 cm (véase pág. 354) o en un molde para pan de 11,5 × 21 cm (forrado con papel vegetal). Deje que se enfríe a temperatura ambiente y refrigérelo 2 horas como mínimo para que cuaje.

Córtelo en 8 trozos y sírvalos con una cuña de los cítricos.

GELATINA DE SANDÍA

かぼちゃと枝豆の二層羹

BLOQUES DE KABOCHA Y EDAMAME

KABOCHA TO EDAMAME NO NISOUKAN

Preparación: 30 minutos,
más 1 hora y 15 minutos para enfriar
y 5 horas para refrigerar
Cocción: 30 minutos
Para 12 piezas pequeñas

V SL SG SFS <5

- 100 g de kabocha (véase pág. 347)
- 6 g de copos de agar-agar
- 100 g de azúcar ecológico
- 200 g de edamame con las vainas

Dulce y vegetal, prepare este refrescante postre en verano, cuando se cosechan la *kabocha* y el *edamame*.

-

Pele bien la *kabocha* para que no quede nada de piel y córtela en trozos de 5 cm. Póngala en un cazo y añada agua fría hasta cubrirla. Llévela a ebullición y cuézala a fuego lento hasta que esté muy blanda, de 8 a 10 minutos. Escúrrala en un colador de malla.

Pásela a un robot de cocina o una batidora, añada unos 200 ml de agua, 1½ cucharadas de copos de agar-agar y 50 g de azúcar, y tritúrela bien.

Viértala en una cazuela y cuézala a fuego medio-bajo, removiéndola constantemente, 5 minutos para que se derrita el azúcar y el agar-agar. No deje que hierva. Ajuste el fuego o levante la cazuela y manténgala sobre el fuego, removiéndola, hasta que hayan transcurrido 5 minutos. Pásela a un molde *nagashikan* de 15 × 14 × 4,5 cm (véase pág. 354) o en dos moldes para pan de 11,5 × 21 cm (forrados con papel vegetal). Déjela enfriar a temperatura ambiente y refrigérela 2 horas para que cuaje.

Lleve una cazuela con agua a ebullición a fuego vivo y eche el *edamame*. Cuézalo hasta que esté muy blando, unos 15 minutos. Escúrralo. Cuando esté lo suficientemente frío para manipularlo, saque los granos de soja de las vainas y pélelos. Póngalos en un robot de cocina o una batidora con las 1½ cucharadas restantes de copos de agar-agar, 50 g de azúcar y unos 200 ml de agua. Tritúrelos bien hasta que la mezcla esté fina.

En un cazo, cueza la mezcla a fuego medio-bajo, removiéndola constantemente 5 minutos, sin que llegue a hervir. Déjela enfriar 15 minutos, viértala sobre la *kabocha* fría para formar una segunda capa bien diferenciada, y refrigérela 3 horas más como mínimo para que cuaje.

Córtela en 12 cuadraditos y sirva uno o dos por persona. Se conservará bien varios días en el frigorífico en un recipiente cerrado.

BLOQUES DE KABOCHA Y EDAMAME

りんごのおとし揚げ

BUÑUELOS DE MANZANA Y PASAS

RINGO NO OTOSHI-AGE

Preparación: 15 minutos
Cocción: 5 minutos
Para 12 buñuelos pequeños

V SL SFS <30

- 1 manzana mediana (250 g) pelada y descorazonada
- 3 cdas. de harina de repostería sin blanquear
- 1 cda. de fécula de patata
- 1 pizca de sal marina fina
- 2 cdtas. de sake
- 2 cdas. de pasas
- Aceite neutro, como el de colza, cacahuete o cártamo, para freír

Los postres vegetarianos japoneses aprovechan el dulzor natural de los ingredientes en lugar de servirse del azúcar. Las manzanas y las pasas combinan aquí muy bien.

-

Corte la manzana en dados de 1 cm más o menos.

En un bol, mezcle la harina con la fécula de patata y la sal. Vierta 40 ml de agua y el sake para obtener una masa. Añada los dados de manzana y las pasas.

En una sartén grande honda, caliente 3 cm de aceite a fuego medio hasta alcanzar los 170 °C. Para comprobar la temperatura, eche un poco de la masa; debería hundirse en el fondo de la sartén y volver a subir enseguida, formándose unas cuantas burbujas de tamaño mediano.

Fría los buñuelos en dos tandas, dejando caer cucharadas de la masa de manzana y pasas en el aceite, con cuidado de que no se salgan. Fríalos, dándoles la vuelta de vez en cuando con unos palillos, hasta que las burbujas hayan desaparecido y los buñuelos estén ligeramente dorados, unos 2 minutos. Déjelos escurrir en una rejilla sobre una sartén para recoger las gotas que caigan.

Sírvalos calientes al final de una comida ligera.

りんごの葛湯

BOLES DE MANZANA CALIENTES

RINGO NO KUZU-YU

Preparación: 15 minutos
Cocción: 15 minutos
Para 4 personas

V SL SG SFS

- 1 trozo cuadrado de jengibre fresco de 4 cm pelado
- 1 manzana dulce mediana (250 g)
- 100 g de azúcar ecológico
- 2 cdas. de hon kuzu (véase pág. 353) disueltas en 6 cdas. de agua hasta que esté fino
- 4 ramitas de canela

Como los postres no forman parte realmente de una comida tradicional japonesa, los platos a base de fruta funcionan bien si se quiere servir algo dulce. El jengibre y la canela aportan un sutil elemento aromático a este ligero pero reconfortante postre.

-

Corte el jengibre en rodajas finas y forme un saquito con un trozo de muselina. Átelo bien.

Pele y descorazone la manzana y córtela en dados de 1 cm. Póngalos en un cazo con 4 cucharadas de azúcar. Caliéntelos a fuego lento hasta que se derrita el azúcar. Cuando el azúcar y los líquidos de la manzana empiecen a hervir, suba el fuego a medio-bajo y sofríalos, removiéndolos con una cuchara plana de madera, 3 minutos. Añada 800 ml de agua, las 4 cucharadas de azúcar restantes y el saquito de jengibre, y llévelo todo a ebullición a fuego medio. Retírelo del fuego e incorpore el *kuzu*. Vuelva a ponerlo a fuego medio-bajo y cuézalo, removiéndolo constantemente, hasta que espese, unos 7 minutos.

Extraiga el saquito de canela y deséchelo. Vierta el resultado en cuatro boles de cristal, añada una ramita de canela en cada uno a modo de agitador y sírvalo con una cucharilla. Se conservará bien en el frigorífico, pero tendrá que recalentarlo para servirlo.

BOLES DE MANZANA CALIENTES

おからパウンドケーキ

PASTEL DE OKARA Y CASTAÑAS CON «YOGUR» DE TOFU

OKARA PAUNDO KE-KI

Preparación: 30 minutos, más 2 horas para prensar el tofu
Cocción: 20 minutos
Para 8 personas

V SL

- 75 g de tofu sedoso (kinugoshi dofu, véase pág. 352)
- Aceite de colza, para los moldes
- 125 ml de leche de soja
- 5 cdas. de azúcar ecológico
- 60 g de harina común tamizada
- 1½ cdtas. de levadura en polvo
- 1½ cdas. de aceite de egoma japonés (véase pág. 345) o aceite de sésamo dorado sin tostar
- 150 g de okara (véase pág. 352)
- 100 g de Castañas dulces (véase pág. 334) picadas gruesas
- 1 cdta. de zumo de limón recién exprimido
- ⅛ de cdta. de vinagre de sidra de manzana

La *okara* es la pulpa que resulta de la elaboración de la leche de soja. Tiene una vida útil corta y se vende muy barata o la regalan las tiendas de tofu en Japón. Normalmente, se utiliza en un plato salteado llamado *unohana*, pero también puede hacerse en forma de pastel. Las castañas aportan una textura similar a la de las natillas y un suave dulzor, y el «yogur» de tofu, una agradable cobertura sin lácteos.

-

Ponga un peso sobre el tofu y refrigérelo 2 horas para que suelte líquido.

Mientras, unte el interior de dos minimoldes para pan de 8 × 14 cm con un poco de aceite de colza y fórrelos con papel vegetal.

Coloque una rejilla en el centro del horno y precaliéntelo a 180 °C.

En un bol, mezcle la leche de soja con 3 cucharadas del azúcar, la harina, la levadura en polvo y el aceite de *egoma*. Añada la *okara* y las castañas. Vierta la mezcla en los moldes preparados y alise bien la superficie.

Hornéelos unos 20 minutos hasta que se doren. Colóquelos en una rejilla y déjelos enfriar hasta que estén a temperatura ambiente.

En un bol, bata el tofu con el zumo de limón, las 2 cucharadas restantes de azúcar y el vinagre con una cuchara de madera hasta obtener un «yogur» de tofu.

Saque los pasteles de los moldes y corte cada uno en 8 porciones. Sirva 2 por persona con 1 cucharada del «yogur» de tofu encima.

蕎麦パウンド

BIZCOCHO DE SOBA

SOBA PAUNDO

Preparación: 15 minutos
Cocción: 30 minutos
Para dos minimoldes de 8 × 14 cm

SG SFS <5

- Aceite y harina, para los moldes
- 200 g de azúcar ecológico
- 3 huevos a temperatura ambiente
- 5 cdas. más 2 cdtas. de aceite de semillas de uva
- 160 g de harina de soba (sobako, véase pág. 353)

Este bizcocho es bastante denso, pero si se baten los huevos y la nata hasta que estén espumosos, la textura será más ligera. Si no encuentra harina de trigo sarraceno (soba) japonesa, sustitúyala por una francesa o «ligera».

-

Coloque una rejilla en el centro del horno y precaliéntelo a 175 °C. Unte la base y los lados de dos minimoldes para pan de 8 × 14 cm con aceite y espolvoréelos con harina.

En un bol, bata el azúcar y los huevos con una batidora hasta que estén ligeramente espumosos. Vierta el aceite y 80 ml de agua y emulsiónelo.

Incorpore la harina de *soba* hasta que la masa esté fina. Vuélquela en los moldes. Hornéelos 20 minutos. Suba la temperatura a 180 °C y hornéelos hasta que se doren, unos 10 minutos más.

Déjelos enfriar en los moldes sobre una rejilla 5 minutos. Deles la vuelta con cuidado en la rejilla para que se enfríen a temperatura ambiente. Corte cada bizcocho en 6 porciones y sirva 1 o 2 por persona. Una vez frío, envuélvalo en film transparente y guárdelo a temperatura ambiente en una bolsa de plástico. Se conservará bien 2 o 3 días.

おからと小豆のパウンドケーキ

BIZCOCHO DE OKARA Y AZUKI

OKARA TO AZUKI NO PAUNDO KE-KI

Preparación: 15 minutos
Cocción: 30 minutos
Para un molde pequeño

V SL SFS

- Aceite de colza, para el molde
- 60 g de harina de repostería
- 6 cdas. de azúcar ecológico
- 1 cdta. de levadura en polvo
- ¼ de cdta. de sal marina fina
- 100 ml de leche de soja
- 1 cda. más 1 cdta. de aceite de colza
- 150 g de okara (véase pág. 352)
- 100 g de Judías azuki cocidas (véase pág. 32)
- Nata ligeramente montada (véase pág. 37) o Nata montada vegana (véase pág. 38), opcional

Hasta el año 2000, las cocinas japonesas no solían tener hornos; la mayoría de los pasteles o dulces a base de harina se cocían en las vaporeras. Los bizcochos no eran una excepción, aunque hoy en día se cuecen en el horno. No obstante, existen muchas versiones debido a su larga historia. Durante la Segunda Guerra Mundial, se preparaban a menudo con verduras dulces, como el boniato, ya que el azúcar escaseaba. En este caso, las judías *azuki* aportan ese dulzor a este pastel y la *okara*, un subproducto de la elaboración de leche de soja, una textura jugosa y densa.

-

Coloque una rejilla en el centro del horno y precaliéntelo a 180 °C. Engrase ligeramente un minimolde para pan de 8 × 14 cm.

En un bol, bata la harina para aligerarla. Añada el azúcar, la levadura en polvo y la sal, y bata para incorporarlos de manera uniforme. Vierta la leche de soja y el aceite, y bátalos hasta que estén bien emulsionados. Agregue la *okara* y las *azuki* con una espátula de goma hasta que se mezclen bien. Vuelque la masa en el molde, limpie los bordes interiores y golpéelo con fuerza contra la superficie de trabajo para asentar la masa y eliminar las burbujas de aire.

Hornéelo unos 30 minutos hasta que se dore. Deje que se enfríe 5 minutos en el molde y colóquelo sobre una rejilla para que se enfríe a temperatura ambiente antes de cortarlo. Sírvalo tal cual o con nata montada.

渋皮煮

CASTAÑAS COCIDAS CON PIEL

SHIBUKAWA-NI

Preparación: 10 minutos
Cocción: 45 minutos
Para 20 unidades

V SL

- 20 Castañas enteras peladas (véase pág. 35), 300 g
- ½ cda. de bicarbonato de sodio
- 100 g de azúcar moreno refinado japonés (sanonto, véase pág. 339) o azúcar ecológico
- ¼ de cdta. de sal marina en escamas
- 50 g de azúcar negro japonés (kurozato, véase pág. 339)
- ½ cdta. de shoyu
- ½ cda. de hon mirin

El amargor es un sabor muy apreciado en la cocina japonesa y las castañas cocidas con la piel, que es astringente, lo demuestra. El amargor se suaviza con los múltiples cambios de agua y el hervor del agua. Sírvalas con otros postres sencillos, como las Natillas de leche de soja con almíbar de azúcar negro (véase pág. 336).

-

Ponga las castañas (con la piel) en una cazuela con el bicarbonato de sodio y añada agua fría hasta cubrirlas por completo. Llévelas a ebullición a fuego vivo, con cuidado de que no se desborden, y cuézalas 10 minutos, retirando la espuma que se forme en la superficie del agua.

Escúrralas, vuelva a ponerlas en la cazuela, añada agua fría hasta cubrirlas y llévelas a ebullición a fuego vivo. Cuézalas 10 minutos y escúrralas. Repita este paso una vez más hasta llegar a tres hervores.

Escúrralas, añada agua hasta cubrirlas por completo (necesitan espacio para «bailar» en el agua) y añada el azúcar moreno y la sal. Llévelas a ebullición a fuego vivo, baje el fuego y cuézalas 10 minutos. Añada el azúcar negro y el *shoyu* y cuézalas 5 minutos más. Vierta el *mirin* y deje que se enfríen en el líquido de cocción. Se conservarán unas 2 semanas o más si se refrigeran.

栗の甘露煮

CASTAÑAS DULCES

KURI NO KANRO-NI

Preparación: 1 hora, más 30 minutos en remojo, 1 hora para enfriar y 4 horas para infusionar
Cocción: 30 minutos
Para 20 unidades

V SL SG <5

- 20 Castañas enteras peladas (véase pág. 35), 300 g
- 1 fruto de gardenia seco (kuchinashi, véase pág. 350) partido por la mitad (opcional)
- 100 g de azúcar moreno refinado japonés (sanonto, véase pág. 339) o azúcar ecológico

Utilice estas castañas para acompañar un postre o para darle un toque diferente a una comida, ya que combinan muy bien con los platos salados. El *kuchinashi* (fruto de gardenia seco) se añade para dar color, así que si no encuentra, omítalo. Si las castañas se rompen durante la cocción, no se preocupe, seguirán estando deliciosas.

-

De una en una, sujete una castaña con la mano no dominante y, empezando por la base, pele las pieles interiores de color marrón con un cuchillo afilado. Ponga las castañas en un bol con agua fría y déjelas en remojo unos 30 minutos. Escúrralas.

En una cazuela, mezcle las castañas con el *kuchinashi* (si utiliza) y el agua fría hasta cubrirlas por completo. Ponga una tapa de contacto directo (*otoshibuta*, véase pág. 354) encima y llévelas a ebullición a fuego vivo. Cuézalas durante 10 minutos. Retire la cazuela del fuego y deje que se enfríen a temperatura ambiente.

En otra cazuela, mezcle el azúcar con 200 ml de agua a fuego lento. Cuando el azúcar se haya disuelto, saque las castañas del líquido de cocción y lávelas con agua fría. Échelas con cuidado en el almíbar y llévelas casi a ebullición fuego medio. Baje el fuego y cuézalas 10 minutos. Retírelas del fuego y déjelas a temperatura ambiente unas 4 horas. Introdúzcalas en un frasco esterilizado. Si las guarda en el frigorífico, se conservarán varias semanas. También es posible congelarlas, pero perderán parte de su característica textura, firme pero blanda.

かぼすとハーブのグラニータ

GRANIZADO DE KABOSU Y MASTRANZO

KABOSU TO HA-BU NO GURANITA

Preparación: 15 minutos, más 20 minutos para enfriar y 3 horas para congelar
Cocción: 5 minutos
Para 4 personas

V SL SG SFS <5

- 3 cdas. de azúcar ecológico (4 cdas., si usa lima)
- 1 tallo pequeño de hierba limón
- 4 limas grandes kabosu o redondas
- ½ cdta. de hojas de mastranzo picadas finas más 4 ramas bonitas, para decorar

El *kabosu* es un cítrico verde japonés parecido a la lima. Dulce y redondo, con notas cítricas florales, se puede sustituir por lima, pero tendrá que añadir más azúcar para compensar su acidez. Este granizado, ligeramente ácido, sirve para limpiar el paladar.

-

Coloque un bol de acero inoxidable o un recipiente rectangular en el congelador.

En una cazuela, lleve a ebullición 200 ml de agua, el azúcar y la hierba limón. Retire el jarabe del fuego, déjelo que se enfríe a temperatura ambiente y cuélelo. Exprima el *kabosu* y páselo por un colador de malla fina. Debería obtener 200 ml de zumo. Añádalo junto con el zumo y las hojas de mastranzo al jarabe y viértalo en el bol de acero. Congélelo 1 hora.

Sáquelo del congelador y remueva con un tenedor los cristales que se hayan formado en el perímetro. Vuelva a congelarlo 30 minutos antes de sacarlo para removerlo de nuevo. Repita la operación 3 o 4 veces hasta que solo queden cristales en forma de escamas.

Sírvalo en copas o boles de postre, adornado con una ramita de mastranzo, como un postre ligero y refrescante.

GRANIZADO DE KABOSU Y MASTRANZO

生姜豆乳グラニタ

GRANIZADO DE JENGIBRE Y LECHE DE SOJA

SHOUGA TOUNYUU GURANITA

Preparación: 15 minutos,
más 3 horas para congelar
Cocción: 7 minutos
Para 4 personas

V SL SG SFS <5

- 100 g de azúcar ecológico
- 1 trozo de jengibre fresco de 5 cm pelado y en rodajas finas a lo ancho
- 400 ml de leche de soja
- Hojas de menta, para decorar

La leche de soja aporta cuerpo y textura a este original granizado, muy refrescante.

-

En un cazo, mezcle el azúcar con 100 ml de agua a fuego lento para que se disuelva. Añada el jengibre y cuézalo 5 minutos para aportar su aroma. Cuélelo sobre un recipiente rectangular con capacidad para 800 ml y deseche el jengibre. Déjelo enfriar a temperatura ambiente. Una vez frío, añada la leche de soja y congélelo, destapado, durante 1 hora.

Sáquelo del congelador y, con un tenedor, remueva la parte del perímetro, que estará congelada, con la del centro, más líquida. Repita la operación cada 30 minutos durante 2 horas más. Sírvalo en copas de cristal, adornado con la menta, como un postre ligero.

GRANIZADO DE JENGIBRE: en una cazuela, mezcle 600 g de azúcar ecológico con 3 litros de agua. Caliéntelo a fuego vivo, removiéndolo, hasta que el azúcar se disuelva por completo. Déjelo enfriar a temperatura ambiente. A continuación, añada 150 ml de zumo de jengibre recién exprimido y congélelo siguiendo el mismo método que para el granizado de jengibre y leche de soja. Sírvalo con un chorrito de zumo de lima y una ramita de menta.

黒蜜豆乳プリン

NATILLAS DE LECHE DE SOJA CON ALMÍBAR DE AZÚCAR NEGRO

KUROMITSU TOUNYUU PURIN

Preparación: 10 minutos
Cocción: 12 minutos
Para 4 personas

V SL SG SFS <30

- 4 cdas. de hon kuzu (véase pág. 353)
- 700 ml de leche de soja
- 20 g de azúcar negro japonés (kurozato, véase pág. 345), bien majado
- 40 g de azúcar moreno refinado japonés (sanonto, véase pág. 345) o de azúcar ecológico
- Alubias negras dulces (véase pág. 33), para decorar (opcional)

El azúcar negro japonés (*kurozato*), muy oscuro y rico en hierro y minerales, recuerda un poco a la melaza cristalizada. Si no lo encuentra, compre el azúcar moreno más oscuro que pueda. La leche de soja no lleva azúcar añadido, por lo que crea un interesante contraste con el almíbar de azúcar negro. Y el polvo de *kuzu* aporta una agradable sedosidad.

-

Ponga el polvo de *kuzu* en una cazuela y vierta despacio la leche de soja. Caliéntelo, removiéndolo, a fuego lento 10 minutos hasta que espese y tenga el aspecto de unas natillas. Viértalas en 4 tazas de cristal o de cerámica sin asa (*chawan*, véase pág. 354) y deje que se enfríen hasta que estén templadas.

En un cazo, mezcle los azúcares y vierta 2½ cucharadas de agua. Póngalo a fuego lento, removiéndolo, para que se derrita. Vierta el almíbar sobre las natillas y esparza unas cuantas alubias, si utiliza.

NATILLAS DE LECHE DE SOJA CON ALMÍBAR DE AZÚCAR NEGRO

AZÚCAR JAPONÉS

En la cocina japonesa se emplean varios tipos de azúcar y la mayoría de ellos son solo ligeramente diferentes de sus homólogos occidentales. Pero hay dos tipos que sí son originarios de Japón: el *wasanbon* (azúcar artesanal japonés) y el *kurozato* (azúcar negro), también conocido como *kokuto*. Dicho esto, yo suelo utilizar *mirin* para aportar notas dulces y si empleo azúcar, suelo recurrir al azúcar de caña ecológico brasileño (de origen local).

El *wasanbon* es un azúcar suave y ultrafino de color blanco o pálido que se utiliza en los dulces tradicionales japoneses. Se comenzó a producir durante el periodo Edo (1603-1868) como respuesta a una petición implícita de aumentar la producción de azúcar por parte del octavo sogún del periodo, Tokugawa Yoshimune. En aquella época, el azúcar solo se producía en Okinawa y en Amami Oshima, las islas más meridionales de Japón, y desvelar los secretos de su fabricación estaba estrictamente prohibido. En el sur de la isla principal de Japón, las luchas y las constantes dificultades interfirieron en el acceso a semillas de caña de azúcar de buena calidad y se cree que las semillas que dieron origen al cultivo de la caña de azúcar en esta región salieron de la isla de Amami Oshima en una caja *bento*, como material de contrabando. El cultivo de la caña de azúcar tuvo éxito y se fue extendiendo por todo el suroeste de Japón (Satsuma, Kii, Sanuki, Awa, Izumi, Suruga, Totomi, Mikawa, etc.). Sin embargo, el clima y la orografía impidieron la producción de *kurozato* (azúcar negro) de buena calidad en Honshu, la isla más grande del archipiélago, de modo que se ideó un método para eliminar la melaza y así nació el *wasanbon*, cuyo dulzor tenía unas características únicas.

La elaboración del *wasanbon* comienza con el cultivo de la caña de azúcar, cuya producción se concentra en la prefectura de Kagawa. La caña se cosecha antes de las primeras heladas de diciembre y se tarda, aproximadamente, un mes en fabricar el *wasanbon*. Primero hay que prensar cuidadosamente la caña de azúcar en una máquina especial para extraer la mayor parte del líquido (es esencial no prensarla demasiado para evitar que parte de la pulpa de la caña pase al líquido). Después se cuece el jugo en calderos hasta que las impurezas suben a la superficie y se pueden retirar. La eliminación concienzuda de estas impurezas habla de la habilidad del artesano. A continuación, el almíbar de azúcar se pasa a vasijas de cerámica sin esmaltar, donde se deja cristalizar. Para eliminar la melaza, los grandes cristales de azúcar se envuelven en algodón y cáñamo, se colocan en placas de pesaje (*oshi-bune*) y se prensan con piedras de 50 kg cada una, que han pasado de generación en generación. Transcurridos un día y una noche se pueden añadir cuatro o cinco piedras más para aumentar la presión y favorecer la extracción de la melaza. Los cristales de azúcar resultantes se muelen, se envuelven de nuevo y se prensan cinco veces más. Durante este proceso, la fermentación hace que se formen levaduras de manera natural. Finalmente, se deja secar el azúcar por completo y se envasa tal cual o se introduce en moldes de madera con diferentes formas. Solo si se siguen estos métodos centenarios, que requieren mucho tiempo, se puede obtener un wasanbon tradicional de alta calidad.

El *kurozato/kokuto* (azúcar negro) se introdujo en Japón durante el periodo Genroku (1688-1704), una época caracterizada por la expansión económica y el rápido crecimiento de centros urbanos como Edo (el actual Tokio), Kioto y Osaka. Se elabora en las islas más meridionales de Japón (principalmente Okinawa y Amami Oshima), desde el periodo Edo y en Okinawa se le conoce como medicina para la vida (*nuchi-gusui*, una forma coloquial de *inochi gusuri*, que quiere decir: «que tu alimentación sea tu medicina») y es que el azúcar se empleaba originalmente como medicina. Si tiene ocasión de probar el azúcar negro artesanal de Okinawa (como el que puede encontrar en The Japanese Pantry, véanse Recursos, pág. 355) entenderá el concepto de *nuchi-gusui*: alimentos tan eficaces como para ser una medicina.

El *kurozato* se elabora hirviendo el jugo de la caña de azúcar y como no está refinado tiene un alto contenido en minerales. (El azúcar blanco se refina, lo que elimina buena parte de los minerales.) Se presenta en forma de bloques de color marrón oscuro cuyo contenido de azúcar es del 80-86 % y es rico en calcio, hierro y varias vitaminas esenciales.

Fue en la ciudad de Edo (Tokio) donde se empezó a utilizar el azúcar para condimentar platos salados, no solo dulces. Cabe suponer que descubrieron que el azúcar realzaba la intensidad de la oscura salsa de soja que se elaboraba en las localidades próximas de Noda y Choshi. Con el tiempo, esta práctica perfiló el carácter de la cocina de Kanto (Japón oriental), en contraposición con la salsa de soja ligera y el intenso *umami* y el dulzor del *kombu*, típicos de Kansai (Japón occidental), la región que rodea Kioto y Osaka.

El azúcar se desarrolló originalmente en la India alrededor del siglo IV a. C. y fue documentado en las expediciones de Alejandro Magno (356-323 a. C.). Sus soldados quedaron maravillados ante «esa caña que da miel sin necesidad de abejas». Durante el siglo V d. C. el cultivo de la caña de azúcar y los métodos de producción de azúcar se exportaron a los países vecinos como Persia y Egipto, y finalmente a China en el siglo VI. La producción de azúcar también se extendió rápidamente de la mano del Islam conforme su influencia llegaba hasta el Mediterráneo. Más tarde, los cruzados cristianos trajeron la caña de azúcar de sus expediciones durante los siglos XI al

XIII, expandiendo aún más su cultivo por todo el mundo. En el siglo XV, Cristóbal Colón la llevó a las Indias Occidentales. Ya en el siglo XVI, el comercio global del azúcar estaba firmemente establecido y este se había convertido en un producto básico.

El azúcar llegó a Japón desde China en el periodo Nara (710-794) y sus primeros usos fueron medicinales. Durante el periodo Muromachi (1336-1573) el azúcar ya era un producto más accesible y la aristocracia y los samuráis lo tomaban en forma de dulces (*ocha gashi*) para acompañar la ceremonia del té, o como dulces de gelatina (*yokan*) o bollos al vapor (*manju*). Cuando el azúcar dejó de ser un artículo de lujo empezaron a aparecer dulces japoneses con azúcar. Los bizcochos de estilo occidental, como la *castella* (inspirada en un bizcocho portugués), se desarrollaron y popularizaron a mediados del siglo XVI fruto del comercio exterior (*nanban*). Conforme se desarrollaban relaciones con el exterior el comercio de azúcar también prosperaba, hasta la llegada del aislacionismo en 1614, durante el periodo Edo temprano (1603-1868).

Tokugawa Yoshimune, el octavo sogún del *sogunato* Tokugawa que gobernó durante el periodo Edo, tomó medidas para fomentar la producción nacional de azúcar durante esa época de aislamiento y la industria azucarera se extendió por todo el país. Antes, el azúcar era un producto muy caro. Se importaba en pequeñas cantidades desde China y se utilizaba sobre todo como medicina, aunque también era apreciado como edulcorante por la aristocracia. Tras la caída del *sogunato* de Tokugawa y con el fin de la política de puertas cerradas, la moderna tecnología de fabricación de azúcar llegó de ultramar y este producto se popularizó durante el periodo Meiji (1868-1912). Conocida como la Restauración Meiji, en este periodo histórico se introdujeron importantes reformas que trajeron grandes cambios en la política, la economía y la sociedad japonesa.

Esto vino acompañado de un considerable aumento de las importaciones de azúcar, lo que contribuyó a la práctica desaparición de la industria azucarera nacional. Con la excepción de la de Okinawa y la de Amami Oshima, la pequeña industria azucarera japonesa quedó prácticamente destruida. En el extranjero se construyeron grandes fábricas mecanizadas para procesar la caña de azúcar y convertirla en azúcar en bruto. Igualmente, en Japón se construyeron fábricas modernas para el refinado del azúcar, dando origen a la industria azucarera japonesa tal y como la conocemos.

El azúcar en bruto se enviaba a Japón para su refinado hasta que estalló la guerra del Pacífico, cuando el transporte del azúcar pasó a ser una tarea difícil y se produjo una grave escasez en Japón. Durante la Segunda Guerra Mundial hubo un estricto racionamiento del azúcar que continuó hasta 1952. Esta escasez hizo que lo dulce fuese un sabor anhelado y muy valorado, una sensación que todavía hoy perdura en Japón, especialmente entre la población de mayor edad.

El azúcar aporta dulzor y profundidad a los platos salados, pero según el tipo, también les confiere diferentes propiedades.

El *johakuto* (azúcar de caña blanco refinado) es el azúcar más utilizado en los hogares japoneses en la actualidad. Este tipo de azúcar, fino y ligeramente húmedo, tiene un 99 % de sacarosa. Se disuelve con facilidad y su dulzor es pronunciado, pero no tiene otras características de sabor reseñables.

El *guranyu-to* (azúcar granulado) se utiliza para endulzar bebidas como el té negro, el café o cócteles.

El *korizato* (azúcar piedra), con forma de grandes cristales, se emplea para licores de frutas, como el *umeshu*.

El *kurozato/kokuto* (azúcar negro) es un azúcar rico en minerales como potasio, hierro y zinc. Su perfil de sabor es pronunciado, pero el dulzor es suave. Para algunos la relación entre el azúcar blanco y el azúcar negro es la misma que la que entre el arroz blanco y el integral. El azúcar negro se utiliza para los dulces tradicionales, como el *karinto* (un dulce horneado parecido a una galleta crujiente). Cuando se hierve en agua, se convierte en el preciado *kuromitsu* (jarabe de azúcar negro) que se suele servir con los dulces.

El *sanonto* (azúcar moreno refinado) es el preferido para los platos dulces a base de *shoyu*, como el *tsukudani*, así como para otros platos más ligeros cocidos a fuego lento.

El *kibizato* (azúcar de caña japonés marrón claro) se utiliza cuando se desea obtener un sabor más pronunciado, con un toque mineral.

El *zarame* (azúcar moreno cristalizado) se utiliza en los encurtidos o se añade a las judías *azuki* al cocerlas a fuego lento para obtener pasta dulce de alubias rojas (*anko*).

El *wasanbon* (azúcar artesanal japonés) es el azúcar nativo de Japón. Se presenta en forma de polvo de color pálido o blanco y se produce en las islas del sur, especialmente en Shikoku; se utiliza sobre todo en la repostería japonesa de alto nivel.

El azúcar era muy apreciado por sus usos medicinales o como artículo de lujo, pero hoy forma parte integral de la cocina japonesa. Empleado con moderación, es capaz de realzar otros ingredientes, como el *shoyu*, el *miso* y el vinagre de arroz.

豆腐ケーキ

PASTEL DE TOFU

TOUFU KE-KI

Preparación: 25 minutos,
más 4 horas para refrigerar
Cocción: 10 minutos
Para 12 porciones pequeñas

SG SFS

- 300 g de tofu sedoso (kinugoshi dofu, véase pág. 352)
- 250 ml de yogur natural
- ¼ de cdta. de sal marina fina
- 8 g de copos de agar-agar
- 200 ml de Mermelada de fresa (véase pág. 326)

El tofu de calidad es un complemento excepcional para los postres, ya que los hace cremosos y saludables a la vez.

-

En un robot de cocina o una batidora, triture el tofu con el yogur, la sal y el agar-agar hasta que se emulsionen, sin que se forme demasiada espuma. Pase la mezcla a una cazuela y, una vez que haya bajado la espuma, cuézala a fuego lento, sin que llegue a hervir, 7 minutos, removiéndola constantemente. Pásela a un molde *nagashikan* de 15 × 14 × 4,5 cm (véase pág. 354) o dos moldes para pan de 11,5 × 21 cm (forrado con papel vegetal). Refrigérela 4 horas, hasta que se enfríe y cuaje.

Desmolde el pastel con cuidado, pasando un cuchillo afilado por el borde. Córtelo en 12 porciones, corónelas con una cucharada de mermelada y sírvalas con una taza de té por la tarde o al final de una comida japonesa.

焼き蕎麦がきのみたらし団子

SOBA GAKI A LA PARRILLA CON GLASEADO DE SALSA DE SOJA DULCE

YAKI SOBA GAKI NO MITARASHI DANGO

Preparación: 30 minutos
Cocción: 15 minutos
Para 4 personas

V SL SFS

- 6 cdas. de azúcar ecológico
- 4 cdas. de hon mirin
- 4 cdas. de shoyu
- 120 g de harina de soba (sobako, véase pág. 353)
- Agua hirviendo
- 2 cdas. de fécula de patata

El *soba gaki* es parecido a la polenta, ya que se remueve de manera constante y vigorosa, aunque se queda duro casi después de cocerse, por lo que es difícil de manejar. Aquí se prepara en bolitas (*dango*), aunque se suelen elaborar con harina de arroz glutinoso, porque la textura y el sabor de la harina de *soba* (*sobako*) aporta más profundidad. Si no encuentra *sobako*, sustitúyala por harina de trigo sarraceno francesa o «ligera».

-

Ponga en remojo cuatro brochetas de 15 cm en agua 30 minutos.

En un cazo, mezcle el azúcar con el *mirin* y el *shoyu*. Cuando comience a hervir, continúe removiéndolo 1 minuto para que el azúcar se disuelva y el *mirin* queme el alcohol. Retírelo del fuego y páselo a un bol para que se enfríe.

Llene la base de un recipiente para baño maría con agua hasta la mitad y llévelo a ebullición a fuego vivo. Añada la harina de *soba* en la parte superior y remuévala con una cuchara de madera hasta que esté caliente, 5 minutos. Retírela y añada 185 ml de agua hirviendo. Remuévalo enérgicamente para que la harina se incorpore y la mezcla quede fina. Forme 12 bolitas (*dango*).

En un bol, mezcle 200 ml de agua con la fécula de patata. Pase cada *dango* por la mezcla y ensarte tres en cada brocheta de forma que lleguen más o menos a la mitad de esta y se acerquen a la punta.

Prepare las brasas de una parrilla japonesa de carbón (*shichirin*, véase pág. 354). Ase las brochetas hasta que estén ligeramente doradas. (Como alternativa, áselas en el gratinador.)

Coloque un brocheta en un plato, úntela con la salsa y sírvala.

PASTEL DE TOFU

GLOSARIO

INGREDIENTES

SALES

MISO (pasta de soja fermentada): en Japón, el *miso* se elabora fermentando granos de soja cocidos al vapor con cereales inoculados con *koji* y sal. El *koji* (*Aspergillus oryzae*) es una espora utilizada en la fermentación de alimentos y bebidas tradicionales japoneses, como el *miso*, el *shoyu*, el sake, el *shochu* y el *mirin*. Los cinco tipos de *miso* más comunes en Japón son: *inaka* (rústico), *mugi* (de cebada), *genmai* (de arroz integral), *mame* (de soja) y *shiro* (blanco), apenas fermentado y con mucho *koji*. El *inaka miso* se suele elaborar, aunque no siempre, con *koji* de arroz blanco, por lo que tiene un color ligeramente más claro que el *miso* de cebada o de arroz integral (ambos de un bonito tono marrón tostado). El *miso* de soja (llamado *hatcho miso* si se elabora en la zona de Nagoya, en la prefectura de Aichi, siguiendo un método ancestral específico) es de color marrón oscuro, casi negro, aunque inexplicablemente se conoce como «*miso* rojo». Nota: debido a la desinformación y a errores en el etiquetado durante el proceso de exportación, el término «*miso* rojo» ha acabado refiriéndose a casi todos los *misos*, excepto al blanco (o al amarillo, el cual nunca he encontrado en Japón), incluidos los de tonos marrones más claros: *inaka*, *mugi* y *genmai*. Lamentablemente, esto es incorrecto. El único *miso* que recomiendo de verdad y sin dudar es el de Yamaki Jozo, en Kamikawa-machi, en la prefectura de Saitama. El excelente *miso* blanco que utilizo es de Katayama Shoten de Kameoka-shi, de la prefectura de Kioto. En Estados Unidos, recomiendo Aedan en San Francisco, Jorinji en Portland, Oregón, y South River en Massachusetts. Tenga cuidado con los fabricantes de *miso* que afirman aprovechar las esporas de *koji* del aire; esto es casi imposible, incluso en Japón. Solo conozco un fabricante de sake, Terada Honke, en Chiba, que lo ha conseguido y tiene una fábrica de más de 300 años de antigüedad en la que las esporas viven en las paredes.

SHIO (sal): la sal marina japonesa es un producto que está viviendo una especie de renacimiento desde el final del monopolio gubernamental en 1997. Mi sal favorita es Wajima no Kaien, muy parecida a la *fiore di sale* de Trapani (Italia). La sal Noto es prácticamente idéntica y también muy recomendable. También lo es la sal Nami No Hana, de Shodoshima, que tiene un grano más fino y se extrae calentando despacio agua de mar concentrada sobre un fuego de leña. Nota: la sal *moshio* se produce en las islas del sur cociendo agua de mar con grandes bolsas de algas *hondawara* secas. La versión moderna no se extrae de las propias algas (ni lo ha hecho desde hace varios milenios).

SHIRO SHOYU (salsa de soja blanca): este *shoyu*, utilizado principalmente en los restaurantes y fermentado a partir de trigo inoculado con *koji*, sal y agua, representa una pequeña fracción del mercado de *shoyu* en Japón, aunque se puede adquirir fuera del país. Cuidado: buena parte del *shiro shoyu* que he visto en las cocinas de los restaurantes extranjeros es de mala calidad y contiene varios aditivos.

SHOYU (salsa de soja): técnicamente, *koikuchi shoyu*, conocido coloquialmente como «*shoyu*», es la salsa de soja que popularizó Kikkoman, aunque hoy en día se pueden encontrar versiones artesanales fuera de Japón. Le recomiendo el ecológico de Yamaki Jozo, el *shoyu* de soja embotellado en Japón o reembotellado por Ohsawa y vendido como *Nama Shoyu*. Todos los demás *shoyus* ecológicos japoneses reembotellados por las grandes empresas ecológicas se elaboran con soja china (más barata que la japonesa). Disponibles fuera de Japón: Yamaroku Shoyu, en Shodoshima, elabora un *shoyu* muy sabroso a partir de semillas de soja japonesas ecológicas y está llevando a cabo una labor inspiradora para reactivar la industria de fabricación de grandes barricas en Japón, prácticamente extinta. Gracias a Yasuo Yamamoto, propietario de Yamaroku, están surgiendo nuevos proyectos para fabricar barricas de gran tamaño y, con suerte, reparar las antiguas. Uno de esos proyectos cuenta con el apoyo de nuestra empresa local de *shoyu*, Yamaki Jozo, e incluye a mi marido, Tadaaki, y a un íntimo amigo, Adam Zgola, canadiense afincado en Japón donde trabaja como carpintero desde hace más de una década.

TAMARI (salsa de soja baja en trigo o sin trigo): producido y consumido casi exclusivamente en la prefectura de Aichi, el *tamari* se elabora con el mismo método y en las mismas proporciones que la *koikuchi shoyu*, pero, la mayoría de las veces, no se añade trigo partido a las semillas de soja inoculadas con *koji*, la sal y el agua, por lo que no suele contener gluten. Recomiendo el de Ito Shoten. Aunque no es ecológico, esta pequeña casa artesanal solo utiliza soja japonesa y pone todo su corazón en su elaboración. Lo puede adquirir en The Japanese Pantry (véanse Recursos, pág. 355) y emplearlo en proporciones iguales al *shoyu* para una versión sin gluten.

USUKUCHI SHOYU (salsa de soja suave): después de la *koikuchi shoyu*, es la segunda más utilizada en Japón, sobre todo en Kansai (Japón occidental). Aunque es difícil conseguir una versión artesanal fuera de Japón, el mercado está cambiando. La de Suehiro Shoyu, a las afueras de Himeji, en la prefectura de Hyogo, es muy recomendable, especialmente la Harima Kuni Tatsuno. Para una alternativa sin gluten, sustituya cada cucharadita de *usukuchi shoyu*, por ½ cucharadita de *tamari* más ⅛ de cucharadita de sal marina.

VINAGRES

AKASU (vinagre rojo): vinagre producido por la fermentación de los posos del sake (sólidos de arroz producidos al prensar el sake a partir del mosto de arroz fermentado) durante al menos un año. Es el vinagre utilizado para hacer *sushi* desde el periodo Edo y en la última década ha ido recuperando poco a poco el protagonismo como el vinagre de moda para elaborar *sushi* al estilo Edo (el *sushi* actual).

GENMAI SU (vinagre de arroz integral): sake de arroz integral fermentado, difícil de encontrar, incluso en Japón (donde se puede etiquetar erróneamente como «*kurosu*»).

JUNMAI SU (vinagre de arroz puro): un estupendo vinagre para todo tipo de usos que merece la pena tener a mano para las elaboraciones con vinagre, japonesas y occidentales. El de Iio Jozo (vinagre Fujisu), en las afueras de Kioto; Sennari (vinagre Oochi), en Hiroshima; y Ohyama (vinagre Yamadai), en la prefectura de Miyazaki, son algunas de las pocas empresas en Japón que todavía fermentan el vinagre a partir del sake que ellas mismas elaboran.

KAKISU (vinagre de caqui): un «vinagre» de caquis machacados, afrutado y poco ácido, que se fermenta durante un mes en vasijas de arcilla puestas al sol. Lo puede hacer usted mismo; vale la pena el esfuerzo.

KUROSU (vinagre «negro»): se fermenta durante un año en ollas de barro negro en el sur de Japón a partir de arroz integral cocido al vapor, *koji* de arroz integral y agua, y después se envejece durante al menos un año. Se vende fuera de Japón, aunque suele estar etiquetado como «vinagre de arroz integral». Busque el vinagre Kakuida en The Japanese Pantry (véase Recursos, pág. 355) o el vinagre de arroz integral de Eden, Spiral Foods o Clearspring, proveedores de alimentos macrobióticos y ecológicos.

UMESU («vinagre» de ciruelas saladas): la salmuera que se produce de forma natural al salar y prensar las «ciruelas» (*ume*) al hacer las *umeboshi*. Se pueden encontrar versiones comerciales de buena calidad embotelladas como «vinagre de ciruelas», elaboradas por algunas de las principales compañías de productos ecológicos del mundo.

ACEITES Y PASTAS

EGOMA ABURA (aceite de perilla): la perilla es una planta de la familia del *shiso*, pero sus hojas son más oscuras, gruesas y redondeadas. Las semillas se prensan para obtener un aceite suave, pero aromático, que se utiliza para dar sabor a las sopas o a los postres al horno. Disponible a través de Internet.

GOMA ABURA (aceite de sésamo): el aceite de sésamo ligeramente tostado y de calidad, como el que produce Wadaman Sesame a partir de sésamo blanco, negro y dorado, es muy diferente al aceite tostado y oscuro, de baja calidad, que se vende en las tiendas de alimentación asiáticas. (En la fabricación industrial de este tipo de aceite se suele utilizar gas hexano para extraer el aceite de las semillas, en lugar de prensarlas.) El mejor aceite de sésamo tostado oscuro es el de Wadaman, aunque es caro; si el coste es un problema, utilice el aceite ecológico de Ohsawa. El aceite de sésamo sin tostar (*taihaku goma abura*) se utiliza a menudo en salteados o para la tempura. Maruhon es la marca más famosa. Aunque suelo utilizar aceite de colza ecológico (*natane abura*) para freír, el aceite de sésamo sin tostar de Maruhon es una magnífica opción.

NATANE ABURA (aceite de colza): el aceite más empleado en Japón es el de colza. Tratado con una centrífuga, es claro y ligero, mientras que el *natane abura* virgen recién prensado tienen un color amarillo dorado intenso y marcado sabor vegetal.

NERI GOMA (pasta de sésamo): semillas de sésamo blanco, negro o dorado tostadas y trituradas hasta obtener una pasta espesa. Al igual que la crema de cacahuete ecológica, la pasta de sésamo procesada de forma natural se cortará, así que mezcle bien el contenido del tarro antes de usarlo.

AZÚCAR

KIBIZATO (azúcar de caña japonés marrón claro): suave, de grano fino y color canela; de sabor más matizado y mineral que el azúcar refinado.

KUROZATO (azúcar negro): también conocido como *kokuto*; se puede comprar a través de Internet o en las tiendas de comestibles japonesas. El de mejor calidad es único por la profundidad y equilibrio del dulzor que lo caracteriza. Es tan bueno que querrá encontrar formas de añadirlo a diferentes platos. El *kurozato* artesanal de Murakami Shoten, en Okinawa, está disponible en The Japanese Pantry (véanse Recursos, pág. 345).

SANONTO (azúcar moreno refinado): un azúcar suave y ligeramente húmedo, que aporta sabor a los platos debido a la caramelización que se produce durante su elaboración.

WASANBON (azúcar artesanal japonés): hasta mediados del periodo Edo (principios del siglo XIX) el azúcar solo se producía en Okinawa y en la cercana Amami Oshima. Sin embargo, a partir de esa época, algunas casas secretas de Shikoku desarrollaron un método para producir *wasanbon*, un azúcar fino y de textura delicada que resultaba muy adecuado para los dulces japoneses que acompañaban el té. Su elaboración dura una semana, en la que se extrae la melaza de la cocción de los jugos de la caña de azúcar que se deja fermentar ligeramente. Hoy en día la producción sigue siendo escasa.

LICORES

HON MIRIN (bebida alcohólica dulce a base de arroz fermentado): un buen *mirin* es un ingrediente insustituible, así que, si puede, busque el mejor: Mikawa Mirin. Este *mirin* se fermenta y madura 2 años a partir de arroz glutinoso cocido al vapor inoculado con *koji* y mezclado con *shochu* de arroz de elaboración propia.

LICOR BLANCO (bebida alcohólica fermentada y destilada): un licor genérico que se emplea para macerar fruta y se elabora como el *shochu*.

SAKE (bebida alcohólica de arroz fermentado): de sabor dulce, se obtiene de la fermentación del arroz cocido al vapor mezclado con *koji* de arroz y agua mineral. Llamar al sake «vino de arroz» es erróneo, ya que su elaboración es totalmente diferente.

SHOCHU (bebida alcohólica fermentada y destilada): se elabora un mosto inicial fermentado (generalmente de boniato, cebada o arroz) mediante la inoculación de *koji* de forma similar a la producción del sake, y se destila (eliminando los sólidos) para obtener el *shochu*, un licor aromático con un 25 % de alcohol que se bebe con hielo, agua fría o caliente o en cócteles.

UMESHU (licor de «ciruelas» saladas): un licor blanco que se elabora macerando un año las *ume* maduras (pero todavía duras) con azúcar. Muy refrescante, se sirve con hielo en verano.

VERDURAS DE MONTAÑA

FUKI (ruibarbo de ciénaga): tallos largos y fibrosos de sabor amargo, pero suave, que crecen desde el verano hasta el otoño y se utilizan en platos cocidos, salteados, fritos y aliñados. Si tiene en el jardín, volverá a brotar cada primavera.

FUKI NO TO (brotes de ruibarbo de ciénaga): brotes grandes, pero blandos, de la planta del *fuki*, que se utilizan para aromatizar el *miso*, en platos aliñados y en tempura.

ITADORI (hierba nudosa japonesa): planta de tallos largos y finos cuyas hojas se cosechan a principios de la primavera. Se suele dejar en remojo durante medio día en agua fría para eliminar el amargor y se frota con sal para romper las fibras y ablandar los tallos. Su sabor y textura son parecidos a los del ruibarbo y se utiliza en compotas o como saborizante amargo para helados (a los que se añade azúcar).

KOGOMI (helecho avestruz): helecho pequeño, con brotes en forma de espiral y tallos cortos. Están deliciosos cocidos y aliñados con *dashi*, pero es necesario remojarlos con bicarbonato de sodio o ceniza para eliminar su amargor.

KOSHI ABURA (brotes de *Araliaceae*): brotes de tallo fino con hojas verdes del árbol *Chengiopanax sciadophylloides*. Al igual que el *tara no me* (véase abajo), son ligeramente amargos y tienen propiedades reconstituyentes muy útiles para el periodo de transición entre el frío invierno y la brillante primavera. Están deliciosos en tempura, con una pizca de sal.

TAKENOKO (brotes de bambú): brotes tiernos que crecen bajo tierra a principios de la primavera, en la base del bambú. El truco consiste en desenterrar los brotes y cocinarlos lo antes posible para disfrutar de su delicado sabor y textura.

TARA NO ME (brotes de angélica japonesa): brotes verdes de tallo grueso, teñidos de color púrpura, del árbol de la angélica. Ligeramente amargos, están deliciosos en tempura, con una pizca de sal.

UDO (*aralia herbal*): planta de tallo blanco, amarga, de sabor parecido al regaliz, pieles rosas y doradas y puntas rizadas. Pélela antes de usarla y ponga los tallos en remojo en agua con un poco de vinagre hasta que los vaya a utilizar para evitar que se oxiden.

WARABI (helechos águila): helechos con tallos largos y finos que se escaldan y se sirven aliñados.

HOJAS Y HIERBAS

KARASHINA (hojas de mostaza): planta espinosa y picante con hojas anchas y dentadas y tallos gruesos. Utilícelas en platos aliñados y *nabes*.

KOMATSUNA (mostaza japonesa): una de las plantas más versátiles que se cultivan en Japón y que está disponible casi todo el año. De la misma familia que el *pak choi*, sus hojas y tallos son más finos y tiernos. Se utiliza, como las espinacas, en platos cocidos, sopas y platos aliñados, pero no tiene ese persistente sabor metálico de las espinacas.

MIBUNA (mostaza *mibuna*): planta de Kioto con hojas largas, finas y planas que crecen de un grupo de tallos tiernos que brotan de la raíz; se cree que se desarrolló como un cruce entre la *1 hora* y el nabo a principios del siglo XIX. Sustitúyala por *mizuna* o *puntarelle* italiano.

MITSUBA (trébol): hierba aromática de hojas verdes (o a veces de color púrpura) con tallos tiernos que se utilizan como acompañamiento para las sopas de *miso*, platos aliñados o para atar rollitos.

MIZUNA (mostaza roja): junto con la *komatsuna*, es una de las principales plantas empleadas en la cocina japonesa. Sus hojas, largas, finas y dentadas, crecen a partir de un grupo de tallos tiernos que brotan de la raíz. Utilícela como acompañamiento, en sopas o en platos aliñados.

MOROHEIYA (yute): planta estival similar a la espinaca de agua; tras escaldarla adquiere una viscosidad natural.

NANOHANA (flores de crucífera): flores de las crucíferas, sobre todo la *komatsuna*, el nabo o la mostaza. Se añade a platos aliñados, salteados y en tempura.

SANSHO (fresno espinoso): hojas verdes que se renuevan a principios de la primavera. Están mejor cuando son tiernas. Se utilizan sobre todo con los brotes de bambú, como acompañamiento.

SERI (perejil japonés): planta parecida a la pimienta con hojas pequeñas y rizadas que crece a principios de la primavera. Perfecto para condimentar sopas, platos cocidos y aliñados, y en tempura.

SHISO (hojas de perilla): el *shiso* verde y el rojo se utilizan como acompañamiento, aunque la temporada del rojo es más corta. Se puede volver a sembrar a principios del verano, por lo que es ideal para cultivar en casa. Evite las hojas de color apagado con el envés ligeramente rojo que parecen *shiso* pero que son *egoma* (una planta utilizada en Japón principalmente para hacer aceite).

SHUNGIKU (hojas de crisantemo comestible): también conocido como *kikuna*, el *shungiku* tiene un sabor muy agradable y aromático, por lo que es perfecto para la salsa de sésamo triturado (*goma-ae*) o el tofu chafado (*shira-ae*). El *shungiku* también se emplea en estofados (*nabemono*) o sopas (*shirumono*). Los pétalos de color lavanda o amarillo de las flores de crisantemo comestible (*kikunohana*) son una hermosa guarnición para los platos aliñados.

TADSAI (*pak choi*): generalmente se cosecha cuando es pequeño y tierno; se corta en cuartos a lo largo y se cuece al vapor o se escalda. Es perfecto para sopas y platos cocidos o crudo con un *dashi* suave.

VERDURAS

KABOCHA (calabaza de invierno japonesa): se cultiva en verano y se cosecha en otoño; la *kabocha* se conserva bien, por lo que se disfruta durante el invierno y hasta el año siguiente. Las *kabochas* son anchas y redondas. Y aunque hay variedades de color naranja rosado, la más común tiene la piel verde oscuro con una carne densa de color naranja intenso que, al cocinarse, se vuelve blanda pero no acuosa como otras calabazas de invierno. Por este motivo son perfectas para hacer croquetas. Para ello se cuecen al vapor, a fuego lento o al horno y se machacan. Se puede sustituir por calabaza bellota.

KYURI (pepino japonés): fino, de unos 15 cm de largo, con pocas semillas y piel suave, se come crudo, frotado con sal o encurtido, sin pelar. Sustitúyalo por otros minipepinos asiáticos o persas o pepinillos.

NASU (berenjena japonesa): de unos 10 cm de largo, con una piel brillante de color morado oscuro y una carne de color marfil; a menudo se come con la piel. Es buena para salteados, en tempura, al vapor y aliñada, o a la parrilla. Sustitúyala por cualquier otra berenjena asiática pequeña.

PIMAN (pimiento verde japonés): pimientos suaves, pequeños y de piel fina (se suelen vender verdes, pero en verano se pueden encontrar rojos). Normalmente se comen crudos en ensaladas o en tempura. Puede sustituirlos por pimientos rojos o amarillos pequeños.

RAÍCES, RIZOMAS Y BULBOS

DAIKON (rábano gigante japonés): redondo, largo, corto, grueso, fino, picante, dulce, blanco, verde, morado, negro… el *daikon* tiene muchas formas, sabores y colores. Sin embargo, en las tiendas de productos ecológicos o en los supermercados asiáticos suele ser blanco y de tamaño mediano. Con independencia de la forma y el color, la piel debe estar tersa y sin arrugas.

EBI IMO (taro con forma de camarón): taro en forma de pequeña lágrima de unos 5 cm de largo y 3 de ancho en su parte más gruesa. La carne, de color blanco cremoso, es muy apreciada para los platos cocidos a fuego lento.

GOBO (bardana): raíz muy larga y fibrosa, omnipresente en las sopas vegetarianas japonesas, los platos cocidos a fuego lento y los salteados. Se conoce su uso desde el Japón prehistórico y ha formado parte de la dieta japonesa desde el periodo Heian (794-1185). Se vende durante todo el año, pero es mejor de temporada: a principios del invierno (noviembre-enero) y a principios del verano (junio-julio). Es rica en minerales y la piel tiene ácido clorogénico, un polifenol, por lo que hay que rasparla en vez de pelarla. Para evitar que se ennegrezca, una vez cortada, déjela en remojo en agua fría con un poco de vinagre hasta que vaya a usarla. No la sustituya por salsifí.

KONNYAKU (*konjac*): bulbo nudoso, también conocido como lengua del diablo, que crece bajo tallos rígidos con hojas frondosas. Se recolecta en otoño y se procesa para formar bloques gelatinosos, esferas o fideos que aportan una agradable textura gelatinosa a una gran variedad de sopas, ensaladas y platos cocidos a fuego lento o aliñados. Tiene un alto contenido en fibra.

RENKON (raíz de loto): las raíces de loto son en realidad rizomas (tallos subterráneos), no raíces. Forman una especie de «collar» de segmentos conectados de unos 10 cm de largo (aunque puede ser mucho más grande). Crece en zonas fangosas y se recolecta desde el otoño hasta principios de la primavera (octubre-marzo). Se guarda en un lugar fresco y oscuro, envuelto en serrín. La raíz de loto se pela antes de utilizarse y se debe remojar en agua fría con un poco de vinagre si no se cocina de inmediato. La carne es crujiente y jugosa, y tiene unos llamativos agujeros parecidos a los del queso suizo, por lo que es ideal para saltear o rellenar. También se ralla fina y se mezcla con otros ingredientes para formar bolitas o buñuelos que se cuecen al vapor o se fríen.

SATO IMO (taro): bulbo grueso, de color marrón, pequeño y redondo, que se cuece a fuego lento hasta alcanzar una deliciosa textura cremosa. Se suele cultivar en campos abiertos y soleados, aunque en Amami Oshima, una pequeña isla del sur de Japón, crece en los campos de arroz inundados, y se dice que así la producción se duplica. Se siembra después de las últimas heladas de primavera. Al taro le encanta el agua, por lo que se debe cultivar en regiones lluviosas y cosecharse a principios del verano. Evite las raíces de gran tamaño que se venden fuera de Japón porque tienen demasiado almidón y no son adecuadas para los platos japoneses. Los tallos jóvenes (*zuiki*), frescos o secos y rehidratados, se emplean en diferentes platos vegetarianos cocidos a fuego lento, aunque no se incluyen en este libro ya que adquirirlos es difícil.

SATSUMA IMO (boniato): a veces tienen la piel y la pulpa de color morado, pero en general la piel es roja y la pulpa amarilla. Escoja boniatos locales, teniendo en cuenta que el aspecto del plato puede cambiar en función del color de la piel o de la pulpa. Se suelen comer con piel.

YAMA IMO (ñame japonés): rizoma semitropical de carne blanca con piel de color tostado claro; se pela antes de rallar. Apreciado por su sabor y su textura cremosa, el *yama imo* comercial se cultiva, mientras que el silvestre (*jinenjo*) se recolecta en las montañas en otoño. Los pelos de la piel del *jinenjo* se chamuscan con un soplete de butano, antes de rallarlo sin pelar. Rallado fino tiene un delicado color tostado (procedente de la piel). El *jinenjo* es originario de Japón y se consume desde el periodo Jomon (h. 14 000-300 a. C.). Rallado tiene una textura viscosa y pegajosa y se come frío con *shoyu* y *wasabi*, en sopas, o como espesante para diversos platos al vapor o fritos, pero también es excelente encurtido. El *yama imo* también es sustituto del huevo en las versiones veganas de fritos a base de harina, huevo y *panko*. Debido a los cristales de oxalato de calcio que se encuentran en los pelos de la piel, al pelarlo o rallarlo se puede producir un picor temporal. Asegúrese de lavarse las manos y los brazos con agua templada y jabón después de manipularlo. No lo sustituya por boniatos de pulpa anaranjada (a veces llamados, erróneamente, «ñames»).

SETAS FRESCAS

Véanse también SECOS Y ENCURTIDOS para las setas deshidratadas

ENOKI: setas alargadas y finas de color blanco (y a veces marrón claro), cultivadas en laboratorio, con botones diminutos que añaden textura. Suelen escaldarse antes de añadirse a platos aliñados, aunque se utilizan crudas en sopas o tempura.

ERYNGII (seta de cardo): se trata de una seta de cultivo de pie muy grande y carnoso y sombrero plano, con un ligero sabor *umami*, que se utiliza en salteados y tempuras.

MAITAKE (*Grifola frondosa*): también llamada seta bailarina, crece en la base de los troncos de los árboles. La parte superior es de color marrón grisáceo oscuro con volantes y el pie, blanco y esponjoso. Cortada en trozos, es ideal en tempura o a la parrilla.

NAMEKO (champiñón de otoño): recolectado en los bosques, es gelatinoso y con sombreros brillantes y grasos. Se suele añadir a la sopa de *miso* justo antes de servirla o con *daikon* rallado fino. Elimine la suciedad adherida con un cepillo para hongos o con papel de cocina húmedo.

SHIITAKE: crece en los troncos de los árboles y tiene un sombrero pequeño, grueso y acanalado. Los mejores tienen el sombrero oscuro y aterciopelado; evite aquellos con sombreros húmedos. El extremo del pie no debe estar descolorido, ni el sombrero sin abrir del todo. Se utiliza en platos cocidos a fuego lento y *nabes* y, en pequeñas cantidades, para añadir un sabor profundo a las ensaladas.

SHIMEJI (seta de haya): de color grisáceo y tallos de color blanco cremoso. Si puede, adquiera *hon shimeji*, porque crece de manera silvestre. Se utiliza en ensaladas, sopas y *nabes*.

RIZOMAS AROMÁTICOS

MYOGA: erróneamente etiquetada como «jengibre japonés», su sabor no tiene nada que ver, aunque, los tallos y las hojas se asemejan. Sin embargo, el jengibre crece a pleno sol en campos abiertos y la *myoga* en zonas de umbría bajo los árboles. Los brotes puntiagudos de color rosáceo que asoman de la tierra mientras se desarrollan en la base del tallo se recolectan a lo largo del verano. La *myoga* se encurte entera o en rodajas y se utiliza cruda para acompañar platos de tofu, sopas y ensaladas.

SHIN SHOGA (jengibre tierno): a principios o mediados del verano, cuando las plantas empiezan a crecer, se cosecha el jengibre tierno de color marfil y tintes rosáceos para encurtirlo entero o tomarlo crudo untado en *miso* con una cerveza.

SHOGA (jengibre): se cosecha en otoño, cuando las raíces han madurado y la piel está más gruesa (similar a las patatas). Guárdelo sin limpiar en una caja de cartón, en un lugar fresco y oscuro.

WASABI (rábano picante japonés): crece de manera natural cerca de ríos y arroyos o se cultiva en zonas pantanosas de Japón o en todo el mundo (Reino Unido, Islandia, Tasmania, Carolina del Norte, Oregón y California, entre otros). Su sabor no se parece en nada al del rábano picante occidental (con el que se elabora la pasta de *wasabi* en tubo). Agradablemente «picante», el *wasabi* se utiliza como acompañamiento del pescado crudo o curado, así como del tofu y en innumerables platos aliñados.

ALGAS

AONORI (alga *nori* verde): normalmente se consume en polvo, espolvoreada sobre el *okonomiyaki* y otras comidas japonesas informales para añadir color y sabor marino.

ARAME (roble de mar): variedad de algas marrones (incluso cuando se escaldan) extremadamente rica en nutrientes. Se encuentra en los arrecifes rocosos de la mayoría de las aguas meridionales que rodean Japón y se cultiva principalmente en la prefectura de Mie, de julio a septiembre. Se puede conseguir fuera de Japón en tiendas que venden productos macrobióticos. Es buena para platos cocidos a fuego lento, fritos y ensaladas aliñadas.

HIJIKI: alga marina de color marrón con zarcillos largos y gomosos que se consume desde hace siglos y se recolecta desde el inicio de la primavera hasta principios del verano. Es rica en fibra dietética y en minerales como calcio, hierro y magnesio, por lo que se suele utilizar en los platos vegetarianos para potenciar sus propiedades saludables. Cuando se escalda antes de deshidratarse, se vuelve de color negro intenso. Déjela en remojo durante 20 minutos en abundante agua fría antes de usarla.

KOMBU: las algas *kombu*, silvestres o de cultivo, se cosechan en Hokkaido en un periodo muy controlado, desde finales de julio hasta principios de septiembre, y forma parte indispensable de la mayoría de los caldos vegetarianos japoneses (*dashi*). El *Hidaka kombu* es el más fácil de encontrar fuera de Japón (y en los supermercados japoneses), aunque The Japanese Pantry (véanse Recursos, pág. 355) importa *ma-kombu* (el «verdadero» *kombu*) de Kombu Doi, un centenario negocio familiar de *kombu* en Osaka. El *ma-kombu* es apreciado por los chefs japoneses por su sabor equilibrado y completo. El *Rishiri* es muy sutil y el *Rausu* tiene una fragancia y un sabor magníficos. Todos están amenazados por la contaminación de los océanos, por lo que su recolección en estado salvaje ha disminuido drásticamente en los últimos años.

NORI (*laver*): antiguamente las algas *nori* se producían de forma similar al papel, extendiéndolas en capas finas sobre una rejilla, pero hoy en día se secan con rodillos calientes. La gama es amplia; intente comprar un *nori* de calidad, como el *ichiban zumi* (primera cosecha) si es posible. Las hojas deben ser de color negro brillante o verde oscuro, muy crujientes y suculentas.

TORORO KOMBU: el *tororo kombu* se empapa en vinagre, se deja secar y se vende en láminas suaves y fibrosas que se pliegan como si fueran una muselina. El *oboro kombu* es un producto similar pero se corta a mano en tiras, por lo que es bastante caro, mientras que el *tororo kombu* se presiona en forma de láminas. Estas se tuestan en una sartén sin aceite y después se añaden a ensaladas aliñadas, o se añaden, tal cual, a las sopas. Además, puede sustituir al *nori* para preparar *sushi* y bolas de arroz (*onigiri*).

WAKAME: variedad de algas de textura blanda y fina que se vende sobre todo deshidratada. Si tiene suerte, puede encontrarla salada, o incluso fresca en primavera, en las pescaderías. Para rehidratarla o quitarle la sal, déjela en remojo de 5 a 10 minutos en abundante agua fría. Cuando se vende fresca suele estar ya escaldada; en ese caso tendrá un color verde brillante y estará lista para su uso en sopas, ensaladas o platos en vinagre. Si es de color marrón, significa que ha sido recolectada hace poco y que habrá que escaldarla para que recupere su color verde.

BROTES Y BULBOS

JUNSAI (brotes de nenúfar): llamados lirios o ninfas de agua, son brotes verdes finos de sabor amargo de 5 mm a 1 cm de largo envueltos en una cubierta gelatinosa. Se recolectan en los lagos de las montañas de mayo a septiembre y frescos son el bocado más delicado que pueda imaginar. Su presencia es hoy menor debido a la degradación del medio ambiente. Los brotes cultivados se venden en Japón en la sección de verduras refrigeradas de los supermercados, en bolsas de plástico. Añádalos al *dashi* frío en diferentes platos de verano.

KAIWARE DAIKON (brotes de *daikon*): brotes picantes de tallo fino que se venden con su sustrato esponjoso. Se utilizan como acompañamiento o en ensaladas, sobre todo con mayonesa.

MOYASHI (brotes de soja verde): brotes gruesos, crujientes y jugosos, excelentes para los salteados. Si lo desea, retire la raíz amarilla de los extremos; si los utiliza frescos en aliñados o ensaladas, primero vierta agua hirviendo 10 segundos, enfríelos y séquelos. En Japón, se venden envasados en la sección de verduras refrigeradas de los supermercados.

YURINE (bulbos de lirio): pequeños bulbos blancos de aspecto similar al ajo, pero sin piel, ricos en yodo y potasio. Envasados por lo general con salvado de arroz, se venden en otoño en la sección de verduras de los supermercados japoneses. Las escamas se separan del racimo de bulbos y se utilizan enteras en el *chawan mushi* o en otros platos vegetarianos al vapor, como el *shinjo*, para aportar textura y sabor.

CÍTRICOS

DAIDAI: naranja amarga japonesa que se utiliza como base para el *ponzu* (*shoyu* cítrico).

KABOSU: cítrico verde pequeño con ligero sabor a lima. Puede usar limas en su lugar.

SUDACHI: aporta notas cítricas brillantes y frescas. Se utiliza tierno (verde) y maduro (amarillento).

YUZU: es el cítrico japonés más común, con notas redondas y equilibradas que combinan muy bien con los platos japoneses. Junto con el *sansho*, es el condimento más antiguo registrado en los libros de cocina japoneses. De tamaño muy pequeño, los que caen del árbol por el viento se pueden añadir a las sopas claras para aportarles aroma. Tiernos, se utilizan por la piel, y maduros, desde principios del invierno, por el zumo. Si se dejan en el árbol, se volverán muy amargos a medida que se acerque la primavera, pero todavía los podría utilizar.

SECOS Y ENCURTIDOS

BAINIKU (pasta de «ciruelas» saladas encurtidas): *umeboshi* deshuesadas y trituradas para crear una pasta homogénea. Es conveniente tenerla a mano, aunque es un poco cara. Se vende en pequeñas bolsas de plástico o en tarros en Internet en tiendas de productos macrobióticos. Si la compra en una tienda de productos japoneses, evite las que lleven aditivos.

BENISHOGA (jengibre rojo encurtido): en japonés *beni* significa «rojo» y aquí se refiere al color rojo del *umesu* con sabor a *shiso* rojo que se utiliza para encurtir el jengibre. La mayoría contienen aditivos, así que compre una versión ecológica, como la fabricada por Ohsawa.

CHINPI (piel de mandarina seca): se utiliza para añadir una nota brillante a los platos vegetarianos. Se puede sustituir por piel de naranja seca, como la de penzeys.com.

DONKO (setas *shiitake* deshidratadas): cultivados en Japón, secados al sol, con sombreros gruesos y acanalados, son las setas *shiitake* deshidratadas más sabrosas para elaborar *dashi*. Están disponibles en Natural Import Company y The Japanese Pantry (véanse Recursos, pág. 355). Son caros, pero merecen la pena.

HOSHIGAKI (caquis secos): fáciles de secar en casa, estos caquis, gomosos y afrutados, se comen tal cual o se cortan y se añaden a platos aliñados. Disponibles en Internet, a menudo con la etiqueta «secado al sol» y «frotados a mano». Puede emplear orejones de albaricoque sin sulfitos en su lugar.

KIKURAGE (hongos oreja de madera): frescos o secos, en este libro he utilizado los secos. Tienen una textura firme y ligeramente gomosa que añade textura a los platos. Suelen cocinarse a fuego lento en *shoyu* dulce para que su sabor sea más profundo.

KIRIBOSHI DAIKON (*daikon* seco): el *daikon* se corta (*kiri*) en tiras finas o gruesas y planas, y se seca al sol (*hoshi*). Lávelo bien para eliminar malos olores y póngalo en remojo un mínimo de 30 minutos en agua caliente antes de usarlo en ensaladas o platos con vinagre. Disponible en Natural Import Company (véanse Recursos, pág. 355).

KOSHIN (setas *shiitake* deshidratadas): seta ancha y de sombrero fino, cultivada en Japón, perfecta para elaborar un *dashi* con un ligero sabor a setas.

KUCHINASHI (fruto de gardenia seco): se vende como planta medicinal china (*shan zhi zi*: 山梔子). Las vainas aportan un amarillo vibrante a los platos cocidos a fuego lento, como el boniato y las castañas.

TERA NATTO (soja fermentada y seca): la soja fermentada original (*natto*) se produjo por primera vez en Daitoku-ji, un monasterio de Kioto (aunque la técnica procedía de China). *Tera natto*, también conocido como *Daitokuji natto*, se elabora en Hamamatsu y se vende como *hama natto*. Las semillas de soja se fermentan con *koji*, se secan y se dejan madurar un año. El sabor resultante es similar al *miso* o al *shoyu*. El *natto* que conocemos hoy en día se fermenta con bacterias de *natto* y se debe consumir poco después de su elaboración. Fuera de Japón, busque *natto* seco (o utilice alubias negras chinas fermentadas y quíteles la sal).

UMEBOSHI («ciruelas» saladas encurtidas): las *ume* pertenecen a la familia del albaricoque. Frescas, son tóxicas, así que hay que tratarlas antes de usarlas. El método habitual es salarlas, prensarlas y secarlas al sol para elaborar *umeboshi*, un encurtido picante, salado y afrutado que es muy apreciado en Japón para acompañar un bol de arroz en el desayuno. Su sabor intenso las hace un condimento habitual en la cocina vegetariana.

YUZU KOSHO: pasta salada, picante y cítrica molida a la piedra a partir de una mezcla de pieles amarillas de *yuzu* fermentadas con sal y guindillas rojas o verdes fermentadas con sal. El *yuzu kosho* rojo tiene un perfil cálido y atractivo, que combina bien con la mayonesa en un sándwich, mientras que el verde es brillante y contundente, perfecto para sopas a base de sal o fritos.

CONDIMENTOS EN POLVO

AKA SHISO (polvo de *shiso* rojo): la mejor versión es la que se elabora con hojas de *shiso* rojo secadas al sol y sumergidas en «vinagre» de ciruelas saladas encurtidas (*umesu*).

ICHIMI TOGARASHI (polvo de pimienta roja): guindillas japonesas secadas al sol molidas hasta obtener un polvo.

KARASHI (mostaza en polvo): semillas de mostaza amarilla molidas. Cuidado: no la sustituya por mostaza en polvo occidental, ya que suele llevar mostaza blanca y marrón.

SANSHO (fresno espinoso): la pimienta *sansho* de calidad, a menudo de color marrón, se obtiene a partir de bayas de *sansho* verdes secas y molidas; tiene notas cítricas y adormece la lengua.

SHICHIMI TOGARASHI (mezcla de especias japonesa): mezcla de siete (o más) especias, que siempre incluye *ichimi togarashi* como base. Lleva, además, semillas de sésamo, ralladura de cítricos, semillas de cáñamo, amaranto, *nori* verde y *sansho*.

SEMILLAS Y FRUTOS SECOS

GINNAN (nueces de *ginkgo*): este fruto seco, de olor desagradable cuando está crudo, adquiere una deliciosa textura gomosa al cocerse. Es ligeramente tóxico y puede provocar náuseas o vómitos, por lo que es conveniente no abusar. Los niños no deben comer más de cinco nueces al día y los adultos no más de ocho.

GOMA (sésamo): vendido a menudo como *iri goma* (sésamo tostado). El mejor sésamo tostado del mundo es el de Wadaman Sesame en Osaka y está disponible en muchos países, también en Estados Unidos en The Japanese Pantry (véanse Recursos, pág. 355). El del supermercado está bien, pero suele ser de peor calidad (está partido, mal tostado, etc.).

KURI (castañas): pequeñas y con un dulce sabor a nuez, las castañas japonesas proceden originalmente de Corea y su nombre botánico es *Castanea crenata*.

ONIGURUMI (nueces negras): pequeñas nueces negras con pieles muy duras y un sabor delicioso. Los árboles crecen en las zonas montañosas de Japón.

GRANOS Y CEREALES

AKAMAI (arroz rojo): un antiguo tipo de arroz de color marrón rojizo que se consumía en el Japón prehistórico y que hoy se utiliza para aportar nutrientes, color y textura al arroz blanco. La proporción es de 15 g de arroz *akamai* por cada *go* (180 ml) de arroz blanco.

AWA (mijo menor): grano amarillo pálido, pequeño y redondo, originario de Asia, que se cultiva en Japón desde el periodo Jomon (h. 14 000-300 a. C.), conocido por sus propiedades saludables.

GENMAI (arroz integral): arroz que ha pasado por una máquina para eliminar el polvo (y un poco del salvado) después del descascarillado.

HIE (mijo de corral): grano muy nutritivo, pequeño y de color canela que data del Japón prehistórico.

KIBI (mijo común): pequeños granos redondos y amarillos, ricos en minerales y fibra, originarios de la India o China, que llegaron a Japón desde la península de Corea en tiempos prehistóricos.

KOME (arroz japonés de grano corto): se cree que el arroz japonés, apreciado por su brillo y textura pegajosa (debido a la amilosa), procede de China, donde se cultivaba el arroz Fujian en la zona media o baja del río Yangtsé, y que fue transportado a Japón hace 3000 años.

KUROMAI (arroz negro): granos antiguos de color púrpura, ricos en antioxidantes y que se mezclan con el arroz blanco antes de la cocción para aportar textura y aroma. La proporción es de 15 g de *kuromai* por cada *go* (180 ml) de arroz blanco.

MOCHIGOME (arroz glutinoso): grano de arroz redondo y opaco con un componente de almidón muy pegajoso llamado amilopectina (en lugar del almidón pegajoso, que no viscoso, de la amilosa, como en el arroz japónica).

OSHI MUGI (copos de cebada): cebada glutinosa que ha sido aplastada con grandes rodillos para facilitar la absorción de agua. Suele añadirse al arroz blanco antes de la cocción para aportar textura y propiedades saludables.

LEGUMBRES

AZUKI (judías rojas): se piensa que son originarias de China y que datan de tiempos prehistóricos. Hoy en día se cultivan en todo el este asiático. En Japón, se utilizan como relleno para los dulces tradicionales. Si busca un sustituto, pruebe las judías Domingo Rojo de Rancho Gordo (posiblemente el mejor productor de judías de Estados Unidos).

DAIZU (soja): la soja tiene tres características básicas (almidón, grasa y proteínas). La soja japonesa es verde y rica en proteínas, por lo que es adecuada para aplicaciones culinarias tradicionales como la elaboración de tofu, *miso*, *shoyu* y *natto*. Fuera de Japón, la amarilla es la más cultivada. Tiene un alto contenido de grasa, por lo que la soja que no es japonesa es la más adecuada para la producción de aceite de soja.

KUROMAME (alubias negras): alubias negras redondas, a menudo cocidas a fuego lento, endulzadas y servidas como condimento (Alubias negras dulces, véase pág. 33). Puede sustituirlas por ayocotes de Rancho Gordo.

NATTO (soja fermentada): semillas de soja al vapor (pequeñas o grandes) que tradicionalmente se fermentaban de forma natural con la paja del arroz, pero que hoy en día se tratan con esporas de *natto* (*Bacillus subtilis*) para favorecer la formación de una masa pegajosa. Suelen airearse con palillos antes de comer y a menudo se sazonan con *shoyu* y mostaza. En lugar de comprarlas en las tiendas de productos japoneses (que se envían congeladas desde Japón), le recomiendo abastecerse localmente. En los últimos años, varios productores excelentes exportan fuera de Japón.

TOFU

ATSUAGE (bloques prensados de tofu frito): *momendofu* (tofu firme) prensado y frito. Se utiliza en platos cocidos a fuego lento.

GANMODOKI (croquetas de tofu): croquetas elaboradas con tofu prensado y otros espesantes como el ñame japonés rallado fino, la fécula de patata y, a veces, la raíz de loto rallada fina. Los ingredientes cocidos a fuego lento, como las setas *shiitake*, el *kombu*, la zanahoria y la bardana, se incorporan a la mezcla antes de darle forma a la masa y freírlas.

KINUGOSHI DOFU (tofu sedoso): tofu elaborado añadiendo un coagulante natural (*nigari*) a la leche de soja y dejando que se solidifique.

KOYADOFU (tofu liofilizado): históricamente había dos formas de producir tofu liofilizado, pero hoy se emplea un único método. Se dice que su nombre proviene del monte Koya (Koyasan), donde apareció una forma de tofu congelado y seco. Allí, durante el periodo Edo (1603-1868), el *koyadofu* se convirtió en un popular regalo como *souvenir*. El tofu es muy perecedero, pero *el koyadofu* era una forma de conservarlo y de facilitar su transporte. Se vende en cuadrados planos muy ligeros que hay que hidratar sumergiéndolos varias veces en agua hasta que adquieren una textura esponjosa que permite que el tofu absorba los preciados jugos de los alimentos cocidos a fuego lento. Si puede, adquiera *koyadofu* ecológico; su sabor es superior. Para obtener un sustituto sin gluten del *panko*, rállelo sin rehidratar.

MOMENDOFU (tofu firme): se elabora calentando la leche de soja a fuego lento, añadiendo después con cuidado un coagulante natural (*nigari*), vertiéndolo en moldes perforados forrados con una muselina para permitir el drenaje, y colocando pesos encima para prensarlo. Se puede sustituir por tofu mediano en algunos platos. Si lo utiliza, omita el paso del prensado para eliminar el agua y tritúrelo hasta que quede cremoso con un procesador de alimentos; un mortero japonés (*suribachi*) no será suficiente para obtener una textura cremosa. Tofu Meiji, en Gardena (Estados Unidos), es el único lugar que para mí hace un tofu similar al *momendofu* que se vende en Japón.

OKARA (pulpa de soja): subproducto de la elaboración de la leche de soja. Después de remojar los granos de soja, se trituran con agua hasta obtener un puré, que se calienta para obtener la leche. A continuación, se pasa por una muselina grande para colar la leche de soja. Los sólidos resultantes son la *okara*, también llamada *unohana*, que se suele utilizar en los salteados de verduras.

USUAGE/ABURA-AGE (saquitos de tofu frito): láminas finas de tofu que han sido compactadas y fritas dos veces para crear una especie de saquitos que luego se rellenan. Se venden sobre todo congelados fuera de Japón.

YUBA (piel de leche de soja): piel que se desprende de la leche de soja mientras se calienta a fuego lento durante la elaboración del tofu. La *yuba* fresca tiene una textura similar a la *burrata* y es muy perecedera. Puede encontrar *yuba* seca en tiendas de productos macrobióticos, pero asegúrese de comprar *yuba* seca plana de Japón. Hodo Foods, en Oakland, California, vende pieles frescas y semisecas.

ALMIDONES, ESPESANTES Y HARINAS

FU (gluten de trigo): con sus más de mil años de historia, el *fu* se ha utilizado en la cocina budista japonesa (*shojin ryori*) durante mucho tiempo. Para hacerlo crudo (*nama fu*), prepare una masa con 210 g de harina común, una pizca de sal y 150 ml de agua y amásela de 10 a 15 minutos hasta que deje de estar pegajosa. Cúbrala con film transparente y refrigérela durante 1 hora. Sáquela del frigorífico y «lávela» en un bol con agua, amasándola para eliminar el almidón y cambiando el agua cada vez que se enturbie. El gluten no es soluble en agua, por lo que una vez que la haya lavado y amasado bien, es lo único que quedará. Déjelo al natural o añádale sésamo, *ume*, *miso* o un condimento que le guste y dele forma. Cuézalo 2 o 3 minutos hasta que flote. El *fu* seco está disponible en muchas formas en Japón, pero solo unas pocas se encuentran fuera del país. Rehidrátelo y utilícelo para añadir textura a las sopas o a los platos cocidos a fuego lento.

HAKURIKIKO (harina baja en gluten): se utiliza para preparar fideos *udon* y masa de tempura. Evite las harinas convencionales disponibles en las tiendas de comestibles japonesas ya que se producen a gran escala y apenas tienen sabor. Busque una harina de repostería o de pastelería sin blanquear buena, o utilice una harina común de calidad. Lo más importante es el sabor, especialmente cuando se hacen los fideos, ya que solo se elaboran con harina y agua.

HON KUZU (*kudzu*): un almidón elaborado a partir de la raíz del *kudzu*. La producción en Japón es relativamente pequeña, por lo que el almidón de *kuzu* al 100 % puede resultar caro. Los almidones que se venden como «polvo de *kudzu*» (*kuzuko*) se parecen al *hon kuzu*, pero están hechos de almidón de boniato o de una mezcla de almidones (patata, boniato o maíz). Si se utiliza el 100 % de *kuzu* la textura es mucho más fina y resistente. Evite el polvo de *kudzu* marrón que suele encontrarse en las tiendas de productos naturales.

JOSHINKO (harina de arroz): se produce triturando el arroz japónica lavado y secado, y se utiliza para los dulces tradicionales japoneses, como el *dango*, el *kusa mochi* o el *kashiwa mochi*.

MOCHIKO (harina de arroz glutinoso): elaborado a partir de arroz glutinoso molido, con él se elaboran dulces de *mochi*. Fuera de Japón, también se conoce como harina de arroz «dulce».

KANTEN (agar-agar): almidón que se utiliza para elaborar gelatinas dulces o saladas para el verano. Los bloques de agar-agar fríos también se pueden prensar en un molde de madera para elaborar fideos (*tokoroten*) que se suelen comer fríos en ensalada. En este libro hemos empleado agar-agar natural de algas, pero los copos de agar-agar, más fáciles de conseguir, también sirven.

KATAKURIKO (fécula de patata): originalmente se elaboraba a partir del rizoma de una especie de lirio (*katakuri*), pero hoy se produce a partir de patatas. Sirve para espesar el *dashi* u obtener una salsa sedosa (*ankake*), para espolvorear sobre los dulces y en los rebozados. Para preparar rebozados veganos, mezcle 2 cucharadas de fécula de patata con 6 cucharadas de agua.

KINAKO (harina de soja tostada): polvo nutritivo, con sabor a nuez, elaborado a partir de granos de soja tostados, que se utiliza para espolvorear sobre los dulces japoneses, como el *mochi warabi*.

KOMEKO (harina de arroz): arroz japónica molido. Busque harina de arroz integral (*genmai komeko*) ya que la textura y el sabor serán mejores. El *komeko* es un excelente sustituto de la harina de trigo para las tempuras u otros fritos por su ligera sedosidad. No utilice harina de arroz «dulce» (*mochiko*), ya que está elaborada con arroz glutinoso.

KYORIKIKO (harina común): busque harinas de buena calidad tipo King Arthur o Giusto. Se utiliza para la tempura y para espolvorear sobre algunos fritos.

SOBAKO (harina de *soba*): la harina de trigo sarraceno japonesa, de color pálido y color blanco grisáceo, se puede sustituir por harina de trigo sarraceno francesa pero no por otras harinas gruesas semejantes.

SHIRATAMAKO (harina de *dango*): elaborado a partir de arroz glutinoso lavado, secado y molido, se utiliza para la elaboración de dulces blandos como el *dango* o el *daifuku*. Recientemente, el *shiratamako* (literalmente, «harina de bola blanca») se envasa también como *dango no kona* (harina de *dango*).

FIDEOS

SHIRATAKI/ITO KONNYAKU (fideos *konnyaku*): fideos blancos o grises elaborados con *konjac* (*konnyaku*), un bulbo con el que también se obtienen bloques que se utilizan para dar textura a muchos platos vegetarianos.

SOBA (fideos de trigo sarraceno): se elaboran con trigo sarraceno al 100 % o con una mezcla de harinas de trigo y de trigo sarraceno más agua. Busque una tienda que elabore sus propios fideos.

SOMEN (fideos de trigo finos): elaborados con harina de trigo japonesa y agua; la masa del *somen* de calidad se frota con aceite, se estira a mano y se deja secar al sol. Los *somen* de calidad son excelentes y se pueden comprar en The Japanese Pantry (véanse Recursos, pág. 355).

UDON (fideos de trigo gruesos): estos sencillos fideos de harina y agua están disponibles secos, pero son mucho mejores si se preparan en casa y se cortan a mano.

UTENSILIOS DE COCINA

BENRINER (mandolina japonesa): mandolina de plástico barata que en la actualidad se utiliza en los hogares japoneses para cortar en rodajas finas, en tiras y en juliana fina.

DONABE (cazuela de barro): cazuela de barro con tapa disponible en muchos tamaños y diseños. Son refractarias, por lo que se pueden utilizar para preparar estofados (*nabe*) o incluso en el horno.

HANDAI (recipiente plano de madera): «cubo» redondo de cedro que se utiliza para enfriar el arroz mientras se incorpora el vinagre azucarado al preparar el arroz para *sushi*.

HOCHO (cuchillo): cuchillos japoneses muy afilados, cada uno diseñado y forjado para un uso específico, tradicionalmente de acero al carbono.

KIBERA (espátula de madera): cucharas planas de madera para remover o saltear.

KONABASHI (palillos para batir): palillos gruesos de madera que se utilizan para manipular las verduras rebozadas al freírlas en tempura.

KONRO (quemador de gas): quemador de butano para cocinar *nabe* en la mesa.

MORIBASHI (palillos para emplatar): palillos metálicos largos y de punta fina que se utilizan para emplatar y para sacar la tempura del aceite caliente.

MUSHIKI (vaporera): recipiente de bambú o de madera para cocinar al vapor (redondo o cuadrado).

NAGASHIKAN (moldes): moldes rectangulares o cuadrados de acero inoxidable de base extraíble utilizados para hacer *goma dofu*, *tamago dofu* o cuadrados de gelatina. Los más grandes se pueden comprar en toirokitchen.com o a través de Internet, pero tendrá que aumentar las cantidades de las recetas para ajustarlas al tamaño del molde. En este libro se emplean medianos y grandes. Fabricados por Shimotori Works (*Shimotori Seisakusho*), están disponibles a través de Internet. El mediano (Color: 02: 中) #409 tiene una capacidad de 600 ml y mide 14 × 11 × 4,5 cm. El grande (Color: 03: 大) #408, 800 ml y 15 × 14 × 4,5 cm.

OHITSU (recipiente de madera para arroz): tradicionalmente, el arroz recién cocido se dejaba en un *ohitsu* para que reposara. Estos recipientes son hondos, con aros de cobre y tapas de madera invertidas. Se hacen a menudo con ciprés japonés (*sugi*), que aporta aroma y absorbe el vapor del arroz caliente lo que evita que se quede blando. Los *ohitsu* lacados poco profundos (con tapas en forma de cúpula) se utilizan para platos de arroz a temperatura ambiente, como el *sushi* esparcido (*chirashi zushi*) o el arroz mixto (*maze gohan*).

OROSHIGANE (rallador metálico): tradicionalmente eran de cobre, pero hoy es más habitual que estén fabricados en aluminio. Es un utensilio esencial para rallar fino el *daikon*, el nabo y el ñame japonés. (También sirve para rallar *wasabi*, aunque los puristas utilizan un rallador de piel de tiburón.)

OROSHIKI (rallador de cerámica): rallador redondo (generalmente blanco) que se utiliza para rallar fino el jengibre, el *daikon* y el ñame japonés.

OTOSHIBUTA (tapa de contacto directo): tapa de madera, metal o plástico que se emplea para mantener los alimentos sumergidos en el líquido de cocción mientras se cuecen. Se lo recomiendo.

SAIBASHI (palillos para cocinar): palillos largos de madera para cocinar. Son imprescindibles.

SHICHIRIN (parrilla japonesa de carbón): parrilla de sobremesa de carbón vegetal hecho con tierra de diatomeas (blanda y porosa al estar compuesta por restos fosilizados de diatomeas). Disponible en diferentes tamaños, desde muy pequeños, redondos, para una persona hasta muy largos y rectangulares para los restaurantes. Se utiliza para asar a fuego lento (*aburi*, *yakitori*, etc.).

SURIBACHI (mortero): bol de cerámica con muescas muy útil. Cuanto más grande, mejor.

SURIKOGI (mano de mortero): mano de mortero de madera que se utiliza para majar los alimentos en el *suribachi* y que tradicionalmente se fabrica con *sansho* (fresno espinoso).

TETSU BASHI (palillos de hierro): se usan sobre todo para mover las brasas, pero los más pequeños sirven para colocar los alimentos en la parrilla.

TETSU GAMA (cazuela de hierro fundido): fabricada específicamente para cocinar arroz; permite medir el arroz en la medida estándar: el *go* (180 ml).

TETSU NABE (olla de hierro): olla de hierro tradicional con mango, cuyo interior suele estar recubierto de cobre o aluminio.

TSUKEMONO YOKI (prensa para encurtir): recipiente de plástico con una placa móvil que sirve para prensar las verduras y hacer un encurtido rápido.

YASAI KATTA- KEIJO (cortadores de verduras): muy útiles para cortar verduras de diversas formas y añadir un toque especial; se venden por juegos.

UTENSILIOS PARA SERVIR

CHAWAN («boles» para té): tazas o boles de porcelana para servir arroz, sopa o *matcha* (té verde en polvo) redondos, o más bien cilíndricos, a veces con tapa, pero siempre sin asas.

DONBURI (boles hondos para sopa): boles de porcelana grandes para servir comidas de un solo plato, como una sopa contundente, fideos y sopa, o arroz con verduras por encima.

HASHI (palillos): normalmente son de madera, pero también los hay de plástico, acrílicos o de hueso. A menudo la madera está lacada.

GOZEN/O-ZEN (bandejas): bandejas tradicionales con patas que sirven de mesa cuando se come sobre un tatami.

O-WAN (boles con tapa): boles lacados de varios tamaños para arroz, sopas y alimentos asados, al vapor o cocidos.

SHOYU ZARA (platitos para salsa de soja): se usan para las salsas, como el *shoyu*, pero también para servir pequeños bocados.

RECURSOS

Prefiero las tiendas de alimentos saludables o los sitios que venden productos macrobióticos a las tiendas de comestibles japonesas. En estas páginas encontrará información para empezar a conocer a algunos de los mejores proveedores de productos japoneses en Internet. Las grandes empresas de productos ecológicos, como Eden (Estados Unidos), Clearspring (Reino Unido) y Spiral (Australia) son fiables y ofrecen bastantes productos ecológicos en el extranjero en las tiendas convencionales, aunque el *shoyu* y el *tamari* que venden se elaboran con soja de otros países. Amazon.co.jp también puede ser un recurso útil para lectores de todo el mundo.

ESTADOS UNIDOS

THE JAPANESE PANTRY (thejapanesepantry.com): excelente proveedor en línea que cuenta con los mejores condimentos artesanales japoneses. Destacan, entre ellos, casi toda la línea de vinagres lio Jozo y los productos de sésamo de Wadaman (incluidas la pimienta *sansho* verde y la mezcla casera de siete especias elaborada con ingredientes de origen japonés). También se puede encontrar el Yamaki Jozo Shoyu embotellado en Japón, junto con otros tipos de *shoyu*, especialmente la *usukuchi shoyu* de Suehiro Shoyu y el *tamari* de Ito Shoten. En The Japanese Pantry se puede comprar mostaza en polvo, guindillas secas japonesas y ecológicas, (*hon kuzu*) y fideos *somen* de calidad. Importan de manera exclusiva un increíble azúcar negro artesanal de Okinawa (*kurozato*) que no debería perderse, así como *Rishiri* y *Rausu bombus* de primera calidad, *ma-kombu* de Konbu Doi en Osaka y *shiitake donko* cultivada en Japón.

GOLD MINE NATURAL FOOD COMPANY (goldminenaturalfoods.com): vende productos macrobióticos de Muso Co., Ltd. (la mayor empresa de productos ecológicos de Japón), como la amplia gama de Ohsawa, que incluye *miso* y *shoyu* (Nama Shoyu) de nuestra empresa local (Yamaki Jozo), así como *tamari*, vinagre de arroz integral, «vinagre» de ciruelas saladas, «ciruelas» saladas encurtidas, pasta de «ciruelas» saladas encurtidas, *takuan*, *mochi* de arroz integral, *wakame*, *arame*, *kombu*, agar-agar, *nori*, *nigari*, *shiitake donko* cultivadas en Japón y *hon kuzu*. Es posible encontrar una amplia gama de ingredientes japoneses esenciales.

NATURAL IMPORT COMPANY (naturalimport.com): vende productos macrobióticos, sobre todo procedentes de Mitoku (la segunda mayor empresa de productos ecológicos de Japón), y cuenta con una exhaustiva lista de ingredientes ecológicos esenciales, como *shiitake donko* cultivada en Japón, *hon kuzu koyadofu* («tofu curado a la nieve»), *shoyu*, *miso*, sal marina, *mochi*, *kanten* (agar), *fu* (gluten de trigo), *nori* verde, *kiriboshi daikon*, cereales y legumbres japonesas, esporas de *koji* y de *natto*, *shoyu*, *miso*, *tamari*, vinagre de arroz integral y «vinagre» de ciruelas encurtidas.

NIHON ICHIBAN (anything-from-japan.com): este sitio cuenta con excelente información sobre los productores y sus productos. Aquí encontrará la gama completa de vinagres añejos Kakuida; sésamo de Wadaman (aceites, pastas, semillas, etc.); *hongare katsuobushi* (para pescetarianos); una selección básica de algas *kombu* (Hidaka, Rausu, Rishiri), incluyendo *tororo kombu* (que en su página figura como OKUI Marble Kombu); salvado de arroz de buena calidad; y Kanzuri, un condimento de chile rojo elaborado originalmente por algunas abuelas de Niigata, pero que hoy lo comercializa la empresa Kanzuri. También incluye una amplia gama de artículos de cocina o para la mesa así como objetos de artesanía, como uno de mis favoritos de Niigata: *inden* (artículos de piel de ciervo con diseños esmaltados) fabricados por Inden-ya.

KITAZAWA SEED CO. (kitazawaseed.com): con sede en Oakland, California, está especializada en semillas japonesas, aunque también ofrece una amplia gama de otros tipos de semillas.

KORIN (korin.com): vende sobre todo a la industria alimentaria profesional, pero cuenta con una completa selección de utensilios de cocina y hogar.

TOIRO KITCHEN (toirokitchen.com): tienda de utensilios de cocina de Los Ángeles especializada en *donabe Iga-yaki*, que también vende productos a través de Internet. Asimismo, se pueden encontrar todo tipo de utensilios y recipientes japoneses de buena calidad. Dispone además de ingredientes esenciales procedentes de The Japanese Pantry (véase a la izquierda).

HIDA TOOL & HARDWARE CO., INC. (hidatool.com): pequeña ferretería japonesa tradicional en Berkeley, California, con un buen surtido de cuchillos y utensilios de cocina. Tienen una auténtica vocación por ofrecer un servicio al cliente al estilo japonés, atento e informativo.

BERNAL CUTLERY (bernalcutlery.com): tienda del Distrito de Mission de San Francisco que suministra excelentes cuchillos y herramientas para su cuidado. Le aconsejarán con toda honestidad a lo largo del proceso de compra de un cuchillo que pueda pasar a la siguiente generación. También es posible comprar a través de Internet.

COUTELIER (couteliernola.com): sitio web que cuenta con tiendas físicas en Nueva Orleans y Nashville (Estados Unidos) y que vende una amplia gama de magníficos cuchillos y algunos utensilios de cocina japoneses; disponen además de algunos artículos de The Japanese Pantry (véase pág. 355). Los propietarios brindan su apoyo a la comunidad local y al colectivo gastronómico en general, lo que se evidencia en su vasta y bien seleccionada biblioteca de libros y revistas gastronómicas.

ME SPEAK DESIGN (mespeakdesign.com): equipo formado por un matrimonio. Él es artesano y ella diseñadora, y crean productos bajo el lema «Artículos para el hogar de inspiración japonesa con raíces sureñas». Su catálogo en Internet ofrece una fabulosa selección de piezas eclécticas y decorativas, pero a la vez muy útiles.

CANADÁ

KNIFEWEAR (knifewear.com): tiene unas cuantas tiendas de cuchillos de alta calidad en Calgary, Vancouver, Ottawa y Edmonton. Su propietario, Kevin Kent, es un apasionado divulgador y autor de una guía sobre cuchillos japoneses muy recomendable: *The Knifewear Guide to Japanese Knives*. Sus cuchillos y otros productos también están disponibles a través de Internet.

REINO UNIDO

NATIVE & CO. (nativeandco.com): el mejor proveedor de utensilios de hierro Oigen Nambu Tekki y *donabe Iga-yaki* del Reino Unido. La tienda de Londres (y la tienda en Internet) también ofrece una excelente selección de otros utensilios de cocina artesanales.

THE WASABI COMPANY (thewasabicompany.co.uk): el mejor sitio para obtener *wasabi* fresco y cítricos japoneses en el Reino Unido. También son muy recomendables, en particular, sus productos de sésamo Wadaman y Mikawa Mirin.

CLEARSPRING (clearspring.co.uk): el mayor proveedor de productos ecológicos del Reino Unido, que también sirve a las tiendas bío de toda Europa. Una buena tienda y de confianza donde obtener alimentos orgánicos y macrobióticos, incluidos los japoneses.

FRANCIA

NISHIKIDORI (nishikidori.com): tienda de París, bien surtida, y que vende una amplia gama de productos japoneses, así como cuchillos y utensilios de cocina. Su página web es más completa. Aquí puede encontrar Yamaki Shoyu, sal Wajima no Kaien, vinagre lio Jozo (Fuji Su) y Mikawa Mirin.

UMAMI PARIS (umamiparis.com): proveedor en línea para los excelentes vinagres orgánicos de Sennari (Vinagre Oochi) y algunos productos de Sésamo Wadaman.

KUROSHIO (kuroshio.fr): sitio dirigido a chefs para abastecerse de té Uji, cítricos japoneses (y pescado), y la línea completa de productos de sésamo Wadaman: semillas blancas, doradas y negras, pasta y aceite.

ISSÉ JAPÓN (issejapan.com): Issé Japan está vinculado con Kuroshio y se dirige tanto a los cocineros caseros como a los chefs. Además del sésamo Wadaman, este sitio (y Kuroshio) ofrece Kazita, un excelente *shoyu* elaborado en Ehime y un vinagre especial de fabricación limitada de Hanabisu, Kioto. El propietario de Kuroshio e Issé Japan es un experto en logística y es capaz de hacer envíos a cualquier lugar de la UE y más allá con sorprendente rapidez. (Lo he comprobado personalmente, así que doy fe de sus asombrosos tiempos de entrega). Issé Japan tiene oficinas en Francia, España y Tokio.

ESPAÑA

ORIENTAL MARKET
Calle Sicilia, 212
08013 Barcelona
Calle General Margallo, 4
28020 Madrid
www.orientalmarket.es

JAPONSHOP
www.japonshop.com

MUNDO NIPÓN
www.mundonipon.com

VIDAZEN
www.vidazen.es

TOKYO YA
Calle Balmes, 197
08006 Barcelona
Avenida Presidente Carmona, 9
28020 Madrid
www.tokyo-ya.es

ARGENTINA

NUEVA CASA JAPONESA
Humberto Primero 2357
C1229AAK Buenos Aires
casajaponesa.com.ar

GOCHISO
www.gochiso.com.ar

COLOMBIA

GLOBAL GOURMET MARKET
Calle 90 n.º 13 A - 31
Barrio Chicó - Bogotá
globalgourmetmarket.com

MÉXICO

KOKESHI MARKET
Amores 1529, Col del Valle Sur
03100 Ciudad de México
www.kokeshimarket.com.mx

REFERENCIAS

Aoe, Kakuho y Shoyo Yoshimura. *Temple Food: Recipes to Nourish Your Mind and Body*. Tokio: NHK Publishing, 2014.

Aoe, Kakuho. *Temple Food*. Tokio: Discover 21, Inc., 2012.

Honma, Gaku. *The Folk Art of Japanese Country Cooking: A Traditional Diet for Today's World*. Berkeley, CA: North Atlantic Books, 1991.

Ishige, Naomichi. *The History and Culture of Japanese Food*. Oxford, Reino Unido: Kegan Paul Ltd. y Routledge, 2001.

Ishiwada, Satoshi. *Koyasan Ichijoin's Shojin Ryori that Captures the Heart and Body*. Tokio: Wani Books, 2012.

Kawaguchi, Harumi. *Dictionary of Healthy Food*. Tokio: Tokyo Do Publisher, 1993.

Kawaguchi, Harumi. *Side Dishes to Purify the Body*. Tokio: Shogakukan, 2003.

Kondo, Fumio. *All Elements of Tempura: The Skill and Flavor of Tempura Kondo*. Tokio: Shibata Shoten, 2013.

Kondo, Fumio. *Tempura Kondo: Kindly Taught by the Master (Professional Taste You Can Make at Home)*. Tokio: Sekai Bunka, 2017.

Koyasan Shingon Sect Headquarters Kongobuji Temple, eds. *Shojin Ryori of Koyasan*. Tokio: Gakken Plus (nueva edición), 2015.

Rath, Eric C. y Stephanie Assmann, eds. *Japanese Foodways, Past and Present*. Urbana, Chicago y Springfield, IL: University of Illinois Press, 2010.

Takahashi, Eichi y Yoshihiro. *Kyoto Hyotei: Four Seasons of Japanese Cuisine*. Tokio: NHK Publishing, 2014.

Yoneda, Soei. *The Heart of Zen Cuisine*. Tokio: Kodansha International, 1988.

Yoshimura, Shoyo. *If You Feel Tired, Eat Porridge: Zen Teachings to Eat Abundantly and Live Politely*. Tokio: Gentosha, septiembre de 2014.

Yoshimura, Shoyo. *Thoughts on Shojin Ryori*. Tokio: Shunjusha Publishing, Co. Ltd., agosto de 2019.

Yoshimura, Shoyo. *Zen Monk's Weekend Food*. Tokio: Shufu-to-Seikatsu, mayo de 2014.

NOTAS SOBRE LAS RECETAS

La mantequilla siempre es sin sal, a no ser que se indique otra cosa.

Las hierbas siempre son frescas, a no ser que se indique otra cosa.

Los huevos serán de tamaño mediano, salvo que se indique otra cosa.

Salvo que se indique otra cosa, las frutas y verduras serán de tamaño mediano.

La leche siempre es entera, homogeneizada y pasteurizada, a no ser que se indique otra cosa.

La sal siempre es fina, a no ser que se indique otra cosa.

El *momendofu* o tofu firme japonés para las recetas con *shira-ae* (plato de tofu chafado) se puede sustituir por tofu mediano de calidad. En ese caso, no deberá prensarlo ni chafarlo en un *suribachi* (mortero japonés), sino triturarlo en un robot de cocina hasta que adquiera una textura cremosa.

Tenga cuidado al preparar recetas que conlleven un cierto riesgo, incluido el uso de altas temperaturas, llamas directas y procesos de fritura. Al freír, añada los alimentos poco a poco para que el aceite no salte, vista ropa de manga larga y no deje la sartén sola.

Los tiempos de cocción son solo orientativos, pudiendo variar en función del horno. Si utiliza un horno de convección, siga las indicaciones del fabricante.

Las hierbas, flores, hojas y brotes deben ser frescos, de procedencia limpia y segura. Tenga cuidado al recolectar ingredientes, solo se deben ingerir si un experto determina que son comestibles. En particular, las setas. Como algunas provocan reacciones alérgicas y enfermedades, tenga mucho cuidado al cocinarlas y comerlas y acuda de inmediato al médico si no se encuentra bien.

Tenga cuidado al preparar productos fermentados, asegúrese de que los utensilios estén limpios y consulte a un experto en caso de duda.

Cuando aparezca el icono de «sin frutos secos» en una receta, asegúrese de seleccionar un aceite que no sea de frutos secos.

Cuando no se especifiquen cantidades, es el caso del aceite, la sal y las hierbas aromáticas utilizadas para terminar un plato, las cantidades serán siempre discrecionales y flexibles.

Las cucharadas serán rasas, a no ser que se indique otra cosa. 1 cdta. = 5 ml; 1 cda. = 15 ml.

ÍNDICE

Los números de página en *cursiva* remiten a ilustraciones.

R

S

W

Y

Z

Phaidon Press Limited
2 Cooperage Yard
Londres E15 2QR

Phaidon Press Inc.
65 Bleecker Street
Nueva York, NY 10012

phaidon.com

Primera edición en español 2023

ISBN 978 1 83866 668 2

Editora: Emily Takoudes
Editora de proyecto: Rachel Malig
Producción: Rebecca Price, Andie Trainer y Nerissa Vales
Fotografías: Aya Brackett
Maquetación: Cantina
Diseño: Julia Hasting

Responsable de la edición española: Baptiste Roque-Genest
Traducción del inglés: Elena Aranaz, Raquel Gracia y Luis de Manuel para Cillero & de Motta

Impreso en China

El editor desea agradecer a Vanessa Bird, James Brown, Susan Low, João Mota, Kate Slate y Ellie Smith su colaboración en este libro.

SOBRE LA AUTORA

Nancy Singleton Hachisu, californiana y graduada por la Universidad de Stanford, vive con su marido, un agricultor de origen japonés, en la prefectura de Saitama desde 1988. Ha escrito cuatro libros de cocina: *Japanese Farm Food* (Andrews McMeel, 2012), *Preserving the Japanese Way* (Andrews McMeel, 2015), *Japón: Gastronomía* (Phaidon, 2018) y *Food Artisans of Japan* (Hardie Grant, 2019).

Hachisu suele aparecer en los medios de comunicación japoneses, documentando su vida como productora de conservas y agricultora, así como sus visitas a los productores artesanales de las zonas más remotas de Japón para defender las tradiciones culinarias japonesas. Galardonada con un premio de la Fundación James Beard, ha escrito para *The Art of Eating*, *Lucky Peach*, *Saveur*, *Food & Wine*, *Travel & Leisure*, *National Geographic Food*, *BBC Travel* y *Fool Magazine*. Ha participado en el episodio Sal de la serie de Netflix *Sal, grasa, ácido, calor*.

AGRADECIMIENTOS DE LA AUTORA

Ante todo, debo expresar mi profundo agradecimiento al difunto Kim Schuefftan, mentor, editor y amigo. Kim contribuyó en la publicación de algunos de los libros más influyentes e importantes sobre la cocina, la cerámica, los tejidos y la artesanía popular japonesa (*mingei*). Tuve el honor de ser su amiga, su colaboradora y su confidente durante la última década de su vida.

Quiero agradecerle a mi hijo Andrew su paciencia infinita; él ha sido mi ayudante estos últimos años, pero sobre todo durante la cata de las recetas de este libro. Nada hubiera sido posible sin su infalible paladar y sus habilidades en la cocina, sin su ayuda en la preparación de las recetas y sin sus consejos.

También debo agradecerle enormemente a Kaede Sakurai sus acertadas notas de cata. En mis libros, además, no pueden faltar los comentarios de los entusiastas catadores de Sunny Side Up!, el programa de inmersión en lengua inglesa que Andrew y yo dirigimos en Japón.

Gracias a la increíble profesionalidad y al alto nivel de excelencia que caracteriza a Phaidon Press. Este ha sido el proyecto más fluido y agradable hasta la fecha (¡aunque el más largo!). Emily Takoudes, editora de Food & Drink, ha sido una magnífica mentora desde que me incorporé a Phaidon en 2016, y ahora es una gran amiga. El trabajo del equipo editorial, dirigido por la editora del proyecto, Rachel Malig (incluida la meticulosa edición de textos de Kate Slate) ha sido impecable. Ha sido un placer trabajar juntos. Y mi más profundo agradecimiento a Julia Hasting, directora creativa de Phaidon, por haber diseñado personalmente este libro, así como el anterior.

Por último, las palabras no son suficientes para expresar el respeto y la admiración que siento por el equipo de fotógrafos que trasladó toda su creatividad colectiva y su corazón a las magníficas fotografías del libro durante las dos semanas que pasamos en una casa llena de luz en Oakland, California: Aya Brackett, fotografía; Megan Bayley, asistente de fotografía; Andrew Hachisu y Yuko Sato, estilismo de alimentos. Casi todos los accesorios (artículos de cerámica, lacados, metálicos, etc.) los llevé conmigo desde Japón, y los utensilios los gestioné yo misma durante las sesiones.

Este libro está dedicado a Japón: a mi familia y a este país, y a todos los hilos que entretejen ese tejido cohesivo, aunque a veces sea a base de retazos o de forma imperfecta.